대통령의 위기

CHARACTER

대통령의 위기

크리스 월리스 지음 | 정성묵 옮김

이가서
Leegaseo publishing

대통령의 위기

초판 1쇄 인쇄일 | 2005년 10월 13일
초판 1쇄 발행일 | 2005년 10월 20일

지은이 | 크리스 월리스
옮긴이 | 정성묵
펴낸이 | 이숙경
편 집 | 박희영

펴낸곳　　　이가서
주소　　　　서울시 마포구 서교동 370-15　1F
전화 · 팩스　02-336-3502~3　02-336-3009
홈페이지　　www.leegaseo.com
등록번호　　제10-2539호

ISBN　89-5864-162-2　03900

하루도 빠짐없이

내게 인격과 용기를 가르쳐 준

사랑하는 로렌(Lorraine)에게

이 책을 바친다.

CONTENTS

2부 대통령의 실행력
EXECUTIVE ACTION

3부 평화를 위한 지도
THE MAP FOR PEACE

4부 적에 맞서
AGAINST THE ENEMY

서문

대통령 노릇에 관해 내가 아는 모든 지식이 잘못되었다는 것을 깨달은 때가 언제인지 확실치는 않다.

1980년대에 나는 NBC 뉴스의 백악관 수석 출입 기자로 로널드 레이건을 수없이 취재했는데, 그때마다 대통령에 대한 고정관념이 하나씩 깨졌다. 문득 텔레비전 신용카드 광고들이 머리에 떠오른다.

정보 : 대개는 필요 없음.

정책에 정통함 : 도움이 됨.

판단력과 일관된 목적의식 : 무한한 가치.

나는 존 F. 케네디 시대에 어린 시절을 보냈다. 생동감 넘치는 젊은 케네디와 그의 보좌관 이야기는 지금도 내 뇌리를 떠나지 않는다. 사람들은 그들을 '가장 똑똑한 최고의 인물들'로 불렀고, 그들 또한 이런 별명을 군이 거부하지 않았다.

1962년 케네디는 서구의 노벨 수상자들을 백악관 만찬회로 초청해 축배를 들며 이렇게 말했다. "지금까지 백악관에 여러분만큼 뛰어난 인재 집단이자 인간 지식의 총체가 모인 적은 없었습니다. 예외가 있다면 토머스 제퍼슨이 혼자 저녁을 먹을 때가 되겠지요." 다들 말은 안 했지만 그 특별한 밤에 사람들의 머릿속에 맴도는 것은 케네디만이 제퍼슨과 독대하여 저녁을 먹을 자격이 있다는 생각뿐이었다.

이제껏 로널드 레이건의 지성이 케네디나 제퍼슨에 필적한다고 생각한 사람은 없었다. 레이건이 워싱턴에 입성했을 때 민주당의 오랜 터줏대감 클라크 클리포드(Clark Clifford)가 그를 '사랑스러운 열등아'로 부른 사건은 아직도 사람들의 입에 자주 오르내린다. 사실 그 별명은 레이건보다 오히려 클리포드에게 어울릴 터이다. 그러나 당시에는 열렬한 지지자들조차 레이건이 서투른 실수를 저지르지 않을까 전전긍긍했다. 지지자들은 기자들이 함부로 레이건에게 접근하거나 그가 즉흥적으로 공개 석상에 나서지 않도록 보호해야 한다고 생각했다.

1982년 레이건이 소련에 새로운 무기 감축안을 공개 제안했던 때가 기억난다. 그날 나는 공동 기자단의 일원으로 대통령 집무실에 들어갔다. 국영 텔레비전에서 생방송을 하는 가운데, 나는 대통령에게 복잡난해한 그 감축안을 구체적으로 설명해 달라고 했다. 지금까지 수년 동안 되새겨 보았지만 당시 내 질문은 대통령을 난처하게 만들려는 것 외에는 다른 의도가 없었던 것 같다. 당시 카메라 앞에 일렬로 서 있는 보좌관들의 모습은 지금도 생생하다. 내가 레이건에게 까다로운 질문을 던진 데 대해 그들은 얼마나 긴장했던지 숨도 제대로 쉬지 못했다. 그리고 레이건이 감축안을 완벽하게 설명해 내는 모습에 그들은 다시 한 번 놀라야 했다.

여기서 내가 말하고자 하는 요점, 그러니까 레이건 시절에 내가 배운 교훈은 대통령이 자기 계획의 세부 사항을 아는지는 그리 중요하지 않다는 사실이다. 중요한 것은 레이건에게 신념이 있었다는 사실이다. 그는 목표 달성으로 가는 전략의 전반을 꿰뚫고 있었으며, 어떤 난관 앞에서도 끝까지 그 전략을 밀고 나갔다.

1980년대 레이건의 '힘을 통한 평화' 정책에 반대하는 목소리가 거셌지만, 지금에 와서 그 열기를 기억하는 사람은 많지 않다. 당시 수백만 인파가 각국의 수도와 미국 도시의 거리로 쏟아져 나와 중거리 미사일의 서유럽 배치 계획에 항의했다. 그리하여 그 계획은 1984년 대선의 최대 이슈가 되었다. 월터 먼데일(Walter Mondale)은 소련을 포용할 수 있는 건설적 프로그램이 없다며 백악관을 강하게 질타했다. 그해 가을에는 로즈 가든 행사에서 한 기자가 레이건을 향해 고함을 질렀다. "먼데일의 비난(charge, 청구서란 뜻도 있음)에 대해서 어떻게 생각하십니까?" 그러자 레이건은 숨도 돌리지 않고 재치 있게 받아쳤다. "그가 갚아야 하오."

본문에서 레이건의 특별한 시대를 자세히 되짚어 보겠지만, 그는 온갖 비난에도 굴하지 않고 앞으로 나아감으로써 빛나는 외교적 성공을 거두고 세상을 바꿔 놓았다.

직접 가 보지 않고 언론에 비춰는 모습만 보고는 백악관의 분위기를 실감할 수 없다. 반대 여론으로 인해 불 보듯 뻔한 결정을 내려야 할 때 대통령의 목을 죄는 압박감은 이루 말할 수 없다. 정치 알력, 여론의 거센 반발, 자칫 잘못하면 유일한 초강대국을 파멸로 몰고 갈지 모른다는 두려움에 대통령이 본궤도를 벗어나기는 쉽다. 내가 레이건을 통해 느낀 것은 대통령의 자리가 지성이나 이념을 휘두르는 자리가 아니라 의지와 목적의식의 시험대라는 사실이었다.

이 책을 구상하기 시작하면서 나는 대통령이 대중의 비난을 무릅쓰고 끝까지 신념을 지키고 목표를 달성한 사건들을 소개하고자 했다. 아울러 이런 역사적 사건들을 저널리스트의 시각에서 이야기하고자 했다. 다시 말해, 널리 알려진 극적인 순간뿐 아니라 거의 알려지지 않은 무대 뒤편의 모습까지 포착해 내고자 했다.

이 책은 부패한 국가 은행을 무너뜨리기 위한 전쟁, 시카고를 불길에 휩싸이게 만든 처절한 노동쟁의, 무자비한 적의 "목을 베기" 위한 위험천만한 공습 등 놀라운 이야기를 다루고 있다. 하지만 가장 놀라운 것은 미국 역사의 분수령에서 드러난 대통령들의 강인함과 용기다.

때로는 보좌관들의 조언, 일반 통념, 정치적 이익, 나아가 대중의 의지까지 거슬러 행동한 대통령들의 이야기다. 그들이 그런 행동을 한 것은 국가, 나아가 세계를 더 좋은 곳으로 만들기 위한 소명과 책임이 자신에게 있다고 믿었기 때문이다.

희한하게도 역사 전체의 시각에서 보면 당파주의는 온데간데없다. 민주당 출신이든 공화당 출신이든 상관없이 어느 대통령이나 위기일발의 순간에 당이 아닌 국가를 섬겼으며, 종종 당 정책과 반대 방향으로 자신의 몸을 던졌다. 일례로 민주당원이자 평생 노동자의 권익을 대변했던 그로버 클리블랜드는 오히려 노동쟁의를 진압했다. 그런가 하면 공화당원이자 열렬한 반공주의자였던 리처드 닉슨은 중공으로 향하는 문을 열었다. 즉, 소속 정당에 아부한 사람들의 이야기가 아니라 국가를 먼저 생각한 영웅들의 이야기인 것이다.

4년마다 국가의 리더를 선택하는 순간에는 그 리더가 미래에 어떤 도전에 맞닥뜨릴지 아무도 알 수 없다. 서구의 가치를 위협하는 이슬람 극단주의와 테러 세력이 부시 정부의 최대 이슈로 떠오를지 2,000년 가을에 그 누가 알았겠는가? 그런 의미에서 모든 선거는 사람에게 전부를 거는 도박이다. 상상할 수 없는 압박과 서로 격렬하게 상충하는 이해관계들 속에서 누가 신념 위에 굳게 설 것인가? 누가 어려운 용단을 내릴 것인가? 누구를 진정으로 믿고 의지할 것인가? 이 책에서는 가장 중요한 시점에 국가 전체가 의지했던 인물 16명을 등장시켜 그들의 통찰력과 결단력을 낱낱이 파헤친다. 나아가 그들의 용기를 다시 한 번 환기시키고자 각 장의 끝에는 대통령이 직면했던 위기와 관련된 중요한 글을 실었다.

이 책은 모두 4부로 나뉜다. 1부 내부 갈등에서는 극도로 위험천만한 국내 문제에 직면한 세 대통령을 살피고, 2부 대통령의 행동에서는 워싱턴을 둘러싼 환상도로(beltway)가 생기기 오래전에 이미 엘리트 정치를 초월하여 관료주의에 맞선 대통령들을 소개하며, 3부 평화를 위한 지도에서는 국제사회의 안정과 질서를 확보하기 위해 외교적 행동을 펼친 대통령들을 살핀다. 마지막으로 4부 적에 맞서에서는 전시에 미국을 이끈 영웅들을 등장시킨다.

언젠가 윈스턴 처칠은 "용기는 다른 모든 품성을 보장해 주기 때문에 인간의 품성 중 으뜸이라 칭할 만하다."고 말했다. 물론 이 책에 나타난 대통령들의 결정에 동의하는 사람도 그렇지 않은 사람도 있을 것이다. 그러나 그들의 결정 하나하나에 용기가 묻어 있음을 부인할 수는 없다. 미국이 대부분의 선거에서 엄청난 도전에 맞설 용기를 가진 리더를 뽑았다는 것은 미국의 복이며, 미국 정치 시스템의 우월성을 보여주는 증거인 것이다.

내부 갈등

INTERNAL STRIFE

George Washington

트렌턴 전장에서 경례를 받는 조지 워싱턴

권좌에 앉다

조지 워싱턴과 위스키 반란

1753년 가을, 버지니아 식민지의 총독 로버트 딘위디(Robert Dinwiddie)에게 골치 아픈 일이 생겼다. 사건의 전말은 이러했다. 얼마 전 영국 정부는 프랑스인의 웨스턴 펜실베이니아 주 약탈 사건에 대해 전해 들었고, 이에 영국 국왕 조지2세의 명령을 받은 딘위디는 프랑스 측에 사자를 보내 펜실베이니아 지역을 떠나라는 경고를 해야 했다. 그러나 겨울이 다가오는 데다 유럽인이 드물고 인디언으로 우글거리는 웨스턴 펜실베이니아 주로 가는 길은 위험하기 짝이 없었다.

그러던 어느 날 오후, 마침내 불그스름한 머리카락에 푸른 눈동자를 가진 젊은 지원자가 나타났다. 키가 1미터90센티미터가 넘는 그는 당시만 해도 보기 드문 거인으로, 작고 다소 뚱뚱하기까지 한 총독과는 비교도 되지 않을 만큼 훤칠한 외모를 자랑했다. 일단 외모로 따지면 사막을 통과하는 위험한 임무에는 안성맞춤이었다. 게다가 21세의 어린 나이에 벌써 토지 측량사로 국경 지역을 다녀온 경험이 있었다. 물론 공식 교육이라고는 거의 받지 못했고 외교 경험도 전무했지만, 평범한 타이드워터 지역 지주의 셋째 아들로 태어났기에 이름을 날리겠다는 포부만큼은 하늘을 찔렀다. 사실 총독의 입장에서는 달리 마땅한 인물도 없었다. 그리하여 워싱턴은 난생 처음으로 공식 임무를 띠고 총독의 공관을 나서게 되었다.

워싱턴은 무사히 목적지에 도착해 그곳에서 경험이 많은 한 프랑스 장교를 만나 정중한 대접을 받았으나 정작 영국의 최후통첩에 대해서는 완전히 무시를 당하고 말았다. 그리고 서둘러 고향으로 돌아와 딘위디에게 이 사실을 알렸다. 다음 해 딘위디는 군사 경험이 전혀 없는 워싱턴에게 오합지졸 병사들의 통수권을 주었고, 웨스턴 펜실베이니아 주로 돌아가 혹시 있을지 모를 침공에 대응토록 했다. 그러나 얼마 가지 않아 워싱턴은 전쟁의 미숙함을 여실히 드러냈다.

어느 날 워싱턴 진영을 어슬렁거리던 한 무리의 프랑스인들이 병사들에게 발견되었다. 대영제국과 프랑스가 아직 전쟁을 선포하지도 않았는데 풋내기였던 워싱턴은 무작정 공격을 명령했다. 곧 벌어진 전투에서 그의 병사들은 손쉽게 프랑스인 10명을 죽이고 나머지를 사로잡았다. 그러나 사로잡힌 포로들은 작년에 워싱턴이 맡았던 임무와 비슷한 평화 사절단의 임무를 띠고 왔다고 주장했다. 이 소식은 곧 파리로 흘러들어 가 워싱턴은 본의 아니게 프렌치-인디언 전쟁(French and Indian War)*의 시발점이 되고 말았다.

처음에 워싱턴은 그다지 신경을 쓰지 않았다. 하지만 곧 워싱턴과 병사들은 성급하게 공격했던 것을 후회하기 시작했다. 워싱턴은 허둥지둥 프랑스의 보복에 대비해 요새를 건설하라고 지시했다. 그러나 완성된 니세서티 요새는 엉성하기 짝이 없었을 뿐만 아니라 병사들이 다 들어갈 수도 없을 정도로 그 규모가 작았다. 그 요새를 본 한 인디언이 '이 넓은 초원에 보이지도 않을 만큼 작은 건물'이라고 부를 정도였다. 수적으로 훨씬 우세한 프랑스와 인디언 연합군이 나타났을 때 워싱턴은 끝내 무모한 저항을 고집했다. 결국 병력 1/3을 잃고 나머지 병사들이 머리 가죽이 벗겨지는 고통을 견디다 못해 기절하는 꼴을 보고야 워싱턴은 요새를 내주었다.

워싱턴은 국경에서 5년 넘게 전투를 치렀으나 별다른 전공을 세우지는 못했다. 하지만 부하들에게 자신감을 심어 주는 재주만큼은 남달랐다. 한 마디로 그는 용기의 화신이었다. 한번은 전투 중에 아군이 두 진영으로 갈라져 실수로 서로를 향해 총격을 벌였다. 그때 워싱턴은 말을 타고 두 진영 사이로 달려가 칼로 총격을 멈추게 한 일이 있었다. 그러나 워싱턴은 자기가 식민지 출신이라는 이유로 영국군 장교들로부터 푸대접을 받고 있다며 자주 불평을 늘어놓았고, 그에 반항이라도 하듯 자신이 책임지고 있는 부대를 이탈해 그곳에서 많은 시간을 보냈다. 또한 잘 알지도 못하는 군사, 또는 정치 문제에 쓸데없이 나서서 왈가왈부했다. 이에 딘위디는 배은망덕하다며 워싱턴을 비난했고, 아예 드러

＊프렌치-인디언전쟁(French and Indian War) 유럽의 7년 전쟁과 관련해서 1754~1763년 아메리카 대륙에서 영국과 프랑스가 싸운 전쟁.

영국은 미국 북동부에 식민지를 확보하고 이를 서부로 확장해 가고 있었다. 영국의 식민지인이 오하이오 강 유역에 진출하기 시작하자 서부 일대에서 인디언과 모피(毛皮) 거래를 하고 있던 프랑스 식민지인과 이해(利害)의 대립이 생겨 정세가 긴박하게 되었다. 이에 따라 영국은 식민지 보호를 위해 해군을, 이어 캐나다 정복을 위해 정규군을 파견하고, 프랑스는 인디언과 제휴하여 점차 영국과 프랑스 양국은 전쟁 상태로 들어갔다. 1759년에 퀘벡, 1760년에 몬트리올이 각각 영국에 함락되고 1763년 전쟁이 종결되고 파리조약이 체결되었다. 이로써 아메리카 대륙의 프랑스 영토는 영국과 에스파냐에 양도되었다. 이 전쟁은 영국식민지의 단결과 자위력을 강화하고 영국 군사력의 의뢰심을 줄이는 결과를 가져와 미국독립의 한 원인이 되었다는 점에서 역사적 의의가 크다.

내 놓고 그를 따돌리는 장군들도 하나 둘 생겨났다. 결국 워싱턴은 "기억하고 싶지 않은 일이 많다."는 푸념을 늘어놓고 26세에 공직을 내놓았다.

그로부터 33년 후인 1791년 가을, 로버트 존슨은 한때 워싱턴이 프랑스군을 맞아 싸웠던 웨스턴 펜실베이니아 주의 피존 크리크를 따라 말을 달리고 있었다. 세월의 흐름만큼 많은 변화를 겪으며 펜실베이니아 주는 합중국의 일부가 되었고, 실망스러운 군인이자 외교관이었던 워싱턴은 대륙군을 이끌고 영국을 물리친 후 미국의 초대 대통령이 되었다.

하지만 웨스턴 펜실베이니아 주는 여전히 불안정한 지역이었기에 존슨은 자신의 임무(새로운 연방 위스키 소비세를 징수하는 일)가 위험천만한 일이라는 사실을 잘 알고 있었다. 위스키 판매로 삶을 꾸려 가는 그 지역 정착민들은 입을 모아 새로운 소비세를 반대했다. 또한 펜실베이니아 주에 인접한 주들의 대표들이 모여 마땅치 않은 소비세를 새로운 의회의 추잡한 산물로 선포했다.

존슨은 그 지역 사람들이 위스키 소비세에 대해 가끔 말뿐 아니라 행동으로 적대감을 표현해 왔다는 사실을 알고 있었다. 몇 년 전 연방 정부가 아닌 펜실베이니아 주 당국에서 위스키 주세(state tax)를 제정한 일이 있었다. 당시 한 세금 징수관은 주의 서부에서 위스키 주세를 징수하려다 폭도의 강압에 못 이겨 세금 문서를 짓밟고 자신을 저주할 수밖에 없었다. 그래도 분이 풀리지 않았는지 폭도는 징수관의 머리카락 일부를 자른 후 모자에 구멍을 내고는 나머지 머리카락을 거기로 뽑아냈다. 그리고 "자유는 있고 세금은 없다!"라고 외치며 그를 세 개 주나 끌고 다니면서 지나치는 위스키 증류소마다 들러 억지로 술을 먹였다. 그런데도 펜실베이니아 주 당국은 누구 하나 처벌하기는커녕 오히려 위스키 주세를 폐지시켜 버렸다.

이후 여자 옷을 입은 남자 16명이 나타나 길을 막아섰을 때 존슨은 그들이 단지 장난을 하려는 것이 아님을 알고 겁을 먹었다. 그들의 여성용 보닛에서는 분노가 느껴졌고 얼굴에서는 단호한 결의가 엿보였다. '소녀들'은 존슨에게 자기네 주에서 세금을 걷을 생각은 꿈도 꾸지 말라고 꾸짖었다. 그리고는 그의 몸에 타르를 바른 뒤 새털을 씌우고 말을 빼앗아 숲에 버려두고 떠났다.

그러나 존슨은 포기하지 않았다. 그는 재판관을 찾아가 범인들에 대한 체포 영장을 발부하도록 설득했다. 엉겁결에 영장 전달을 맡게 된 보안관 대리는 잔뜩 겁을 집어먹고는 무식한 소몰이꾼에게 책임을 떠맡겼다. 폭도들은 예상대로 소몰이꾼에게 채찍질을 한 뒤 강탈했으며, 타르와 새털을 뒤집어씌운 뒤 나무에 매달았다. 웨스턴 펜실베이니아 주는 위스키 세금을 낼 생각이 애초에 없었던 것이다.

존슨이 당했다는 소식은 그가 숲에서 빠져나온 지 며칠 만에 미국의 임시 수도 필라델피아로 전해졌다. 그때부터 해밀턴(Alexander Hamilton) 재무장관이 강제징수를 위해 군대를 소집할 계획이라는 소문이 나돌았다. 위스키 주세를 제정한 해밀턴은 강력한 정부를 신봉하는 사람이었다. 그런 만큼 그는 법 집행을 포기하는 정부는 무의미하다며 대통령을 몰아세웠다.

그러나 이제 워싱턴은 공격적인 전 부관에게 휘둘릴 만큼 애송이가 아니었다. 게다가 미국의 건국 초기인 만큼 대통령은 중요한 행동을 취하기에 앞서 국가 통합을 최우선 사항으로 고려해야 했다. 워싱턴에게 가장 중요한 문제는 위스키 주세의 징수 여부가 아니었다. 처절한 정치 다툼 끝에 헌법이 통과된 지 이제 겨우 3년밖에 되지 않았기에 무엇보다 국가의 생존이 가장 시급한 문제였다. 미국을 하나로 묶고 있는 끈이 언제 끊어질지 위태롭기만 했다. 해외에서는 합중국이라는 실험이 곧 실패로 끝날 것이라는 의견이 지배적이었다. 다급해진 해밀턴은 강력한 조치를 끊임없이 주장했으나 워싱턴은 요지부동이었다. 합중국을 지탱하기 위해 철저히 중도 노선을 고수해야 한다는 것이 워싱턴의 생각이었다. 당시 상황에서 중도 노선이란 정부의 권위를 내세우는 한편, 중앙정부에 대한 반발을 최소화하는 정책을 의미했다.

헌법을 반대하는 세력이 특히 두려워한 것은 국가를 방어하기 위해서가 아니라 국내 의견 차이를 억누르기 위해 군사력이 동원될 가능성이었다. 그러나 워싱턴은 타르와 새털을 뒤집어쓴 세금 징수관 하나 때문에 군사력을 동원한다면 즉시 불만이 터져 나오리라는 것을 알고 있었다. 주변에서는 "속셈을 뻔히 알겠군. 무슨 속셈으로 군대를 동원했는지 다 알겠어."라고 수군댈 것이 뻔했다.

보다 실질적인 측면에서 살펴보면, 서부 변경에서 위스키 세금을 거두는 것은 재무장관의 장밋빛 꿈일 뿐 신생 정부에는 그럴 만한 힘이 없었다. 조지아 주에서 뉴잉글랜드에 이르는 지역도 위스키 세금 납부를 거부했으며, 세금 징수관들이 아예 가기를 거부하는 지역도 적지 않았다. 이렇다 보니 워싱턴도 상황이 매우 불쾌하다는 해밀턴의 말에는 동의할 수밖에 없었다. 그러나 3년 동안 끊임없이 발생한 폭력 사태에도 불구하고 워싱턴은 세금 징수 명목으로 웨스턴 펜실베이니아 주에 병력을 파견하는 것을 거부했다.

워싱턴은 서부 변경에서의 옛 경험 탓에 그 지역 주민들을 매우 경멸했다. 젊은 군인 시절 그는 서부 정착민을 '야만인의 무리, 거친 사람들'로 묘사했고, 30년이 지난 후에도 대부분의 동부 정착민들은 워싱턴의 이러한 견해에 동의하고 있었다. 부동산업자들은 서부를 '성경의 에덴'으로 선전했으나 사실 서부에서의 삶은 18세기의 기준으로 보아도 고되기 짝이 없었다. 서부는 애팔래치아 산맥 때문에 외부로부터 고립되어 있었는데, 겨울이 워낙 혹독해 특히 펜실베이니아 주 쪽으로 산맥을 넘기가 어려울 때가 많았다. 숲에는 늑대와 표범이 득실거렸고, 인디언들이 정착민을 살해한 후 황야로 사라지는 일도 잦았다. 폭도가 로버트 존슨을 공격하기 불과 여섯 달 전 피츠버그 근처에 사는 한 가족이 인디언 일곱 명을 집으로 초대해 식사를 대접한 적이 있었다. 그런데 식사를 마친 인디언들은 문을 봉쇄한 뒤 주인 가족(남자 넷, 나이 든 여자 하나, 아이 여섯)을 죽이고 그들의 머리 가죽을 벗겼다. 이런 사건에 대한 정착민들의 대응 방식은 주로 평화로운 부족을 학살하는 것이었다.

서부 개척자들은 무시무시한 위험에 노출되어 있었을 뿐 아니라 가난에도 찌들어 있었다. 선전물에서 소개한 것처럼 땅은 드넓었지만 대다수 정착민이 조금의 땅조차 소유하지 못했다. 동부의 투기꾼들이 막대한 대지를 독식했기 때문이다. 기껏 땅을 소유한 정착민들조차 2,000년이나 지난 농사 도구를 고수하고 있었으니 운이 좋아야 겨우 입에 풀칠만 할 수 있을 정도였다. 그래서 서부를 다녀온 동부 정착민들은 서부 정착민들이 '우리에 득실대는 돼지'처럼 산다고 전했다.

간이 작은 사람들에게 서부에서의 삶은 지옥 그 자체였다. 일례로 한 외지인은 두 사람 사이의 싸움을 말리려는 사람을 한 남자가 말채찍으로 때리고 총으로 쏘는 광경을 보고 경악을 금치 못했다. 이후 사람들은 일요일에 교회에 가지 않았고, 사적인 다툼에서조차 자신의 남성다움을 시험했다. 눈알을 후벼 파는 것이 싸움의 흔한 전술이다 보니 애꾸눈은 일상 풍경이 되어 버렸다.

삶이 이렇다 보니 독립적인 기질이 서부 지역에 확고히 자리를 잡았다. 18세기 말의 서부 정착민들은 산 반대쪽에 있는 정부가 자신들의 삶에 대해 왈가왈부하는 것 자체를 거부했다. 1770년대 내내 주의 자치를 요구하는 탄원이 잇따랐는데, 심지어 웨스턴 펜실베이니아 주는 자칭 '웨스트실베이니아(Westsylvania)'라는 주를 만들려고까지 했다.

이후 해밀턴 경제 이론의 지지자들이 위스키 세금을 의회에 제안했을 때 서부 지역 대표들은 하나같이 격렬히 반대했다. 사실, 정착민들은 소비세라는 개념 자체를 반대했다. 수세기 동안 조상 대대로 소비세를 반대해 온 스코틀랜드나 아일랜드에서 이주해 온 정착민이 꽤 많았기 때문이다.

혹시 서부 정착민들이 소비세란 개념을 받아들였더라도 적용 과정이 매우 불공평한 위스키 세금만큼은 반대했을 것이다. 당시 정부는 생산된 위스키에 대해 갤런 단위로 세금을 매겼다. 그래서 서부에서는 동부의 절반 가격에 위스키를 판매하면서도 세금은 동부와 똑같이 내야 했다. 따라서 서부의 위스키 세율은 25% 이상으로, 동부의 두 배나 되었다. 게다가 대규모 제조업체가 동부의 주류업계를 주도한 반면 서부에서는 소규모 농가가 위스키 대부분을 생산했다. 특히 서부의 농부들에게는 위스키 판매가 주된 생계 수단이었다. 농가에서 생산한 곡물은 운송비가 많이 든 데다 시장에 도착하기도 전에 썩기 일쑤였다. 그래서 서부의 농부들은 곡물을 무게가 훨씬 적게 나가고 잘 상하지 않는 위스키로 만들어 판매한 것이다. 이에 못지않게 중요한 사실은 현금이 부족한 서부의 경제가 주로 물물교환으로 움직였다는 점이다. 즉, 서부에는 납세에 필요한 경화(금속으로 만든 화폐)가 거의 없었다.

또 서부 정착민들은 납세를 해봤자 돌아오는 혜택은 거의 없다고 생각했다. 1790년대 서부 정착민들에게 가장 중요한 두 가지 문제는 인디언으로부터의 보호와 당시 스페인이 통제하고 있던 미시시피 강의 개방 여부였다. 그런데 정부는 인디언의 공격을 막을 능력도 미시시피 강을 개방하도록 스페인에 압력을 넣을 힘도 없었다. 그러니 아무런 도움도 되지 않는 정부에 세금을 낼 이유가 전혀 없었다.

마지막으로, 해밀턴이 많은 일용품 중에서 유독 위스키에 세금을 매기기로 결정한 것은 위스키가 일상생활의 중추적 역할을 담당하는 서부 문화를 전혀 이해하지 못했다는 반증이었다. 실망감과 공포로 가득한 서부에서는 거의 모든 사람이 술에 취해 있었다. 묵은 모논가헬라 호밀 위스키(Monongahela rye)가 그들의 유일한 낙이었다. 교회에서는 목사의 사례비를 위스키로 지급했고, 지주들은 일꾼을 붙잡아 두기 위해 충분한 위스키를 공급해야 했다. 그러니 서부 정착민들은 자신들의 삶에 없어서는 안 될 위스키에 세금을 부과하겠다는 발상 자체에 크게 분노했다. 특히, 판매보다는 주로 자급자족을 위해 위스키를 생산했기에 분노는 더욱 컸다. 조지아 주의 제임스 잭슨(James Jackson)은 서부 정착민들이 "술 취하는 습관에 빠진 지 오래고, 의회가 나쁜 마음으로 소비세를 부과하더라도 여전히 취해 있을 것이다."라며 통탄했다.

그러나 결국 동부 정착민들이 의회를 장악하면서 1791년 3월 위스키 소비세는 쉽게 통과되었다. 그로부터 여섯 달 후에는 폭도가 로버트 존슨을 공격했으며, 이후 2년 동안 웨스턴 펜실베이니아 주의 저항은 더욱 거세져만 갔다. 시민들은 세금 징수관의 형상을 만들어 태웠으며, 폭도는 세금 징수관의 집으로 쳐들어가 위임장을 내놓지 않으면 죽여 버리겠다고 협박했다. 그러나 가장 중요한 사실은 아무도 세금을 내지 않았다는 것이다. 의회는 서부 위스키 제조업자들의 부담을 줄여 주는 방향으로 법을 계속 수정했으나 연방 정부의 권위에 대한 도전은 계속되었다.

동부인들은 서부 정착민들을 경멸했지만 짭짤한 수익이 보장되는 서부 지역의 땅 투기는 마다하지 않았다. 워싱턴 자신도 서부 지역의 부동산을 꽤 많이 매입했다. 그는 "아무도 살지 않는 불모지를 탐구하는 것은 좋은 땅을 얻으려는 이유밖에 더 있겠는가?"라고 말했고, 대통령 취임 당시에는 웨스턴 펜실베이니아 주에만 거의 5,000에이커를 포함해서 수만 에이커의 서부 땅을 소유하고 있었다. 그러나 워싱턴은 소유권을 지키기 위해 무단 침입자와 끊임없이 싸워야 했다. 독립 전쟁 후 그는 자신의 이름을 딴 워싱턴 카운티의 소유 땅 중 하나를 찾았다가 그 땅의 소유주라고 주장하는 이들을 만났다. 워싱턴은 그들이 자신의 절충안을 끝내 받아들이지 않자 단단히 화가나 자리에서 벌떡 일어나 비단 손수건의 한쪽 끝을 잡고는 말했다. "여러분, 이 손수건이 내 손 안에 있듯이 이 땅은 분명히 내 것입니다." 그래도 그들이 물러서지 않자 이번에는 욕을 퍼부었다. 우연히 그들 중에 끼어 있던 치안판사는 불경한 언행을 이유로 그 자리에서 워싱턴에게 벌금을 부과했다.

위스키 세금으로 인한 불안이 계속되자 워싱턴은 서부 정착민들이 중앙정부에 굴복하기는 어렵겠다고 판단한 것 같다. 이후 워싱턴은 웨스턴 펜실베이니아 주의 지인에게 쓴 편지에 웨스턴 펜실베이니아 주의 자신의 소유 땅이 이익이라기보다는 골칫거리여서 팔까 생각 중이라고 썼다. 하지만 개인 투자액을 포기하는 것이 문제가 아니었다. 어떻게 한 나라의 대통령이 국가의 권리를 주장하는 것까지 포기할 수 있단 말인가?

1794년 7월, 웨스턴 펜실베이니아 주의 긴장은 마침내 걷잡을 수 없는 상황으로 치달았다. 해밀턴은 연방 보안관 데이비드 레녹스(David Lenox)에게 소환장을 들려 웨스턴 펜실베이니아 주의 위스키 제조업자 60명에게 보냈는데, 아마도 일부러 문제를 일으키려는 의도였던 것 같다. 레녹스는 그 지역 최대 유지인 존 네빌(John Neville)의 안내를 받아 소환장 발부 대상들을 찾아갔다. 그런데 네빌은 독립 전쟁 당시에 장군이었다가 연방 세금 징수원이 되었기에 널리 경멸의 대상이었다.

레녹스와 네빌은 어느 무더운 날 오후 윌리엄 밀러(William Miller)의 농장을 찾았다. 그러나 밀러는 불같이 화를 내며 소환을 거부했다. 레녹스와 밀러가 입씨름을 벌이는 도중 네빌은 좁은 길로 걸어오는 삼사십 명의 군중을 보았다. 그들은 근처 밭에서 일을 하다가 두 연방 관리가 밀러의 농장에 있다는 소식을 듣고 위스키에 흠뻑 취한 채 쇠스랑과 머스켓총을 손에 들고 찾아온 것이었다. 그들의 목적이 체포가 아님을 알고는 다소 흥분을 가라앉혔지만 레녹스와 네빌이 말에 오르는 찰나에 누군가 총을 발사했다. 좌절감으로 인해 공중에 총을 발사한 것인지 레녹스와 네빌을 겨냥한 것인지는 분명치 않았다. 그러나 이후에 해밀턴은 후자 쪽 가능성을 주장했다.

폭도는 레녹스의 임무에 관한 소문을 퍼뜨렸고, 원래 인디언과 싸우기 위해 모인 시민군은 네스빌의 집에 그들이 머물고 있다고 착각한 후쳐들어가 레녹스를 사로잡기로 했다. 다음 날 아침, 약 40명이 네스빌의 저택을 에워쌌다. 네스빌이 집 안에서 총을 발사하여 한 사람을 죽이자 폭도의 총에서 불을 뿜기 시작했고, 네스빌에게 총을 받은 노예들도 신호에 따라 총격을 시작했다. 결국 폭도가 물러나면서 전투가 끝났지만 네스빌은 그들이 돌아오리라는 것을 알고 있었다.

다음 날 오후, 500명의 시민군은 언덕을 넘어 네스빌의 저택으로 진군했다. 이에 노장 네스빌은 근처 요새에 주둔한 병사 10명을 설득해 자신을 보호하도록 했다. 병사들은 네스빌을 몰래 대피시켰으나 저택을 내주지는 않았다. 이후 1시간 가까이 집 밖의 시민군과 집 안의 병사들 사이에 총격전이 벌어졌고, 시민군 두 명이 죽으면서 전투는 끝이 났다. 결국 병사들이 네스빌의 저택을 넘겨주자 시민군은 그 집을 불태워버렸다. 이른바 위스키 반란의 신호탄이었다.

워싱턴은 사태 수습의 책임을 피할 수도 있었다. 1792년 워싱턴은 두 번째 임기를 맡지 않으려고 애를 썼다. 한때 변경에서의 잇단 전쟁과 독립 전쟁을 이끌어 왔던 워싱턴의 강한 육체는 60대에 접어들면서부터 조금씩 말을 듣지 않기 시작했다. 이미 의사들은 그의 넓적다리에서 커다란 종양을 제거한 바 있었다. 수술은 마취 없이 진행되었고, 당시 한 외과의는 "제거하시오. 더 깊이. 정말 잘 참는군!"이라고 외치기도 했다. 그 후에는 치명적인 폐렴이 워싱턴을 괴롭혔다. 그는 결국 병을 이겨냈으나 많은 친구들은 그의 몸이 예전같지 않을 것이라고 생각했다. 실제로 그는 전보다 더 빨리 지쳤고, 스스로 기억력이 나빠졌음을 느꼈다.

게다가 그는 두 번째 임기 때 찾아올 도전들을 두려워했다. 행정부, 나아가 국가 전체를 혼란에 빠뜨리고 있는 당파 분열을 극복할 자신이 없었다. 워싱턴 정부의 두 주요 인물, 해밀턴과 제퍼슨 국무장관이 이끄는 초기 정당은 서로 극심하게 대립했다. 해밀턴의 연방파는 강력한 정부와 중상주의를 신봉하는 반면 공화파는 소규모 농장으로 이루어진 농업 국가와, 국민의 삶에 되도록 간섭하지 않는 정부를 꿈꾸었다. 두 정당 사이의 적대감은 워싱턴의 첫 임기 동안에 꾸준히 불거져 왔다. 양 진영은 자신의 입장을 옹호하고 적을 헐뜯기 위해 언론까지 동원했다. 군국주의를 기치로 내건 연방파와 무정부주의를 옹호하는 공화파 사이의 싸움이 얼마나 치열했던지, 워싱턴은 자기 힘으로는 이 두 진영의 싸움을 끝낼 수 없다는 결론에 이르렀다.

정치권 내의 분열 외에도 지역간 긴장이 국가의 기초를 뒤흔들었다. 무엇보다 남북의 헝클어진 관계가 긴장의 중심에 있었는데, 워싱턴으로서는 북부와 남부에 대한 외교 관계에 균형을 맞추는 일이 이만저만 어렵지 않았다.

그러나 이번에는 더욱 큰 위협이 워싱턴 앞을 가로막고 있었다. 서부 지역의 연방 탈퇴 가능성이 그것이었다. 영국은 서부와 동부의 연합이 내일을 기약할 수 없는 상황에 놓여 있으며 곧 분열이 일어나리라 전망했다. 영국과 스페인은 이런 긴장 상태를 통해 서부 변경에 대한 자국의 영향력을 넓히고자 호시탐탐 기회를 엿보고 있었는데, 워싱턴도 그런 사실을 잘 알고 있었다.

워싱턴은 서부의 연방 탈퇴 가능성을 심각하게 받아들였다. 그가 보기에 서부는 국가 단결에 매우 중요한 지역이었다. 기회의 땅 서부는 북부와 남부의 약한 결집력을 강화시켜줄 유일한 대안일지도 몰랐다. 그러나 서부는 도무지 워싱턴의 뜻대로 움직여 주질 않았다. 제퍼슨도 서부 지역이 탈퇴를 결정하면 저지할 방법은 전혀 없다는 점을 인정했다.

워싱턴은 은퇴를 원했던 것 같지만 당파와 지역을 초월하여 국가를 하나로 묶을 인물은 그밖에 없었다. 2년 전 워싱턴이 폐렴으로 거의 죽게 되었을 때 제퍼슨은 친구에게 편지를 썼다. "이 사건이 대중에게 얼마나 큰 충격인지 상상조차 하기 어렵네. 그의 생명에 정말 많은 것이 걸려 있어." 그리고 이번에는 워싱턴에게 "각하께서 건재하면 북부와 남부의 결속도 건재할 겁니다."라고 말했다. 대중도 집회와 신문을 통해 워싱턴의 재임을 촉구했다.

워싱턴이 정말로 공직을 떠나고 싶었는지의 여부를 떠나 결국 그는 스스로 극도로 싫은 삶이라 부른 대통령 노릇을 계속하기로 동의했다. 그리고 4년 전과 마찬가지로 선거인단은 만장일치로 워싱턴의 재선을 통과시켰다.

두 번째 임기는 워싱턴이 두려워했던 대로 고난의 연속이었다. 우선, 제퍼슨은 해밀턴을 중용하는 듯한 워싱턴의 모습에 실망한 나머지 1793년 말에 내각을 떠났다. 그런가 하면 공화파 신문들은 워싱턴을 대놓고 비난하기 시작했다. 또 민주주의 모임이라는 정치 세력들이 웨스턴 펜실베이니아 주를 포함한 전국에서 일어나 공화파의 이상을 지지했다. 정당 체제에 반대해 온 워싱턴은 이런 단체를 '국민의 마음을 오염시키고 분열시키려는 국가 평화의 적'으로 간주했다.

서부에서는 새로운 골칫거리가 등장했다. 매우 점잖은 태도와 외모를 가진 미국인들이 두 번씩이나 영국 대사를 만나 서부와 대영제국의 동맹을 논의했던 것이다. 아울러 웨스턴 펜실베이니아 주 주민들은 스페인 대사를 만났다. 이런 불미스러운 접촉은 곧 미국 정부의 귀에 들어갔다. 켄터키 주민들이 뉴올리언스 공격과 연방 탈퇴를 계획하고 있다는 믿을 만한 소식도 필라델피아에 도착했다.

1794년 8월 2일에 웨스턴 펜실베이니아 주의 반란을 논하기 위해 내각이 소집되었을 때 이 모든 사건이 가장 큰 골칫거리로 대두되었다. 이에 해밀턴은 연방 관리를 공격한 사람들을 체포하기 위해 군대를 동원해야 한다고 주장했다. 워싱턴이 민주주의 모임을 달가워하지 않는다는 사실을 아는 그는 위스키 세금에 반대 입장을 표명하는 공식 공개 모임이 있다는 말을 했다. 토론장에 있는 펜실베이니아 주 관리들은 정부의 사법 시스템이 폭도를 찾아 벌하기에 충분하다고 주장했다. 그럼에도 일단 워싱턴은 3명으로 이루어진 위원회를 서부로 보내 법 준수에 관해 폭도와 협상하도록 명령했다.

그러나 사실 그 내각 모임 전이나 직후에 워싱턴은 해밀턴이 옳다는 결론을 내렸다. 상황은 변했고, 네스빌의 저택 사건에 대해 정부의 강력한 대응이 있어야 했다. 수년 동안 워싱턴은 위스키 세금을 강제징수하기 위한 군사력 동원을 누차 거부해 왔다. 그러나 저항 차원을 넘어 노골적이고 폭력적인 반란으로 확산된 지금은 그도 어쩔 수 없었다.

워싱턴은 독립국가를 세우기 위해 길고 고통스러운 전쟁을 치렀다. 그는 영국의 패배 이후에 무정부주의가 판을 치기 좋은 상황에서 새로운 체제를 확립하기 위해 애써 온 선구자 중 하나였다. 단합된 국가를 창조하고 강화하는 데 자신의 공직 인생 전체를 바쳤다. 그런데 이제 정치 파벌과 지역 갈등, 적대 국가들의 교활한 술책에 모든 노력이 물거품이 될 위기에 처했다. 법 집행과 자국 영토 방어에 대한 정부의 의지를 보여야 할 때가 온 것이다. 헌법으로 확립하고 정부가 비준한 새로운 공화주의가 첫 번째 도전에 무릎을 꿇을 수는 없었다. 워싱턴은 연방 군대로 웨스턴 펜실베이니아 주의 불안을 잠재워야 한다고 생각했다.

이 결정은 막대한 위험이 따랐다. 사실 정부는 서부로 보낼 상비군이 없었다. 그래서 워싱턴은 여러 주에 군대 징집을 요청해야 했다. 그런데 징집 대상은 동포와 싸울 마음이 없는 가난한 사람들일 것이 뻔했다. 다는 아니더라도 대개 군사 경험이 없는 이들을 이끌고 애팔래치아 산맥을 넘어 거칠고 낯선 지역으로 행군하는 일은 보통 힘든 게 아닐 것이다. 게다가 징집을 서둘러야 했다. 겨울이 오기 전에 애팔래치아 산맥을 넘지 못하면 다음 해 봄까지 기다려야 했기 때문이다. 그때가 되면 너무 늦었다.

또 수도에는 적의 규모나 실체를 아는 사람이 전혀 없었다. 날이 갈

수록 맥 빠지는 소식만 쌓여 갔다. 네스빌 저택의 사건은 지역 유지들의 반발을 더욱 거세게 만든 듯했다. 개중에는 이제 아예 대놓고 연방 정부에 대한 저항을 조장하는 이들도 있었다. 8월 초 폭도 7,000명이 당시 1,000명밖에 거주하지 않던 피츠버그로 진격해 와 소돔 피츠버그를 약탈하겠다고 위협했다. 다행히 피츠버그 주민이 막대한 양의 위스키를 공짜로 내주자 분위기는 가라앉았다. 그러나 워싱턴은 서부 주민들의 포악성을 잘 알고 있었다. 그들이 조직적으로 연방 정부에 반기를 들면 가장 무서운 적이 될 수도 있었다.

폭도는 워싱턴의 평화 위원회가 제시한 조건을 철저히 거부했다. 더욱 심각한 것은 웨스턴 펜실베이니아 주에서 나타난 폭력성이 다른 네 주까지 전염되었다는 사실이었다. 항상 미국을 관망하던 영국 스파이들은 이번이 신생국인 미국의 최대 위기라는 데 입을 모았다. '정말 유감이지만 합중국의 사활에 반드시 필요하다는 엄숙한 확신 하에' 워싱턴은 위스키 반란 진압을 위한 군사 12,000명을 보내 달라고 여러 주에 공식 요청했다.

그러나 누가 군대를 이끌 것인가? 미국을 이끌고 최악의 사태를 뚫고 지나갈 사람은 누군가? 워싱턴이 내릴 수 있는 답은 오직 하나였다. 9월 초 워싱턴은 스스로 사령관을 맡기로 결심했다. 그것은 현직 대통령이 전장에서 군대를 이끈 최초이자 유일한 사건이었다. 워싱턴이 그런 결정을 내린 이유는 분명치 않으나 거기에는 최소한 두 가지 목적이 있었다.

첫째, 워싱턴은 가능한 부작용을 줄이고자 했다. 군대가 웨스턴 펜실베이니아 주의 주민을 필요 이상으로 가혹하게 대하면 정부 지지도가 급격히 하락할 수밖에 없었다. 한 관찰자에 따르면, 군사들과 함께 있는 동안 워싱턴은 양심 있는 군사들로 하여금 동포들의 권리를 존중하게 만들기 위해 끊임없이 애를 썼다. 둘째, 워싱턴이 전장에 모습을 드러낸 것은 다른 무엇보다도 법 준수를 향한 정부의 결단력을 시사했다.

10월 초, 연방군은 웨스턴 펜실베이니아 주 칼라일에 집결했다. 군에 합류하기 위해 필라델피아로 떠나는 순간에 워싱턴은 자신의 장군 시절을 떠올렸을 게 분명하다. 거의 20년 전에 그는 처음으로 대륙군을 이끌고 영국과의 전투에 돌입했다. 그러던 그가 대부분 자신과 정부를 영국 왕만큼이나 압제적인 존재로 보는 동포에 맞서 군대를 통솔하게 되었다. 폭도 중에는 독립 전쟁 때 워싱턴의 편에 서서 싸웠던 자들도 있었다. 이것은 워싱턴이 바라던 상황이 전혀 아니었다.

이제 62세가 된 워싱턴에게 마지막으로 전장에서 군대를 이끌던 시절은 까마득한 옛날처럼 느껴졌다. 나이는 속일 수 없다고, 2개월 전에 워싱턴은 말 위에서 등이 심하게 꼬이는 바람에 잠시 동안 똑바로 앉지 못했다. 워싱턴이 심하게 몸을 다치기는 그때가 처음이었다.

그럼에도 10월 4일, 최고 사령관 워싱턴은 옛날 독립 전쟁 때 입던 제복을 걸치고 말에 올라탄 채 병사들의 사열을 받았다. 그에게 허약한 모습은 어디에도 없었다. 옛 상관 워싱턴을 본 노장들은 향수와 더불어 더없는 자랑스러움을 느꼈을 게 분명하다. 한 병사는 과장된 어조로 다음과 같이 기록했다. "국민의 영웅이 헥토르처럼 용감한 동시에 파리스처럼 우아한 모습으로 수행 장교들과 함께 천천히 앞으로 나아갔다. 그는 눈부신 광채를 자랑하는 철갑 부대로부터 그 독수리 같은 눈을 한 번도 떼지 않았다." 전국의 신문들은 이 광경을 장황하게 묘사했고, 유럽의 대사들은 그것들을 복사해 자국으로 보냈다. 물론 그 소식은 산맥을 넘어 서부에서도 빠르게 퍼져 나갔다.

막상 뚜껑을 열어 보니 폭도의 결집력에 대한 연방 정부의 판단은 철저한 오판이었다. 웨스턴 펜실베이니아 주의 폭도에게는 뚜렷한 목표가 없었다. 8월과 9월에 서부 주들의 대표가 만나 서로의 의중을 확인한 결과, 연방 탈퇴를 원하거나 연방군에 대항하려는 주는 상대적으로 적었다. 워싱턴 휘하 연방군이 산맥을 넘어 서부로 진격하고 있다는 소식에 폭도의 리더들은 항복하거나 황야로 몸을 뺐다. 그리하여 출전한 지 겨우 2주 만에 워싱턴은 군을 떠나 수도로 돌아왔다.

연방군은 계속해서 서쪽으로 진격했으나 막상 목적지에 도착해 보니 할 일이 별로 없었다. 1개월에 걸친 조사 끝에 용의자 20명을 필라델피아로 보냈지만 겨우 두 명만 유죄판결을 받았고 그나마 대통령의 명령으로 사면되었다. 이에 제퍼슨은 조심스럽게 입장을 표명했다. "반란을 알리고 전쟁을 선포한 후에 군대를 보냈지만 아무것도 발견할 수 없었다."

워싱턴은 사태를 진압하기 위해 결단력 있게 행동함으로써 연방 정부의 법 수호 의지를 증명해 보였다. 물론 그 후에도 큰 대가를 치르고 얻은 자유를 정부가 빼앗을지 모른다는 두려움은 사라지지 않았다. 그러나 워싱턴 대통령의 고별 연설은 이런 우려를 말끔히 씻어 냈다. "약한 정부가 아니라 강력한 정부야말로 고향에서의 평온함과 해외에서의 평안, 여러분의 안전, 여러분의 번영, 여러분이 그토록 아끼는 자유의 지주(main Pillar)입니다."

결국 정부는 서부에서 위스키 세금을 제대로 걷지 못했다. 그리하여 1800년에 대통령에 당선된 제퍼슨과 의회는 재빨리 위스키 주세를 폐지했다.

한편, 워싱턴은 국민의 열렬한 성원 외에 보너스 이익까지 챙길 수 있었다. 웨스턴 펜실베이니아 주에 안정이 되돌아오고 그토록 염원하던 서부 인디언 정벌이 이루어지면서 서부의 부동산 경기가 붐을 타기 시작했다. 그로 인해 위스키 반란 이후 몇 년 사이에 워싱턴 소유의 서부 땅, '국토의 노른자위'의 값은 50%나 치솟았다.

미국 대통령에 의한 선포

조지 워싱턴 대통령, 1794년 9월 25일 선포

펜실베이니아 서부 카운티의 특정 지역에서 일어난 미국 헌법과 법에 대한 도전이 시간과 반성에 굴복하기를 바라는 마음에서 저는 처음에는 부대를 보내는 것보다 부대를 소집하는 것으로 충분하다고 생각했습니다. 그러나 법에 순응하기만 하면 아무런 조건 없이 용서하겠다는 제안이 그저 부분적으로만 받아들여졌습니다. 심지어 정부의 존립에 위험스러울 수도 있는 온갖 회유책을 제시했지만 아무런 효과가 없었습니다. 그 카운티들의 선량한 사람들이 아무리 영향력을 발휘하고 모범을 보여도 사악한 자들의 분노를 가라앉히기는커녕 오히려 스스로를 방어하기에 바빴습니다. 관용을 제안했으나 그것이 오히려 그들의 반항을 두려워하는 몸짓으로 곡해되었습니다. 반역 행위가 얼마나 무시무시한 결과를 낳을지 충분히 재고할 기회를 주었지만 그들은 무정부 원칙을 선전하고 밀사를 통해 질서의 친구들을 소외시키고 비슷한 폭동을 일으킬 적을 끌어 오기 위한 수단으로 그 기회를 이용했습니다.

정부가 도전을 받고 있습니다. 미국의 작은 일부가 연방 전체를 삼키려 하며, 평화를 원하는 자들을 희생시키면서까지 야망에 휩싸여 있습니다.

그래서 이제 저, 조지 워싱턴 미국 대통령은 헌법이 제게 부여한 최우선적이고 되돌릴 수 없는 의무, 곧 '법이 성실히 실행되도록 돌보는' 의무에 순응할 것입니다. 누구도 아닌 바로 우리 시민들이 자국 정부를 상대로 들고 일어나 미국의 이름을 더럽히다니 통탄할 노릇입니다. 환상에 빠져 고집을 부리는 저들이 참으로 불쌍합니다. 그러나 저는 이 나라를 향해 선한 빛을 비추시는 은혜로운 하나님께 철저히 의지하겠습니다. 저 고집쟁이들을 법에 굴복시키기로 결심했습니다. 뉴저지, 펜실베이니아, 메릴랜드, 버지니아 주로부터 군을 소집하여 배치했음을 선포합니다. 저는 그들이 힘들지만 꼭 필요한 국가의 부름에 애국심과 민첩함으로 순응하고 있다는 소식을 들었습니다. 어느 모로 보나 긴급 상황을 다루기에 충분한 군대가 불만의 근원지에서 이미 행동을 개시했습니다. 정부의 보호를 신뢰했거나 앞으로 신뢰할 사람들은 미국 군대의 완벽한 구원을 받을 것입니다. 법을 어겼지만 사면을 받을 자격이 있는 사람들은 최대한 선의로 대하겠습니다. 물론 그들이 이후에 허튼 행동으로 그런 권리를 잃어버리지만 않는다면 말입니다.

나아가 모든 개인과 장교와 집단에게 이번 군사 개입을 초래한 그 범죄들을, 직·간접적으로 조장한 조치들을 혐오감을 갖고 숙고해 보라고 권하는 바입니다. 사람들로 하여금 진실 대신에 거짓 진술을 받아들이고, 안정된 정부 대신에 불만을 품게 만든 조치들을 각자의 영역에서 점검해 보십시오. 미국의 국민들은 하나님의 은혜와 완벽한 자유 안에서 진지하게 고민한 후에 이 정부를 선택했습니다. 그러므로 우리 모두는 최선을 다해 헌법과 법을 수호함으로써 이런 측량할 수 없는 축복에 감사를 표시해야 합니다.

마지막으로, 누구라도 위에서 말한 폭도를 선동하거나 돕거나 위로하면 위험에 빠질 수 있음을 경고합니다. 또 모든 장교, 그리고 폭도 외의 시민들에게 몇 가지 의무에 따라 힘이 있는 한 범죄자를 법의 심판 아래에 놓을 것을 요청합니다.

저는 상기 내용을 선서하는 의미에서 본문에 미합중국의 인장을 찍었으며 제 손으로 서명했습니다.

1794년 9월 25일,

19번째 미국 독립 기념일에 필라델피아에서.

조지 워싱턴

Abraham Lincoln

자신에게 진실하라

에이브러햄 링컨과 노예해방령

때는 1862년 9월 21일, 일요일 자정 무렵. 노예 8명이 주인의 월밍턴 플랜테이션을 탈출하여 노스캐롤라이나 주의 어둠 속으로 사라졌다. 그들은 야경꾼의 마지막 순번이 끝난 후 정확히 1시간까지 기다렸다가 차례로 살그머니 달아났다. 탈주자 중에는 작은 체구에 말씨가 부드러운 24세의 윌리엄 벤자민 굴드(William Benjamin Gould)가 있었다. 그는 살짝 밖으로 빠져나와 강으로 기어갔다. 화창한 봄날의 비가 쏟아지는 사이에 도망자들은 부두에 묶인 보트를 풀어 월밍턴에서 케이프 피어 강을 따라 대서양까지 밤샘 항해를 시작했다.

도망자들은 하류에 어떤 위험이 기다리고 있는지 잘 알고 있었다. 날이 밝기 전에 작은 보트로 28해리를 여행해야 했으나 노출될 위험 때문에 감히 돛을 올릴 수가 없었다. 월밍턴과 대서양을 잇는 강 곳곳에 감시병이 깔려 있어 언제 발각될지 위태롭기만 했다. 도망자들은 어둠을 뚫고 조용히 노를 저어 갔다.

남부 연합에서 가장 번화한 항구 가운데 하나인 윌밍턴은 경계가 보통 삼엄하지 않았다. 특히 이 도시의 방어를 주도하는 포트 카스웰(Fort Caswell)이 대서양으로 이어지는 케이프 피어 강 어귀에 버티고 서 있었다. 윌밍턴을 봉쇄하고 있는 북부 연합의 해안 경비대가 강으로 진격하지 못하는 것은 포트 카스웰 때문이었다. 결국 도망자들의 보트와 자유 사이에는 병사들, 그것도 수없이 많은 병사들이 있었다.

　　지적이고 박식한 굴드는 타이밍이 탈출의 관건임을 알았다. 일단 붙잡힌 도망자들은 대부분 본보기로 현장에서 교수형을 당했다. 그런 상황에서 남북전쟁은 굴드가 바라던 최상의 타이밍이었다. 이후에 그가 일기에서 밝혔듯이, 그는 남북전쟁이 발발한 직후에 '기사들의 땅을 떠나 자유의 기치 아래 보호를 받기로' 결심했다.

　　남북전쟁은 1861년 4월에 발발했다. 같은 해 9월, 집 안에서 일을 하며 주인의 대화를 엿들을 수 있었던 일부 여자 노예들은 북부 연합이 남부에서 탈출한 노예들을 북부군으로 받아들이기 시작했다는 소식을 들었다. 북부 연합 진영까지 탈출한 노예는 누구든지 적의 재산으로서 포획된다는 소문이 노예들 사이에 급속도로 퍼져 나갔다. 노예의 주인이 멀리 전쟁터에 나가 있는 동안 가족을 이끌고 플랜테이션을 탈출해 북부 연합군 진영 앞에서 "나는 밀수품(contraband)입니다."라고 외치는 노예들이 줄을 이었다. 밀수품이니 자유를 얻는 것은 아니었다. 단지 남부 연합의 재산 형태로 북부 연합에 압류되는 것이었다. 주인에게 다시 끌려갈 염려는 없었기에 윌리엄 굴드 같은 도망자들에게는 압류가 자유나 진배없었다.

　　동이 튼 직후, 보트는 포트 카스웰의 코앞을 지나 굽이치는 대서양의 품에 안겼다. 아침 미풍에 돛을 높이 올린 채 도망자 8명은 북부 연합 국기를 휘날리는 배 두 척으로 접근했다. 그중에서 보트에 가까이 있던 배가 굴드 일행을 승선시켰다. 아직 포트 카스웰의 시야에서 벗어나지는 못했으나 안전하게 갑판에 오른 도망자들은 환호를 지르며 "나는 밀수품이다."라고 선포했다. 이에 "제군들, USS 케임브리지 호에 오른 것을 환영하네!"라는 환영사가 돌아왔다. 다른 배의 감시병들은 1862년 9월 22일 월요일 항해일지에 이 사건을 기록했다. "11시 20분. 포트 카스웰을 탈출한 밀수품 8명을 태웠다는 케임브리지 호의 보고가 들어왔다." 마침내 윌리엄 굴드는 탈출에 성공했다. 아직 자유를 얻은 것은 아니었으나 그렇다고 노예도 아니었다.

같은 날, 밀수품 8명이 USS 케임브리지 호에 오른 지 1시간 30분도 안 되어 에이브러햄 링컨은 내각 회의실로 걸어 들어갔다. 일상적인 월요일 회의였는데, 이때 보통 링컨은 최측근 보좌관들로부터 북부 연합 정부에 가장 중요한 사안들과 그에 관한 의견을 들었다. 출범한 지 한 달도 안 되어 남북전쟁에 돌입한 링컨 정부에게 중요 사안이란 대부분이 전쟁 문제였다. 이번 회의의 사안도 예외는 아니었다. 회의 참여자들이 당시에는 깨닫지 못했으나, 훗날 미국 역사는 그 순간을 링컨 대통령이 정치적으로 가장 야심만만하고도 과감하게 행동한 순간으로 기록했다.

늘 그랬듯이 링컨은 그날 아침에도 자리에서 일찍 일어났다. 동이 튼 직후 아침 식사를 하기 전에 그는 펜실베이니아 애비뉴를 따라 국방부 건물까지 짧은 거리를 걸어갔다. 국방부 내에는 한때 도서관으로 사용하던 작은 별관에 전신국이 있었는데 비록 종이 더미에 파묻혀 있었지만 많은 사무원들이 전신기와 서류장 사이를 부지런히 오가는 모습에서 생동감이 느껴졌다. 링컨이 아침 일찍 전신국을 방문할 때면 가끔 아무도 없었는데, 그때마저 전신기가 최전방으로부터 메시지를 받아 녹음하는 딸깍 소리가 방을 가득 메웠다.

링컨 대통령은 늘 생동감이 넘치는 이 전신국에서 하루를 시작했다. 전장에서 날아오는 소식들은 항상 군사전략에 관한 새로운 시각을 그에게 불어넣었다. 어느 전신국 직원에 의하면 링컨은 하루에도 몇 번씩 백악관에서 이곳을 찾아왔다고 한다. 링컨은 다른 관계자들이 찾아올까봐 전신국에 전임 좌석이나 업무 공간을 마련해 놓지 않았다. 그저 전쟁부 전신국장인 토머스 에커트(Thomas Eckert)의 책상에 앉았다가 돌아가는 식이었다. 한 마디로 전신국은 링컨이 백악관을 둘러싼 압박감에서 벗어나 뭔가에 집중할 수 있는 장소였다. 또 다른 전신국 기사는 "내가 여기 오는 것은 박해자를 피하기 위해서다."라는 링컨의 말을 인용했다.

링컨의 '박해자들' 중에는 링컨 자신의 허가에 따라 마음대로 백악관을 출입할 수 있었던 수많은 시민들이 있었다. 일리노이 주 소도시의 농부 아들로 태어난 탓인지 링컨은 백악관 개방 정책을 고집했다. 「새크라멘토 유니언(Sacramento Union)」지의 한 저널리스트는 대통령 접견실에 관한 기사에서 "우리의 출입을 막을 사람은 아무도 없다. 씻은 사람이나 씻지 않은 사람이나 할 것 없이 누구나 항상 자유롭게 왕래한다."라고 썼다. 그 저널리스트에 따르면, 방문객 중에는 백악관의 양탄자와 천을 기념품으로 뜯어 가는 '유물 사냥꾼'도 적지 않았다고 한다.

그러나 방문객들의 주된 목적은 링컨에게 사면을 요청하기 위함이었다. 링컨이 사형을 언도받은 어느 북부 연합군 병사를 사면해 주었다는 소문이 파다했기 때문이다. "세상에 링컨만큼 피를 싫어하는 사람도 없었다. 그는 가능하면 벌금형을 내리고 죄수를 사면하려고 애썼다. 오죽하면 장군들은 대통령의 귀에 들어가기 전에 속히 사형을 집행하려고 했다."는 기사가 실릴 정도였다.

죽은 병사들의 부인이나 어미를 보면 링컨의 마음은 여지없이 녹아내렸다. 어느 가난한 부인은 링컨에게 이런 편지를 보냈다. "죽은 남편의 이름으로 보내온 봉급은커녕 국가보조금도 받지 못했어요. 당신이 옳은 일을 하는 줄 알아요. 그러니 제가 혼자 살아갈 능력이 없다는 걸 알아주세요." 결국 링컨은 이 부인을 워싱턴 우체국장으로 임명했다. 또 어떤 여인이 전쟁으로 이미 아들 하나를 잃고 또 다른 아들까지 탈영죄로 잃게 생기자 링컨에게 탄원서를 보냈다. 링컨은 부인에게 "아드님의 목숨이 두 개라면 목을 매달아도 별문제가 없겠지만 한 번 죽으면 되살릴 수 없으니까 어쩔 수 없이 사면해야겠네요."라고 답장을 보냈다.

링컨이 인간의 생명을 소중히 여겼다고 해서 무분별하게 용서한 것은 아니었다. 그는 자신의 귀중한 시간을 빼앗는 사람과 정말 불쌍한 사람을 분간할 줄 알았다. 매사추세츠 주의 어느 의원이 유죄판결을 받은 노예상인의 방면을 요청했을 때 링컨은 분노하며 말했다. "자비를 요청하면 쉽게 거절하지 못하는 것이 내 약점임을 당신도 잘 알 겁니다. 이 사람이 군인 입장에서 가장 비열한 살인을 저질렀다면 혹시 용서할 수 있을지도 모르겠습니다. 그러나 아프리카로 가서 선량한 여인의 자식을 노예로 빼앗아 올 정도라면 최악의 살인자보다도 더 악합니다. 절대 안 됩니다! 그가 감옥에서 썩어 문드러진 후에는 혹시 내 사면이 가능할지도 모르겠군요."

링컨을 괴롭힌 것은 공무의 압박만이 아니었다. 특히 그에게 아내는 여간 골칫거리가 아니었다. 그의 아내 메리 토드 링컨은 다루기가 까다로웠고 정신적으로 문제가 있었다. 낭비벽으로 유명했던 그녀는 남편의 명의로 뉴욕 최고의 상점들과 거래를 했다. 링컨은 아내가 산 물건 값을 해결하느라 돈까지 빌려야 했는데, 백악관 입성 후 처음 몇 달 동안은 빚에 시달렸다. 링컨의 가까운 친구인 전 법률 자문은 이렇게 썼다. "링컨은 모든 면에서 검소했다. 그러나 쾌락에 깊이 빠져 있던 그의 가족들은 그도 모르게 막대한 돈을 써 댔다."

엎친 데 덮친 격으로 대통령에 당선된 직후 링컨의 아들 윌리(Willie)가 장티푸스로 열두 살을 넘기지 못하고 사망했다. 이 비극으로 링컨은 크게 절망했고 메리의 삶은 아예 망가져 버렸다. 그 후로 윌리에 관해 최고 전문가들과 상담하는 것이 메리의 일상이 되어 버렸다. 한번은 메리가 배다른 자매에게 이런 헛소리를 했다. "윌리는 살아 있어. 밤마다 찾아와 내 침대 발치에 서서 예전과 똑같이 앙증맞은 미소를 짓고 있어." 그녀의 슬픔은 몇 년은 아니지만 몇 개월 동안 계속되었다. 슬픔의 강도가 얼마나 컸던지 링컨은 그녀가 스스로를 다스리지 못할 때면 보호시설로 보내겠다고 경고하기도 했다. 그녀는 결국 불행을 자처했고, 링컨이 암살된 후 10년 만에 그녀의 장남 로버트는 그녀를 일리노이 주 요양소에 위탁했다.

링컨은 집에서는 우울증에 걸린 아내를 돌보고 밖에서는 서로 아옹다옹하는 각료들의 심판 노릇을 하느라 정신이 없었다. 그중에서도 윌리엄 수어드(William Seward) 국무장관과 기드온 웰스(Gideon Welles) 해군성 장관이 서로 으르렁거리는 바람에 여간 골칫거리가 아니었다. 특히 수어드가 링컨의 심기를 자주 건드렸다. 10년 이상 상원의원을 지낸 베테랑 수어드는 1860년에 공화당 대선 후보의 물망에 올랐다가 근소한 차로 링컨에게 밀린 인물이다. 거만한 데다 거침없이 입을 놀리는 그는 링컨에 대한 비판적인 태도를 고스란히 간직한 채 거드름을 피우며 장관직을 수락했다. 그가 링컨에게 인사를 하기 위해 처음 백악관을 찾았을 때 링컨은 마침 자신의 부츠를 닦고 있었다. 역시나 그는 그냥 넘어가지 않고 링컨에게 한마디를 던졌다. "워싱턴에서 우리는 자신의 부츠를 닦지 않습니다." 그러자 링컨이 최대한 정중하게 물었다. "그러면 장관님은 누구의 부츠를 닦습니까?" 그러나 내각에서 링컨의 최대 골칫거리는 수어드가 아니었다.

새먼 체이스(Salmon P. Chase) 재무장관은 장관으로 선출되자마자 다음번 공화당 대통령 후보 자리를 놓고 링컨과 맞서겠다고 공언했다. 그는 링컨에 대한 당내 불만을 유도하고자 링컨의 결정을 끊임없이 반박했다. 그럼에도 링컨은 야심만만한 체이스에 대해 '소로 하여금 열심히 일하게 만드는 쇠등에'라는 표현을 썼고, "체이스는 훌륭한 장관이므로 나는 그를 현재 위치에 유지시킬 것이다."라고 말했다.

링컨이 수어드의 오만과 체이스의 방자함을 무시할 수는 있었으나 전쟁만큼은 무시할 수 없었다. 1861년 4월, 버지니아 주가 북부 연합에서 탈퇴한 후로 워싱턴에서 포토맥 강만 건너면 바로 남부 연합이었다. 한마디로 워싱턴은 전쟁에 돌입한 후 수개월 동안 남군의 포화 사거리 안에 있었다.

워싱턴 북부 경계의 메릴랜드 주는 중립을 표방했으나 노예제도를 허용했고, 많은 남부 지지자들을 보호하고 있었다. 4월 링컨이 자원군을 요청했을 때 메릴랜드 주의 남부 지지자들은 자원자들이 워싱턴으로 건너가지 못하도록 다리를 불태우고 철로를 훼손했다. 전쟁이 시작될 무렵에 포트 워싱턴이 워싱턴의 유일한 방어 요새였는데, 1812년 전쟁 때 해안 망대로 축조된 데다 수도로부터 거의 15마일이나 떨어져 있어 수도를 방어하기에는 역부족이었다.

군대 자체도 문제투성이였다. 링컨의 육군 지휘관 조지 맥클레란(George McClellan)은 군을 퇴역한 뒤 남북전쟁이 발발할 때까지 철도 산업에 종사했다. 링컨은 큰 기대 속에서 맥클레란을 다시 불러들였고, 언론에서도 '작은 나폴레옹'이라며 그를 추켜세웠다. 그러나 맥클레란은 기대에 전혀 부응하지 못했고, 차츰 링컨의 불만은 커졌다. 군사 문제 전문가에게 특정한 목표를 달성하기 위해 얼마나 시간이 걸리고 무엇이 필요한지 물었는데, 그가 정작 모든 답을 얻고 나서 때가 되자 아무 행동도 취하지 않는다고 상상해 보라. 한번은 맥클레란은 남부 연합의 수도인 리치몬드를 눈앞에 두고 전투를 벌였는데 리치몬드로 진격하기 직전에 아무런 이유도 없이 명령을 철회했다. 이에 링컨은 "그는 존경스러운 엔지니어이지만 고정된 기관(stationary engine)에 특별한 재주가 있는 것 같다."라고 말했다. 당시만 해도 링컨은 율리시즈 그랜트(Ulysses Grant)를 뛰어난 리더로 보지 못했다. 이후에 그랜트를 끌어들여 전쟁을 승리로 이끌긴 했지만 이때만 해도 링컨의 눈에는 맥클레란이 유일한 대안이었다.

총사령관으로서 링컨의 입지는 매우 불안했다. 군사 경험이 3개월밖에 되지 않았고 그것도 일리노이 주의 소규모 민병대 활동이 전부이던 그가 난생 처음으로 대규모 군사작전을 지휘하게 되었으니 그럴 만도

했다. 이에 반해 남부 연합의 제퍼슨 데이비스(Jefferson Davis) 대통령은 웨스트포인트(West Point : 미국의 육군사관학교–역주)를 졸업한 데다 피어스(Pierce) 대통령 시절에 4년 동안 전쟁장관으로 복무한 전력도 있었다.

게다가 중립을 표방하면서도 노예제도만큼은 허용하는 변경의 네 주(메릴랜드, 델라웨어, 켄터키, 미주리) 중 하나가 북부 연합을 탈퇴하여 남부 연합에 가입할지도 모르는 상황이기에 링컨은 항상 불안할 수밖에 없었다. 메릴랜드 주가 탈퇴하면 워싱턴은 사실상 사방이 적에게 둘러싸이게 되는 것이었다. 링컨을 군사적으로 압박하는 대상은 남부 연합만이 아니었다. 세계 최강의 초강대국 영국도 언제 북부 연합으로 창칼을 들이댈지 몰랐다. 북부 연합의 해군이 남부 연합으로 통하는 길목을 차단하는 바람에 무명이 유럽으로 운반될 수 없었고, 그에 따라 영국에서 가장 수익성 높은 직물 산업이 큰 타격을 받았기 때문이다.

믿을 만한 보좌관도 없고 군사적 경험도 적은 데다 백악관 내에서 사적으로도 극심한 압박감을 받는 링컨에게 믿고 의지할 곳은 어디에도 없었다. 선거기간에 링컨은 자신의 신념을 글로 피력했다. "모든 사람에게 기회가 돌아가기를 바란다. 나는 흑인에게도 자기 조건을 개선할 기회가 있어야 한다고 믿는다." 경험에서 나온 말이리라. 실제로 링컨의 출발은 초라하고 가난했으나 고등교육을 받고 변호사로 성공을 거둔 후에 설득력 있는 대통령이 되었다. 그러나 대통령이 된 후로 링컨은 다른 사람처럼 행동했다. 북부 연합의 존 프레몬트(John Frémont) 장군이 미주리 주 모든 흑인의 해방을 명령했을 때 링컨은 그 명령을 취소하고 프레몬트를 해임하는 서한을 씀으로써 자신의 개인적 신념과 선거공약을 저버렸다. 이에 좌절하고 분노한 북부 흑인 공동체는 해명을 요구했고, 블랙 저널리스트 로버트 해밀턴(Robert Hamilton)도 글로 분노를 표출했다. "프레몬트 장군의 명령으로 미주리 주의 수천 명이 해방되는 이 마당에 에이브러햄 링컨의 이 편지는 지옥으로부터 노예제도를 다시 불러들이고 있다. 나아가 대중이 가장 중요하게 여기는 명분을 북부 연합으로부터 빼앗는 한편, 반란군에게는 지구상의 어디에서도 얻을 수 없는 도움과 위로를 제공하고 있다."

빗발치는 비난에도 링컨은 전쟁에서 밀리는 상황이니만큼 함부로 변경 주들의 심기를 건드릴 수 없었다. 북부에는 쉽게 승리를 안겨 줄 만큼 인력과 산업 자원이 풍부했으나 1862년 6월 당시는 북부 연합이 밀리고 있는 형세였다. 7일 전투로 알려진 일련의 충돌 때 북부 연합에서 규모가 가장 큰 맥클레란 장군의 연대가 남부군의 영웅 로버트 리(Robert E. Lee) 장군에게 굴욕적인 패배를 당하는 바람에 북부 연합의 사기는 땅에 떨어졌다. 이에 대해 뉴욕의 한 저널리스트는 "이곳의 절망감은 이루 말할 수 없다."라고 썼고, 어떤 이는 "상황이 암울했다."라고 기록했다. 반대로 메이슨딕슨선(Mason-Dixon Line)* 남쪽은 전쟁이 곧 끝나리라는 기대감에 부풀어 있었다. 리치몬드의 한 시민이 기록했듯이, "리 장군이 판세를 뒤엎은 덕에 북부의 이 '거대한 군대'는 치명타를 입었다."

---

*메이슨딕슨선(Mason and Dixon Line) 미국의 펜실베이니아 주와 메릴랜드 주를 나누는 경계선.

펜실베이니아의 영주(領主) 펜과 메릴랜드의 영주 볼티모어와의 식민지경계 다툼을 해결하기 위해 영국인 측량사 C. 메이슨과 J. 딕슨이 1763~1767년 설정하였다. 그 후 독립혁명 때 노예제도의 폐지문제가 일어나자 이 선의 북쪽에 있던 주들은 노예제도를 폐지하는 '자유주'가 되었고 남쪽의 주들은 이를 존속시켜 '노예주'가 되었기 때문에, 노예주와 자유주의 경계선으로서 사용되었다. 지금도 정치적·사회적으로 미국의 북부와 남부를 가르는 상징적인 분계선으로 여겨진다.

북부 연합은 링컨의 리더십에 분노와 실망감을 감추지 못했다. 유수한 「뉴욕 트리뷴(New York Tribune)」의 편집자 호레이스 그릴리(Horace Greeley)는 링컨의 지도력과 결단력을 비판하는 사설을 기고하는 한편, 링컨에게 노예해방에 대한 약속을 이행하라고 촉구했다. 이에 링컨은 그릴리에게 답장을 보냈다. "이 싸움에서 나의 가장 중요한 목적은 북부 연합을 구하는 것이지 노예제도를 옹호하거나 파괴하는 것이 아니다. 노예를 해방하지 않아야 북부 연합을 구할 수 있다면 나는 그렇게 할 것이다. 물론 노예를 해방해야 북부 연합을 구할 수 있다 해도 그렇게 할 것이다. 이것이 공인으로서 내 목표다. 그러나 내가 늘 말했듯이 모든 이에게 자유를 주는 것이 내 개인적 소망이다. 이 소망을 버릴 생각은 조금도 없다."

대통령 자리에 앉은 후로 30파운드나 몸무게가 준 링컨에게는 휴식이 절대적으로 필요했다. 링컨은 연극에 대한 열정에서 휴식을 찾았다. 시인 월트 휘트먼(Walt Whitman)은 링컨을 '당대 셰익스피어 주석가 중에서 최고'로 평했다. 특히 링컨은 예술 거장의 대사에서 위안을 얻곤 했다. 『햄릿(Hamlet)』을 특히 좋아했던 그는 에드윈 부스[Edwin Booth, 당시 가장 유명한 배우 중 한 명으로, 링컨을 암살한 존 윌크스 부스(John Wilkes Booth)의 형제]의 공연에 열광했다. 그는 즐겨 찾는 전신국에서 셰익스피어의 연극을 혼자 공연하곤 했다. "한번은 내가 유일한 청중이었다. 링컨은 방 안이 청중으로 꽉 차기라도 한 것처럼 열정에 사로잡혀 내 앞에서 대사 몇 마디를 읊조렸다."라고 어느 전신 기사는 말했다.

7일 전투 후에 링컨은 전신국을 외부 압박으로부터 평온을 얻기 위한 요새로 활용했다. 어느덧 맥클레란 장군을 제쳐 두고 링컨 스스로 전쟁을 지휘해야 할 때가 왔다. 링컨은 오직 전신국장 토머스 에커트 (Thomas Eckert)의 의견만 구하는 가운데 전투 계획을 세웠다. 당시 상황을 에커트는 이렇게 기록했다. "7일 전투가 끝난 직후인 1862년 7월 그는 아침 일찍 도착하자마자 내게 뭔가를 쓸 종이를 달라고 했다. 떠날 때가 되어 그는 뭔가를 쓴 종이를 내게 맡기며 아무에게도 보여 주지 말라고 했다." 며칠 동안 링컨은 하루에 몇 시간씩 개인 서재에 틀어박혀 천천히 또 신중하게 뭔가를 써 내려갔다. 한 번에 많이 쓰지는 않았다. 그저 짬이 날 때마다 고민을 하다가 마음을 정하면 한두 줄을 적은 후에 다시 조용히 고민하는 식이었다.

7월 중순쯤이 되어 링컨은 전투 계획서를 완성했다. 그로부터 며칠 후 그는 차에 수어드와 웰스 장관을 함께 태우고 가던 중 문득 노예를 해방하면 어떻겠냐고 물었다. 두 사람은 모두 충격을 받았다. 수어드는 몇 가지 문제점을 금세 찾아냈다. 이내 냉정을 되찾은 수어드는 7일 전투에서 패한 직후에 노예를 해방하면 최후의 발악쯤으로 보이기 쉽다는 점을 지적했다. 또 빠른 종전을 원하는 영국은 북부 연합이 곧 망하리라는 판단이 서면 직접 전쟁에 개입할지도 모른다고 경고했다. 몇 분이 지났는데도 웰스는 너무 놀랐는지 아무런 말이 없었고, 링컨은 더 이상의 논의를 피했다.

링컨은 9일 후 내각 모임에서 노예해방 문제를 다시 거론했는데, 이번에는 누구에게도 조언을 구하지 않았다. 끝내 노예를 해방시키고야 말겠다는 자신의 의지만 선포했을 뿐이다. 링컨의 돌발 선언에 수어드와 웰스처럼 내각도 발칵 뒤집혔다. 한참 정적이 흐른 뒤 처음으로 입을 연 사람은 에드윈 스탠톤(Edwin Stanton) 전쟁장관이었다. 그는 군의 사기를 높이기 위해 노예를 즉시 해방해야 한다며 링컨의 입장에 지지를 표명했다. 그때부터 장관들은 영국의 전쟁 개입 가능성을 놓고 찬반으로 나뉘었다. 링컨은 다시 논의를 멈추었지만 이번에는 속으로 분명한 결심이 섰다. 그는 노스캐롤라이나 주의 노예 윌리엄 굴드처럼 적당한 때를 기다리기로 결심했다.

적당한 때는 그해 가을이 되어서야 찾아왔다. 9월 17일, 북부 연합은 앤티탐 전투에서 남부 연합에 엄청난 타격을 입혔다. 이 전투에서 수많은 피를 흘리긴 했어도 북부 연합이 7일 전투의 쓰라린 패배 이후 처음으로 대대적인 승리를 거두고 리 장군을 퇴각시켰다는 점에서 의의가 컸다. 드디어 절호의 기회가 왔다고 판단한 링컨은 앤티탐 주둔군을 방문하기로 계획했다. 앤티탐 전투의 승리가 북부 연합의 언론을 통해 대서특필될 게 뻔했지만 링컨은 남부 연합의 사기를 더욱 떨어뜨릴 계획을 세웠다. 자국 군대의 사기를 북돋우는 것이 승리의 열쇠였기에 링컨은 워싱턴을 떠나기에 앞서 반란군에 훨씬 더 강력한 펀치를 또다시 날리기로 했다.

9월 22일 링컨은 두툼한 서류 뭉치를 들고 내각 회의실로 걸어 들어갔다. 각료들은 내용은 알 수 없었으나 매우 중요한 서류라는 것만큼은 짐작했을 것이다. 그들은 기대 속에서 조용히 기다렸다. 마침내 링컨이 입을 열었다. 아니, 크게 읽었다고 말하는 것이 옳은 표현일 것이다. "1856년 가을이었어. 뉴욕 주의 엄청 큰 도시 유티키에서 내 쇼를 보여줬지."

각료들은 완전히 넋이 나간 표정을 지었지만 링컨은 아랑곳하지 않고 계속 읽어갔다. "첫째 날, 내가 여느 때처럼 멋들어지게 내 짐승들과 달팽이들을 설명하고 있는데, 글쎄 엄청 커다란 덩치가 내 밀랍 인형 창고로 걸어오더라구. 그 밀랍 인형들은 최후의 만찬에 등장하는 인물들이었어. 그런데 열 받게 그 덩치가 가리옷 유다의 발을 잡고 바닥에 질질 끄는 거 있지. 그러더니 있는 힘껏 인형을 바닥에 내동댕이치지 뭐야. '뭐하는 짓이요?' 하고 나는 소리를 쳤지."

링컨은 자신이 직접 공연이라도 하는 듯, 즐거워했다.

"그가 이렇게 말하더라구. '이런 약한 녀석을 뭣 하러 여기 데려왔어?' 그리고는 내 밀랍 인형의 머리에 엄청난 펀치를 한 방 더 날리더라구."

각료들은 서로의 얼굴을 쳐다보고는 다시 링컨에게 시선을 돌렸다. 링컨은 당장 멈출 뜻이 없어 보였다.

"그래서 내가 말했지. '이 멍청한 녀석, 그건 밀랍 인형이라구. 거짓 사도를 표현한 거야.' 그랬더니 그가 이렇게 말하는 거야. '뭘 몰라도 한참 모르는군. 이 친구야, 내가 말해 주지. 가리옷 유다가 그런 상판대기로 유티키에 나타나면 무사할 줄 알아?' 그러더니 인형을 칼로 난도질했어. 알고 보니 그 어린 녀석은 유티키 제일의 가문 출신이더라구. 할 수 없이 나는 그를 달랬지만 결국 판사는 내게 3급 방화죄를 선고했어."

링컨은 꽤나 유쾌한 표정이었으나 각료들은 완전히 똥 씹은 표정이었다. 링컨이 읽은 것은 그가 가장 좋아하는 유머 작가 중 하나인 아르테미스 워드(Artemis Ward)의 『유티키에서의 무자비한 횡포(High-Handed Outrage in Utiky)』였다. 스탠튼 전쟁장관은 진지하기 짝이 없는 참모 회의장에서 대통령이 그런 어처구니없는 이야기나 읽고 있다는 데 몹시 짜증이 났다.

링컨은 어리둥절해 하는 각료들에게 따끔한 충고의 말을 던졌다. "여러분, 밤낮으로 극심한 긴장감이 저를 억누르고 있습니다. 이렇게라도 웃지 않으면 저는 죽고 말 겁니다. 저만큼이나 여러분에게도 웃음이라는 약이 필요합니다." 그는 잠시 멈추었다가 다시 입을 열었다. "여러분도 알다시피 저는 이 전쟁과 노예제도 사이의 관계에 대해 수없이 생각해 보았습니다." 그는 마치 연기라도 하는 듯 다시 오래 뜸을 들였다가 말했다. "여러분도 알다시피 저는 이 전쟁과 노예제도 사이의 관계에 대해 수없이 생각해 보았단 말입니다."

이 말이 끝나자마자 링컨은 노예해방령을 공식 선포했다. 비록 1월 1일에야 서명이 되었지만 노예해방령은 선포 즉시 북부 연합에 엄청난 반향을 일으켰다. 노예해방령의 골자는 "현재 미국에 대하여 반란 상태에 있는 주의 노예들은 이 반란을 진압하기 위한 적합하고 필요한 조치로서 이제부터 자유의 몸이 될 것임을 선포한다."라는 것이었다. 1년 전에 노예제도에 대한 링컨의 우유부단한 태도에 적이 실망했던 흑인 언론은 환호성을 터뜨렸고, 프레드릭 더글러스(Frederick Douglass)는 글로 기쁨을 표현했다. "살아서 이 의로운 법령을 기록하게 되다니 기쁨이 벅차오른다. 오! 이제 기쁨과 감사의 목소리를 높이자. 노예의 자유와 함께 우리 조국에 평화와 평안이 찾아올 것이다."

반란을 완전히 진압하기까지 2년이나 더 처절한 싸움을 벌여야 했으나 노예해방령을 계기로 승리의 추는 북부 연합 쪽으로 완전히 기울었다. 노예해방령을 통해 북부 연합은 남부의 주권을 유린하는 압제 정부에서, 압제당하는 국민을 해방하려는 도덕적 군대로 완전히 탈바꿈했다. 나아가 영국은 노예제도 폐지를 강력하게 주장해 왔던 터라 남부 방어를 위해 전쟁에 개입할 수 없게 되었다. 한마디로 북부군의 승리와 북부 연합 수호의 확실한 초석이 마련된 셈이었다.

물론 남부 연합의 노예만 해방했기 때문에 링컨은 노예제도와의 싸움이라는 도덕적 측면보다는 전쟁 전략이라는 점을 강조했다. 실제로 북부 연합의 날개 아래로 들어온 노예는 전쟁 측면에서 두 가지 이익을 안겨 주었다. 하나는 북부 연합의 전력에 보탬이 되었다는 것이고, 다른 하나는 남부 연합의 전력을 약화시켰다는 것이다. 링컨은 평등이나 시민권에 관해 일절 언급하지 않고도 노예해방이라는 개인적 목표를 전쟁 종식(북부 연합과 그 국민의 생명을 구하는 것)이라는 더 크고 절박한 목표와 일치시킬 수 있었다. 그는 북부 연합을 분열시킬 수도 있는 이슈를, 비인간적인 노예제도가 판치는 남부 연합을 무너뜨리기 위해 북부 연합을 일치단결시킬 수 있는 완벽한 명분으로 바꾸었다.

링컨은 한 친구에게 이런 편지를 썼다. "나는 내가 나름대로 최선을 다했네. 결과가 옳다면 나를 향한 어떤 비난도 문젯거리가 되지 않네. 반대로, 결과가 잘못되면 천사 10명이 내 입장을 변호해 줘도 아무런 소용이 없어." 아마도 그는 자신이 가장 좋아하던 희곡 『햄릿』의 대사 "자기 자신에게 정직하라."를 자신만의 표현으로 바꾼 것 같았다. 링컨은 위대한 인물들이 그러했듯 '올바른 결과'를 이끌어 냈다.

링컨이 노예해방령을 선포하던 날 아침 윌리엄 굴드는 노예 신분으로 USS 케임브리지 호에 승선했다. 그는 자신이 오랫동안 '밀수품'으로 남아 있으리라 생각했다. 자신이 당장 그날 오후부터 자유인이 되리라 상상이나 했겠는가?

미합중국 대통령에 의한 선포

에이브러햄 링컨 대통령, 1863년 1월 1일 노예해방령

1862년 9월 22일에 미국 대통령은 다음을 포함한 선언문을 발표했다. 현재 미합중국에 반란을 일으킨 주, 또는 주의 일부에 속한 노예들은 1863년 1월 1일 이후부터 영원히 자유의 몸이 될 것입니다. 육해군 당국을 포함한 미국의 행정부는 그들의 자유를 인정하고 지켜줄 것이며, 그들이 진정한 자유를 얻고자 노력하는 데 어떠한 제약도 가하지 않을 것입니다. 위에서 말한 1월 1일에 미국 행정부는 여전히 반란에 참여하고 있는 주들과 주의 일부 지역이 있다면 반란주로 지정할 것입니다. 그날까지 유권자의 과반수 이상이 투표하여 선출한 대의원들을 성심껏 미국 의회로 보내고 있는 주는 확실한 반대 증언이 없는 한 반란주로 여기지 않을 것입니다.

미국의 대통령인 저 에이브러햄 링컨은 미국의 권위와 정부에 대항하는 실제 무장 반란이 일어난다면 미국 육해군 총사령관으로서 제게

부여된 권한에 따라, 그리고 이 반란을 진압하기 위한 적합하고 필요한 조치로서, 현재 반란 상태에 있는 다음 주와 주의 일부 지역을 1863년 1월 1일부터 100일 동안 반란주로 선포합니다.

아칸소, 텍사스, 루이지애나(세인트 버나드의 군들, 플라퀘민스, 제퍼슨, 세인트 존, 찰스, 세인즈 제임스 어센션, 어점션, 테레본, 라포셰, 세인트 메리, 세인트 마틴, 뉴올리언스 시티를 비롯한 올리언스 제외), 미시시피, 앨라배마, 플로리다, 조지아, 사우스캐롤라이나, 노스캐롤라이나, 버지니아(서부 버지니아로 지정된 48개 카운티와 카클리, 아코맥, 노샘프턴, 엘리자베스 시티, 요크, 프린세스 앤, 노퍽의 카운티들, 노퍽과 포츠머스의 도시들 제외)와 일부 지역에서는 현재 이 해방령이 통하지 않고 있습니다.

제 권한에 따라, 그리고 위에서 언급한 목적을 위해 저는 이상의 반란주로 선포된 주와 주의 일부 지역에 노예로 묶인 모든 사람은 이제부터 자유의 몸이 되었음을 선포합니다. 육군과 해군 당국을 포함한 미국의 행정부는 위 사람들의 자유를 인정하고 유지할 것입니다. 저는 자유가 선언된 위의 노예들에게 자기 방어를 위해 필요한 경우가 아니라면 어떤 폭력 행위도 삼가줄 것을 명령합니다. 그리고 그들이 허용된 범위 안에서 성실히 일하고 마땅한 임금을 벌도록 권유합니다. 적합한 조건을 갖춘 사람은 미군에 입대하여 요새, 진지 및 기타 부서, 모든 종류의 선박에 배치될 수 있습니다. 진실로 정의를 위한 행위이며, 군사적 필요에 따라 헌법이 확실히 인정한 이 선언에 전능하신 하나님의 은총과 인류의 신중한 판단이 함께 하길 기원합니다.

위 사실에 제 손을 얹어 맹세하고 미국의 인장을 찍어 확인합니다.

미국 독립 87주년인 1863년 1월 1일 워싱턴에서

에이브러햄 링컨 대통령

국무장관 윌리엄 수어드

Grover Cleveland

무시당한 헌법

그로버 클리블랜드와 풀먼 노동쟁의

그로버 클리블랜드는 사람을 죽였다. 그것도 두 명씩이나. 물론 그들은 이미 죽은 목숨이나 다름없는 사형수들이었다. 이리 카운티(Erie County)의 보안관이었던 그는 사형 집행인을 고용하는 데 정부의 돈을 쓰지 않으려고 직접 죄수들의 목을 매단 것뿐이었다.

그로부터 20년 후 7월의 끔찍한 사건 당시 그는 두 사형수를 죽인 피 값을 보상하고도 남을 만큼 많은 생명을 구했다. 오늘날 1896년 7월 4일에서 8일까지 일리노이 주 시카고가 전쟁터를 방불케 했다는 사실을 기억하는 미국인은 별로 없다. 성난 시민들은 건물을 파괴하고 다리를 날려 버리고 열차를 탈선시켰으며, 만국박람회 장소를 불태웠다. 상황이 얼마나 참혹했던지, 「워싱턴 포스트(The Washington Post)」지는 '문명의 보존'이 위기에 처했다고 보도했다.

당시 일부에서는 전 세계적인 경제공황을 폭동의 원인으로 보았다. 미국이 불황의 한복판에 놓이는 바람에 실직한 많은 이들이 분노했고 폭동의 구실만 찾고 있었다. 그해 1,200만 명이 만국박람회를 보러 시카고에 몰려들면서 시카고 거리는 언제 터질지 모르는 화약고와 같았다. 그러나 정작 폭동은 전혀 뜻밖의 곳에서 시작되었다. 폭동의 불씨는 좌절한 수백 만 실직자들이 아니라, 시카고 시내로부터 15마일 떨어진 작은 마을에 사는 수천 명의 고소득 노동자들이었다. 마을의 이름은 그곳 거주민들이 생산하던 고급 열차의 이름을 딴 '풀먼'이었다.

긴 리무진과 고급 비행기가 나타나기 훨씬 전인 19세기에는 풀먼 침대 열차가 가장 사치스러운 여행 수단이었다. 풀먼 열차에 평범한 것은 하나도 없었다. 붉은 고급 플러시 천을 씌운 벚나무 좌석은 밤에는 편안한 침대로 변했다. 객차마다 짐꾼들이 시트를 개고 짐을 나르고 구두를 닦고 옷을 다리는 등 아이들의 눈을 즐겁게 했다. 겨울에는 기관차에 연결된 연통에서 증기가 나와 객차 실내를 따뜻하게 데워 주었고, 더운 여름에는 초기 형태의 에어컨이 승객들의 땀을 식혀 주었다. 또한 천장의 샹들리에와 실크를 입힌 테이블 램프에서는 은은한 가스등 불빛이 스며 나왔다. 휴게실 객차에서는 승객들이 최신 서적과 잡지를 읽으며 편안한 휴식을 취했고, 식당 객차에서는 미국의 최고급 식당에서나 볼 수 있는 도자기 그릇에 담겨 나오는 최고급 요리를 즐겼으며, 화려한 수정잔으로 고급 와인과 술을 마셨다. 철로 주위에 사는 사람들은 주석 대야에서 몸을 씻는데, 풀먼 승객들은 기차가 시속 35마일로 달리는 동안에도 대리석 세면대를 갖춘 커다란 욕실에서 뜨거운 샤워를 즐겼다.

링컨 대통령의 장례 행렬 때도 풀먼 열차를 사용했고, 율리시즈 그랜트 장군도 남북전쟁을 마치고 고향으로 돌아올 때 풀먼 열차에 몸을 실었다. 객차 한 대당 오늘날 가치로 150,000달러를 상회하는 풀먼 침대차는 미국 최고의 갑부들만 사용하는 최고급 열차였다.

아이러니하게도 풀먼 열차를 타는 사람들은 미국의 최고 상류층이었지만 그것을 만드는 사람들은 일리노이 주 풀먼 도시의 찢어지게 가난한 노동자들이었다. 시카고의 사업가 조지 풀먼(George Pullman)은 시카고 당국이 하수 시스템을 새로 설치할 때 건물 이전 사업으로 부를 쌓았으며, 이후 시카고 교외의 땅 4,000에이커를 매입해 기업 도시를 건설했다. 그는 노동자로 우글대는 비위생적인 지역을 깨끗하고 안전하며 문화가 꽃피는 환경으로 바꿈으로써 생산성을 향상하고 지역 사랑을 고취시키고자 했다. 풀먼의 목표는 '노동자들에게 흔한 악이 끼어들 여지조차 없는' 도시를 건설하는 것이었다. 나아가, 그는 비용을 낮추고 수익성을 높이며, 완전히 새로운 사업 방식을 세상에 선보이고 싶었다.

풀먼 도시의 일꾼들은 잘 포장된 거리에 늘어선 똑같은 모양의 벽돌집에 살았다. 집마다 잔디는 완벽하게 깎여 있었고 내부 연관, 가스 시설, 쓰레기 처리 시설 등은 가히 예술에 가까울 정도로 완벽했다. 풀먼은 자신의 도시를 재정 효율의 모델로 운영했고, 낭비란 아예 없었다. 또한 하수 오물로 가공한 비료로 농작물을 키워 주민에게 다시 팔았다. 남은 대팻밥은 보일러 연료로 다시 사용했고, 빗물은 저수지에 공급했다. 각지에서 찾아온 방문객들은 풀먼의 모델 도시에 경탄을 금치 못했고, 풀먼의 딸 이름을 딴 아름다운 플로렌스 호텔에서 묵었다.

그러나 풀먼의 속사정은 겉보기만큼 좋지 못했다. 조지 풀먼은 주민들의 삶에 막강한 통제력을 행사했다. 예컨대 어떤 상점을 개설할지,

도서관에 어떤 책을 비치할지, 극장에서 어떤 공연을 올릴 수 있는지 등을 모두 풀먼이 직접 선택했다. 그는 교회를 단 하나만 세우고는 한 가지 종류의 예배만 드리고 초교파적 청교도 윤리를 가르치도록 했으며 사실상 음주를 금지했다. 플로렌스 호텔이 유일한 예외였는데, 그곳에서도 음주는 외지인에게만 허락되었다. 그는 마을을 감시하고 '바람직하지 못한' 행동을 신고하는 '감시자'를 고용했다. 또 수익을 낳기 위해 마을의 물가를 주변 지역보다 높게 잡았고, 시설 사용료도 올렸다. 이런 통제에도 불구하고 1893년에 풀먼 도시에는 12,000명의 일꾼과 가족이 몰려들었다. 그러나 이것이 전적으로 자의에 따른 것은 아니었다. 풀먼 내에 거주하지 않는 노동자는 회사가 어려울 때 최우선 감원 대상이었다.

실제로 1893년에 어려운 시절이 찾아왔다. 당시 전국적으로 실직자가 줄을 이었는데 전국의 평균 실업률은 15%까지 치솟았고 이보다 높은 주도 적지 않았다. 1896년의 실업률은 펜실베이니아 주 25%, 뉴욕 주 33%, 미시건 주 43%였다. 은행들은 서부 전역의 농장들을 유질 처분했고, 1887~1893년 캔자스 주에서만 11,000개 농장이 파산했다. 불황 속에서 철도 산업은 특히 어려운 상황에 처했다. 경제가 추락하면서 전국의 물품 수송을 담당하던 철도 회사들은 수십 억 달러의 손해를 보았다.

열차 삯을 지불할 수 있는 계층이 점점 줄어들면서 사치스러운 풀먼 열차의 수요는 바닥을 쳤다. 그러나 곧 사정이 나아지리라는 희망 속에서 조지 풀먼은 손해를 보면서까지 계약을 맺었다. 이후 그런 희망마저 물거품으로 돌아가자 풀먼이 찾은 해결책은 직원을 해고하고 임금을 대폭 삭감하는 것이었다.

　실직자만큼은 아닐지라도 풀먼에 살면서 계속 일을 하는 사람도 어렵기는 매한가지였다. 풀먼이 사장 입장에서 노동자의 임금을 삭감하기만 했지 지주 입장에서 임금에 맞게 임대료를 조정하지는 않았기 때문이다. 임금을 지불하기 전에 회사에서 임대료를 공제했으니 피고용자들의 임금은 더욱 줄어들 수밖에 없었다. 더욱 심각한 사실은 하급 노동자들의 임금이 줄어든 반면 경영층의 보수는 그대로였고 주주들에게도 배당금이 꼬박꼬박 지불되었다는 것이다.

　제니 커티스(Jennie Curtis)는 풀먼 공장에서 5년 동안 바느질을 했지만 임금이 시간당 17센트에서 고작 11센트로 35%나 줄면서 오히려 풀먼에게 임대료 15달러를 빚진 신세로 전락했다. 또한 한 남자는 임대료를 공제하고 남은 2센트를 급료 수표로 받았다. 그는 그것을 현금으로 바꾸지 않고 기념품으로 액자에 끼워 두었다. 그런가 하면 풀먼 도시를 지옥에 비유한 노동자도 있었다. "우리는 풀먼 집에서 태어나 풀먼 상점에서 음식을 샀고, 풀먼 학교에서 배웠으며 풀먼 교회에서 세례를 받았습니다. 우리는 죽어서도 풀먼 지옥에 갈 겁니다."

　분노한 일부 노동자들은 조지 풀먼을 찾아가 불만을 토로하고 임대료 인하를 요청했다. 사실 그들은 자신의 목소리를 높였다고 해서 불이익을 당하지는 않으리라 생각했다. 그러나 대화에는 아무런 진전이 없었고, 불만을 토로했던 사람들 중 일부는 풀먼의 약속에도 불구하고 결국엔 일자리를 잃고 말았다. 자신이 다음번 해고 대상이 되지 않을까 두려워한 일부 노동자들은 유진 뎁스(Eugene Debs)와 새로 구성된 미국 철도 노동조합에 도움을 요청했다. 뎁스는 전 인디애나 주의회의원으로, 노동조합의 힘으로 불공평한 업무 조건을 개선할 수 있다고 확신했다.

1894년 5월 11일, 풀먼 팰리스 자동차 회사의 직원 4,000명(인력의 90%)이 백악관의 관심을 끌려는 목적으로 파업을 단행했다. 노동자의 확실한 친구, 그로버 클리블랜드 대통령이 구세주가 되리라는 것을 의심하는 사람은 아무도 없었다.

그로버 클리블랜드는 입에 풀칠하기 위해 일하는 고통을 아는 사람이었다. 그는 뉴욕 주 이리 운하 옆에 있는 작은 농촌 파예테빌에서 자랐는데, 그곳에서 그의 아버지는 장로교 목사의 적은 봉급으로 자녀 아홉을 키워 냈다. 먹고살기도 빠듯한 가정 상황은 어린 클리블랜드에게 절약의 가치를 심어 주었고, 아버지의 타협할 줄 모르는 인격은 그에게 강력한 진실성을 불어넣었다.

클리블랜드는 법조계를 거쳐 정치에 입문했다. 고등학교 졸업장이 전부였음에도 그는 버팔로에 있는 회사의 변호사들 밑에서 공부한 끝에 약점을 극복하고 당당히 변호사가 되었다. 변호사로 일하다보니 지역 정치에 관여할 수밖에 없었고 언제부터인가 그는 떠오르는 별이 되어 있었다. 그는 자기 지역구의 민주당 관리자와 이리 카운티의 지방검사보를 거쳐 1870년에는 이리 카운티 보안관이 되었다. 그리고 카운티 보안관으로서 임기 3년을 무사히 마친 후에는 정치에서 완전히 손을 씻겠다며 개인 법률 사무소를 개설했다.

그러나 그것도 잠시, 1881년 지역 인지도가 큰 시장 후보를 물색하던 버팔로의 민주당 리더들이 클리블랜드에게 접근했다. 그리하여 클리블랜드는 시장에 당선되었고, 카운티 보안관 시절부터 쌓아온 양심인으로서의 명성을 이어 갔다. 일례로 그가 정치적 입김이 가장 센 입찰자가 아닌 최저 입찰자와 계약을 맺은 사건은 썩은 정계에 신선한 바람을 일으켰다. 그의 성공을 눈여겨본 민주당 리더들은 6개월 만에 클리블랜드를 다시 찾아와 이번에는 주지사 후보 자리를 제의했다.

서로 으르렁거리는 뉴욕의 두 정당과 두루 좋은 관계를 유지한 클리블랜드는 화해의 사도로서 주지사에 당선되었다. 클리블랜드는 '지독히 정직한 사람'을 자처했으며, 한 친구에게 "내가 할 일은 오직 하나, 옳은 일뿐이며, 그것은 어렵지 않다."라고 말할 정도였다. 그는 불필요한 프로젝트들을 잘라내자마자 수십 년을 지속돼 온 부패를 청산하는 일에 뛰어들었다. 버팔로의 '거부권 시장(veto mayor : 부패를 척결하기 위해 거부권을 자주 행사했다고 하여 얻은 별칭-역주)'이 정치적 이해관계에 상관없이 원칙에 따라 행동하는 뉴욕 주 '거부권 주지사'가 된 것이다.

한번은 이런 일이 있었다. 주의회에서 뉴욕 시티의 열차표 값을 10달러에서 5달러로 내리는 법을 통과시켰다. 표 값을 내리는 법은 궁극적으로 아무도 손해 보지 않는 조치였다. 한 가지 철도 회사의 소유주만 빼고. 클리블랜드는 뉴욕 시티가 철도 회사와 맺은 계약서를 꼼꼼히 살핀 결과 철도 회사에 10달러를 주장할 권한이 있다고 판단했다. 그가 인기 폭락의 위험을 무릅쓰고 이 법에 거부권을 행사하자 오히려 원칙을 고수하는 사람이란 찬사가 그에게 쏟아졌다.

주지사 시절에 클리블랜드는 실용주의로 파벌주의를 해결할 수 있다는 사실을 계속해서 증명해 보였다. 그러니까 그는 목표 달성을 위해 자주 당파를 초월했는데, 일례로 젊은 공화당 의원 시어도어 루스벨트

(Theodore Roosevelt)와도 한 번 이상 손을 잡았다.

뉴욕의 강력한 정당들이 자신에게 등을 돌린 상태에서도(주지사 시절 클리블랜드는 이들의 영향력을 축소시켰다.) 클리블랜드는 끝내 1884년 민주당 대선주자가 되었다. '공직(public office)은 대중이 맡긴 것(public trust)이다.'라는 선거 캠페인 슬로건에는 그의 핵심 철학이 녹아 있었다.

전국 무대에 등장하자마자 클리블랜드는 인격의 시험 무대에 올랐다. 그의 인격을 겨냥한 첫 번째 비난은 친자식 논쟁이었다. 그런데 뜻밖에 그는 비난에 반박하기는커녕 오히려 스캔들을 인정했고 부모로서 책임을 다했다는 점을 강조했다. 첫 번째 비난이 무위로 돌아가자 이번에는 클리블랜드가 독립 전쟁 때 자신의 병역을 대신한 사람을 고용했다는 사실이 도마 위에 올랐다. 이에 클리블랜드는 두 형제가 입대하면서 집에 남아 홀어머니를 부양할 사람이 없었기 때문이라고 설명했다.

클리블랜드는 무수한 스캔들을 극복하고 끝내 승리를 쟁취했다. 그러나 그는 무거운 마음으로 백악관에 입성했다. 그가 친구에게 쓴 편지에서는 그런 심정이 여실히 드러난다. "앞으로 나의 4년은 조국을 위해 스스로에게 가하는 고문이 될 것이야. 지금은 어떤 즐거움이나 만족감도 없네. 그저 내가 국민을 잘 섬겼으면 하는 바람뿐이야."

독립 전쟁 이후 최초의 민주당 출신 대통령인 클리블랜드는 화해와 개혁의 정치를 폈다. 일례로 그는 남부의 리더를 내무장관을 거쳐 대법원 판사로 임명했다. 정당이 아닌 능력과 효율에 따라 인사를 결정한 것이다. 그는 주지사 시절부터 특혜를 구하는 사람들을 멀리했다. 사람들이 청탁을 하러 찾아오면 그는 어리둥절한 표정으로 "도무지 무슨 말을 하는지 모르겠구려."라며 무안을 주었다.

풀먼 도시 노동자들에게 가장 중요한 사실은 클리블랜드가 노동 문제를 심각하게 받아들인 첫 번째 대통령이라는 점이었다. 클리블랜드는 의회를 압박해 연방 중재 절차를 만들어 냈고, 1886년 연두교서에서 노동 착취에 대한 반대의 목소리를 높였으며, 노동조합을 합법화하는 법안에 서명하기도 했다. 그는 "자본가는 스스로를 보호할 수 있으나 임금 노동자는 사실상 완전 무방비 상태다."라고 말했다.

1888년에 클리블랜드는 벤자민 해리슨(Benjamin Harrison)에게 밀려 재선에 실패했다. 그러나 백악관에 있는 동안 아내라는 큰 선물을 얻었다. 그의 아내는 세상을 떠난 친구의 딸이자 거의 태어날 때부터 알고 지낸 프란시스 폴섬(Frances Folsom)이었다. 당시 클리블랜드는 49세였고 폴섬은 대학 1학년인 21세였는데, 그녀에 대한 언론의 관심은 상상을 초월했다. 사상 처음으로 백악관에서 결혼식이 거행되었고, 필립 소사(Philip Sousa)가 직접 결혼식 음악을 지휘했다. 기자들이 꽁무니를 쫓아다니는 바람에 이들 부부의 신혼여행은 그리 즐겁지만은 않았을 터이다.

클리블랜드가 첫 임기를 마치고 백악관을 떠날 때 폴섬은 집사에게 가구를 깨끗하게 보관하라고 부탁했다. 어쩌면 4년 후에 되돌아오리라는 사실을 미리 알았던 게 아닐까?

폴섬의 예언은 그대로 적중했다. 벤자민 해리슨이 4년 동안 한 일이라고는 클리블랜드가 축적해 놓은 정부의 잉여 자금을 탕진한 것뿐이었다. 결국 그에게서 등을 돌린 대중은 클리블랜드를 백악관으로 다시 불러들였다. 그리하여 클리블랜드는 4년의 공백을 거쳐 다시 대통령 자리에 오른 첫 번째 인물이 되었다. 1893년 그가 백악관으로 돌아왔을 때 국가의 재정 상태는 이미 썩을 대로 썩어 있었다. 설상가상으로 마침 미국 전체가 경제공황의 늪에 빠지고 말았다. 그러나 다행히 노동조합을 지원한 클리블랜드의 진보적이고 선진적인 조치 덕분에 수많은 노동자와 일자리가 보호받게 되었다.

첫 임기 때 클리블랜드는 노동조합을 합법화하는 법안을 성공적으로 통과시켰다. 그리고 철도 노동자 수천 명이 미국 철도 노동조합(ARU)이라는 이름 하에 하나로 뭉치게 되었다. ARU가 그레이트 노던 레일웨이(Great Northen Railway)를 상대로 펼친 파업이 성공으로 끝나자 그 소식이 퍼지면서 ARU에 가입하겠다는 노동자들이 줄을 이었다. 20마일에 걸친 철로가 풀먼 지역을 통과했기 때문에 풀먼 노동자들도 ARU에 가입할 자격이 있었고 실제로 가입을 했다. 그리고 파업에 돌입한 풀먼 노동자들이 가장 먼저 의지한 대상은 ARU와 그 수장인 유진 뎁스였다.

풀먼 노동자들은 파업 후 첫 조합 모임에서 뎁스에게 고충을 털어놓았다. 역시 뎁스의 대답은 명쾌했다. "나는 풀먼 같은 부유한 약탈자가 가난한 도둑보다 큰 죄인이라고 생각합니다." ARU는 즉시 2,000달러를 파업 자금으로 지원했다. 아울러 풀먼 객차를 더 이상 조합 소속 열차에 연결시키지 않고, 이미 풀먼 객차와 연결된 열차는 운행하지 않겠다고 공언했다. 풀먼 노동자 4,000명을 시작으로 노동자의 불만은 전국으로 퍼져 나갔다.

조지 풀먼의 파업 대응책이라야 공장을 폐쇄하고 노동자를 전부 쫓아내는 것이었다. 그는 자기 도시에서 사는 노동자들이 다른 일자리를 구할 수 없기에 곧 파업이 가라앉으리라 예상했다. 그러니 시민 단체들, 시장들, 시의회들이 중재를 촉구해도 그는 끝내 고집을 부렸다. 물론 경영자 총협회(GMA)라 부르는 철도 회사 경영자의 전국 조합은 풀먼을 지지했다. 풀먼 차의 운행을 거부하는 ARU 가입 노동자들이 있으면 GMA는 즉시 그들을 해고했다.

사태는 전국으로 급속히 확산되었다. 전철원이 풀먼 객차의 연결을 거부하다가 해고당하면 동료 노동자들이 파업으로 반격하는 식이었다. ARU가 지원사격하는 파업 첫날에 노동자 5,000명이 동참했고, 그 수는 둘째 날 40,000명을 거쳐 셋째 날에는 거의 100,000명에 육박했다. 파업은 통제 불능의 단계로 접어들었다. 노동 기사단이 시카고 내 모든 노동자의 총파업을 지령했고 ARU에 가입하겠다는 의사를 표시했다. 뎁스는 노동 기사단의 지지에는 감사를 표했으나 당분간 가입의 승인을 보류했다. 한편, 조지 풀먼은 아무런 걱정이 없는 듯 저지섬 해안으로 휴가를 떠났다.

뎁스가 노동 기사단의 가입 제의를 받아들이지 않은 것은 국가 경제 상황을 우려했기 때문이었다. 실업률이 엄청나게 치솟은 상황에서 파업 노동자들을 보는 시각이 곱지만은 않았다. 게다가 노동자와 경영자 사이의 관계는 원래 긴장이 흐를 수밖에 없지만 뎁스는 폭력 사태까지는 원하지 않았다. 그는 상황이 극단으로 치달을까 봐 내심 크게 걱정이 되었다. 더 이상 파업이 확산되면 정부가 개입할지도 모를 일이었다. 뎁스는 파업으로 미국의 우편물 배송에 차질을 빚으면 정부 개입의 빌미를 제공하는 것이라 판단했다. 우편물의 안전이 보장되고 파업이 폭력 사태로 번지지 않아야 풀먼이 항복할 때까지 버틸 수 있으리라는 계산이 섰다.

그러나 뎁스의 바람은 끝내 물거품이 되었다. 불만은 급기야 시카고 주위의 작은 폭동으로 발전하고 말았다. 일리노이 주지사 존 앨트겔드(John Altgeld)는 주의 군대를 파견하여 잠시나마 사태를 진압했지만 연방 정부에 도움을 요청하지는 않기로 했다. 일단 정부가 나서면 파업이 종식되겠지만 그것을 원치는 않았다. 그의 마음도 노동자 편에 있었던 것이다.

한편, 워싱턴의 클리블랜드 대통령과 리처드 올니(Richard Olney) 검찰총장은 점점 걱정이 되기 시작했다. 특히 최근 시카고의 만국박람회가 걱정스러웠다. 대부분 일자리를 상실한 1,200만 명이 시카고의 박람회장으로 몰려왔는데, 언제 그들이 광란의 폭도로 돌변할지 몰랐다.

이전 선거의 패배 원인이었던 관세법에 아직 연연해 있던 클리블랜드는 파업 처리의 대부분을 올니에게 위임했다. 완벽하리만치 꼼꼼한 클리블랜드는 자기 책상에 올라오는 모든 법안을 일일이 읽을 뿐 아니라 조항들을 직접 연구 검토하면서 관세법의 핵심을 마련하는 데 하루의 대부분을 보냈다. 이처럼 그가 관세 문제에 온통 정신이 팔려 있었기에 올니가 그의 눈과 귀 역할을 했다. 그러나 올니는 그와 전혀 다른 생각을 품고 있었다.

검찰총장이 되기 전에 올니는 철도 회사 편의 변호사 노릇을 하면서 적잖은 부를 쌓았다. 그는 인수합병을 전문으로 다룰 뿐 노동자에게 별다른 애정이 없었다. 사실 그는 소속 회사를 비롯한 몇몇 철도 회사와의 관계를 유지할 수 있다는 확신이 선 후에야 검찰총장 자리를 수락했다. 또한 공직에 오른 후에도 그는 몇몇 철도 회사로부터 변호 의뢰를 받았다. 파업이 점점 심각해지자 GMA에 속한 풀먼의 친구는 전직 철도 고문 변호사 에드윈 워커(Edwin Walker)를 파업 담당 연방 특별 검사로 임명해 줄 것을 올니에게 부탁했다. 워커의 마음이 어디에 있는지 아는 올니는 두 시간도 안 되어 임명을 승인했다.

과거의 행동을 보면 클리블랜드는 노동자 편에 있음이 분명했다. 언제나 그는 풀먼과 그 한통속인 약탈자 지주들을 미워했다. 그러나 파업 노동자의 수가 늘어나면서 뭔가 끔찍한 일이 벌어질까 걱정스럽기는 그도 마찬가지였다. 남북전쟁을 치른 지 30년 밖에 안 돼 나라가 다시 두 쪽이 난다면 큰일이었다. 물론 이번에는 계급간의 분열이 될 것이며, 예로부터 혁명은 가지지 못한 자로부터 시작되는 법이었다. 그러나 클리블랜드 입장에서 아무런 대응도 하지 않은 채 파업 사태가 종국으로 치닫기만 기다릴 수도 없는 노릇이었다. 그는 노동자를 지지하는 한편, 폭력을 막는 것이 국가를 위한 최선의 길임을 잘 알고 있었다. 그래서 갈등의 해결점을 찾고자 했다. 단, 최대한 피해를 축소하고 합법적인 길을 걷기를 원했다.

뎁스와 마찬가지로 클리블랜드는 미국 우편 배송에 차질이 생길 때를 정부 개입의 출발점으로 보았다. 클리블랜드는 "시카고에 엽서 한 장 배달하는 일도 무시할 수 없다. 재무부의 모든 돈과 미군의 모든 병사를 동원해서라도 그 엽서를 반드시 배달해야 한다."고 말했다.

1894년 7월 1일, 사태는 종국을 향해 치달았다. 시카고를 넘어서자마자 블루 아일랜드에서 2,000명이 철로를 차단하고 열차 몇 대를 멈춰 세웠다. 현장에 있던 연방 보안관은 올니에게 전보를 보내 도움을 요청했다. 이에 올니는 당장 연방군을 보낼 수는 없었지만 파병 계획을 세우기 시작했다. 그는 연방 특별 검사 워커로 하여금 우편 배송을 방해하는 어떤 행위도 용납하지 않는 법원 금지 명령을 초안하도록 했다. 그리고 그 명령에 따라 또다시 폭력 사태가 벌어지면 증원군을 파견하기로 했다. 사실 올니는 연방군이 개입하겠다는 경고만으로 무질서가 끝나기를 바랐다.

몇 시간 내로 워커의 명령은 승인되었다. 그리고 다음 날 저녁 부 보안관은 전날 폭력이 일어났던 장소에서 큰 소리로 명령을 전달했다. 군중은 분노를 표출했다. 2,000~3,000명이 미국 우편 열차를 앞뒤로 흔들면서 폭동을 일으키는 바람에 열차가 선로를 벗어나 도랑에 빠져버렸고, 그 철도 차량에 불을 지르고 조차장을 미친 듯이 뛰어다녔다. 다급해진 워커는 올니에게 전보를 쳤다. "정규군 없이는 법원의 명령을 집행할 수 없다는 것이 모두의 의견입니다."

상황이 통제 불능 상태에 빠지자 클리블랜드 대통령은 직접 사태를 수습해야 한다는 결론을 내렸고, 현장 보안관들로부터 들어온 전보를 검토했다. 장관들은 불에 탄 우편 열차와 분노한 폭도의 모습을 포착한 신문들을 대통령에게 보여 주었다. 이제 클리블랜드는 군대 파견 여부를 결정해야 하는 기로에 섰다. 사실, 겉보기에는 답이 뻔했다. 헌법이 규정하는 상황 외에 주지사의 요청이나 동의 없이 대통령이 해당 주에 군대를 파견할 권한은 없는데, 앨트겔드 주지사는 연방의 도움을 원하지 않는 게 분명했다. 앨트겔드는 자신의 입장을 더욱 분명히 밝히기 위해 격한 감정을 실어 대통령에게 전보를 보냈다. "일리노이 주는 스스로 문제를 해결할 수 있을 뿐 아니라 오히려 연방 정부에 어떠한 도움이라도 제공할 준비가 되어 있습니다."

그날 오후 3시, 클리블랜드는 워커로부터 직접 다음과 같은 전보를 받았다. "미국 정규군이 아니고서는 우편 열차의 운행을 재개하거나 법원 명령을 집행할 수 없습니다." 국가의 운명이 위기에 빠졌다고 확신한 클리블랜드는 앨트겔드 주지사와 헌법을 완전히 무시한 채 전쟁부의 연방군 파병을 즉시 승인했다.

이는 남북전쟁 이후로 연방 정부가 자국 시민을 상대로 군사행동을 명령한 최초의 사건이었다. 클리블랜드는 법 해석보다는 질서의 수호가 중요하다는 판단을 내렸다. 클리블랜드 안의 카운티 보안관 정신이 법률가 정신을 이긴 것이다.

유진 뎁스는 연방군이 곧 도착한다는 소식에 큰 우려를 표명했다. "정규군이 이곳의 폭도를 향해 쏘는 첫 번째 총알은 바로 새로운 남북전쟁의 신호탄이 될 것이다. 나는 우리 방침의 궁극적인 성공을 믿는만큼이나 이 점을 확신한다. 틀림없이 유혈 사태가 발생할 것이며, 미국 국민의 90퍼센트가 나머지 10퍼센트의 반대편에 섰다는 이유로 체포를 당할 것이다. 나는 투쟁에서 노동자의 반대편에 서고 싶지도, 투쟁이 끝났을 때 노동자 대열에서 이탈하고 싶지도 않다."

클리블랜드도 최악의 상황은 원치 않았으므로 상황에 따라 유동적으로 대응했다. 아이러니하게도 연방군은 7월 4일 현장에 도착했다. 일반 시민들이 시카고 만국박람회장에서 축포를 쏘는 동안 연방군이 총을 쏴댔으니 정말 어처구니없는 상황이었고, 분노한 수많은 저항자들이 도시를 폐허로 만들었다. 시카고의 여러 조차장에서는 더 많은 화물 열차가 전복되고 객차가 불에 탔다. 그리고 그날 밤에는 커다란 불이 일어나 만국박람회장의 전시 시설들이 잿더미로 변해 버렸다. 한마디로 시카고는 무법과 혼란의 아수라장이 되었다.

사태는 4일이나 지속되었다. 7월 6일, 급기야 한 철도 회사 대표가 두 사람을 쏘면서 사상 최대의 폭동으로 번져 나갔다. 철도 노동자 6,000명이 하루만에 340,000달러 상당의 철도 시설을 파괴하고 열차 700량 이상을 불태웠다. 다음 날 폭도는 주 국민군을 공격했는데 병사들의 대응 사격으로 폭도 4명이 숨지고 20명이 부상을 입었다. 사태가 이렇다 보니 주변의 여러 주에서도 증원군이 파견되었다. 이전에는 평시에 미국의 어떤 도시도 이만큼 심각한 무질서 상태에 빠진 적이 없었다.

7월 10일 뎁스는 우편 배송을 방해했다는 이유로 체포되었다. 파업을 지휘하고 격려해야 할 뎁스가 빠지자 사태는 다소 진정이 되었다. 노동자들은 언제 체포될지 몰라 두려움에 떨었고, 이로써 더 이상의 폭력은 나타나지 않았다. 7월 20일, 철도 업계는 예전의 안정을 되찾았고, 클리블랜드 대통령은 연방군을 해산시켰다.

그러나 소동으로 인해 전국의 철도 업계는 큰 타격을 입었고, 특히 소동의 진원지 시카고에서는 피해가 더욱 심각했다. 인디애나 주에서는 조합원뿐 아니라 비조합원까지 가세해 변절자를 공격하고 열차를 탈선시켰으며 전선을 잘랐다. 오클라호마 지역에서는 다리가 파괴되었고, 유타 주에서는 조차장이 불에 탔으며, 뉴멕시코 주에서는 열차가 탈선했다. 전국적으로 연방군 병사 16,000명 이상이 폭동 진압을 위해 파견되었는데, 결과적으로 시카고에서 최소한 11명을 포함한 7개 주에서 40명의 병사가 목숨을 잃었다.

클리블랜드는 마음만큼은 여전히 노동자 편이었지만 자신이 국가를 위해 올바른 선택을 했노라고 확신했다. 그러나 그는 자신이 한 일을 유감으로 생각했고, 그 일로 인심을 크게 잃었으리라 예상했다. 그런데 놀랍게도 대중은 오히려 그의 과감한 행동을 전폭 지지했다. 그리고 전국의 신문들에 실린 시 한 편을 읽고 클리블랜드 대통령은 안도의 한숨을 내쉬었다.

철도 파업자가 짓궂은 장난을 쳐서
땅은 온통 불길에 휩싸였지.
그로버가 군대를 보내 이 장난을 멈추게 할 수 있을까?
앨트겔드가 흥분해 소리쳤어.
"그런 전술은 안 돼. 병사들에게 떳떳하지 못해."
하지만 그로버는 밀어붙였지.
이후에 사람들은 얘기하겠지.
떠들썩했던 이 반란에 대해,
대중의 범죄를 잠재우기 위해 필요했던 행동에 대해.
모두들 그로버를 인정할 거야.
사실을 감출 수는 없거든.
그로버는 최선의 선택을 한 거야.

뎁스는 6개월 형을 받았고, ARU의 다른 리더들은 3개월 형을 받았다. 물론 뎁스는 항소를 했으나 미국 대법원은 클리블랜드의 조치가 우편 배송을 보호하기 위한 합법적 조치였다는 입장을 고수했다.

풀먼 파업 이후에 뎁스는 더욱 급진적 노선을 걷게 되었다. 그는 미국 사회당 후보로 다섯 번이나 대통령에 출마했다. 먼 훗날 그는 풀먼 사건이 "분쟁의 소용돌이 속에서 자신에게 사회주의자라는 세례명을 주었다."고 말했다.

클리블랜드의 파견 명령이 헌법에 위배되는데도 법원의 지지를 받았다는 사실에 앨트겔드는 경악을 금치 못했다. 정부의 조치에 반대한 앨트겔드는 정치의 중심에서 멀어졌고, 1896년 주지사 선거에서 재선에 실패했다.

파업 후 풀먼 노동자들 대부분은 다시는 조합 활동에 참여하지 않는다는 조건 하에 일터로 돌아갔다. 그리고 조지 풀먼은 전국에서 가장 많이 욕을 먹는 인물이 되었고, 3년 후인 1897년에 세상을 떠났다. 사후에 자기 시체가 욕을 당할까 두려웠던 풀먼은 자기의 매장지 위에 콘크리트와 아스팔트를 어떤 식으로 쌓아야 할지에 대해 상세한 지시를 남겼다.

다음 해, 일리노이 대법원은 풀먼 팰리스 객차 회사의 비산업적 자산, 그러니까 사실상 풀먼 도시 전체를 매각하라는 판결을 내렸다. 시카고는 풀먼 도시를 합병해 공원과 거리, 학교 시스템을 통제했다. 잘 닦인 도로와 똑같은 벽돌집들이 특색인 풀먼 도시는 현재 시카고의 일부로 남아 있다.

파병에 관한 대중의 지지에도 불구하고 클리블랜드 대통령은 노동자를 배반했다는 죄책감에 시달렸다. 그래서 지난 과오를 바로잡기라도 하듯, 1894년에 노동절을 제정했다.

1896년, 끝없는 싸움에 신물이 난 클리블랜드는 뉴저지 주 프린스턴에서 대중 앞에서 강연을 하고 프린스턴의 우드로우 윌슨(Woodrow Wilson) 총장을 도우면서 은퇴 생활을 즐겼다. 이후 그는 존경받는 선배 정치인의 입장에서 자신의 노력이 결실을 맺는 과정을 묵묵히 지켜보았다.

1908년 클리블랜드가 세상을 떠나자 국내뿐 아니라 해외의 언론들은 그의 정직함을 소리 높여 찬양했다. 「런던 모닝 포스트(London Morning Post)」는 "클리블랜드는 당대의 가장 위대한 인물 중 한 명이었다. 클리블랜드 대통령은 소속된 민주당 편을 들지 않고 오로지 미국만을 섬겼다. 그는 워싱턴 사후 백악관에 살았던 인물 중에 가장 강했다."라고 보도하며 클리블랜드가 죽기 전에 남긴 말을 인용했다. "나는 옳은 일을 하기 위해 무척 애를 썼다."

그로버 클리블랜드 대통령

『1894년 시카고 파업과 정부』에서 발췌

긴급 상황이 벌어졌다. 일반 정부에 반대하여 폭동을 일으키고 법과 질서를 철저히 무시하는 자들 때문에 공인으로서 나는 훈련된 병사들을 배치할 수밖에 없다. 물론 이 조치는 일단 발동되면 후퇴란 없다. 결과를 생각하면 이 조치를 취하기로 결정하기가 참으로 쉽지 않으며 책임자들은 큰 압박감을 느낄 수밖에 없다. 그러나 결과가 어떠하든 필요할 경우에 신속하게 군사력을 투입할 수 있도록 만반의 준비를 갖추고 있어야 한다.

지금 고려되고 있는 사태, 정부 개입을 위한 확실한 준비 태세, 극단적 조치를 피하려는 정부의 지속적인 바람, 정부의 개입을 헌법에서 규정하는 능력과 의무 안으로 분명히 제한하는 문제, 신중하면서도 과감한 행동으로 나타날 만족스러운 결과와 의미 있는 결과에 관해 내가 지금까지 광범위하게 파악하고 조심성을 발휘했기를 바란다.

여기서 이 난처한 역사적 사건의 일부로서 일리노이 주지사가 사태에 책임이 있다는 말을 해야겠다. 그는 자기 주 경계 내의 폭동을, 연방 정부가 헌법의 명령 하에 국내 폭동에 대한 보호를 제공해야 할 상황으로 보지 않았다. 뿐만 아니라 사실상 그는 연방군이 일반 정부의 정책에 따라, 그리고 제대로 된 합법적인 정부 기능을 보호하기 위한 목적으로 주에 연방군을 보내는 데 반대했다.

대통령의 실행력

EXECUTIVE ACTION

Andrew Jackson

은행 깨부수기

앤드류 잭슨과 미국제2은행

1806년 5월 30일 금요일. 장소는 켄터키 주 해리슨 밀스의 레드 리버 강 주변 갯벌. 나무 위로 해가 고개를 들기 시작할 무렵, 두 남자가 나타났다. 둘은 70구경 권총을 든 채 서로 8미터 가량 떨어져서 대결을 준비했다. 그들은 결투가 금지된 테네시 주에서 하루 밤낮을 꼬박 여행한 끝에 이곳에 도착했다. 그중 27세의 찰스 디킨슨(Charles Dickinson)은 결투를 통해 26명을 죽인 화려한 경력을 자랑했다. 그는 카드와 사과 등 눈에 띄는 모든 표적을 맞추면서 켄터키 주까지 말을 달려왔다. 내슈빌에서 그는 적을 한방에 죽이겠다고 장담한 바 있었다. 맞은편에 총을 들고 서 있는 그의 상대는 키가 크고 호리호리했는데 결투에는 능했으나 명사수는 아니었다. 한번은 자기 앞으로 돌진하는 인디언을 향해 계속해서 총을 쐈지만 모두 실패하고 결국 총으로 머리를 때려 쓰러뜨리기도 했다.

존 오버튼(John Overton) 장군이 결투 개시의 신호탄을 날리자 디킨슨이 총을 뽑아 적의 심장 위 커다란 놋 단추를 겨냥해 총알을 발사했다. 순간 적의 옷에서 먼지가 휘날리며 적이 가슴을 움켜쥐는 모습이 보였다. 그러나 적은 쓰러지지 않았다. "이럴 수가! 빗나갔나?" 디킨슨은 어리둥절했다. 적은 천천히 총을 올리더니 신중하게 방아쇠를 당겼다. 이번엔 폭발음이 들리지 않았다. 총알이 불발된 것이다. 결투의 원칙에 따라 이것은 발사로 인정되지 않았다. 적은 다시 총을 들어 신중하게 조준한 후에 발사했고, 총알이 중앙을 뚫고 지나가면서 디킨슨은 땅에 쓰러졌다.

의사는 황급히 디킨슨의 상처를 살폈으나 결국 그를 구해 내지는 못했다. 결국 디킨슨은 그날 저녁 늦게 유명을 달리했다. 한편, 그의 적은 자신의 왼쪽 장화가 피로 범벅이 되고 놋 단추가 사라진 것을 발견했다. 디킨슨의 총알은 빗나간 것이 아니었다. 총알은 적의 갈비뼈 두 대를 부러뜨리며 심장으로부터 몇 인치 벗어난 곳을 뚫었다. 외투가 헐렁해서 놋 단추와 심장의 위치가 일치하지 않았던 것이다. 어쩌면 그가 전날 밤에 외투에서 단추를 떼어 3인치 아래에 다시 꿰맸기 때문에 심장을 겨냥한 총알이 갈비뼈만 부러뜨리게 되었다는 소문이 사실일지도 모른다.

"상처를 입고도 어떻게 서 있었던 겁니까?"

의사의 물음에 결투의 승자가 대답했다.

"그가 내 머리에 총알을 박았더라도 나는 끝까지 서서 그를 죽였을 겁니다."

그로부터 20년 후, 그 총알을 가슴에 박은 채로 잭슨은 백악관에 입성했다. 그의 표현에 의하면 자기 몸 안에서 달그락거리는 수많은 다른 총알들과 함께였다고 한다. 잭슨은 대통령이 되기 전에 치른 103번의 결투에서 맞은 총알들 때문에 평생 배가 아팠다. 이후에 알고 보니, 디킨슨과의 결투는 잭슨이 적을 죽인 유일한 결투였다. 아이러니하게도 결투 상대들의 대부분은 잭슨을 죽이리라 장담했다. 그러나 아무도 '올드 히커리(Old Hickory)'를 쓰러뜨리지는 못했다.

미국 건국 초기의 결투는 정치적 다툼을 해결하고 골치 아픈 상대를 제거하기 위해 자주 사용되던 방법이었다. 디킨슨의 결투 역시 마찬가지였다. 잭슨의 적들은 디킨슨(당시 미국에서 가장 유명한 결투의 달인)이 잭슨을 결투에 끌어들이기 위해 일부러 그의 면전에서 아내를 욕보였다고 확신했다. 그들은 디킨슨이 전 상원의원이자 미래의 대통령인 잭슨을 간단히 제거하리라 믿어 의심치 않았다.

잭슨의 결투가 대개 그러했듯이 디킨슨과의 결투는 아내 레이첼(Rachel)의 명예를 위한 싸움이었다. 레이첼은 불행한 결혼 생활로 고생하던 중 내슈빌의 한 하숙집에서 잭슨을 만났다. 당시 첫 남편은 이혼을 하려고 그녀를 떠난 상태였다. 잭슨과 레이첼은 불같은 사랑에 빠졌고 서둘러 결혼을 했다. 2년 후, 법적으로는 이혼하지 않은 레이첼의 첫 남편이 돌아와 자기 아내의 부정한 삶을 보게 되었다. 결국 우여곡절 끝에 이혼이 이루어졌고 잭슨과 레이첼은 다시 결혼을 했다. 그러나 간음의 딱지는 레이첼의 남은 평생을 따라다녔다. 잭슨은 아내의 명예를 지키기 위해 권총 37정을 언제라도 들고 나갈 수 있도록 준비해 놓아야 했다.

잭슨의 예상대로 1828년 대선에서도 최대 이슈 중 하나는 레이첼의 과거였다. 잭슨이 벌써 수십 년이 지난 아내의 간음과 중혼을 비난한 팸플릿을 발견했을 때 레이첼은 길길이 날뛰었다. 결국 잭슨이 대선에 승리한 후 몇 달이 지나 취임식을 앞둔 상황에서 레이첼은 심장마비로 세상을 떠났다. 잭슨은 깊은 시름에 빠졌다. "은퇴 후 오직 당신과 달콤한 인생을 즐기는 것이 내 유일한 야망이자 최후의 소망이라오." 잭슨이 편지에 쓴 이 소망은 결국 이룰 수 없게 되었다. 결혼 생활 내내 아내의 명예를 지켜 온 잭슨은 대통령이 된 후 그 열정을 국가의 명예를 지키는 데 쏟아 부었다.

대통령 시절 잭슨의 최대 난관은 또 다른 형태의 결투였다. 이번 적은 찰스 디킨슨과는 전혀 다른 옷을 입고 무기를 휘두르는, 훨씬 더 무시무시한 인물이었다. 미국제2은행의 부유한 총재 니콜라스 비들(Nicholas Biddle)은 사실상 미국 전체의 경제적 미래를 좌지우지할 수 있는 무소불위의 권력을 소유했다. 디킨슨을 죽일 때는 권총 한 자루와 강심장이면 충분했지만 비들의 은행을 죽이려면 전혀 다른 무기와 기술이 필요했다.

잭슨 시대에 미국제2은행이 휘두른 권력을 오늘날의 기준으로 살펴보면 놀랍기 그지없다. 미국제2은행은 막대한 부를 자랑하는 기관이었다. 1830년에 이 은행은 총 통화량의 20%를 차지하는 1,300만 달러의 지폐를 통제했으며, 3,500만 달러에 달하는 이 은행의 자본(지폐와 막대한 대출금)은 미국 정부 연간 지출의 두 배를 넘었다. 오늘날에는 당시 미국제2은행의 1/5에 해당하는 자금력을 가진 은행조차 존재하지 않는다.

미국제2은행은 국가 돈의 상당 부분을 좌지우지함에도 개인 소유 기관이었고, 정부와의 결탁 거래를 통해 이 은행의 부유한 주주들은 사실상 아무런 리스크 없이 8~10%라는 이례적인 배당을 챙겼다. 주주들은 평범한 미국인들의 예금으로부터 수익을 얻었을 뿐 아니라, 더 놀라운 사실은 주주들의 상당수가 미국인이 아니라는 사실이었다. 미국제2은행 주식의 1/4 이상(700만 달러 이상)이 383명의 배경 좋은 외국인들 소유였고, 나머지는 1,000명 이하의 부유한 소수 미국인들 소유였다. 이들 외국인은 미국의 통화 공급량에 막대한 영향력을 행사했다. 이것이 특히 전시에는 큰 재난으로 이어질 수 있었고, 적국이 통화에 대한 영향력을 통해 미국 경제를 뒤흔들 소지가 있었다. 잭슨 대통령 자신을 포함한 주식을 보유하지 못한 수많은 미국인에게 미국제2은행은 좋게는 꼴불견 조직이었고 심하게는 미국을 위기에 빠뜨릴 수 있는 시한폭탄과 같았다. 미국제2은행은 사유 조직이었으므로 사실상 정부는 소수의 선택된 부유 귀족층, 그것도 대부분이 미국 시민이 아닌 외국인에게 통화량 통제권을 넘긴 셈이었다.

미국제2은행의 우두머리는 그중에서도 가장 부유한 축에 속했다. 니콜라스 비들의 집안은 한마디로 당시의 록펠러 집안이라 불릴 만했다. 어릴 적에 니콜라스는 신동이었다. 그는 10세에 펜실베이니아 대학에 입학했고 15세에 프린스턴 대학으로 적을 옮겨 학위를 땄다.

비들은 미국에서 가장 부유한 집안 출신의 황태자다운 인생행로를 걸었다. 십대 때 유럽 곳곳을 여행하면서 그리스 문화의 권위자가 되고 파리에서는 국제 금융을 배웠다. 또 런던에서는 영국 파견 미국 대사이자 미래의 대통령인 제임스 먼로(James Monroe)와 시간을 보냈다. 비들이 필라델피아로 돌아왔을 때 제퍼슨 대통령은 「루이스(Lewis)」지와 「클라크(Clark)」지의 출판 준비를 부탁했다. 그러나 비들은 펜실베이니아 주 하원 당선을 이유로 그 부탁을 거절했다. 다시 말해, 일국의 대통령에게 감히 "노."라고 말했던 것이다.

주 의원으로 일하는 동안 거주할 집이 필요했던 비들은 델라웨어 강 유역에서 몇 안 되는 남은 땅 한 곳을 눈여겨보았고 천문학적인 가격에 그것을 매입했다. 그리고 100에이커나 되는 그 땅에 미국 최고의 경주마로 가득한 마구간을 포함해서 거대한 대저택을 지었다. 한 건축가를 고용해 부지에 화려한 돌담을 쌓고 거대한 온실을 지어 최상품 식용 포도를 길렀다. 이 포도는 이후에 크게 유명해져 비들의 후손들은 1870년대 내내 막대한 수익을 올릴 수 있었다.

비들의 펜실베이니아 주 하원의원 임기가 끝난 후에, 이전 총재들의 부실 경영에 지친 미국제2은행의 20인으로 구성된 이사회는 비들을 책임자로 임명했다. 비들은 미국제2은행 총재직을 훌륭히 소화해 냈으며, 결과는 대만족이었다. 그는 1819년 금융 공황 이후에 찾아온 국가적 금융 혼란을 막는 데 일조했고, 이후 몇 년 동안의 노력 끝에 미국 역사상 가장 안정적인 통화를 만들어 냈다. 이 통화 덕분에 미국 시민들은 상대적으로 쉽게 돈을 활용할 수 있었는데, 이것이 미국제2은행이 애초에 그 통화 발행에 대한 면허를 소유하게 된 이유였다. 미국제2은행의 엄청난 규모로 보아 부패의 위험이 컸지만 이 은행이 담당하는 중요한 역할 때문에 위험성에 초점을 두는 사람은 거의 없었다. 미국제2은행이 편리한 통화를 공급함으로써 국가 최대의 골칫거리 중 하나가 해결되었으니 말이다.

오늘날에는 표준 통화 없는 세상에서 살아가는 것을 상상하기 어렵다. 상점에서 달러를 받지 않는다거나, 상점이 물건 값으로 받은 통화로 다음 날 팔 상품을 구입할 수 없다고 상상해 보라. 건국 초기에 미국의 경제는 경화, 즉 금과 은을 기초로 했다. 그러다가 1800년대 초에 산업화로 경제가 급격히 팽창하면서 거래량이 금과 은으로는 감당할 수 없는 수준에 이르렀다. 지폐의 필요성이 절실해진 것이다. 그런데 국가에서 통합 지폐를 발행하지 않는 상황이니만큼 아무라도 지폐를 발행할 수 있었다. 큰 은행이든 작은 은행이든, 아니면 거리의 행인이든 간에, 발행자가 지폐를 언제라도 액면 값만큼의 금이나 은으로 바꿔준다는 믿음이 있다면 지폐 발행이 가능했다. 문제는 은행들 사이에서도 누구를 신뢰해야 할지 알기 어려웠다는 것이다. 일례로 1828년에 미시시피 주 17개 은행이 고작 303,000달러의 인쇄 비용으로 액면가치 600만 달러의 지폐를 발행했다. 단순하게도 은행들은 지폐 회수 때가 되면 새로운 예금으로 통화 공급량이 충분히 증가하리라 예상했다. 따라서 예금이 들어오지 않으면 그 은행의 지폐는 말 그대로 휴지 조각이나 다름없었다.

수백 개 은행(때로는 은행 외의 기관)에서 수천 종류의 지폐를 발행함에 따라 진짜 지폐와 흔한 위조지폐 목록을 상세하게 설명하는 지침서들이 쏟아져 나왔다. 어느 지침서에서는 5,400가지 지폐들을 일일이 다음과 같이 극도로 상세하게 설명했다. "기계공과 선원이 서 있고 여성 두 명이 앉아 있으며 멀리 항구와 산들이 보인다." 위조지폐 사기단들은 한 발 앞선 기술을 개발해 냈다. 사라진 은행의 지폐에서 은행명을 화학적으로 지워 내고 지불 능력이 있는 다른 은행의 이름을 대신 써넣는 수법도 있었고, 진품과 거의 흡사한 위조지폐를 만들어 내는 기술까지 등장했다. 그런가 하면 아예 합법적인 은행에서 인쇄판을 훔쳐 진품을 찍어 내는 조직도 있었다.

심지어 은행이 발행한 합법적인 지폐조차 해당 은행이 사라지는 바람에 휴지로 변해 버리곤 했다. 은행이 지폐를 발행한 후에 아무도 찾을 수 없는 숲 속으로 사라져 버리는 일이 종종 있었던 것이다. 특히 광활한 서부에는 숨을 데가 천지였다. 이런 은행은 숲 속 살쾡이들 사이에서 찾아내야 한다고 해서 '살쾡이 은행'이라 불렀다.

검사관들이 특정 은행의 지폐 회수 능력을 확인하고자 동전 통을 뒤져 보면 유리나 부러진 손톱이 가득하고 맨 위에만 동전이 깔려 있는 경우가 허다했다. 때론 몇몇 은행들이 검사관들을 속이기 위해 비밀리에 동전 통을 공유하는 일도 있었다. 이처럼 사기가 난무했기에 은행들은 잘 알지 못하는 기관에서 인쇄한 어떤 통화도 인정하지 않았다. 그결과, 통화 공급과 관련해 막대한 불안감과 혼란이 빚어졌고, 은행들이 국민을 속이기 위해서 존재한다는 인식이 널리 퍼졌다. 금과 은은 희소하기는 해도 문제를 일으키지는 않았다. 그래서 점점 수가 늘어가는 경화 지지자들은 아무런 내재 가치도 없는 종이에 금전적 가치를 부여한 은행들을 사태의 주범으로 몰아붙였다.

지폐가 골칫거리였지만 문제는 미국에 금과 은이 충분하지 않다는 것이었다. 위험한 돈과 무일푼 중에 하나를 택하라면 대부분의 사람들은 돈을 택했다.

그러나 앤드류 잭슨은 그 대부분의 사람들이 아니었다. 그는 부유한 비들과 완전히 다른 환경에서 자라났다. 재산으로 볼 수 없는 통나무 오두막집에서 자란 최초의 대통령이었으며, 13세 때 학교를 떠나 남부 캘리포니아 주 군대에 맞서 독립전쟁을 수행했다. 그가 공직에 있는 내내 사람들은 그를 시골뜨기라며 "단어를 한 가지로만 발음할 줄 아는 것을 보니 가난뱅이 냄새가 풍긴다."고 표현했는데, 전혀 틀린 말은 아니었다. 그러나 대통령이 되기 전에 잭슨은 변호사, 장군, 하원의원, 상원의원, 테네시 주 대법원 법관, 플로리다 주지사를 두루 거쳤다. '시골뜨기 아웃사이더'라는 꼬리표가 대선 성공에 도움이 됐을지는 몰라도 사실 그는 화려한 정치 경력을 자랑했다.

지폐와 은행업에 대한 잭슨의 첫 경험은 조지 워싱턴의 재임 시절인 1797년으로 거슬러 올라간다. 당시 30세였던 잭슨은 차익을 노리고서 테네시 주의 땅을 매입했다가 되팔았다. 그런데 구매자가 약속어음을 발행하고 나서는 결국 파산하고 말았다. 그 어음에 배서하고 사용한 잭슨은 결국 빚더미를 떠안게 되었고, 10년이 지나서야 가까스로 빚에서 벗어날 수 있었다. 이 쓰라린 경험 때문에 그는 지폐와 은행업을 본능적으로 혐오하게 되었다. 너무 큰 상처를 받은 그는 똑같은 상처를 다른 사람들에게 안겨 주고 싶지 않았다. 그에게 은행은 땀을 흘린 노동과 건전한 부 창출의 적이었다. 은행가들은 대출 이자를 통해 부를 창출했다. 다시 말해, 다른 시장 참여자들의 경제활동으로부터 이익을 거둔 것이다. 또 존슨은 은행이 상대적으로 손쉽게 대출을 제공함으로써 평범한 사람들을 불필요한 낭비와 사치, 그리고 결국 감당할 수 없는 빚더미에 빠뜨린다고 생각했다.

잭슨은 미국제2은행의 니콜라스 비들에게 "나는 당신의 은행뿐 아니라 모든 은행을 싫어합니다."라고 잘라 말했다. 또 제임스 포크(James Polk)에게는 이런 편지를 썼다. "나는 어중이떠중이 은행과 빈털터리를 미워합니다. 나를 아는 모든 사람들은 내가 항상 합중국 은행, 아니 모든 은행에 항상 반대해 왔다는 사실을 압니다."

은행이 선보다는 악을 끼친다는 잭슨의 믿음은 1819년 공황 후에 더욱 굳어졌다. 그해에 수많은 은행이 망했고 조사 기관은 수많은 부패를 밝혀냈다. 은행들은 어음 회수를 멈추었고, 평범한 채무자들의 재산은 유질 처분하면서도 내부자들은 다르게 대했다. 예금주들이 어려움에 빠져 있는데도 은행들은 주주들의 배당금만큼은 챙겨 주고 은행에 빚진 정치 세력들에게 뒷돈을 제공했다. 또 은행 관계자들은 자기 은행의 어음을 할인가에 매입해서 상당한 이익을 챙겼다. 부와 권력이 있는 자들은 돈을 갖고 빠져나갔으며, 나머지 선량한 국민들의 손에는 휴지 조각만 남게 되었다.

잭슨은 미국 경제에 막강한 영향력을 행사하는 미국제2은행에 대한 곱지 않은 시각을 갖고 대통령 자리에 올랐다. 겉으로 보면 미국제2은행의 목적은 번영, 즉 무분별한 지폐 발행으로 인한 혼란을 잠재우고 미국 은행 시스템에 안정과 질서를 가져오는 것이었다. 미국제2은행은 각 주 은행들이 어음 회수에 충분한 금과 은을 확보하도록 만들고 스스로는 최종 대출자 역할을 수행함으로써 이 목적을 추구했다. 문제는 이 은행이 사유 기관이면서 대중 자금의 보관소 역할을 떠맡았다는 점이다. 이 은행은 정부의 자금을 통제했으나 정부는 이 은행을 통제하지 못했다. 막강한 권력 덕분에 미국제2은행의 이사들은 문제가 발생해도 책임을 질 필요가 없었다. 그만큼 부패에 빠질 위험이 높았다. 그러나 세상에 멍청이만 존재하는 것은 아니었다. 여기저기서 우려의 목소리가 들렸고, 잭슨은 이 소리에 귀를 기울였다.

미국제2은행이 아무리 큰 유익을 끼쳤다 해도 부패를 합리화할 수는 없었다. 미국제2은행은 정치 후보들과 공직자들에게 뇌물을 제공했으며, 이해관계를 같이 하는 정치 세력의 선거운동을 돕기 위해 신문의 지면을 사들였다. 상원 재정 위원회의 의장 다니엘 웹스터(Daniel Webster)는 한번은 비들에게 쓴 편지에서 자신의 연간 변호 비용이 들어오지 않았으니 자신과 미국제2은행의 관계가 지속되기를 바란다면 속히 변호 비용을 보내는 것이 좋을 것이라고 했다. 실제로 미국제2은행은 원인 불명의 기금에 수백만 달러를 사용했으며 의원, 신문 편집자, 기타 정치인들에게 대개는 담보 없이 3,000만 달러라는 거금(오늘날 가치로 약 6억 달러)을 대출해 주었다.

대통령 자리에 올랐을 때 잭슨이 미국제2은행을 상대할 수 있는 방법은 거의 없었다. 정치적 난관(부유하고 대개는 타락한 그의 정치 동료들은 뻔한 이유로 미국제2은행을 옹호했기에 미국제2은행의 힘을 약화시키려고 했다가는 친구보다 적이 많아질 수밖에 없었다.) 외에 실질적인 측면에서도 쉽지 않았다. 미국제2은행의 면허가 끝나려면 8년을 더 기다려야 했고, 설령 그 전에 미국제2은행을 무너뜨린다 하더라고 국가의 돈줄을 쥐고 있는 은행이 사라지면 그 돈은 다 어디로 간단 말인가?

잭슨은 서두르지 않았다. 먼저 그는 미국제2은행의 지점 한 곳을 조사하기 시작했다. 이전 선거기간에 그 지점이 차용자의 정치적 관계를 기준으로 대출을 결정했기 때문이다. 잭슨은 그 지점의 이사회를 새로운 초당파적 인사들로 재구성할 것을 비들에게 요청했으나 씨알도 먹히지 않았다. 잭슨은 다른 지점에서도 비슷한 부정을 밝혀냈으나 이번에도 역시 비들은 끝까지 모르쇠로 일관했다. 어떤 방법도 통하지 않자 마침내 잭슨은 경고 사격을 날렸다.

잭슨은 부패 척결에 대한 지지를 얻고자 의회에 직접 출두해 미국제2은행을 맹렬히 비난했다. 그러나 이번에도 실패였다. 의회에 있는 비들의 친구들은 위원회를 구성하여 미국제2은행을 찬미하는 보고서를 발표했다. 다시 말해, 비들의 태도가 공격적으로 변한 것이다. 그는 그 보고서를 수백 부나 복사해 전국의 세력가들에게 배포했다. 그것으로 잭슨이 조사를 멈추길 바랐을 뿐 아니라 미국제2은행의 면허를 조기에 갱신하고자 했다. 또한 미국제2은행의 미국 경제 지배권을 종식시키려는 잭슨의 시도를 처음부터 뿌리 뽑기 위함이었다. 1836년이 되어야 면허 기간이 만료됨에도 비들은 잭슨이 1832년 선거에서 승리할 경우 면허 갱신이 불가할까 봐 우려했다.

비들의 행동은 잭슨을 더욱 화나게 만들었다. 미국제2은행에 대한 잭슨의 분노에 기름을 끼얹은 꼴이었다. 그러나 면허 갱신에 대한 지지 목소리가 높아지면서 형세는 잭슨에게 불리하게 돌아갔다. 비들이 미국제2은행 문제를 이슈화하면 잭슨은 1832년 재선에 실패하기 십상이었다. 그래서 잭슨은 비들이 미국제2은행 문제를 선거 이슈화하지 않으면 면허 갱신 신청을 허가하고 갱신 결정은 의회에 맡기겠다고 약속했다. 면허 갱신에 관해 투표할 때쯤이면 부패 사실이 속속 들어나 갱신이 실패로 돌아가리라는 판단에서였다. 그러나 비들의 입장에서 보면, 선거 후에 정치적으로 잃을 것이 없는 잭슨이 약속을 어기고 미국제2은행과의 싸움을 재개할지도 모를 일이었다.

비들은 1832년 선거에서 잭슨과 맞서게 될 헨리 클레이(Henry Clay)와 머리를 맞대고 철저한 계획을 세웠다. 두 사람은 한 가지 공격적인 방법을 쓰기로 했는데, 잭슨을 올가미에 가두고 미국제2은행의 생존을 보장할 수 있으리라 확신했다. 그 방법이란 미국제2은행 문제를 선거 이슈화하는 데서 그치지 않고 선거 전에 면허 갱신 법안을 표결에 붙이는 것이었다. 의회가 자기편인 만큼 법안 통과는 따 논 당상이라 생각했다. 그들이 볼 때, 잭슨이 선택할 수 있는 길은 두 가지 뿐이었다. 하나는 정치적 압력에 굴복하여 법안 통과를 속수무책으로 지켜보는 것이었다. 이 경우에는 선거 결과에 상관없이 미국제2은행의 성공이 보장되었다. 다른 하나는 법안을 거부했다가 선거에서 클레이에게 패하고, 클레이가 대통령이 되자마자 면허를 갱신하는 모습을 하릴없이 지켜보는 것이었다. 잭슨이 법안에 거부권을 행사하면 대선은 미국제2은행 존속에 대한 국민 투표나 다름없게 되는 셈이었다. 이것으로 비들과 클레이는 잭슨을 함정에 빠뜨렸다고 확신했다.

잭슨의 입장에서는 정치 현실과 자신의 명예 중에서 무엇을 택할 것인가가 문제였다. 스스로 옳다고 생각하는 대로 행동하면 자신의 정치 생명이 끝날 공산이 컸을 뿐 아니라 아무런 변화를 이끌어 내지 못할 수도 있었다. 가히 잭슨의 진실성과 기지가 최종적으로 시험을 받는 자리라 하지 않을 수 없었다. 당시 잭슨은 밴 뷰런(Martin Van Buren)에게 이렇게 말했다. "미국제2은행이 나를 죽이려 하고 있으나 오히려 내가 그놈을 죽일걸세." 그리고 결투의 달인답게 이렇게 덧붙였다. "나는 절대 꽁무니를 빼지 않는다는 걸 증명해 보이겠네."

대결이 시작되었다. 일단 법안은 양원에서 쉽게 통과되었다. 이제 잭슨은 선택을 해야 했다. 당 리더들은 잭슨에게 거부권을 행사하지 말라고 조언했다. 그러나 잭슨이 이를 단호하게 거부하자 이번에는 용어를 자제하고 선거 후 면허 갱신 가능성을 열어 두는 반쯤 맥 빠진 거부권을 행사하라고 요청했다. 잭슨의 재선에 자신들의 정치적 운명이 걸려 있었기 때문이었다.

그러나 잭슨은 이번 마지막 결투에서 지더라도 평생 살아온 원칙을 고수하기로 결심했다. 그는 이전의 어떤 대통령보다도 강력한 거부 메시지를 작성하기 시작했다. 그리고 가능한 모든 무기를 동원해 싸우고 자신의 입장을 국민에게 직접 호소하기로 했다. 7월 10일, 잭슨이 상원에 출두해 다음과 같은 연설을 하자 헨리 클레이는 경악을 금치 못했다. "부와 권력을 소유한 자들이 걸핏하면 이기적인 목적으로 법을 오용하고 있으니 참으로 한심스럽습니다. 미국의 많은 부유층은 평등한 보호와 이익에 만족하지 못하고 의회를 통해 더 큰 부를 쌓게 해 달라고 아우성쳐 왔습니다. 저는 소수의 이익을 위해 다수를 희생하는 우리 정부의 타락을 용납할 수 없습니다."

잭슨은 힘 있는 자들이 아닌 국민을 옹호하겠다고, 부자들이 평범한 사람들의 권리를 짓밟도록 내버려 두지 않겠다고, 크고 명료한 목소리로 선포했다. 이것은 인민주의 운동이 일어나기 50년 전에 나타난 인민주의, 곧 인민주의의 원조라고 할 수 있었다. 그리고 대통령이 거부권을 정치 도구로 사용하여 미국 국민에게 직접 호소한 최초의 사건이었다.

미국제2은행의 손아귀 아래 있는 언론은 잭슨의 거부권 행사에 대해 분개에서 경멸에 이르기까지 다양한 반응을 보였다. 신문의 논설들은 잭슨의 연설이 계급 갈등을 심화시켰다며 격렬히 비난했다. 또한 다니엘 웹스터 상원의원은 상원 모임에서 잭슨의 거부 메시지가 "그 무엇도 자유를 위협하지 않는 시기에 국민의 자유를 위기에 빠뜨렸다."고 발언했다. 그러면서 자신의 이해관계에 관해서는 일절 언급하지 않았다.

3일 후 상원은 단 세 표가 부족해 거부권 무효 처리를 위한 2/3 표를 얻는 데 실패했다. 사실, 처음부터 비들과 클레이는 단번에 무효 처리되는 것을 바라지 않았다. 그들은 잭슨이 서서히 몰락하는 꼴을 보고 싶었다. 우선 그들은 이 문제를 거리로 들고 나가 잭슨의 사임을 지지하는 여론을 조성하고자 했고, 비들은 잭슨이 돌이킬 수 없는 강을 건넜다며 좋아했다. "거부 메시지라, 정말 잘 되었군. 그것은 마라트(Marat)나 로베스 피에로(Robespierre)가 폭도에게 발표했을 법한 무정부 선언이나 다름없어. 잘하면 이참에 이 딱한 사람들의 지배로부터 미국을 구해 낼 수 있겠어."

비들은 계획을 신속히 실행에 옮겼다. 그는 100,000달러(오늘날 가치로 환산하면 200만 달러 이상) 이상의 은행 돈으로 잭슨의 거부 메시지를 복사해 전국에 뿌렸다. 그는 은행을 죽이려는 잭슨의 음모를 국민들이 알게 되면 클레이를 지지하리라 예상했다. 그러나 그것은 엄청난 계산 착오였다.

1832년 선거에서 잭슨은 압승을 거두었다. 무엇보다도 비들을 절망시킨 것은 새로운 하원의원 240명 중 거의 60%가 잭슨을 지지했다는 사실이다. 새 의회가 잭슨의 거부권 행사를 무효 처리할 가능성이 완전히 사라진 것이다. 잭슨은 "거부권은 먹혀들어 갔다. 미국제2은행은 나를 파멸시키려고 계획했지만 오히려 파멸을 당할 것이다."라고 기록했다.

국민의 지지를 등에 업은 잭슨은 최후의 공격을 퍼부었다. 즉, 미국제2은행으로부터 정부의 예치금을 조금씩 꺼내 주 은행들에 예치했다. 그 효과는 잭슨의 예상을 훨씬 뛰어넘는 것이었다. 정부는 흑자를 기록하기 시작했고, 짧은 미국 역사상 처음으로 잭슨은 연방 채무를 모두 갚았다.

그러나 비들은 굴복하지 않았다. 그에게는 마지막 무기가 남아 있었다. 잭슨이 미국제2은행의 자금을 바닥내더라도 비들에게는 미국 경제를 엄청난 경제공황에 빠뜨릴만한 돈이 있었다. 미국제2은행이 경제 안정에 꼭 필요하다는 사실을 대중에게 확인시키고자 급기야 비들은 경기 초토화 정책을 동원했다. 그야말로 국가의 번영은 위기에 놓였다. 비들은 대출금을 긴급 회수하고 어음의 즉각적인 상환을 요구함으로써 미국 경제를 파괴하려 했다. 은행들은 기가 막혔다. 한 은행 저널은 "지금과 같은 압박을 본 적도 느껴 본 적도 없다. 나날이 상황이 악화되고 있다."라고 보도했다. 어느 시점에서 비들은 현실감각을 잃었다. 결국 미국을 공황에 빠뜨리려는 어처구니없는 계획을 막기 위해 하원이 개입했다. 비들의 막무가내인 행동은 그나마 남아 있던 미국제2은행 지지자들까지 등을 돌리게 만들었고, 이 은행의 지나친 권력에 대한 잭슨의 우려를 재차 확인시켜주었다.

파산하고 망신까지 당한 미국제2은행은 면허 기간이 끝나는 1836년까지 삐거덕거렸다. 비들은 작은 펜실베이니아 주 은행 형태로 미국제2은행을 되살리려 했으나, 그것마저 몇 년 후에 파산하여 영원히 사라지고 말았다. 미국제2은행의 소멸은 잭슨의 확실한 승리를 의미했다.

"여러분, 즉 권한을 가진 모든 사람은 궁극적인 책임이 있습니다." 잭슨은 고별 연설에서 이렇게 말했다. 그는 정치적 압력에 상관없이 자신의 책임을 다했고, 자신이 믿는 바를 끝까지 고수했다. 그는 자신의 마지막 대결일 뿐 아니라 신생국의 가장 부유하고 가장 강력한 사람들을 상대로 한 대결에서 값진 승리를 이끌어 냈다. 찰스 디킨슨이 오래전에 깨달은 사실을 결국 니콜라스 비들도 깨닫게 된 것이다. '올드 히커리'는 쓰러뜨릴 수 없다는.

상원에게

앤드류 잭슨 대통령, 미국제2은행과 관련한 비토 메시지 ,

1832년 7월 10일

'가입자들을 미국 연방 은행에 통합시키는 법' 이라는 명칭의 법을 수
정하고 존속시키는 법안이 7월 4일에 제게 제출되었습니다. 애초에 기
간을 결정했던 헌법의 원칙들을 신중히 검토한 결과 그 법안은 법이 될
수 없다는 결론에 이르렀습니다. 그래서 이제 저의 반대 의견과 함께
그 법안의 탄생지인 상원으로 다시 가져왔습니다.

미국 연방 은행은 많은 부분에서 정부에게 편리하고 국민에게 유용
합니다. 저는 이런 사실을 인정함과 아울러 현재 은행이 가진 힘과 특
권의 일부가 헌법에 의해 허가되지 않았고 국가에 위협이 되며 국민의
자유를 위험에 빠뜨린다는 점도 간과할 수 없습니다. 그래서 모든 장점
을 모으고 단점을 보완하여 기관을 조직하는 문제의 실용성에 의회의
관심을 집중시키는 것이 제 집권 초기의 의무라 느꼈습니다. 그런데 제
앞의 법안에는 은행 면허에 대한 수정 사항이 하나도 보이지 않으니 참

으로 유감입니다. 제 의견에는 정의, 건전한 정책, 우리 국가의 헌법과 양립하려면 이런 수정이 반드시 필요합니다.

현재의 법인, 임명된 의장, 이사들, 미국 연방 은행은 이 법이 실효되는 날부터 20년간 존재할 것입니다. 이 법안은 정부의 비호 아래 독점적인 은행업 특권을 누리고 있습니다. 정부의 편애와 지지를 독점하고, 나아가 그 필연적 결과로서 외국과 국내 거래를 독점하고 있습니다. 기존의 면허를 통해 미국 연방 은행에게 주어진 힘과 특권, 편애는 주가를 액면 가치보다 훨씬 높임으로써 수백 만 주주들에게 이익을 안겨 주고 있습니다.

법인 설립을 위한 기존 법이 통과될 때 그 효과를 미리 예상하지 못한 점으로 볼 때 이런 결과를 막지 못한 것은 어느 정도 이해할 수 있습니다. 그런데 제 앞에 놓인 법은 똑같은 주식의 소유자들, 많은 경우에 똑같은 사람들에게 최소한 700만 달러 이상의 이익을 또다시 제시하고 있습니다. 법의 효력과 관련한 불분명성으로 볼 때 이런 이익을 다시 제공하는 것은 결코 이해할 수 없습니다. 이 법안이 통과되면 법이 보장하는 연간 200,000달러의 연금 지불로 볼 때 주가의 시장가치가 최소한 30% 이상 높아져 액면 가치가 단숨에 1/4이나 증가한다는 데는 이견이 없습니다. 이 법으로 인해 우리 정부의 특혜를 받게 될 대상은 우리 시민만이 아닙니다. 이 은행 주식은 800만 주 이상을 외국인이 소유하고 있습니다. 이 법을 통해 사실상 미국은 외국인들에게 수백만 달러의 선물을 주는 셈입니다. 이 법이 외국인과 우리의 일부 부유한 시민들에게 보장해 줄 이익은 비할 바가 없을 정도로 엄청납니다. 이 법에 따라 현 주주들은 특별 배당금을 전부 받은 후에 이런 이익까지 챙기게 됩니다.

모든 독점과 배타적 권리는 똑같은 권리를 받아야 마땅한 대중을 희생하여 제공되는 것입니다. 이 법안이 현 은행의 주주들에게 제공하기로 제안하는 수백만 달러는 직·간접적으로 미국 국민들의 수입에서 나와야 합니다. 따라서 정부가 독점권과 배타적 권리를 판다면 그 가격은 최소한 공개 시장에서의 가치와 같아야 합니다. 이 경우에 독점의 가치는 적절하게 산정된 듯합니다. 2,800만 주의 가치가 50% 증가할 것이며, 이는 최소한 42,000,000달러의 시장가치이며 특별 배당금으로 주주들에게 지급될 것입니다. 따라서 독점의 현재 가치는 17,000,000달러이며, 이번 법은 이것을 300만 주로 처분할 것을 제안합니다. 그러면 각 200,000달러씩 연간 15회로 분할 지급될 수 있는 것입니다.

현 주주들이 정부의 특혜를 주장한다는 것은 말이 되지 않습니다. 현 은행은 기존 계약에서 약정된 기간 동안 독점권을 누렸습니다. 우리에게 이런 은행이 있어야 한다면 정부가 전체 주식을 처분하여 국민들에게 특권에 대한 공정한 시장가치를 보장해 주어야 하지 않겠습니까? 의회가 2,800만 주를 만든 후에 이 법안이 보장하는 모든 힘과 특권을 가진 구매자들을 법인화하여 국고로 판매하도록 장려하는 것이 낫지 않겠습니까?

그러나 이 법안은 이런 독점권 구매에 있어 경쟁을 허용하지 않습니다. 이는 현 주주들이 정부의 특혜뿐 아니라 장려금에 대해 법적 권리를 소유한다는 잘못된 개념에 기초하고 있는 듯합니다. 주식의 1/4 이상이 외국인 소유이며 나머지는 주로 최고 부유층에 있는 우리 시민 수백 명의 소유인 것으로 보입니다. 그들의 이익을 위해 이 법안은 전체 미국 국민들을 이 독점권 구매 경쟁에서 배제시키고 그것을 원래 가치보다 수백만 달러 낮게 처분하도록 하고 있습니다. 현 주주가 아닌 일부 시민들이 경쟁의 문이 열려야 한다고 주장했으며, 정부와 국가에 더 유익한 조건으로 면허를 사겠다고 주장했기에 이는 납득할 수 없는 일입니다.

하지만 기존 은행의 모든 비공개 주식의 가치에 맞먹는 부를 소유한 집단이 이런 제안을 했음에도 결국 무시되었습니다. 이번 법안에 따르면, 정부의 장려금은 운 좋게 주식을 확보하고 현재 기존 은행의 힘을 휘두르고 있는 소수에게 또다시 제공됩니다. 이런 방침은 정당하지 않습니다. 정부가 독점권을 팔아야 한다면 완전한 가치보다 싸게 팔아서는 안 됩니다. 그리고 15~20년 동안 다시 이익을 주어야 한다면 그것을 외국 정부에 속한 자나 우리 국가의 지정되고 선호되는 계층에게 주어서는 안 됩니다. 본질적으로는 혜택의 수혜자를 미국 시민들로 제한하고 시민 각자가 차례로 이 혜택에서 발생하는 수익 기회를 누릴 수 있게 하는 것이 정의이고 올바른 정책입니다. 제 앞에 놓인 법은 이러한 점에서 그것이 법이 될 수 없음을 명백히 드러내고 있습니다.

현 은행에 면허를 갱신해 주자는 주장의 근거로 대출금 회수가 엄청난 혼란을 불러일으킬 것이라는 우려가 제기되었습니다. 그런 우려를 막기 위한 시간은 충분하며, 잘 경영한다면 혼란이 줄어들 것입니다. 물론 경영이 부실할 때는 혼란이 가중되겠지요. 따라서 혼란이 야기된다면 그것은 경영의 책임입니다. 이것이 지금까지 분명히 남용되어 온 권한을 갱신해 주지 말아야 하는 또 다른 이유입니다. 그러나 이런 이유가 무시되면 어떤 일이 벌어질까요? 이 법안을 인정하는 것은 은행이 영속해야 하며, 결과적으로 현 주주와 그 권리의 상속자들이 특권층의 지배를 확립해야 한다는 점을 인정하는 것입니다. 그들은 엄청난 정치적 힘을 얻고, 정부와의 결탁을 통해 막대한 재정적 이권을 누리게 될 것입니다.

제가 보기에, 이 법이 제안하는 기존 면허에 대한 수정 사항은 국가의 권리나 국민의 자유와 일관되지 않습니다. 은행의 부동산 소유 권한에 대한 제한, 지사를 세울 권한에 대한 제한, 소액 어음의 발행을 금지하는 의회의 권한은 상대적으로 가치나 중요성이 없는 제약입니다. 현 은행의 의심스러운 원칙, 잘못된 특징들 대부분은 아무런 제약 없이 보존됩니다.

우리 국가에 거의 구속되지 않은 은행이 우리의 자유와 독립에 위협이 되지 않겠습니까? 이 은행 총재는 주 은행들 대부분이 자신의 관용에 의해 존재한다고 제게 말했습니다. 이런 법의 비호에 따라 그 영향력이 외국인 주주들과 이익을 공유하는 선별된 사람들에게 집중되면 평시에 선거의 순수함을 훼손하고 전시에 국가의 독립을 위협하지 않겠습니까? 물론 그들이 마음만 먹으면 그 힘을 바르게 사용할 수도 있을 것입니다. 그러나 이 독점권이 그들 자신이 제안한 조건에 따라 15~20년마다 정기적으로 갱신되면 그들은 분명 선거에 영향을 미치고 국가의 사안을 통제하기 위해 강압적인 힘을 발휘할 것입니다. 개인 시민이나 공공 기관이 개입하여 그들의 힘을 저지하거나 특권의 갱신을 방해하고 싶어도 결국 그들의 영향력에 압도될 것이 뻔합니다.

은행 주식이 주로 외국 국민들의 손에 넘어가고 불행히 우리가 그 외국과 전쟁을 벌이게 되면, 우리는 어떤 상황에 놓이겠습니까? 외국 국민들이 거의 전적으로 소유하고, 애정은 아니더라도 그들과 똑같은 이해관계를 가진 사람들이 경영하는 은행의 향보는 너무도 분명합니다. 적의 함대와 군대를 지원하는 쪽으로 모든 운영의 방향을 정할 게 뻔합니다. 우리의 통화를 통제하고 국민의 돈을 받으며 수많은 우리 시민들을 예속시킨 그들은 적의 해군과 육군보다 더 무섭고 위험할 것입니다.

우리에게 개인 주주에 의한 은행이 필요하다면 건전한 정책과 미국 국민의 여론을 모두 감안할 때 완전한 미국인 소유가 되어야 마땅합니다. 그 주주들은 최소한 우리 정부에 우호적이며 곤란과 위험의 시대에 우리 정부를 지지할 용의가 있는 우리 시민들로만 구성되어야 합니다. 국내 자본이 범람하여 최근에 지방 은행들의 주식을 사려는 경쟁은 거의 폭동 수준에 이르렀습니다. 오직 미국인 주주로만 이루어진 은행에게 이 법안이 부여하는 힘과 특권을 주면 200,000,000달러 가치의 주식은 쉽게 인수할 수 있습니다. 정부가 기금을 예치해야 하며 위기 때 대출을 받아야 하는 은행의 주식을 외국에 파는 것보다 실효성의 완전 상실이라는 제재 하에 외국인에 대한 판매를 금지하는 것이 바람직합니다.

이 법안은 주식을 외국인들에게 양도하는 것을 승인하고 조장하며, 그들에게 모든 주 및 국가 세금을 면제시켜줍니다. 세입 운영에서 은행이 정부의 안전하고 효과적인 대리자로서 이런 힘을 소유해야 한다는 '필요 적절한' 목적에서 벗어나, 이 법안은 연방 은행을 외국 은행으로 변질시키고, 평시에 우리 국민을 가난하게 만들며, 미국 전역에 외국의 영향력을 퍼뜨리며, 전시에 우리의 독립을 위험에 빠뜨릴 의도를 품고 있습니다.

몇몇 주는 헌법에 따라 부동산의 소유권과 이전권을 규제하고 통제할 힘을 소유했으며, 전부는 아닐지라도 그들 주 대부분은 주 내 외국인의 토지 획득이나 보유를 금지하는 법을 가지고 있습니다. 그러나 이 법안은 주들의 그런 분명한 권리를 무시한 채, 이 은행의 외국인 주주들에게 은행 회원으로서 미국 내 모든 부동산에 대한 소유권과 소유 증서를 제공합니다. 외국인에게 주어진 이런 특권은 은행의 공적 의무 수행에 전혀 필요하지 않습니다. 또한 주들의 권리를 사실상 파괴할 수도 있기에 적절하지 않습니다.

미국 정부는 요새, 잡지사, 무기고, 조선소 등의 꼭 필요한 건물을 건설할 목적 외에 주 내의 땅을 매입할 헌법상 권한이 없습니다. 심지어 이런 목적을 위해서도 건물을 세울 주의 의회의 동의가 반드시 있어야 합니다. 스스로 은행의 주주가 되고 은행에 다른 목적으로 땅을 매입할 권한을 줌으로써 그들은 헌법에서 부여하지 않는 힘을 소유하게 되며, 스스로 소유하지 않는 힘을 타인에게 제공하게 됩니다. 은행이 이런 힘을 소유하는 것은 정부 기금의 수취와 안전한 보관, 양도에 전혀 필요하지 않습니다. 또 의회가 그들에게 위임된 힘을 헌법상으로 확대하는 것은 적절하지 않습니다.

옛 연방 은행은 고작 11,000,000달러의 자본을 보유했습니다. 그 자본으로도 정부가 필요로 하는 모든 기능을 신속하고 안전하게 처리할 수 있었습니다. 그러나 현 은행의 자본은 35,000,000달러입니다. 이는 경험상으로 은행이 공적 기능을 수행하기 위해 필요하다고 생각되는 수준보다 최소한 24배나 많습니다. 옛 은행과 새 은행 설립 사이의 기간 동안 존재했던 공채는 거의 갚았으며, 우리의 세입은 곧 줄어들 겁니다. 따라서 이런 자본 증가는 공공 목적이 아닌 사적 목적을 위한 것입니다.

정부는 유일한 판사입니다. 판사는 어느 부분에서 그 대리자들의 존재가 필요한지 잘 알기에 대리자들은 판사, 즉 정부 내에 있어야 합니다. 따라서 은행이 정부와 상의하지 않고 오히려 정부의 의지에 반해 자기 마음대로 공무를 수행할 수 있는 곳에 지사를 설립하도록 허가하는 것은 필요하지도 적절하지도 않습니다. 대법원이 설정한 원칙에 따르면, 의회는 사적 투기나 이익을 목적으로 은행을 설립할 수 없으며, 오직 일반 정부의 대리 권한을 수행할 수단으로만 은행을 설립할 수 있습니다. 같은 원칙에 따라 공공 목적이 아닌 다른 목적으로 지사를 설립하는 것은 헌법상으로 허가되지 않습니다. 이 법에 따라 정부의 명령이나 요청 없이, 또는 공공 목적이 아닌 다른 목적으로 아무 주에서나 두 개 지사를 설립할 권한을 부여하는 것은 의회에 위임된 권한을 올바로 사용하는 데 있어 전혀 필요하지 않습니다.

부유층과 권력층이 이기적 목적으로 정부의 법을 악용하는 것은 유감스러운 일입니다. 물론 모든 정당한 정부 아래에서도 차별은 항상 존재할 것입니다. 인간의 제도로는 재능과 교육, 또는 부의 평등을 이룰 수 없습니다. 하늘의 선물과 뛰어난 산업, 경제, 미덕의 열매를 한껏 즐기는 일에서 모든 인간은 법의 동등한 보호를 받을 자격이 있습니다. 그러나 부자를 더 부유하게 만들고 강자를 더 강하게 만들기 위해 법이 정당한 차이 외에 인위적인 차별을 더할 때, 스스로 혜택을 추구할 시간이나 수단이 없는 사회의 낮은 층(농부, 기계공, 노동자)은 정부의 부정의에 대해 불평할 권리가 있습니다. 정부에 필요악은 없습니다. 악은 오직 남용의 형태로만 존재합니다. 하늘이 높은 자나 낮은 자, 부자나 가난한 자에게 똑같이 비를 내리고 은혜를 베풀 듯, 정부가 모두를 공평하게 보호한다면 절대적인 축복이 될 것입니다.

몇몇 주의 권리와 힘을 침해해서는 우리 정부가 유지될 수 없고 연방이 보존될 수도 없습니다. 일반 정부를 강하게 만드는 길은 약해지는 것입니다. 힘이 아닌 은혜로, 통제가 아닌 보호로, 주를 중앙에 가까이 묶어 두는 것이 아니라 각자 적당한 궤도 안에서 마음껏 움직이도록 두는 것, 즉 최대한 개인과 각 주에게 맡기고, 스스로 느끼게 두는 데 진정한 강함이 있습니다.

경험은 우리에게 지혜를 가르칩니다. 현재 우리 정부가 직면한 난관의 대부분과 우리 연방 앞에 놓인 위험의 대부분은 의회가 정부의 올바른 목적을 버리고 이 법안에서 구현한 원칙들을 채택한 데서 비롯했습니다. 우리의 많은 부자들은 공평한 보호와 혜택에 만족하지 않았고, 의회의 법으로 자신들을 더욱 부유하게 해 달라고 우리에게 간청해 왔습니다. 우리가 그들의 소망을 들어주려고 하는 바람에 여러 부분들과 이해들, 의견들이 상충하는 법이 탄생했으며, 우리 연방의 기초가 흔들리는 무시무시한 위험이 찾아왔습니다. 이제 지금까지의 일을 멈추고 우리의 원칙들을 되돌아보며, 가능하다면 독립전쟁의 현자들과 우리 연방의 아버지들에게서 볼 수 있었던 헌신적인 애국주의와 타협의 정신을 부활시켜야 할 때입니다. 단번에 우리가 경솔한 법안이 초래한 기득권을 없애고 올바른 정부를 만들 수는 없을지 몰라도, 최소한 우리는 독점권과 배타적 특권의 갱신, 다수를 희생하여 소수를 비호하는 우리 정부의 모든 타락에 맞서고, 타협과 우리의 법전 및 정치 경제 시스템의 점진적 개혁으로 나아갈 수 있습니다.

이제 저는 조국에 대한 제 의무를 다했습니다. 이에 국민 여러분들이 지지해 주신다면 감사하고 행복할 것입니다. 그렇지 않더라도 저는 저에게 충분한 만족감과 평안을 가져다줄 이유를 찾을 것입니다. 우리를 둘러싸고 있는 곤란과 우리의 제도들을 위협하는 위험 앞에서도 놀라거나 당황할 이유는 없습니다. 안도와 구원에 대해, 특별한 관심으로 우리 공화국의 운명을 지켜준다고 확신하는 선한 하나님, 그리고 우리 국민들의 지식과 지혜를 의지합시다. 하나님의 넘치는 선함과 그 자녀들의 애국적인 헌신을 통해 우리의 자유와 연방은 보존될 것입니다.

Andrew Johnson

워싱턴으로 간 존슨

앤드류 존슨과 전쟁장관

링컨과 부통령 러닝메이트로 뛸 당시에 앤드류 존슨은 전국을 돌아다니며 그의 트레이드 마크인 저돌적인 연설을 전달했다. 링컨의 압도적인 승리 직후에 존슨은 전시 지사(military governor) 임기를 마치기 위해 테네시 주로 돌아갔다. 당시 그는 독립전쟁 때 남부 연합에 참여했던 고향 테네시 주가 북부 연합에 재가입하기를 열렬히 바랐다. 그런데 그는 막상 취임식 날짜가 가까워지자 늑장을 부리며 워싱턴으로 떠나려 하지 않았다.

존슨은 테네시에서 선약이 있다는 핑계로 취임식에 빠져도 되겠냐는 전보를 링컨에게 보냈다. 그것이 존슨의 자만심의 표출인지 자신감의 결여인지는 알 수 없었지만 그에 깜짝 놀란 링컨 대통령은 부통령 당선자로서 국회의사당의 취임식에 반드시 참석해야 한다고 통보했다.

그럼에도 존슨은 고집을 부리며, 친구인 존 포니(John Forney)에게 대통령을 설득해 달라는 편지를 썼다. 그러나 포니 역시 크게 놀라며 존슨에게 즉시 워싱턴으로 가라고 조언했다.

결국 존슨은 워싱턴으로 가는 수밖에 없었다. 그러나 그는 병을 핑계로 취임식 전날 밤까지도 워싱턴에 도착하지 않았다.

추적추적 비가 내리는 다음 날 아침, 존슨은 숙취 속에서 잠을 깼다. 친구 포니와 함께 축하 파티를 열어 위스키를 진탕 마신 탓에 머리가 깨지는 듯했다. 우중충한 아침이었으나 더 이상 지체할 시간도 마땅히 떠오르는 변명거리도 없었다. 그는 무거운 몸을 겨우 일으켜 주섬주섬 취임식 예복으로 검정색 프록코트, 실크 조끼, 가죽 바지를 껴입었다. 전직 재단사였던 존슨은 언제나 깔끔하게 차려입고 다녔다. 준비를 완벽하게 끝낸 그는 미국의 부통령으로 취임하기 위해 공관을 나섰다.

정오에 있을 취임식 장소로 향하던 도중 존슨은 현직 부통령 한니발 햄린(Hannibal Hamlin)과 그의 아들 찰스(Charles)가 자신을 맞아들이기 위해 기다리고 있는 국회의사당 부통령 공관에 들렀다. 아직도 전날의 술기운이 가시지 않은 상태에서 그는 위스키를 요구했다. 편안한 대화가 진행되는 가운데 그는 위스키를 잔에 가득 채워 스트레이트로 들이켰다. 그리고 또 한 잔. 일전에 전당대회에서 존슨이 좀 더 친절하게 굴었더라면 햄린은 그가 과음하지 않도록 막았을지도 모른다. 그러나 햄린은 굳이 말리지 않았다. 존슨이 상원 회의실로 향하는 도중 세 번째 잔을 황급히 들이킬 때도 햄린은 보고만 있었다.

링컨 대통령, 영부인, 장관들, 상원의원들, 하원의원들, 대법원 법관들, 외국의 고위 인사들, 육군과 해군 장교들, 일단의 방청객들과 저널리스트들이 모인 가운데, 햄린과 비틀거리는 존슨은 팔짱을 낀 채 상원 회의실로 들어섰다. 알코올 기운에 취해 흥분의 도가니 안으로 들어서

자 존슨은 머리끝까지 취기가 올랐다. 곧 현 부통령이 존슨을 소개하자 그는 만취한 목소리로 떠들어댔다. 그것이 부통령으로서 존슨의 첫 번째 공식 활동이었다.

존슨은 교양 있는 청중들 앞에서 밑바닥부터 꼭대기까지 올라온 자신의 성공 스토리를 횡설수설 설명해 댔다. 학교를 전혀 다니지 않고 전적으로 자수성가한 존슨은 노예나 다름없는 노스캐롤라이나 주의 재단사 견공이었다. 그러나 이후에 맨몸으로 테네시 주로 건너가 사업가와 지주로 성공한 뒤 시의회 의원과 시장, 주의회 의원, 하원의원, 주지사, 상원의원을 거쳐 화려한 정치 경력을 쌓게 된 배경을 신들린 듯 떠들어댔다.

계속해서 그는 자신이 이처럼 눈부신 성장을 하도록 애써 준 국민에게 감사의 뜻을 표하고는 모든 형식을 무시한 채 장관들을 향해 장황한 연설을 시작했다.

"수어드 장관와 스탠톤 장관, 그리고 나머지 장관에게 말합니다."

모두 화가 나 있다는 사실을 아는지 모르는지, 존슨은 포니 쪽으로 몸을 굽히면서 큰소리로 말했다.

"해군 장관이 누구죠?"

포니가 마지못해 나지막한 음성으로 대답했다.

"웰스입니다."

"아, 그리고 웰스 장관에게도 말합니다. 여러분 모두의 권력은 국민으로부터 나왔습니다."

햄린이 옆구리를 찌르지 않았다면 존슨의 두서없는 연설은 계속되었을 것이다.

이 사건을 직접 목격하지 않은 사람들도 이후에 전말을 전해 듣게 되었다. 이에 「뉴욕 월드(New York World)」는 존슨에 비하면 "칼리굴라(Caligula)의 말조차 존경을 받을 만하다."고 평했다.

나중에 술이 깬 존슨은 너무나 창피한 나머지 황급히 워싱턴을 빠져나와 친구의 농장에서 2주 내내 숨어 지냈다. 그가 또다시 술판을 벌이기 위해 잠적했다는 소문이 파다했으나 실제로는 그렇지 않다. 그를 변호해 준 사람은 오직 링컨뿐이었다. "나는 오랫동안 앤디 존슨을 알고 지냈다. 그가 지난번에는 큰 실수를 했으나 더 이상 걱정할 필요는 없다. 이후로 존슨은 또다시 술주정을 하지 않을 것이다." 실제로 존슨은 취임식을 마지막으로 더 이상 술에 취한 채 공석에 나타나지 않았다. 그러나 다른 곳도 아닌 취임식 장소에서 추태를 부린 것은 돌이킬수 없는 과오였으며, 이후에 존슨이 슬그머니 워싱턴에 모습을 드러냈을 때는 링컨조차 그를 회피했다.

링컨의 재선 선거운동 때만 해도 존슨이 최적의 러닝메이트인 듯했다. 당시 존슨은 북부의 영웅이자 정치계의 스타였으며, 남들이 연방 탈퇴를 주장하는 상황에서도 그는 상원의 유일한 남부인으로 남아 있었다. 연방에 대한 위협을 강력하게 비난하는 그의 연설은 매번 뉴스의 일면을 장식했고, 그를 찬양하는 노랫소리가 울려 퍼지며, 연설 초빙이 줄을 이었다. 이후 테네시 주의 전시 지사 시절에 존슨은 반란자들로부터 용감하게 내슈빌을 방어해냈고, 사로잡은 남부인들에게 가혹한 형벌을 내렸다.

물론 그를 반대한 사람들도 있었다. 심술궂은 하원의 우두머리 대디우스 스티븐스(Thaddeus Stevens)는 "꼭 반란이 일어난 지방까지 찾아가 부통령 후보를 찾아야 했을까?"라며 투덜거렸다. 그러나 북부 연합의 정당 리더들의 대다수는 허수아비로나마 존슨을 선택했다. 그러나 취임식 장에서 존슨이 보인 추태는 그들에게조차 스스로 엄청난 실수를 하지 않았는지 되돌아보게 하는 계기가 되었다.

그로부터 6주 후인 1865년 4월 14일, 존슨에 대한 불안감은 엄청난 충격으로 발전했다. 링컨이 포드 극장에서 존 윌크스 부스에 의해 암살당한 것이다. 싸구려 극장을 혐오했던 존슨은 살인 사건이 일어난 시각에 평화로운 잠에 빠져 있었다. 그의 동료 정치인인 전 위스콘신 주지사 레오나르도 파웰(Leonard Farwell)은 살인 사건을 직접 목격한 후에 존슨에게 급히 달려가 이 소식을 전했다.

국무장관 수어드도 칼에 찔렸다는 소식이 전해지자 존슨과 파웰은 공포에 휩싸였고, 아직 음모의 규모가 밝혀지지 않았기에 존슨을 보호하기 위한 호위병들이 곧 도착했다. 존슨과 파웰은 부스의 공범 조지 아트제로트(George Atzerodt)가 그날 아침에 존슨도 죽이기 위해 그의 방 바로 위층에 들어갔다는 사실은 알지 못했다. 범인은 존슨에 관한 정보를 얻기 위해 오후 내내 호텔 바텐더를 구워삶았다. 그러나 그의 변호사가 나중에 설명한 바에 따르면, 범행 예정 시간인 오후 10시 15분에 "아트제로트는 폴스타프(Falstaff : 셰익스피어의 희곡에 등장하는 인물-역주)처럼 술을 마셔댔다."고 전했다.

존슨이 충격의 순간에도 사태를 파악하기 위해 애쓰고 있는 사이 그의 개인 비서 윌리엄 브라우닝(William Browning)이 사건 전에 자신의 편지함에서 놀라운 메모를 발견했다는 사실을 뒤늦게 밝혔다.

당신을 방해하고 싶지 않소. 편안하오?

월크스 부스

사환들은 그날 오후 부스가 부통령과 비서가 투숙해 있는지 물은 후에 위의 메모를 썼다고 말했다. 총성이 울리기 전만 해도 브라우닝은 자신이 내슈빌에서 만났던 배우이자 암살범이 자기에게 그 메모를 썼다고 잘못 판단했다. 이 무시무시한 메시지는 존슨이 얼마나 가까스로 죽음을 피했는지 말해 주는 동시에 부스와 존슨이 서로 안면이 있을지 모른다는 꺼림칙한 가능성을 시사하고 있다. 그러나 야심만만한 정치인 존슨에게 그런 가능성을 돌아보는 데 허비할 시간 따위는 없었다. 그는 피터슨 하우스에 있는 극장에서 링컨이 후송되어 있는 곳으로 급히 찾아갔다. 그리고 링컨 곁에 너무 오래 머물지도, 그렇다고 링컨이 죽기를 바라는 듯한 분위기를 풍기지도 않도록 각별히 조심했다.

다음 날 아침 7시 22분, 링컨은 세상을 떠났다. 몇 시간 후에 내각은 호텔에서 자중하고 있는 존슨에게 이 사실을 통보했다. 보기 드물 정도로 간결하면서도 담담한 연설을 통해 존슨은 "최근에 일어난 슬픈 사건을 듣고 크게 당황했다."라고 운을 뗀 후에 말을 이어갔다. "나는 예기치 못하게 내게 주어진, 매우 중차대한 의무를 수행할 만한 능력이 없습니다." 존슨의 연설이 큰 감동을 주지는 못했으나 주위 사람들은 대통령 직을 열심히 수행하겠다는 새 대통령의 결단에 안도감을 표시했다.

존슨은 주위의 이목을 의식해서 링컨의 미망인이 백악관을 비울 수 있도록 충분한 시간을 주는 한편, 같은 날 오후에 재무부 회의실에서 링컨의 내각을 소집했다. 강력한 전쟁 민주당원들(War Democrats : 남북전쟁의 계속적인 수행을 지지했던 북부의 민주당원들－역주)과 공화당원들로 이루어진 이 희한한 집단은 링컨의 명령도 자주 무시한 바 있었다. 그런데 그들 앞에서 만취한 채 추태를 부렸던 신참 대통령이 그들을 통제해야 하니, 앞길이 캄캄했다. 동반자인 수어드가 집에서 요양하느라 옆에 없는 사이 존슨은 날카로운 혀를 가진 거만한 전쟁장관 에드윈 스탠톤을 다루어야 했다. 스탠톤은 심지어 그토록 존경하던 링컨까지도 '신기한 고릴라', 또는 '지독한 멍청이'라고 놀렸던 인물이었다.

존슨은 링컨의 정책을 이어가고 장관들의 직위를 모두 유지시키며 수어드를 대신할 인물을 임시로 임명하겠다고 밝혔다. 그날 오후 존슨은 까다로운 문제에 봉착했다. 암살범들이 붙잡힌 것이다. 극장에서 링컨을 무방비 상태로 놔뒀다는 비난을 받아 온 스탠톤은 존슨에게 자신을 사건의 조사 책임자로 삼아 달라고 요청했다. 마침 큰 슬픔과 동시에 분노를 느끼고 있던 존슨은 조금의 머뭇거림도 없이 그의 요청을 수락했다. 다혈질의 전쟁장관 스탠톤은 암살 공모자들 중 한 명만 빼고 모두를 즉시 잡아들였는데, 부스는 체포 과정에서 사살되었다. 스탠톤의 제안에 따라 존슨은 전쟁 군사법정의 철저한 감시 하에 공모자들을 심문할 것을 명령했다. 모든 상황을 고려할 때 존슨과 그의 행정부는 순조로운 출발을 했다.

암살 사건을 뒤로 한 채 존슨은 백악관 업무에 돌입했다. 그는 버지니아의 임시 주지사를 임명했고, 전 남부 지지자들을 대거 사면했다. 단, 자유를 얻은 노예들에게 투표권을 주는 문제는 까다로운 만큼 일절 언급하지 않았다. 철저하게 양분된 존슨의 내각은 그 문제에 대해 일치

점을 이끌어내지 못했다. 존슨은 두 진영의 목소리에 모두 귀를 기울였고, 더 이상의 논의 없이 자기 양심에 따라 행동했다. 그러니까 그는 의회의 조언을 구하는 대신 그 문제를 각 주의 재량권에 맡기기로 결정한 것이다.

존슨은 위대한 인물은 아니었다. 그는 어릴 때부터 그에게 스며든 인종차별주의, 그리고 일부 귀족주의적 재식농업 소유주들이 남부를 타락시켰다는 생각을 떨쳐 버리지 못했다. 또 메이슨딕슨선의 양쪽에 뿌리를 내리고 있는 원한의 깊이를 제대로 이해하지 못했기에 새로운 시대를 열 만한 인물은 아니었다. 링컨이 평했듯이 그는 착하지만 한계가 있는 인물이었다. 주위에서는 고집불통의 존슨이 남부를 최대한 빨리 재건하는 데 병적으로 집착해 있다고 비난했다.

처음으로 대통령의 힘을 발휘한 후에 용기를 얻은 존슨은 곧 다른 남부 주들에 대해서도 성명서를 발표했고, 자신의 사면 권한을 자유롭게 사용했다. 이에 전 남부 지지자들이 사면을 얻으려는 희망으로 백악관 로비로 몰려들었고 이 꼴불견을 언론은 앞 다퉈 보도했다. 한 과부가 좋지 못한 의도로 사면 알선 사업을 시작하려는 데 배후에 존슨이 있다는 주장도 나왔다. 그런가 하면 남부 지지자들에게 관대한 대통령이 투옥되어 있는 과거 남부 연합의 대통령 제퍼슨 데이비스(Jefferson Davis)까지 사면할지 모른다는 소문이 나돌았다.

날이 갈수록 전쟁 영웅과 단호한 연방 탈퇴 반대자로서 존슨의 이미지는 쇠퇴해 갔다. 과거에 그의 적이었던 남부 지지자들은 그를 구원자로 추켜세웠으나 북부 친구들은 그를 선택했던 것만큼 빨리 그에게서 등을 돌렸다.

남부 반란자들을 훨씬 더 가혹하게 처벌해야 한다고 주장하던 급진적 의원들은 여름 휴회 때 거의 넋을 잃고 말았다. 다툼을 일으키기 좋아하는 스티븐스는 찰스 섬너(Charles Sumner) 상원의원에게 불평을 늘어놓았다. "워싱턴에 있는 대통령의 미친 짓거리를 저지할 방법이 없단 말이오?" 그는 의회가 다시 소집되기 전에 존슨이 '왕으로 등극할 것'이라고 확신했다. 섬너는 해방된 노예들의 완벽한 선거권을 주장하기 위해 백악관을 방문했다. 그러나 존슨은 투표권 문제는 언제나 각 주정부의 결정에 따랐다는 이유로 섬너의 주장을 받아들이지 않았다. 나아가 그는 비록 실수이긴 하나 섬너의 모자를 가래 뱉는 통으로 사용했다. 이 사건 이후 존슨을 이해하려는 사람들조차 등을 돌리게 되었다. 그해 가을 의회가 다시 소집되었을 때 존슨의 반대 세력들은 남부 주들의 재통합 계획을 통과시켜 그를 좌절시키는 데 혈안이 되어 있었다.

존슨은 의회가 멋대로 재통합 문제를 처리하도록 가만히 앉아서 구경할 생각이 없었다. 그는 의회의 '자유인의 사무국 법안(Freedman's Bureau Bill)'에 대해, 그리고 나중에는 남부 대표들을 국가의 모든 결정에 참여시키기 위해 공민권법(Civil Rights Act)에 대해 거부권을 행사했다. 자유인의 사무국 법안은 해방된 노예들을 보호하는 조직의 권한과 기능을 확장하는 법안이었고, 공민권법은 남부의 흑인들에게 공민권을 부여하는 법이었다. 1심에서 존슨의 거부권은 승인이 되었으나 2심에서 의원들은 하나로 뭉쳐 존슨의 거부를 뒤집었다. 겨우 공화당원 4명만 행정부 편에 붙는 바람에 존슨은 쓰라린 패배를 맛봐야 했다.

스탠튼을 중심으로 몇몇 장관들은 공개적으로 대통령을 거부하기 시작했다. 스탠튼은 존슨의 정책들을 공개적으로 반대하는 것 외에도 존슨의 명령을 그대로 수행하기보다는 자기 식으로 재통합 과정을 추진하고자 했다. 그는 의회의 연합 세력과 함께 대통령을 제지할 방법을 비밀리에 토론했다. 이런 스탠턴의 반역 행위는 여기서 끝이 아니었다. 1866년 7월 루이지애나 흑인들을 해방하기 위해 소집된 뉴올리언스 전당대회 전날 밤, 앙심을 품은 남부 지지자들이 폭동을 일으킬지 모른다는 긴급 전보가 날아왔다. 그러나 스탠턴은 그 사실을 존슨에게 알리지 않았다. 그 바람에 존슨은 40명이 죽고 140명 이상이 부상을 당하는 사태를 사전에 막을 수가 없었다. 사실, 존슨은 루이지애나 주 의원들의 적법성을 의심하고 주 검찰총장에게 모든 불법 집회를 진압하라고 명령함으로써 비록 고의는 아닐지라도 사태를 부추긴 꼴이 되었다. 때문에 비난의 화살은 존슨에게 돌아가고 말았다.

국가가 점점 불안에 휩싸였고, 결국 존슨이 국가를 철저히 분열시키는 바람에 그가 링컨의 암살을 사주했다는 믿음이 퍼지기에 이르렀다. 링컨의 부인은 친구에게 보내는 편지에서 존슨에 대한 분노를 이렇게 토로했다.

그 파렴치한 술꾼 존슨이 내 남편의 죽음을 미리 알고 있었어. 부스의 편지가 존슨의 편지함에서 발견된 것으로 보아 둘이 친한 것이 틀림없어. 존슨이 공모자들과 모종의 합의를 했고, 그 수하들을 알고 있었다는 끔찍한 생각을 떨쳐 버릴 수가 없어. 존슨이 이 모든 일을 주도한 게 분명해.

대중의 감정을 오판한 존슨은 국민에게 직접 지지를 호소하기로 했다. 그는 수어드와 웰스를 대동하고 여러 도시를 순행하며 가는 곳마다 가두연설을 통해 적을 열렬히 비난하고 자신의 정책을 선전했다. 그러나 억지로 존슨을 따라다녔던 율리시즈 그랜트 장군은 열차에 숨어 폭음을 했다. 군중은 당당한 그랜트 장군을 환영했으나 변명이나 늘어놓는 존슨에게는 큰 소리로 야유를 퍼부었다. 결국 대중의 심정을 제대로 헤아리지 못한 존슨의 선전 활동은 오히려 역효과만 낳고 말았다.

중간 선거에서 다시 존슨을 철저히 반대하는 의회가 구성되었다. 존슨은 의회의 발의들에 대해 계속해서 길고 악의에 찬 메시지로 거부권(29번)을 행사했다. 그러나 그는 의회를 저지할 만한 힘이 없었다. 「뉴욕 월드」에서 보도했듯이, "대통령이 논리로는 의회를 이길 수 있을지 몰라도 투표로는 어림도 없었다." 의회는 하루에도 몇 번씩이나, 때로는 30분 만에 존슨의 거부권 행사를 뒤집었다.

존슨에 대한 의회의 혐오감은 걷잡을 수 없는 지경에 이르렀다. 반역, 뇌물, 그 외의 큰 범죄나 비행을 사유로 의회가 대통령을 물러나게 할 수 있는 헌법상의 최후 수단, 곧 탄핵을 사용하자는 의견이 서서히 고개를 들었다. 그때까지만 해도 의회가 극단적 조치를 실제로 취한 적은 없었다. 그러나 당시는 극단적인 시대였다. 1867년 1월, 존슨의 열렬한 반대자들은 매사추세츠 주 하원의원 벤 버틀러(Ben Butler)를 중심으로 존슨의 비리를 조사하기 위한 위원회를 구성했다. 위원회는 존슨의 술 파티와 은행통장을 조사했고 이어 존슨과 부스, 나아가 존슨과 제퍼슨 데이비스 사이의 연계 가능성을 확인하기 위한 재조사를 착수했다.

재무성 비밀 검찰국장 라파예트 베이커(Lafayette C. Baker)는 부스의 시체에서 찾아낸 일기에서 18페이지 분량이 찢겨져 나갔다는 사실을 폭로했다. 그는 "누가 그 책을 파괴했나? 누가 증거를 은폐했나? 최소한 주요 공모자들의 의도와 목적을 말해 주는 일기가 그의 호주머니에서 나왔는데 누가 무고한 여인을 목매달게 만들었는가?"라며 고함을 질렀다. 존슨 역시 사라진 페이지의 내용이 궁금해 자체 조사에 착수했으나 스탠튼은 그것이 정부의 수중에 없다고만 보고했다.

상황은 여전히 위태롭기만 했다. 의회가 탄핵 심판 때까지 대통령의 업무를 중단시키기로 결의한다면 정말 큰일이었다. 존슨의 일부 지지자들 사이에서는 무장 저항을 위해 군대를 소집하자는 제안까지 나왔다. 사실 존슨은 그런 조치를 취할 생각이 없었으나 군대 소집에 관한 소문은 꼬리에 꼬리를 물었다.

스탠튼의 친구 의원들은 탄핵에만 모든 사활을 걸 생각이 없었다. 또 자신들이 내각에 심어 놓은 스파이(스탠튼)를 존슨이 제거할까 봐 걱정도 되었다. 그래서 그들은 대통령이 하원의 동의 없이 어떤 각료도 해임할 수 없도록 하는 관직보유법(Office of Tenure Act)을 통과시켰다. 그러나 그 법은 그들을 '각료들을 임명한 대통령의 임기 종료 후 한 달까지'만 보호해 줄 수 있었다. 스탠튼은 링컨 시절부터 내각에 있었으므로 많은 의원(모든 각료들의 의견은 아니었다.)들은 관직보유법이 그에게는 적용되지 않는다고 주장했다.

존슨은 또다시 신랄한 거부 메시지를 쓰기 시작했다. 내각 토론 때 스탠튼도 행정권을 위협하는 이번 시도만큼은 반대했다. 그래서 대통령이 팔에 류머티즘(rheumatismus : 급성 또는 만성으로 근육이나 관절, 그 근접 조직에 통증을 일으키는 질환)을 호소하며 거부 메시지 작성을 부탁하자 스탠튼은 국무장관 수어드에게 그 일을 떠맡겼다. 결과가 뻔한 일에 자기 손을 더럽힐 이유가 없었기 때문이기도 했다. 스탠튼은 의회가 이번 거부권 행사를 금세 뒤엎으리라는 것을 알았고, 실제 그렇게 되었다. 의회의 진행 속도에 놀란 한 관찰자에게 어느 의원은 "우리는 존슨이 하는 말에 더 이상 관심이 없습니다."라고 말했다.

봄이 가고 여름이 올 무렵까지도 의회는 존슨의 범행에 대한 결정적 증거를 찾기 위해 청문회를 열면서 탄핵을 보류했다. 오하이오 출신 하원의원 제임스 애슐리(James M. Ashley)는 자신이 그 증거를 확실히 찾을 수 있다고 여러 번 증언했다. 적들은 존슨의 유죄 증거를 찾기에 혈안이 되어 있었기에 사면을 조건으로 위증 기결수에게 증언을 요청했다. 그러나 죄수는 바보가 아니었다. 그는 어느 쪽에 붙는 것이 사면에 유리한지 알고 있었기에 얘기를 듣고 백악관으로 직행했다. 존슨이 그의 이야기를 널리 공개하자 비로소 국면은 존슨 쪽으로 유리하게 돌아가기 시작했다.

한편, 존슨은 스탠튼이 뉴올리언스 폭동 이전에 숨겼던 전보에 관해 알게 되었고, 즉각적인 조사를 통해 스탠튼이 그 외에도 여러 중요한 사실들을 숨겼다는 점을 밝혀 냈다. 스탠튼이 존슨의 정책에 반대한다는 것은 공공연한 비밀이었고, 이번 사건은 그가 대통령을 정치적 죽음으로 내모는 일에 앞장서 왔다는 증거가 되는 셈이었다. 이후 존슨은 반역자를 어떤 식으로 내각에서 제거하는 것이 최선일까를 구상하기 시작했다.

존슨은 뇌물을 받은 위증자의 소식이 대중의 뇌리에 생생할 때 행동을 시작했다. 1867년 8월 5일, 그는 전쟁장관 스탠튼의 사임을 공식 요청했다. 그러나 스탠톤은 거만한 투로 그것을 거절했다. 이에 존슨은 스탠톤이 불안한 자신의 입지에 매달려 있도록 내버려 둔 채 그의 애를 태웠고, 그랜트 장군에게 조용히 접근해 의회의 승인이 있을 때까지 임시 장관 역할을 수행해 줄 것을 부탁했다. 이 모든 일을 추진함에 있어 존슨은 새로운 법의 정신은 아닐지라도 그 형식을 따랐다. 그랜트는 의회의 휴회 기간 동안 스탠톤의 직위를 대신했다.

상황과 여론은 존슨 쪽으로 기운 듯했다. 애슐리가 11월 말에 그토록 미뤄 왔던 탄핵안을 제시했으나 그것은 음모 주창자들의 광기로밖에 보이지 않았다. 애슐리는 링컨을 포함해 공관에서 죽은 대통령들이 후계자들에게 독살당한 것이 확실하다고 말했지만 구체적 증거는 찾아내지 못했다는 점을 인정했다. 「하퍼스 위클리(Harper's Weekly)」는 경멸하는 투로 이를 비웃었다. "애슐리가 지나치게 흥분했다는 생각밖에 들지 않는다." 결국 탄핵안은 부결되었다.

그러나 존슨의 승리는 공허했고 얼마 가지 못했다. 1868년 1월 13일, 하원은 그랜트에게 스탠톤의 자리를 돌려주라는 명령을 내렸고, 그랜트는 기꺼이 명령에 따랐다. 당연히 존슨은 격노했으나 그랜트에게 자신의 심정을 드러내는 아무런 말도 하지 않았다.

번번이 좌절한 존슨은 이번에는 문제에 정면으로 부딪혔다. 1868년 2월 21일, 존슨은 이전과 달리 관직보유법을 완전히 무시한 채 로렌조 토머스(Lorenzo Thomas) 군무국장을 새로운 전쟁장관으로 임명했다. 그의 속내는 의회를 부추겨 법정에서 만나려는 것이었다. 새로운 법이 위헌 판결을 받으리라 확신했던 것이다. 혹시 그렇지 않더라도 결과에 상관없이 적에게 자신의 지위를 각인시켜주는 셈이었다. 존슨은 누가 뭐래도 합법적으로 지명된 미국의 대통령이었다. 그는 이제 내각과 의회 모두가 자신을 진정한 대통령으로서 대해야 할 때라고 생각했다.

존슨의 지시에 따라 토머스는 전쟁부서로 찾아가 스탠튼에게 공식적인 해임 명령서를 요약 전달했다. 그러자 스탠튼은 소파에 앉은 채 조용히 질책했다. "내가 즉시 자리를 비우길 바라는가? 아니면 내 물건들을 옮길 시간을 줄 텐가?" 토머스는 나중에 다시 오기로 약속하고 조용히 물러났다.

토머스가 떠나자 스탠튼은 그랜트에게 도움을 요청하는 한편, 자기 사무실 안으로 어떤 침입자도 들이지 않겠다고 공언했다. 이 소식이 퍼지자 상원의원들과 하원의원들이 스탠튼을 돕기 위해 전쟁부서로 몰려왔고, 어떤 이는 지지의 메시지를 보내왔다. 가장 인상적인 메시지는 찰스 섬너가 보낸 한마디의 전보였다. "고수하시오."

존슨의 최근 악행 소식이 하원에 도착하자 존슨을 반대하는 분위기가 거의 히스테리 수준까지 발전했다. "그러게 내가 말하지 않았소? 야수를 죽이지 않으면 우리게 죽게 될 거라고 말이오."라며 스티븐스가 고함을 질렀다. 의원들은 이번에는 승리를 확신했다. 그들이 보기에 존슨은 분명히 법을 어겼다. 그러나 그들은 연방 대법원에 판결을 맡길 생각이 없었다. 또다시 탄핵설이 워싱턴에 휘몰아쳤다.

그날 밤 무도회에 참석한 토머스는 자신이 아침에 전쟁부서를 접수할 것이라고 떠들어댔다. 이 소식을 전해 들은 스탠튼은 토머스가 잠자리에서 일어나기 전에 체포하기 위해 경찰을 보냈다. 존슨은 쾌재를 불렀고, 토머스를 검찰총장에게 보내기 전에 그에게 "정말 잘했어. 거기가 바로 내가 원하는 곳이야. 법정 말이야."라고 말했다. 검찰총장은 토머스에게 소환에 순응하고 5,000달러 채권을 공탁하라고 조언했다.

토머스는 이 조언을 따르느라 몇 시간을 허비했다. 그가 전쟁부서에 도착했을 때 스탠턴은 확실한 자리를 잡고서는 그에게 나가라고 명령했다. 그러나 토머스는 나가지 않았다. 살얼음판 같은 적막이 흐른 뒤 토머스가 불만을 토로했다. "다음에 나를 체포할 때는 내가 뭔가 먹고 배를 채운 다음에나 하시오." 유머가 담긴 이 말에 스탠턴은 토머스의 어깨에 팔을 둘렀고 위스키를 대령시켰다. 두 사람은 자리에 앉아 위스키를 마시며 다음 상황을 기다렸다.

의회는 스탠턴을 설득하여 토머스를 상대로 한 소송을 멈추도록 하는 한편, 숨 쉴 틈도 없이(단 3일 만에) 탄핵안과 죄목 리스트를 발표했다. 대디우스 스티븐스는 궁지에 몰려서야 '야수'를 몰아내기로 결정했고, 죄목이 다소 부족하다고 생각하여 두 개의 죄목을 추가했다.

존슨은 이 소식을 듣고도 아무런 동요를 보이지 않았다. 여느 때처럼 깔끔하게 차려입은 재단사 대통령은 계속해서 백악관 연회들을 주재함으로써 흔들리지 않는 모습을 보였다. 방문객들 또한 그의 얼굴에서 아무런 근심의 빛을 발견할 수 없었다. 하지만 사적인 자리에서 그는 적을 저주하며 이렇게 공언했다. "내가 옳아. 다 준비가 되어 있어. 나는 이 정부가 독재체제로 돌아가는 것을 원치 않아."

구경꾼들은 세기의 쇼인 대통령 심의 방청권을 달라고 아우성을 쳤고, 경찰은 입장 저지에 항의하는 일단의 여성과 흑인들을 돌려보내느라 진땀을 빼야 했다. 1868년 3월 30일, 매사추세츠 하원의원 벤 버틀러가 탄핵 재판을 개시했다. 그는 첫 번째 탄핵 위원회를 주재했던 인물로, 법정에서 기행을 하기로 유명했다. 그는 탄핵 가능한 범죄의 본

질에 관해 따분한 설명을 늘어놓은 후에, 새로운 법의 합헌성을 시험할 권한이 존슨에게 없는 이유에 대해 지루한 연설을 했다. 드디어 그의 입에서 군중이 원하는 말이 튀어나왔다.

버틀러는 분노에 찬 목소리로 말했다. "그는 가장 추악한 살인으로 대통령 직을 승계했으며, 국민이 아닌 암살범의 선택에 의해 높은 공직에 올랐습니다." 존슨이 부스와 공모했다는 과거의 비난을 염두에 둔 발언이었다. 하지만 앞서 말했듯이, 존슨을 반대하는 급진주의자들도 수개월이나 확증을 찾아 헤맸으나 결국 아무 증거도 얻지 못했다.

분위기가 바뀌기 시작했다. 죄목이 날조되었고 의회의 급진주의자들이 지나치다는 분위기로 흘러갔다. 검찰 측 증인은 존슨을 "남부 하늘의 블랙홀로 추방해야 한다."라는 이상한 제안만 했을 뿐, 버틀러의 장황한 개회 연설 내용과 특별히 다른 증거를 제시하지는 못했다. 이에 반해 존슨의 변호 팀은 그에게 의회의 다수와 다른 의견을 내놓을 권리가 있다는 점을 완벽한 논리로 설명했다.

5월 16일, 마침내 투표가 이루어졌고 존슨은 가까스로 대통령 직을 마무리하기 위한 지지표를 얻었다. 찬성 35표 반대 19표로, 유죄판결에 필요한 2/3표에서 단 한 표가 모자라 탄핵안은 부결되었다. 상원의원 대부분은 당의 노선에 따랐다. 즉 보수주의자들과 민주당원은 '무죄'에 투표했고, 공화당 급진주의자들은 '유죄'에 손을 들었다. 단, 온건파 공화당원 7명은 남부 주들의 재통합 계획을 더 이상 방해하지 않겠다는 존슨의 개인적 약속을 받은 후에 증거 부재로 인한 무죄 쪽에 투표했다. 이에 한 급진적 저널리스트는 땅을 치며 한탄했다. "정확히 필요한 만큼의 상원의원이 대통령의 무죄를 선언하다니, 어떻게 그런 일이?" 버틀러 역시 믿지 못하겠다는 표정을 지었고, 무죄에 투표한 공화당 상원의원 7명을 색출하는 작업에 착수했다.

존슨의 승리였다. 그가 즉시 전쟁장관 스탠톤을 해고하자 스탠톤은 경찰이 들이닥치기 전에 황급히 공관을 빠져나갔다. 이번 승리로 대통령으로서 존슨의 입지는 크게 강화되었다.

그러나 얼마 되지 않아 믿을 수 없는 일이 또 일어났다. 탄핵 스캔들 이후 존슨은 자기 당의 대통령 후보에 다시 지명되지 못하자 충격과 분노, 절망감에 휩싸였다. 국가 전체의 여론과 요구가 자신에게 끊임없이 정치적 승리를 안겨 주었던 동부 테네시 주의 백인 노동자 계층과 다르다는 사실을 인식하지 못한 탓이었다. 임기가 끝났을 때 그랜트의 배신으로 인해 전례 대로 정식 절차를 거쳐 그에게 대통령 직을 넘겨주지 않았다. 부통령 취임식 때의 쓰라린 기억이 재선 당선 실패의 분노를 한층 더했을지도 모를 일이다. 아무튼 존슨은 정식 절차를 거치는 대신 국민에게 쓰라린 고별 연설을 했는데, 「뉴욕 헤럴드(New York Herald)」는 존슨이 말하는 국민이 테네시 주의 일부 정치 그룹에 불과하다고 평했다.

존슨의 고향 테네시 주는 끝까지 존슨에게 충성했다. 그리고 이후에는 그가 고대하던 '적에게 무죄를 입증하는 승리'를 선사했다. 다시 말해, 1875년 테네시 주는 존슨을 미국 상원으로 돌려보냈다. 이로써 존슨은 대통령 직을 마친 후에 상원으로 돌아간 유일한 인물이 되었다. 어렵게 과거의 상원 자리로 돌아온 만큼 전 대통령 존슨은 왕성한 활동을 했고, 상원에서 그랜트의 재통합 정책을 아예 토론조차 못하도록 사력을 다해 막았다. 이때 스탠톤과 스티븐스, 섬너는 이미 세상을 떠난 후였다.

이후 존슨은 유언을 남긴 지 몇 달 만에 평온한 가운데 잠이 들었다.

미국 상원 연설에서 발췌

앤드류 존슨 대통령, 1867년 12월 12일

스탠톤 장관은 언제나 미국의 '헌법'과 법들을 언급합니다. 그리고 그것들 '아래의' 공적 의무감 때문에 자신을 공직에서 물러나게 만들 수 있는 대통령의 권한을 부인할 수밖에 없다고 말합니다. 헌법에 따른 그의 의무감에 관해 생각해 보면 '미국의 법들'에 대한 의무감이 있다면 그는 전쟁부를 탄생시킨 법을 언급할 수 없습니다. 그 법은 대통령에게 전쟁부의 수장을 해임할 수 있는 무제한적인 권리를 주기 때문입니다. 이 문제에 관한 또 다른 유일한 법은 1867년 3월 2일에 대통령의 거부권 행사를 누르고 의회에서 통과된 관직보유법입니다. 스탠톤 장관이 공적 의무감에 따라 자발적으로 옹호하고 있는 것은 이 법입니다.

이 법에는 그 안에서 명시한 어떤 관리도 공직에 남아 있도록 강제하는 조항이 없습니다. 이 법은 사임이 아닌 해임을 금지합니다. 스탠톤 장관은 스스로 또는 요청이나 명령에 순응하여 아무 때나 사임할 수 있었습니다. 그것은 선택이나 취향의 문제였습니다. 법적 의무에 강제성은 없었습니다. 스탠턴 장관이 강제에 따를 사람도 아닙니다. 그는 자신이 법적 의무가 아닌 '공적 의무감'에 따라 행동한다고 말합니다. 그래서 자리를 고수하는 것 외에 다른 선택이 없다고 합니다. 하지만 헌법과 법들을 존중하는 데서 생기는 공적 의무는 그가 말하는 공적 의무와는 다릅니다. 따라서 그는 잘못된 법을 옹호하기 위한 공적 의무감에 휘둘리고 있습니다.

공적 의무와 소실과 관련하여 그 법의 조항들을 검토하기 위해 스탠턴 장관을 부른 것은 이번이 처음이 아닙니다. 관직보유법은 쉽게 통과되지 않았습니다. 다른 법들과 마찬가지로 그 법은 승인을 위해 대통령에게 제출되었습니다. 저는 으레 그랬듯이 승인 여부에 관한 조언을 얻기 위해 내각에 그 검토를 부탁했습니다. 그것은 헌법과 관련한 중대 사안이었기에 저는 검찰총장, 그리고 한때 검찰총장이었던 스탠턴 장관에게 의견을 구했습니다.

내각의 모든 각료들은 제안된 법이 위헌이라고 조언했습니다. 재고할 필요도 없이 확실하다는 것이었습니다. 그중에서도 그 법에 대한 스탠턴의 비난은 가장 정교하고 설득력이 있었습니다. 그는 헌법의 조항, 의회 토론, 상원의원 시절 뷰캐넌(Buchanan)의 상원의원 시절의 연설, 대법원의 결정들, 정부의 탄생 이후부터 지금까지의 관례를 들먹이면서 해임 권리가 헌법에 의해 대통령에게 주어졌다고 단언했습니다. 게다가 그는 자신의 신중한 판단 결과를 덧붙였고, 대통령의 권리를 침해로부터 보호하고 그 법에 대해 거부권을 행사하는 것이 제 의무라고 조언했습니다.

지금 스탠튼 장관은 그 누구보다도 강한 법적 의무감을 발휘해야 합니다. 그가 조언을 위해 대통령의 부름을 받았을 때 그에게 할 말을 알려주는 것은 헌법이기 때문입니다. 그의 다른 모든 의무는 헌법이 아닌 법령에 의해 규정되었습니다. 그러나 이 의무는 너무 중요해서 헌법에 의해 정해졌습니다.

그래서 스탠튼 장관이 8월 12일 문서에서 밝힌 입장이 너무 생소합니다. 그가 헌법에 따른 이상하고 애매한 공적 의무감에 휘둘릴 줄은 몰랐습니다. 헌법상의 엄숙한 공적 의무에 따라 제게 위헌이라고 조언했던 법을 그 자신이 옹호할 줄은 생각도 못했습니다. 저는 의견의 변화를 최대한 용인합니다만 이런 변화는 아무리 너그럽게 봐주려 해도 한계를 넘은 것입니다.

우리의 의견은 조언으로 이어지고 다른 사람의 행동에 영향을 미칩니다. 그런데 그런 조언을 정작 우리 자신에게는 적용하지 않는 것은 아무리 수긍하려 해도 정당화될 수 없습니다.

이에 저는 스탠튼 장관이 명시한 질문을 완전히 파악하고, 계류 중인 남부 주들의 재통합 법안에 또 다른 거부 메시지를 준비하느라 정신이 없었습니다. 그래서 스탠튼 장관에게 이 관직보유법에 대한 거부 메시지 준비를 요청했습니다. 그런데 이번에는 그가 거부했습니다. 글을 쓰느라 몸이 안 좋아졌다는 것이 이유였습니다. 대신 자료 준비에 필요한 도움은 얼마든지 주겠다고 했습니다.

이 문제가 내각에서 다루어졌을 때 링컨이 임명했던 모든 각료들은 그들의 공직 보유가 법 조항에 의해 명시되지 않은 것을 당연하게 여기는 듯했습니다. 또한 정확히 결정된 바가 있었는지 기억이 나지 않습니다. 그러나 링컨이 임명한 내각 구성원이 그 문제를 제안했고, 아무런 이견도 나타나지 않았던 것을 잘 기억합니다.

그들이 요점을 잘 파악했는지 아닌지는 저에게 중요하지 않았습니다. 법의 합헌성과 수단에 반대하는 만장일치 의견이 너무 단호해서 저는 아무런 걱정도 하지 않았습니다. 당시 모인 의원들에 관한 한 앞으로 난처한 일이 벌어지리라고 염려하지 않았다는 말입니다. 그 법안은 법이 되지 못했습니다. 해임 권한에 대한 한계가 정해지지 않았는데, 아직 바뀔 여지는 있었습니다. 당시 의원들 중 하나라도 그 법안이 법이 될 경우에 조항들이 자신에게 도움이 된다고 말했다면 저는 지체 없이 그를 해임해야 했을 것입니다. 그러나 어떤 맹세도 나타나지 않았고 그럴 필요도 없었습니다. 하지만 맹세가 필요 없고, 맹세를 요구하는 것은 믿음이 부족하다는 증거일 때가 있습니다. 저는 그 의원들이 법안의 적용 범위에 들어가더라도 그 법안은 사문(死文)일 뿐이며 그들 중 누구도 그 조항 안에서 안식을 얻지 못하리라는 것을 분명히 알고 있었습니다.

Lyndon Johnson

LBJ 목장에서 만난 린든 존슨 대통령과 로버트 맥나마라 국방장관

전쟁과 경제의 두 마리 토끼

린든 존슨, 베트남 전쟁, 위대한 사회

2미터가 넘는 린든 존슨은 텍사스 주 목초지 크기의 공터 중앙에 누워 있었다. 사람들의 목소리가 얼마나 크던지 그의 커다란 귀가 멍멍해질 정도였다. 그는 일어서서 연사들을 반기려 했으나 손과 발이 땅에 붙어 떨어지지 않았다. 존슨은 고개를 들어, 겁쟁이! 배반자! 약골! 이라고 비아냥거리며 자신에게 달려드는 수많은 사람을 그저 쳐다만 보았다. 그들의 손에는 돌이 들려 있었다.

맨 앞에는 로버트 케네디(Robert Kennedy)가 서 있었다. 그는 모든 사람에게 존슨이 월남에 대한 존 F. 케네디의 약속을 저버렸다고 말했다. 공산주의자의 손에 민주주의가 망하는 꼴을 존슨이 보고만 있었다고, 그는 겁쟁이며 나약하고 배짱이 없는 사람이라고 비난했다. 돌이 자신에게 날아오자 존슨은 신경을 곤두세우고 대비했다. 그러다가 꿈에서 깨어났다. 존슨 대통령은 이런 악몽을 수없이 꾸었다.

100대 이상의 F-105 선더치프(Thunderchiefs), F-100 슈퍼 세이버 (Super Sabers), B-57 캔버라(Canberras)가 비무장지대를 가로질러 적지로 쏘아 들어갔다. 표적, 곧 쏨방(Xom Bang)의 탄약고에 미 공군의 이름으로 400톤 이상의 폭탄을 쏟아 붓기까지 120초가 남았다. 1965년 3월 2일, 린든 존슨 대통령의 명령으로 천둥 작전(Operation Rolling Thunder)이 시작되었다. 미국의 월맹 공격이 시작된 것이다.

존슨 대통령은 미 공군의 막강한 힘에도 별달리 기뻐하지 않았다. "나는 별로 감흥이 없어. 총과 폭탄, 로켓, 전함은 모두 인간 실패의 상징이야." 단지 존슨의 감흥을 일으킨 계획(소수민족에게 투표권을 주는 일, 미국 학교들에 대한 연방 자금 지원을 늘리는 일, 빈민과 노인에게 무료 의료 서비스를 제공하는 일)을 실행하는 데 베트남이라는 빌어먹을 하찮은 국가가 유일한 장애물이었을 뿐이다.

과거에 존슨은 베트남 때문에 국내 계획에 차질을 빚은 적이 있었다. '흰머리가 좀 필요한 귀여운 아가(존 케네디)'가 자신에게 사이공으로 떠나라고 했을 때 존슨은 거부할 권한이 없었다. 1960년 민주당 전당대회에서 존 F. 케네디에게 패했기 때문이었다.

케네디의 2인자 노릇은 능력 있는 존슨에게 괴롭기 짝이 없었다. 존슨은 커티샥에 절어 살았으며, 때로는 잠자리에서 일어나지 못할 정도로 절망감에 빠져 있었는데, 보좌관들이 그를 일으켜 팔에 피를 순환시켜야 했을 정도였다. 케네디 대통령이 뉴프런티어(New Frontier)* 정책을 추진할 때가 되어서야 존슨은 아침에 일어날 명분을 찾을 수 있었다.

인종차별과 빈곤 문제를 놓고 의회와 싸우려는 케네디의 의지에 존슨은 활력을 되찾았다. 거친 성격의 존슨 부통령은 미국 내에서 이런 재앙을 쓸어버리길 간절히 원했다. 그는 더럽고 가난에 찌든 텍사스에서 인종차별주의와 빈곤을 수없이 보면서 자랐다. 때문에 케네디가 자신의 도움을 바라리라 확신했다. 케네디 역시 존슨이 뉴프런티어 정책의 의회 통과에 막대한 도움이 되리라는 걸 알았다.

그러나 케네디 대통령은 존슨이 과거 상원의 우두머리였다는 점보다는 그가 독수리처럼 음산한 태도로 돌아다니는 것에 주목하고 이렇게 불평했다. "존슨의 빌어먹을 얼굴을 오래 보고 싶지 않아. 그는 내각 회의장에 들어와 그저 잔뜩 찌푸린 얼굴로 앉아 있다가 간다니까." 케네디는 텍사스 출신의 존슨을 자신으로부터 멀리 떨어뜨릴 모든 방법을 모색하던 차에 동남아 방문 책임자로 그를 낙점했다.

월남으로 향하는 비행기 안에서 존슨은 속이 부글부글 끓었다. 의회에 할 일이 태산 같은데 하필이면 월남 방문이라니. 여행 도중에 그는 아무에게나 짜증을 부렸고 심지어 충성스러운 보좌관에게 비행기에서 내리라는 명령까지 내렸다. 보좌관이 "여기는 바다 한가운데인데요." 라고 말하자 존슨은 고함을 질렀다. "그래서 못하겠다는 거야?"

자동차 행렬이 탄 손 누트(Tan Son Nhut) 공항을 나오는 내내 존슨의 얼굴은 시무룩했다. 하지만 사이공으로 향하는 도로에 늘어선 환영 인파를 보고는 정신이 확 들었다. 존슨은 차 밖으로 손을 뻗어 주

＊**뉴프런티어(New Frontier)** 미국의 제35대 대통령 존.F.케네디가 1960년 대통령선거전에서 내세운 정치 표어. 대통령 취임 후에도 내외정책의 기본정신으로 삼았다. 개척자 정신의 상징인 프런티어에 새로운 의미를 부여하자는 것으로, 국내문제의 개선과 해외의 후진지역에 대한 민주주의 추진을 목표로 하는 것이었다. 드와이트.D.아이젠하워 시대의 침체된 정치에 실증을 느끼던 많은 미국 청년들이 이에 호응하여 세계를 향한 평화부대들이 생겨났지만, 국내정책은 국회의 반대로 실현을 보지 못했다.

민들의 손을 잡았다. 그리고 아이들에게 상원 회의 입장권을 주면서 "아빠 엄마와 함께 상원과 하원 회의장으로 와서 정부의 활동을 보라!"고 말했다.

존슨은 자동차 행렬을 여러 번 멈춰 대중에게 라이터를 나눠 주었고, "수많은 사람의 이익을 대변하는 여러분의 상원의원, 린든 존슨에게 경의를"이란 메시지가 새겨진 연필을 뿌렸다. 그러나 사실 그는 자국 국민들의 이익을 대변하고 싶었을 뿐이다.

비록 케네디가 존슨을 멀리 떨어뜨려 놓으려고 사이공으로 보냈지만 이번 임무는 보통 중요한 것이 아니었다. 당시 월남에는 미국 군사 '자문가' 692명이 주둔해 있었다. 과거에 아이젠하워는 베트남 전체가 월맹 공산당의 손에 떨어질까 두려워 이들을 베트남에 파병했다. 케네디는 응오 딘 지엠(Ngo Dinh Diem)에게 추가 파병을 약속하는 편지를 썼고, 이번에 존슨이 그 편지를 전달하는 임무를 맡게 된 것이다.

1963년 11월 지엠이 암살당하자 케네디는 군사 자문가 15,000명 이상을 베트남으로 보냈다. 그로부터 3주 후에 케네디가 암살되면서 존슨이 대통령이 되었다. 신임 대통령 존슨이 가장 하고 싶지 않은 일은 세상을 떠난 두 선임자, 즉 아이젠하워와 케네디가 만들어 놓은 베트남의 군사적 혼란을 처리하는 것이었다.

그래서 존슨은 동남아 문제를 무시한 채 즉시 의회 문제로 눈을 돌렸다. 의회 활동에 누구보다도 능수능란했던 그는 남부 출신 상원의원들의 의사 진행 방해를 일소했고, 유례없이 강력한 공민권법을 통과시켰다. 케네디의 뉴프런티어를 위한 법안을 마련한 후 그는 국회의사당에 내놓을 자신의 계획안을 마련했다.

그 계획안은 존슨답게 엄청난 것이었다. 그것은 미국 역사상 가장 규모가 큰 법률 개혁이었으며, 도시를 정화하고 지방을 아름답게 가꾸고 인종차별과 빈곤으로부터 국가를 해방하는 것이었다.

존슨은 100개가 넘는 법안 하나하나를 의회에서 통과시키기 위해 치밀한 계획을 세웠다. 이 엄청난 계획을 진두지휘하는 일은 존슨 외에 오직 프랭클린 루스벨트만 가능한 일이었다. 그러나 루스벨트조차도 의회에서는 존슨만큼 힘을 발휘하지는 못했다. 국회의사당에는 30년을 굴러온 존슨에게 충성할 기회만 기다리는 의원들이 구름처럼 많았다. 존슨은 그들을 '위대한 사회' 건설에 활용하기로 했다.

그러나 1965년 초 존슨이 법률 개혁의 홍수를 막 일으켰을 때 베트남의 저주로 인해 그 홍수가 말라 버릴 상황에 놓였다. 대통령에 오른 후로 존슨은 월남이 자리를 털고 일어나 정글로 쳐들어가 공산주의자들을 쓸어버리기만을 바랐다.

그러나 월남은 공산주의자를 쓸어버리기는커녕 오히려 베트콩에게 마구잡이로 밀리고 있었다. 미국의 안보를 책임지고 있는 모든 보좌관은 존슨이 베트남 분쟁을 계속 무시하면 월남이 공산주의자들의 손에 넘어갈 것이라고 경고했다.

보좌관들이 월맹을 단계적이고도 대대적으로 융단폭격하는 천둥 작전을 제안했을 때 존슨은 마지못해 동의했다. 그러나 맥조지 번디(McGeorge Bundy)가 합법적 실행에 대한 의회의 허가를 받기 위해 존슨의 결정을 충분한 사람들에게 알리고 이해시켜야 한다고 말하자 존슨은 제안서를 그의 면전에 던져 버렸다.

국제 분쟁에서는 번디가 밝았으나 의회 상황에는 존슨이 한 수 위였다. 존슨은 베트남에서 천둥 작전이 어떤 식으로 펼쳐질지 잘 알지 못했지만 의회에서 어떤 일이 벌어질지는 정확히 예측했다. 즉, 강경론자들로 인해 그의 '위대한 사회' 계획이 무위로 돌아갈 공산이 높았다.

당시 냉전이 한창이었기에 의회의 강경론자들은 공산주의에 대한 혐오감을 부추기기 위해 안달이 나 있었다. 미국이 베트남에서 전쟁을 시작했다는 사실을 그들이 알아채면 그들의 목소리가 높아져 '위대한 사회' 계획이 물거품이 될 수도 있었다. 다시 말해, 존슨은 그들이 이렇게 말하리라고 생각했다. "먼저 저 불경한 공산주의자들을 무너뜨려야 한다. 그 후에야 집 없는 미국인을 걱정할 수 있다."

강경론자들은 존슨에게 비수를 꼽으려고 기회만 엿보고 있었다. 존슨이 공민권법 통과로 그들에게 패배를 안겨 주었고, 대통령 선거에서 그들 중 하나를 무너뜨렸기 때문이었다. 그들에게 있어 존슨의 자식이나 다름없는 위대한 사회 계획을 무위로 돌리는 것은 멋진 복수가 되는 셈이었다. 존슨은 모험을 할 생각이 없었다. 그가 보기에 강경론자들을 궁지에 몰아넣을 방법은 오직 하나였다. 그것은 전쟁이 벌어지지 않은 것처럼 행동하는 것이었다. 그리하여 천둥 작전의 개시는 비밀에 부쳐졌다.

그런데 하루 뒤에 「뉴욕 타임즈(The New York Times)」는 미국이 "선전포고도 설명도 없이 베트남에서 전쟁을 시작하기로 결정했다."고 보도했다. 존슨은 불같이 노했다. 정보가 새나간 것만큼 존슨을 화나게 하는 상황도 없었다. 그의 통제력에 금이 간 것이다. 참모들에게 매일 "완벽한 보안을 유지하라. 절대 새나가서는 안 된다!"라고 말했는데, 하루아침에 정보가 새나가다니.

국방장관 맥나마라(McNamara)는 분노한 존슨에게 말했다. "어떻게 새나갔는지 도무지 모르겠습니다. 정말 드릴 말씀이 없습니다." 이에 존슨은 "밥, 누군가를 제거해야 하오. 몇몇 사람의 목을 떨어뜨려야겠소."라고 답했다.

이야기가 새나가고 폭격이 진행되는 가운데, '위대한 사회'의 적들은 슬슬 발톱을 갈았다. 이에 존슨은 거짓말로 그들을 저지했다. 그가 의회 리더들에게 전쟁이 확산되지 않았다고 말하자 강경론자들조차 쉽사리 의문을 제기하지는 못했다. 상원의 늙은 황소가 그들의 의회 인생을 끝장낼 힘이 아직 있었기 때문이었다.

국회의사당에서 베트남의 전쟁 확산 의혹과 관련한 불평이 있었음에도 존슨의 피해 수습책은 먹혀들어 갔다. 공기와 물과 소음공해, 식량 배급표와 주택, 차별 철폐, 국토 보존, 새로운 내각 부서 설치, 공정한 이민 법안, 미국 예술 진흥 기금, 케네디 센터, 공영 방송 지원 재단과 관련한 여러 '위대한 사회' 법안이 제출되었다.

미국을 향한 존슨의 꿈이 현실에 가까워지는 동안 베트남의 악몽 역시 현실로 이루어지고 있었다. "처음에는 큰 저항이 있었으나 점차 기가 죽고, 이내 호치민은 모든 걸 포기할 것이다."라는 존슨의 말에서 공중전으로 순식간에 승기를 잡으려는 의도가 엿보였다. 그러나 천둥 작전의 물결이 베트남 국토를 파괴할수록 베트콩의 전투 의지는 더욱 강해졌다.

존슨은 또다시 원치 않는 자리, 즉 최고 사령관에 앉아야 할 필요성을 느꼈다. '위대한 사회' 계획으로 미국의 모든 것을 바꾸려면 베트남이 공산주의로 전락하는 것을 막아야 했다.

존슨은 국회의사당을 상대하느라 지친 하루를 마치고 한 친구에게 말했다. "당장 스카치위스키를 마시고 싶지만 그럴 수 없네. 오늘밤에 비행기를 출격시켜야 하거든." 존슨은 확실한 전장 상황을 파악하고자 상황실로 갔다. 백악관 지하실에 위치한 창문도 없는 작은 방에서 그는 벽에 걸린 베트남 지도를 손가락으로 짚으며 확인했다.

"여기를 파괴하려면 몇 톤의 폭탄이 필요할까?" 그는 다낭(Danang) 북쪽의 한 다리를 가리키며 물었다. "이 다리가 월맹에게 얼마나 중요하지?" 질문은 계속되었다. 그는 자신의 분명한 허락 없이 화장실 하나도 폭격되기를 원치 않았다.

폭격을 진두지휘하는 데 온 정신이 팔린 존슨은 매일 아침 3시 30분에 일어나, 베트남에서 자신의 '아이들'이 어떻게 하고 있는지 점검했다. 그러나 그의 아이들은 지고 있었다. 베트남을 손아귀에 넣으려고 아무리 노력해도 전쟁의 신은 그에게서 자꾸 멀어져만 갔다. 뭔가 집중할 대상이 필요했던 존슨은 '위대한 사회'에 더욱 힘을 쏟았다.

존슨은 "이만한 백일천하는 한 번도 없었다."라고 선포했다. 위대한 사회가 아직 완성되지는 않았으나 89회 의회의 처음 100일은 많은 승리를 거둔 기간이었다. 하원은 노인과 빈민에게 현대 의학의 기적을 선사하겠다는 그의 계획을 비준했다. 이제 메디케어(Medicare : 노인 대상 사회보장제도)와 메디케이드(Medicaid : 빈민 대상 사회보장제도) 법안은 상원의 비준만 남겨 둔 상황이었다. 존슨의 투표권 법안은 위원회의 승인을 통과했다. 그는 아프리카계 미국인에게 투표권을 주는 일도 끝내 실현되리라 확신했다.

존슨은 어렵게 계획한 텍사스 목장 방문으로 이런 성과를 축하했다. 그는 스스로 '에어 포스 원 하프(Air Force One-Half)'라고 이름을 붙인 개인전용기 제트스타(JetStar)의 창문 밖을 내다봤다. 자신이 레이디 버드(Lady Bird : 존슨의 부인을 지칭-역주)에게 선물로 준 법, 즉 고속도로 미화 법(Highway Beautification Act)으로 인해 비행기 아래 고속도로 양쪽으로 수레국화가 심어질 것을 생각하니 너무나 뿌듯했다. 그러나 지금 그 어떤 성공보다도 그의 마음을 설레게 만드는 것은 그를 기다리고 있는 옛 제자들이었다.

36년 전 스무 살의 나이로 텍사스 주의 황폐한 시골 도시 코툴라에 도착했을 때 존슨은 처음 하는 선생 노릇이 그리 녹녹치 만은 않을 것임을 알았다. 새 옷은 땀으로 범벅이 될 정도로 뜨거운 110도의 열기에 오두막집이 햇볕에 그을어 있었다. 검은 벽돌로 이루어진 학교 건물의 지저분한 운동장에는 아이들을 위한 아무런 시설도 없었다. 차별주의로 인해 주 당국은 멕시코인 자녀들을 위한 이 학교를 쓰레기장이나 다름없이 방치해 두고 있었다.

5, 6, 7학년 선생님으로 새로 부임한 존슨은 아이들에게 희망을 심어 주기로 결심했다. 물론 이민 노동자 아이들에게 희망은 먼 나라 이야기였다. 그들은 아침도 먹지 못한 채 학교에 왔다. "왜 사람들은 저를 싫어하지요? 왜 그들은 갈색이라는 이유로 저를 혐오하지요?"라고 묻는 듯한 아이들의 표정은 존슨의 뇌리에 깊이 각인되었다.

매일 아침 존슨은 책상을 돌아다니면서 학생들에게 숙제를 했냐고 물었다. 그중 소녀들이 안 했다고 대답하면 그는 고함을 질렀고, 방과 후에 학교에 남게 만들었다. 그리고 소년들의 경우에는 귀를 새게 잡아

당기는 것으로 벌을 대신했다. 당시를 떠올리며 "정말 아팠어요."라고 말하는 학생들도 있었다. 존슨은 모든 아이들이 영어를 사용하도록 했다. 누구라도 스페인어로 인사를 하면 무릎에 뉘어 놓고 야자나무 줄기로 사정없이 때렸다.

그러나 아이들은 존슨 시티에서 온 그를 존경했다. 존슨은 토론 모임을 시작했고, 철자 맞추기 시합을 개최했으며, 농구와 육상 팀을 조직했다. 또 야구 코치를 맡았고 학생 밴드를 지휘했다. 심지어 학교 수위에게까지 영어를 가르쳤다. 한 학생은 이렇게 회상했다. "우리 모두는 그분이 너무 잘해준다고 생각했어요. 우리는 그분과 함께 하기를 원했어요. 그것은 맑은 하늘에서 내려온 축복과 같았어요."

제트스타가 착륙했고 존슨은 옛 제자들과 상봉했다. "1928년 당시에는 1965년에 지금의 자리에 서게 되리라고 꿈도 꾸지 못했다."라고 존슨은 말했다. 그는 학생들이 있는 자리에서 '위대한 사회'의 첫 번째 주요 법을 승인했다. 이제 모든 수준의 교육을 위한 연방 기금이 두 배로 증가하게 되었다. 제자들의 아들과 딸이 그 혜택을 누리게 된 것이다.

레이디 버드는 일기에 이렇게 기록했다. "이번 주는 행복한 나날이었다. 앞으로 어두운 시기가 많을 것이니 이 주를 기억하자." 실제로 그 주 이후로 존슨에게 어두운 그림자가 드리웠다. 존슨은 낮에는 '위대한 사회'를 위해 분투하고 밤에는 베트콩과 싸워야 했다. 존슨에게는 불행한 일이지만 미국은 그가 국내에서 이룬 성과에 더 이상 관심을 가지지 않았다.

칼럼니스트들은 존슨이 몰래 전쟁을 벌였다며 맹렬히 비난했다. 또한 전국의 캠퍼스에서 학생들이 들고 일어났고, 워싱턴 기념탑 주위에서 데모가 일기도 했다. 조안 바에즈(Joan Baez)는 평화를 노래했고, 연사들은 폭격의 즉각 중지를 외쳤다. 존슨에 대한 미국의 열렬한 지지(존슨은 미국 역사상 가장 높은 지지율로 대통령에 당선되었다.)는 철저한 외면으로 돌아서기 시작했다.

존슨은 의회의 강경론자들을 우려했으나 오히려 평화주의자들이 그의 속을 썩였다. 상원의원 윌리엄 풀브라이트(William Fulbright)가 존슨의 비밀 공중전에 반대하는 연설을 했을 때 존슨은 가벼운 말로 받아쳤다. "내 얘기를 하다니 너무하는 구려. 당신의 아내에게 내가 아낀다고 말해 주구려. 요즘 당신의 심기가 내내 뒤틀려 있어 걱정이오."

로버트 케네디를 다루는 일은 그리 쉽지 않았다. 존 F. 케네디의 고집 센 동생에게는 존슨의 전설적인 설득력이 먹혀들어 가지 않았다. 상원 회의장에서 로버트 케네디는 존슨이 '수많은 미국인 병사들을 자칫 핵전쟁으로 이어질 수 있는' 분쟁으로 내몰고 있다고 경고했다.

존슨은 곧 국회의사당에서 전쟁 이야기가 불거져 나올까 봐 걱정이 태산 같았다. 만약 그렇게 된다면 의회가 베트남 전쟁을 위해 빈곤과의 전쟁을 포기할지도 몰랐다. 그러면 '위대한 사회'를 향한 존슨의 꿈은 실현을 눈앞에 두고 깨지는 것이었다.

존슨의 눈에 불길한 미래가 보였다. "오, 불을 보듯 뻔해. 전쟁 나팔 소리가 뛰어난 개혁가들의 희망과 꿈을 순식간에 산산조각 낸 사례가 역사 속에 얼마나 많았어." 존슨이 다섯 살이었을 때 그의 할아버지는 그를 무릎에 앉히고는 스페인과 미국의 전쟁이 인민당의 개혁을 좌절시켰던 이야기를 해 주었다. 존슨이 십대였을 때 제1차 세계대전으로 우드로 윌슨(Woodrow Wilson)의 신자유주의가 좌절되었다. 그리고 존슨이 의회를 섬기고 있을 때 제2차 세계대전이 일어나 프랭클린 루스벨트의 뉴딜 정책이 궤도에서 벗어났다. 그런데 이제 베트남 전쟁이 존슨의 '위대한 사회'를 위협하고 있었다.

존슨이 우드로 윌슨이나 프랭클린 루스벨트와 유일하게 다른 점은 거짓말을 잘했다는 것이다. 미국의 역대 정치계에 존슨만큼 거짓말을 잘하는 인물도 없었다. 그는 모든 대화에서 거짓말을 했다. 그는 심지어 그럴 필요가 없는 상황에서도 거짓말을 했다고 로버트 케네디는 불평했다.

존슨은 은밀한 베트콩 폭격이 결코 비밀이 아님을 알았다. 지금까지 월맹에서는 제2차 세계대전 때 유럽 전역에서보다도 더 많은 폭탄이 투하되었다. 천둥 작전을 인정하지 않아 봤자 존슨의 평판만 더 깎일 따름이었다. 그럼에도 존슨은 종일 체면을 차리려고 애쓰다 결국 밤에는 모든 것을 잃고 말 것이라고 생각했다.

그러나 의회에서는 거짓말이 통했다. 물론 존슨이 전쟁을 부인해도 의회에서 그것을 완전히 믿을 바보는 없었다. 그래서 존슨은 베트남 문제를 축소함으로써 의회에서 그 문제를 논의할 명분을 주지 않았다. 베트남 문제로 존슨을 더 몰아붙이려면 그를 거짓말쟁이라 부르는 수밖에 없었다. 그러나 강경론자나 평화주의자 모두 그럴 생각까지는 없었다.

그해 여름, 존슨은 '위대한 사회' 완성을 위한 총력전을 펼쳤다. 가능성은 충분해 보였다. '정계의 어떤 리더보다도 많은 사람의 삶을 개선하겠다는 어릴 적 꿈'이 곧 이루어질 것 같았다. 존슨은 '위대한 사회'로 모든 실수를 만회할 수 있으리라 믿었다. "나는 미국 국민들이 날 사랑하고 있다는 걸 분명히 알고 있었다. 내가 그들을 위해 이렇게 애썼는데 날 사랑하지 않고 배기겠는가?"라고 생각하며 확신에 차 있었다.

심지어 존슨은 언젠가 월맹 국민들도 자신의 멕시코인 제자들처럼 자신을 사랑하게 될 것이라 믿었다. 그는 월맹의 의료와 교육 수준을 끌어올리고 싶었다. 또한 메콩강 개발에 10억 달러를 투자해야 한다고 목소리를 높였으며, 댐을 통해 가난한 마을에 전력과 식량, 물을 공급하길 원했다. 그리고 메콩강을 테네시 밸리로 바꿀 것이라고 말했다.

존슨은 월맹이 '위대한 사회'로 바뀔 수 있다고 믿었지만 호치민의 생각은 달랐다. 여름의 우기가 시작될 쯤 베트콩은 대대적인 공격을 감행했다. 천둥 작전을 수행하는 전투기들은 폭우 속에서 폭탄을 정확한 목표물에 투하하지 못했고, 월남 군대는 무너졌다. 이에 국방장관은 존슨에게 "우리는 지독한 혼란 속에 있습니다."라고 보고했다.

맥나마라는 존슨에게 의회에 나가 예비군 235,000명의 소집과 정규군 약 375,000명의 증원을 요청하라고 조언했다. 맥나마라는 의회가 이 요청을 수락하면 "적당한 기간 내에 베트남에서 적당한 결과를 얻어낼 확률이 높다."고 결론지었다.

존슨도 더 많은 미군을 파견해야 한다는 데 동의했다. 그는 베트남에서 손을 뗄 수가 없었다. 미국은 전쟁에서 한 번도 진 적이 없었기에 존슨은 최초의 패배자가 될 수는 없었다. 그러나 전쟁을 확대하는 문제에서는 군비 확산이라는 확실한 증거가 생기기 때문에 의회를 속이기가 천둥 작전 때처럼 쉽지 않았다.

맥나마라는 존슨에게 전쟁 확대를 위한 막대한 충당금을 의회에 요청하라고 조언했다. 전쟁에는 돈이 들게 마련인데, 미국의 세금 지출은 의회에서 최종 통제했다. 존슨은 의회가 군비를 지급하겠지만 대신 '위대한 사회' 계획을 버릴 것임을 알고 있었다.

'총(전쟁)'과 '버터(경제)' 중에 하나를 선택해야 했다. 국내에서의 사회적 전쟁과 외국에서의 군사 전쟁을 동시에 치를 만큼 연방 재원이 충분하지는 않았다. 군비가 투입될 경우 의회가 메디케어 법안을 통과시키더라도 그것을 실행할 만한 자금이 있을 리 없었고, 그 외에 여러 가지 '위대한 사회' 프로그램을 추진할 자금이 모자랄 게 뻔했다.

자신의 꿈이 곧 사라질 지경에 이르자 존슨은 깊은 절망감에 빠졌다. 그 당시를 보좌관 빌 모이어스(Bill Moyers)는 이렇게 회상했다. "그는 괴로운 사람이었다. 그리고 혼자 애를 쓰다가 사라질 운명이었다." 존슨은 또다시 침대 속에 몸을 파묻었다. 이불을 머리 위까지 뒤집어쓴 존슨은 곁에 있던 모이어스에게 루이지애나의 늪에 빠진 것 같은 기분이 든다고 말했다.

어느 날 아침 5시 30분, 존슨은 이불 안에서 거대한 몸을 뒤척였다. "600,000명의 젊은이들이 집과 가족을 떠나게 만들어야 하다니." 침실을 가득 메운 그의 처절한 울부짖음에 레이디 버드는 깜짝 놀라 잠이 깼다. 그녀는 그 상황을 자신의 일기에 "그가 특별히 나에게가 아니라 모두에게 소리를 지르는 것 같았다."라고 기록했다.

레이디 버드는 남편이 곧 발표해야 할 말 때문에 괴로워한다는 것을 알았다. 그녀는 "남편은 마음이 내키지 않았다. 그가 원하는 전쟁이 아니었으며, 오직 그의 관심은 가난과 무지, 질병에 있었고 그것이야말로 일생을 쏟아 부을 가치가 있는 대상이었다."라고 고백했다.

1965년 7월 28일 백악관 이스트 룸의 단상에 섰을 때 사실 존슨은 다음의 말을 기자회견보다는 양원 합동 회의에서 해 주고 싶었다. "꽃 같은 우리의 젊은이들, 멋진 젊은이들을 전쟁터에 보내기는 정말 싫습니다. 그들의 어머니가 얼마나 울고 그들의 가족이 얼마나 슬퍼할지 저 역시 잘 압니다." 하지만 그는 군비가 우선임을 알았다. 제2차 세계대전 때 그는 편안한 하원의원 자리를 박차고 남태평양으로 싸우러 나간 최초의 의원이었다.

존슨은 50,000명만 증원할 것이라며 실제 충당 인원보다 낮게 발표했다. 그는 이번 증원이 당연한 수순이며 현 정책에 변화는 없다고 주장했다. 다시 거짓말을 한 것이다.

그는 계속해서 이렇게 말했다. "또 다른 이야기가 있습니다. 지금이야말로 모든 아이들에게 교육의 기회를 제공하고 모든 흑인과 모든 미국 시민에게 동등한 기회를 제공하며, 모든 가족에게 좋은 집을 주고 아픈 사람에게는 치료를, 노인에게는 품위를 줄 수 있는 기회입니다. 이것이 제가 사는 목적입니다. 제가 조그만 아이였을 때부터 평생 소원했던 것입니다. 저는 이 모든 희망과 꿈이 잔인하고 쓸모없는 전쟁 속에서 물거품이 되는 것을 바라지 않습니다. 저는 그런 일이 벌어지지 않도록 최선을 다할 것입니다."

그날 오후 상원에서 찬성 70대 반대 24로 메디케어 법안이 통과되었다. 이제 의회는 존슨이 원하던 싸움을 벌이게 되었다. 존슨은 총과 버터를 모두 선택하며 "결국 우리 국가는 한 손에 적을 죽이기 위한 총을 들고 다른 손에는 집을 짓고 가족을 부양하기 위한 도끼를 든 개척자들에 의해 세워지지 않았던가."라고 말했다.

하지만 총과 버터의 두 마리 토끼를 동시에 잡으려면 존슨으로서는 막대한 손실을 감수해야 했다. 베트남 전쟁을 위한 비용을 충당하려면 의회에서 수표에 서명을 해야 했다. 그런데 의회가 '위대한 사회' 전쟁과 베트남 전쟁에 동시에 자금을 투입하고 있다는 사실을 알게 되면 존슨은 비난을 면하기 어려웠다.

1965년 8월 27일, 존슨은 57번째 생일을 맞았다. 레이디 버드의 요청에 따라 백악관 주방 책임자는 '위대한 사회'의 심벌들로 케이크를 장식했다. 그런데 케이크 위에는 의미심장한 말이 써 있었다. "꿩 먹고 알도 먹을 수 있다." 존슨이 촛불을 불 때 그런 소원을 빌었을지도 모를 일이다. 만약 그렇게 된다면 비극과 행복이 동시에 이루어지는 셈이었다.

다음 달 89회 의회가 끝나기 불과 몇 주 전에 윌리엄 로이흐텐베르크(William Leuchtenburg)는 존슨을 만나 이야기했다.

"각하, 인상적인 의회였습니다."

존슨은 아무 말 없이 그의 얼굴을 뚫어져라 쳐다봤다.

"논쟁의 여지야 있겠지만, 역대 최고로 중요한 의회라는 생각이 들 정도라니까요."

그가 다시 말하자 존슨이 갑자기 말을 가로막았다.

"그렇지 않소. 논쟁의 여지가 없어요. 당신이 보는 눈이 있다면 말이오. 독립적인 가지 세 개가 이처럼 생산적인 활동을 펼친 적은 한 번도 없었소. 미국의 시스템이 이처럼 능률적으로 훌륭한 법안을 창출해 낸

적은 없었소. 그것도 전 세계에서 우리의 시스템을 공격하고 있는 이 시점에 말이오." 89회 의회에서 '위대한 사회' 법안 115개 중 90개가 통과되었다.

레이디 버드는 이렇게 회상했다. "백악관에서의 처음 1, 2년은 와인과 장미의 나날이었다. 하지만 끝은 완전히 지옥이었다." 전쟁 반대자들이 "헤이, 헤이, 린든 존슨! 오늘은 얼마나 많은 젊은이를 죽일 셈이요?"라고 외치면서 전국을 전쟁 논쟁으로 몰아갔다. 대통령 임기 말에 존슨은 의회의 떠돌이가 되었고 의회에 전만한 영향을 발휘하지 못했다. 그러나 이미 '위대한 사회'는 스스로 실현될 만큼 충분한 자금 지원을 확보한 상태였다.

1968년 존슨은 재선 출마를 포기한 후에 자신의 카우보이 스타일에 맞는 텍사스 목장에서 은퇴 후 삶을 즐겼다. 그는 흰색 링컨을 끌고 몇 시간씩 초원을 드라이브하면서, 자기 소유의 네 군데 목장에서 일하는 일손들에게 과거에 자신의 보좌관들에게 했던 것과 똑같은 어조로 최후통첩을 날리곤 했다. 그는 의회에서처럼 자신의 목장을 철저히 관리했다. 심지어 닭이 낳은 알의 숫자까지 정확히 파악했다. 그는 세상과 연을 끊고 은둔자의 삶을 살았다. 최소한 이 고립된 세계만큼은 그가 통제할 수 있는 곳이었다.

베트남 전쟁이 한창일 때도 존슨은 전쟁 이야기를 거의 하지 않았다. 미국인 50,000명의 전사는 인정하기에 너무나 엄청난 사실이었다. 존슨은 '위대한 사회' 계획의 진행 사항을 가끔씩 확인했다. 한때 그는 자신의 '아이(위대한 사회)'가 아름다운 여인으로 자랄 것이라 믿었다. 그는 목장에서 이렇게 회상했다. "나는 그녀가 무척 크고 아름다워서 미국 국민들이 그녀와 사랑에 빠지지 않고는 배길 수 없으리라고 생각했다."

그러나 리처드 닉슨 대통령은 예산 삭감을 통해 '위대한 사회' 계획을 버리는 쪽으로 방향을 틀었다. 이에 존슨은 이렇게 탄식했다. "그녀는 날이 갈수록 점점 마르고 추해져 갔다. 미국 국민들은 그녀를 보지 않으려 할 것이다. 그들은 그녀를 벽장에 가둘 것이고 그녀는 거기서 죽을 것이다. 그리고 그녀가 죽으면 나도 죽을 것이다."

두 번째 취임식을 마친 다음 날인 1973년 1월 21일, 닉슨 대통령은 베트남 전쟁 중지를 선언했다. 그리고 같은 날 존슨의 '위대한 사회' 계획의 중지를 선언했다.

그리고 다음 날 린든 존슨은 세상을 떠났다.

베트남에 관한 대통령 기자회견

린든 존슨 대통령, 1965년 7월 28일

얼마 전에 중서부에 사는 한 여인에게서 이런 편지를 받았습니다.

친애하는 대통령 각하.

겸허한 마음으로 베트남 사태에 대해 편지를 씁니다. 제 아들 하나가 지금 베트남에 있습니다. 제 남편은 제2차 세계대전에 참전했고요. 우리나라는 전쟁을 치르고 있습니다. 그러나 이번에는 이해할 수 없는 것이 있습니다. 왜죠?

저는 사실상 미국의 모든 주에서 이 의문에 대한 답을 얻으려고 수없이 시도해 보았습니다. 4월에 볼티모어, 5월에 워싱턴, 6월에 샌프란시스코에서 오랫동안 토론을 해봤습니다. 이번에는 백악관 이스트 룸에 다시 이 질문을 던집니다.

희망과 황금빛 미래를 안고 태어난 미국의 젊은이들이 왜 그토록 멀리 떨어진 곳에서 고생하고 때로는 죽어야 합니까?

전쟁 자체와 마찬가지로 이 여인의 질문에 대한 답은 쉽지 않습니다만 반세기 역사 속의 쓰라린 교훈에서 그 답을 찾을 수 있습니다. 제 생애에 세 번, 즉 두 번의 세계대전 때와 한국전쟁 때 미국인들은 자유를 위해 싸우기 위해 먼 땅으로 갔습니다. 엄청난 대가를 치르고서 우리는 퇴각이 안전을 보장해 주지 않고 나약함이 평화를 가져다주지 않는다는 사실을 깨달았습니다.

우리를 베트남 전쟁으로 이끈 것은 바로 이 교훈입니다. 이번 전쟁은 색다른 종류의 전쟁입니다. 행군하는 군대도 엄숙한 선언도 없습니다. 때론 월남의 일부 시민들은 충분히 이해할 만한 불만을 품고 우리 정부에 대한 공격에 가담했습니다.

그러나 우리는 이것이 정말로 전쟁이라는 사실을 간과하지 말아야 합니다. 이 전쟁은 월맹이 주도하고 중국 공산당이 부추기고 있습니다. 그들의 목표는 월남을 정복하고 미국의 힘을 분쇄하며 공산주의의 아시아 지배를 확장하는 것입니다.

균형이 극도로 중요합니다.

공산주의가 아닌 아시아 국가들 대부분은 아시아 공산주의의 점점 커지는 힘과 야망에 홀로 저항할 수 없습니다. 따라서 우리의 힘은 꼭 필요한 방패막입니다. 우리가 베트남 전장에서 빠져나오면 앞으로 다시는 어떤 국가도 미국의 약속이나 보호를 신뢰하지 않을 겁니다.

각국에서 독립 세력이 상당히 약화될 것이며, 공산주의 지배의 위협을 크게 받고 있는 아시아는 미국 자체의 안보를 분명 위태롭게 만들 것입니다.

우리는 문지기가 되기를 원하지 않았으나 달리 마땅한 국가가 없습니다. 베트남에서 항복한다고 평화가 오지는 않습니다. 우리는 뮌헨의 히틀러에게서 승리를 빼앗기면 적의 공격성이 더욱 거세진다는 사실을 배웠습니다. 우리가 역사 속의 교훈에서 배운 바에 따르면, 전투는 다른 국가로 번지고, 아마도 더 크고 잔인한 분쟁이 일어날 것입니다.

더욱이 우리는 미국의 가장 엄숙한 맹세 중 하나를 지키기 위해 베트남에 있습니다. 아이젠하워, 케네디, 현 대통령, 이렇게 세 대통령은 11년 이상 이 작고 용맹스런 국가를 방어하는 데 도움을 주겠다고 약속했고 그 약속에 헌신해 왔습니다.

그 약속에 힘입어 월남 국민들은 많은 세월을 싸워왔습니다. 또한 수많은 월남 국민들이 죽었으며, 더 많은 사람들이 전쟁으로 불구가 되고 상처를 입었습니다. 이제 와서 우리가 우리의 약속을 더럽힐 수는 없습니다. 우리의 약속을 저버리고, 우리를 믿고 의지하는 그들을 이후에 이어질 테러와 억압과 살육의 상황으로 내몰 수는 없습니다.

친애하는 국민 여러분, 이것이 우리가 베트남에 있는 이유입니다.

전쟁으로 얼룩진 그 땅에서 우리의 목표는 무엇입니까?

첫째, 우리는 우리가 무력이나 더 큰 힘에 굴복하지 않는다는 사실을 공산주의자들에게 확신시켜야 합니다. 그들은 쉽게 설득되지 않을 겁니다. 최근 몇 달 사이에 그들은 군사력을 크게 증강시켰고, 공격과 도발 행위의 횟수를 늘렸습니다.

저는 웨스트모어랜드 총사령관에게 거세지는 이 공격을 막기 위해 무엇이 더 필요한지 물었습니다. 우리는 그의 필요를 채워줄 것입니다.

오늘 저는 공군 기동 사단 등의 병력을 베트남으로 보내 우리의 전투력을 즉시 75,000명에서 125,000명으로 높이라고 명령했습니다. 나중에 추가 병력이 또 필요할 것이며, 요청할 때마다 가능한 병력을 보낼 것입니다.

월 징병을 17,000명에서 35,000명으로 늘리고 지원 모집 활성화를 위한 캠페인을 펼쳐 현역 숫자를 늘리는 일이 필요할 것입니다.

지난 주 동안 고민한 끝에 저는 당장 예비군을 소집하는 일은 불필요하다는 결론을 내렸습니다. 나중에 필요하면 최대한 신중하게 고민하고 행동을 취하기 전에 국가, 즉 여러분에게 충분히 설명하도록 하겠습니다. 단, 모든 준비는 미리 끝내도록 하겠습니다. 또 전장에서뿐 아니라 마을의 개혁과 발전에 있어 월남의 자체적 노력을 크게 증가시킬 방법을 월남 정부와 논의했습니다. 현재 로지 대사가 새로운 프로그램을 구상 중에 있으며, 그가 월남에 도착하는 즉시 그것을 시험 운영할 예정입니다.

저는 러스크(Rusk) 장관과 맥나마라 장관에게 즉시 의회로 나와 이런 위원회와 적당한 국회 위원회를 구상해 보고, 우리가 이들 지역에서 무엇을 해야 할지 검토하라고 명령했습니다. 나아가 맥나마라 장관은 1

월 의회 모임 때 청문회가 열리고 보조 조치가 준비될 때까지 이 새로운 비용의 일부를 충당하기 위해 현 법안에 약간의 추가 액수를 지원해 달라는 요청을 상원 세출 위원회에 할 예정입니다. 한편 우리는 우리가 요청할 액수 외에 기금을 전달하기 위해, 현재 고려 중인 국방비 지출 법안에 포함된 권한을 사용할 것입니다.

과거 우리의 행동들과 마찬가지로 이번 조치들은 전쟁을 끝내고 평화 협약을 이끌어내기 위해 무엇을 해야 할지 신중히 고려한 결과물입니다.

우리는 전쟁을 걷잡을 수 없는 상황으로 확대하고 싶지 않습니다. 날뛰거나 약자를 괴롭히거나 우리의 힘을 과시하지도 않을 것입니다. 물론 항복하거나 퇴각하지도 않을 것입니다. 제가 믿기로 우리 미국의 맹세 뒤에는 모든 미국 국민의 결단력과 자원이 있기 때문입니다.

둘째, 공산주의자들도 폭력적 해결이 불가능하다는 사실을 알게 되면 평화적 해결책이 나올 수밖에 없기 때문입니다.

항상 그래왔듯이 지금 우리는 전장에서 협상 테이블로 이동할 준비가 되어 있습니다. 저는 언제 어디서나 어떤 정부와도 무조건적인 대화를 시작할 의지가 있음을 공개적으로, 그리고 여러 번에 걸쳐 반복해서 밝혔습니다. 전 세계 40개국의 도움으로 15번에 걸쳐 대화 창구를 열기 위해 노력했으나 대답을 얻지 못했습니다. 그러나 죽음과 황량함이 협상 테이블로 바뀔 때까지 그런 노력을 멈추지 않을 것입니다.

저는 베트남에 대한 우리 목표에 관해 수차례 이야기했습니다. 월남 정부도 마찬가지입니다. 하노이는 스스로 계획안을 내놓았습니다. 우리는 그들의 계획안과 우리의 계획안, 아니 베트남 상황과 관련이 있는 모든 정부의 계획안을 논할 준비가 되어 있습니다. 우리가 전장만큼이나 회의실을 두려워하지 않기 때문입니다.

이런 노력에서 우리는 모든 국가의 관심과 지원을 환영하고 구하는 바입니다. 유엔과 그 관계자들, 114개 회원국 모두 행동이나 말, 사적인 프로젝트나 공적인 행동을 통해 우리를 영광스러운 평화에 더 가까이 인도할 수 있습니다. 그러면 그들은 미국의 지원과 감사를 받게 될 것입니다.

저는 오늘 골드버그(Goldberg) 대사에게 즉시 뉴욕으로 가서 제 편지를 우탄트(U Thant) 유엔 사무총장에게 전하라고 지시했습니다. 편지의 내용은 공격을 멈추고 베트남에 평화를 이룰 길을 찾는 데 유엔의 모든 자원과 에너지, 막대한 명성을 사용해 달라고 요청하는 것이었습니다.

우리는 어떤 정부의 파괴도 원하지 않고 어떤 지역의 땅 한 조각도 탐내지 않기에 몇 주 전에 샌프란시스코에서도 비슷한 요청을 했습니다. 그러나 우리는 월남 국민이 선택의 권리, 즉 국제사회의 감독 하에 또는 베트남 전체에서 자유선거를 통해 자신의 운명을 결정할 권리가 있다고 주장하고, 앞으로도 항상 주장할 것입니다. 우리가 막을 수 있는 한 베트남에는 무력과 테러에 의한 정부가 생기지 않을 것입니다.

이것이 1954년 협정의 목적이었는데 이제 공산주의자들은 그런 목적을 잔인하게 망쳐 놓았습니다. 아쉽게도 그런 협정들의 세부 사항에 문제가 있었을지는 몰라도 그 목적이 우리의 행동을 인도할 것입니다.

전투가 치열해지면서 우리는 월남의 선한 사람들이 삶을 풍요롭게 만들고, 굶주린 자를 먹이고, 아픈 자를 돌보고, 젊은이를 가르치고, 집 없는 자에게 안식처를 제공하고, 농부의 수확이 증가하고, 일꾼에게 일자리를 제공할 수 있도록 최대한 도울 것입니다.

많은 리더들이 원대한 야망을 추구하는 과정에서 분열을 일으키는 반면 그 자녀들은 풍요롭고 아름다운 땅에서의 삶이라는 단순하면서도 애매모호한 소망을 중심으로 뭉친다는 사실은 오래된 동시에 대단한 아이러니입니다.

볼티모어의 존 홉킨스 대학에서 말했듯이, 저는 언젠가 우리가 그런 소망을 중심으로 모든 아시아인들을 도울 수 있기를 소망합니다. 제가 볼티모어에 나타난 후로 유진 블랙은 그런 방향으로 크게 발전했습니다. 누구나 훨씬 고통스러운 대가를 치르고서라도 얻고자 하는 평화, 그것을 추구한다기보다는 같은 인간을 향한 정의감이 생긴 것입니다.

이제 제 개인적인 심정을 이야기하겠습니다. 꽃 같은 젊은이들, 우리의 멋진 젊은이들을 전장으로 보내기는 정말 쉽지 않습니다. 저는 오늘 여러분에게 사단과 연대와 대대와 중대에 관해 이야기했습니다. 그러나 저는 그들 모두를, 병사 한 사람까지도 알고 있습니다. 저는 수많은 거리와 마을, 미국의 모든 주에서 그들을 봐 왔습니다. 그들은 일하고 웃고 쌓고 있었으며 희망과 생명으로 가득했습니다. 저는 그들의 어머니가 얼마나 눈물을 흘리고 그들의 가족이 얼마나 슬퍼할지도 압니다.

이는 대통령의 가장 곤혹스럽고 고통스러운 의무입니다. 또 다른 의무도 있습니다. 제가 어렸을 때 가난은 너무 흔했습니다. 그래서 우리는 너무도 당연한 가난에 이름이 있는지도 몰랐습니다. 교육은 여러분이 싸워야 하는 대상이었고, 물은 생명 그 자체였습니다. 제가 공직에 몸을 담은 지도 어언 35년이 되었습니다. 그 35년 동안 매년 저는 이 땅의 축복을 모든 국민에게 돌려주기 위해 애쓰는 좋은 사람들과 현명한 리더들을 보았습니다.

이제 저는 대통령이 되었습니다. 대통령 자리는 모든 아이들이 교육을 받고, 모든 흑인과 모든 미국 시민이 동등한 기회를 얻고, 모든 가족들이 좋은 집을 갖고, 아픈 자들이 치료를 얻고, 노인이 존엄을 되찾도록 도울 수 있는 기회입니다.

앞서 말했듯이 이것은 제가 살아온 이유이며, 제가 어린아이 때부터 평생 원하던 것입니다. 저는 수많은 사람이 긴 세월 동안 품어 왔던 이 모든 희망과 꿈이 잔혹한 전쟁의 쓰레기 아래 묻혀 가는 모습을 보고 싶지 않습니다. 저는 그런 일이 벌어지지 않도록 최선을 다할 것입니다.

그러나 현실적인 국민의 종으로서 저는 미움과 파괴를 일삼는 자들이 있는 한 저항할 용기가 우리에게 있어야 한다는 사실도 잘 알고 있습니다. 그렇지 않으면 우리의 모든 것, 우리가 이룩한 모든 것, 우리가 이룩하고 싶은 모든 것, 자유를 향한 우리의 모든 꿈, 그 모든 것은 정복의 홍수에 휩쓸려 버릴 것입니다.

이런 일이 일어나서는 절대 안 됩니다. 우리는 베트남을 고수할 것입니다.

평화를 위한 지도

THE MAP FOR PEACE

Ulysses Grant

버지니아 주 콜드 항에서, 율리시즈 그랜트 장군

전쟁을 피한 장군

율리시즈 그랜트와 쿠바

1869년 늦은 4월의 화창한 봄날, 스쿠너선 '그레이프숏(Grape shot)'이 뉴욕 항구를 출발했다. 배 위에는 승객 두 명, 인디애나 주 출신의 찰스 스피크먼(Charles Speakman)과 펜실베이니아 주 출신의 앨버트 와이어스(Albert Wyeth)가 타고 있었다. 두 사람은 평화로운 체류를 위해 자메이카로 향하는 중이었다. 고작 스무 살의 와이어스는 카리브 해의 열대 공기 속에서 건강을 회복하길 원했고 두 사람 모두 무사한 남쪽 항해를 기대했다.

그러나 항구를 떠난 지 1시간 만에 그레이프숏은 뉴욕만 개빙(開氷) 구역 위에 있는 또 다른 보트를 향해 접근했다. 무장한 많은 사람이 승무원들의 명백한 동의 하에 그레이프숏에 승선하는 모습이 보였다. 이에 스피크먼과 와이어스는 매우 긴장했다. 이 전사들은 왜 배가 항구에 있을 때 승선하지 않았을까? 스피크먼은 해안에 배를 대 달라고 부탁했다. 아내와 자식이 있던 그는 그들을 다시 보고 싶었다. 이에 승무원들은 전혀 걱정하지 말라며 그를 안심시켰고, 그레이프숏은 남쪽으로 항해를 계속했다.

배가 움직이는 동안 두 미국인은 단서를 찾기 위해 새로 승선한 사람들의 일거수일투족에 눈과 귀를 쫑긋 세웠다. 두 사람은 똑같은 의심을 품고 있었다. 뉴욕의 신문들은 스페인을 반대하는 쿠바 반란 세력에 관한 뉴스로 가득했다. 미국 내 부유한 쿠바 출신 망명자들은 원정대를 조직하고 반란 세력에게 무기와 병사를 제공하고 있었다. 이런 원정대는 미국의 법에 위배되었다. 그레이프숏이 항구를 떠난 후에 전사들이 승선한 이유는 여기에 있었다.

미국인 대부분은 쿠바 반란 세력을 지지했으나 그것은 어디까지나 편안한 사람들이 느끼는 연민 정도에 지나지 않았다. 안전한 거실에서 보면 열대의 달빛 아래 야자수 그늘이 드리운 해안에서 혐오스러운 스페인 사람들에 대항해 싸우는 자유의 투사들이 고귀해 보일 수도 있었다. 그러나 스피크먼과 와이어스가 있는 곳은 편안한 거실과 거리가 멀었다. 게다가 그들은 신문을 통해 정황을 더욱 확실히 파악하고 있었다. 그들에게 쿠바는 지옥이나 다름없었다.

반란군 대부분은 원래 노예였다. 그러니까 500,000 아프리카인들이 쿠바의 설탕 농장에서 노예로 중노동을 하고 있었다. 그런 그들에게 무기라고는 구식 칼이 전부였다. 일부 콩고인들은 독이 묻은 단검으로 싸웠다. 스페인의 화력을 당해 낼 수 없던 반란군은 쿠바 내륙의 숲으로 퇴각했으며, 이따금씩 모습을 드러내 밭과 집을 태우고 스페인 지지자들에게 겁을 주었다. 그들은 사로잡은 스페인 병사들의 목을 조준 사격으로 떨어뜨린 다음 매달아 놓는 것으로 유명했다.

스페인 사람들은 반란에 대해 그 특유의 잔인함으로 대응했다. 그들은 반란군의 등에 보통 총알 네 방을 쏘았다. 또는 나사가 달린 쇠목걸이를 죄수의 목에 달아 교살시키는, 스페인식 교수형을 사용하기도 했다. 스페인 사람들은 재식 농장을 탈출했다가 붙잡힌 남성을 이유를 불문하고 사살했으며, 하얀 깃발을 달지 않은 집을 모조리 불태우겠다고 선포했다. 아바나에서 반란군의 노래가 포함된 연극이 상연되고 있다는 소문을 들은 스페인 지지자들은 공연 도중에 관람객들을 학살하기도 했다.

그레이프숏이 계속 남쪽으로 항해하던 중 스피크먼과 와이어스는 대서양 저편을 응시했다. 아무래도 이상했다. 자메이카 해안으로 향하는 여행객들이 총 4,000정과 대포 두 문을 싣고 항해할 리는 만무했다.

불행히도 스피크먼과 와이어스의 예상은 그대로 적중했다. 그레이프숏이 6월 말 카리브 해에 도착했을 때 실제로 쿠바인들인 전사들이 배를 장악했고, 관타나모 근처 해안에 배를 정박시켰다. 그리고 스피크먼과 와이어스를 강제로 함께 상륙시켰다. 두 사람은 탈출하기로 결심을 한 후 첫 번째 기회가 왔을 때 반란군으로부터 탈출했고, 본토로 안전하게 송환될 것을 기대하며 스페인 당국에 몸을 맡겼다. 그러나 스페인 당국은 두 사람을 즉시 사살했다. 미국 영사의 열렬한 반대 속에 이루어진 그 사건은 미국-스페인 조약의 조항을 어긴 것이었다. 특히 스피크먼의 죽음은 그의 아내와 자식을 오갈 데 없는 신세로 만들었다.

먼 북쪽, 백악관에서는 율리시즈 그랜트 대통령이 비통한 가운데 자국 시민의 사망 소식을 전해 들었다. 스페인의 행동은 참을 수 없는 것이었다. 그들은 이미 공해에서 미국의 선박들을 납치할 정도로 대담한 모습을 보여 왔다. 쿠바에서는 많은 미국 시민이 아무런 이유 없이 체포되었다. 스페인이 재판 없이 무고한 미국인들을 무자비하게 살해했으니 이제 미국으로서도 대응할 수밖에 없었다.

4개월 전 취임한 후로 그랜트는 반란군을 돕기 위해 뭔가 해야 한다는 압박에 시달려 왔다. 반란군의 저항이 여러 가지 이유로 미국 대중의 관심을 사로잡았기 때문이었다. 미국인들은 신세계에 대한 유럽의 영향력 행사를 본능적으로 거부했다. 또 남북전쟁 후 불과 4년 만에 노예제도의 불공평함을 뼈저리게 느낀 그들이었다. 그런 상황에서 쿠바 반란군들이 노예제도를 없애기 위해 분투하고 있었다. 마지막으로, 반란군의 헌법 초안은 미국에 의한 쿠바 합병을 승인했다. 이는 미국 내에서 열풍이 일고 있는 매니페스트데스티니(Manifest Destiny : 미국은 팽창하는 것이 명백한 운명이라는 뜻의 표어 – 역주), 즉 그랜트 정부 전쟁장관 존 롤린즈(John Rawlins)의 말에 따르면 우리의 보호 능력이 이 대륙 전역에 퍼지는 것과 맥을 같이 했다.

이런 모든 이유가 어우러져 반란군 지원 여론이 일었다. 「뉴욕 트리뷴」이 "쿠바를 위해 뭔가 해야 한다."라고 외치자 대부분의 신문도 비슷한 외침을 실었다. 그랜트의 취임 초기에 사람들이 마음에 둔 '뭔가'는 대통령이 반란군을 투사로 공식 인정하는 것이었다. 인정은 외교적 수단이었으나 막대한 실질적 결과가 따르게 된다. 그러니까 그레이프숏의 원정 같은 미국인의 반란군 지원이 허가됨으로써 전쟁의 판도가 바뀔 수 있었다. 게다가 인정 조치를 하는 데는 정부의 비용이 전혀 들지 않았다.

대통령에게 이 조치를 촉구하는 데 대중에 이어 의회까지 합세했다. 4월에 하원의원들은 반란군의 독립을 이루려는 애국적 노력에 지지를 표명하고, 그들 정부의 독립과 주권을 인정해 준다는 조건 하에 대통령에 대한 지지를 약속하는 결의문을 통과시켰다. 양당의 대다수가 이 결의문에 찬성 투표했다.

그러나 취임 후 첫 달 내내 그랜트는 아무런 조치도 취하지 않았는데, 누구도 그 이유를 알지 못했다. 대통령이 개인적으로 반란군의 명분에 동의한다는 데는 의심의 여지가 없었다. 북부 연합 사령관이었던 그는 반란군을 인정하는 것이 남북전쟁 때 스페인의 행위에 대한 복수가 되리라는 걸 알고 있었다. 스페인은 남북전쟁 초기에 남부 연합을 인정한 바 있었다. 그랜트가 그것을 잊었을 리 없었다. 그는 상원 외교위원회 의장 찰스 섬너에게 이렇게 물었다. "쿠바와 관련해 스페인이 우리에게 발표했던 것과 똑같은 선언문을 발표하면 어떤가?" 그랜트가 이것을 실행한다해도 누구 하나 뭐라 할 사람은 없었다. 그런데 그는 왜 계속해서 발표를 미루었을까?

스피크먼과 와이어스가 살해된 1869년 여름, 그랜트를 향한 압박은 더욱 거세졌다. 쿠바인 망명자들은 뉴욕에서 대규모 집회들을 열었고, 매번 수천 명이 모여들었다. 심지어 여자들은 보석을 팔아 쿠바 반란에 자금을 지원했다. 롤린즈를 비롯한 그랜트 내각의 각료들은 더욱 빠른 행동을 촉구했다. 이에 대통령에게 반란군 인정을 촉구하는 사설이 신문들을 가득 메웠다. 과거에 그랜트는 지난 정부의 정책을 이어 가는 것뿐이라고 항변할 수 있었으나 대중의 압박과 스페인의 계속된 도발 행위로 이제 문제를 직접적으로 마주할 수밖에 없었다.

대중의 감정과 그랜트 자신의 공감에도 불구하고 국무장관 해밀턴 피시(Hamilton Fish)는 그랜트가 반란군을 인정하지 못하도록 압력을 넣었다. 그랜트의 지지를 얻기 위한 싸움은 이내 피시와 존 롤린즈 사이의 경쟁으로 변질되었다. 그랜트는 피시를 가장 뛰어난 각료로 여겼으며, 롤린즈는 그랜트의 옛 친구이자 전우였다. 스피크먼과 와이어스의 살해 소식을 들은 후 피시는 대통령의 쿠바 문제 개입을 막기 위한 노력을 배가했다.

피시는 반란군 인정이 미국을 전쟁으로 이끄는 첫 번째 단계가 될 수 있다고 생각했다. 스페인은 반란군 인정을 적대 행위로 간주하여 전쟁을 불사할 게 뻔했다. 아바나 신문들에 실린 전쟁 만화는 이미 스페인 사자가 미국 독수리를 찢어발기는 장면을 묘사하고 있었다. 반란군을 인정하면 스페인이 미국 시민이나 미국의 이권을 향해 더욱 잔인한 범죄를 감행할 것이고, 그럴 경우 스페인과 전쟁을 벌이라는 대중의 아우성은 걷잡을 수 없는 지경에 이를 것이었다.

스페인은 세계 최강대국으로서의 전성기가 한참 지났기에 쉽게 쿠바를 놔줄 수 없었다. 스페인에는 어떤 전쟁에라도 목숨을 바칠 병사들이 무수히 많았다. 또한 강력한 장비를 갖춘 스페인 해군이 쿠바 항구들을 방어하고 있었다. 반면 미군은 남북전쟁 말의 규모와 비교하면 허수아비나 다름없는 신세로 전락했다. 게다가 미군은 남부 주들의 재통합을 추진하고 서부 정착민과 원주민 사이의 분쟁을 해결하느라 정신이 없었다. 또한 남북전쟁이 끝난 지 채 4년도 되지 않은 상태에서 그랜트가 다시 국가를 전쟁의 도가니 속에 몰아넣고 싶었을까? 그것도 굳이 벌일 필요가 없는 전쟁을.

나아가 변호사이기도 한 피시는 국제법이 반란군 인정을 용인하지 않으리라 판단했다. 외국 열강들은 전통적으로 정부 기능을 갖춘 반란

행위만 인정했다. 그러나 쿠바 반란군에게는 영토조차도 없었다. 어떤 이들은 쿠바 반란군이 통일된 조직이라기보다는 무법자들의 느슨한 연결망이라고 주장하기도 했다. 그들의 명분이 옳을지는 몰라도 인정을 받을 만한 조직으로서는 부족함이 있었다.

피시는 또 다른 일정을 다루고 있었다. 남북전쟁 때부터 시작된 영국을 상대로 한 미국인들은 주요 소송을 다루고 있었던 것이다. 남북전쟁 당시 영국 조선소에서 축조된 남부 연합의 배들이 북부 연합의 수송에 큰 피해를 입혔기 때문이다. 이런 소송의 핵심은 남북전쟁 당시에 영국이 남부 연합을 인정하지 않았다는 사실이었다. 만약 그랜트가 과거 남부 연합보다 법적 인정 가치가 분명히 떨어지는 쿠바 반란군을 인정한다면 미국 정부는 과거 영국의 행동이 부적합했다고 주장하기 어려웠다.

마지막으로, 국무장관 피시는 어떤 경우에도 반란군 인정이 불필요하다고 주장했다. 스페인이 분쟁 종식을 위한 협상 의사를 밝혔기 때문이다. 7월 1일, 피시는 협상을 위해 마드리드로 사절단을 보냈다. 스피크먼과 와이어스의 살해자들은 괘씸했으나 미국이 반란군을 인정하면 스페인은 협상 테이블을 떠날 수 있었다. 두 미국인의 죽음에도 불구하고 그랜트는 사절단에게 희망을 걸었다. 그러나 그는 언제까지나 기다릴 생각이 없었다. 특히 스페인이 협상을 추후 도발의 구실로 사용한다면 더 이상 참을 수 없었다.

피시는 시간을 버는 데는 성공했으나 스페인과의 협상 타결 가능성이 희박하다는 것을 알았다. 스페인에게 쿠바는 너무나 중요한 식민지였다. 피시는 단지 시간을 끌어 그랜트를 지치게 만들고, 미국이 개입할 필요가 없다는 사실을 인식시키고 싶었을 뿐이다.

피시는 자신의 계획을 수행하는 동안에 그랜트의 의중을 전혀 알 수 없었다. 사실 누구도 그랜트의 속내를 알지 못했다. 남북전쟁 동안에 그랜트는 북부 연합군의 총지휘를 맡았고, 전쟁을 승리로 이끌기 위해 최고의 부하들을 끌어 모았다. 그러나 중요한 결정을 할 때는 전쟁 위원회를 소집하지 않았다. 대신 지도와 시가(그는 매일 아침 호주머니에 시가를 가득 채웠다.)를 들고 혼자 막사로 들어갔다. 호기심 많은 장교들이 막사 안을 들여다보았으나 자욱한 연기 속에서 타오르는 시가 끝 외에는 아무것도 보이지 않았다. 그렇게 그랜트는 밤새 아무 말 없이 생각에 잠겼다.

연기 속에서 탄생한 계획들은 하나같이 위험천만한 것들이었다. 많은 군 장교들은 그랜트의 계획을 무모한 것으로 여겼다. 전쟁 초기에 그랜트의 상관들은 그의 이런 버릇을 우려하여 그를 제거할 구실만 찾았다. 전쟁 말기에 엄청난 타격을 입은 후에 참모장 헨리 할레크(Henry Halleck)는 "그랜트가 치명적 실수를 저질렀어."라고 말했다. 그랜트의 전략이 대개는 먹혀들어 간다는 사실을 이제는 알만도 했지만, 그는 그렇지 못했다.

할레크만 그랜트를 과소평가한 것은 아니었다. 사실, 대부분의 사람들이 그랬다. 그랜트는 누군가에게 깊은 인상을 심어 준 적이 별로 없었다. 어떤 이는 그가 "봉급의 반을 받고 공직에서 쫓겨나야 마땅할 정도로 평범하고 왜소해 보였다."고 말했다. 또 다른 이는 그를 낡은 구두처럼 평범하게 여겼다. 그랜트는 이처럼 평상시에 조용했을 뿐더러, 어느 역사가가 기술했듯이 군중의 시선에서 조용히 사라지는 희한한 특성을 가진 사람이었다.

그러나 그랜트 밑에 있던 사람들은 그의 초라한 외면 저편에는 최고의 자연적 특성이 숨어 있다는 걸 알았다. 그런 특성 중의 하나가 바로 자립심이었다. 이런 특성으로 그랜트는 최고 사령관의 마음을 단숨에 사로잡았다. 링컨은 결단력 없는 북부 연합 지휘관들에게 신물이 난 지 오래였다. "주위에 어중이떠중이만 가득했을 때의 심정을 아는가? 내가 한 사람에게 군 지휘권을 맡기자마자 그는 전쟁 계획을 가지고 나를 찾아와 '제가 할 수 있으리라고 생각지는 않지만 각하께서 명령하시면 한 번 시도해 보겠습니다.' 라고 말했다. 그런 식으로 성패의 모든 책임을 내게 돌렸다. 그러나 그랜트는 그렇지 않았다. 그는 자신의 계획을 말하지 않았다. 나 없이 앞으로 나아갈 수 있는 사람을 찾게 되어 기쁘기 한량없다."

국무부 상황으로 돌아가, 해밀턴 피시는 그랜트의 막사를 훔쳐봤던 장교들과 같은 심정을 느꼈다. 그는 그랜트의 심정을 읽을 수는 없었지만 링컨과 달리 몹시도 그것을 알고 싶어했다. 그는 자신이 할 수 있는 유일한 방법을 쓰기로 결심했다. 그랜트의 선택을 가볍게 받아들이기로 한 것이다.

다음 2달 동안, 국무장관 피시는 스페인과 협상 타결을 보기 위해 미친 듯이 노력했다. 그러나 대서양을 사이에 둔 마드리드와 워싱턴의 끝없는 협상은 아무런 결실을 얻지 못했다. 설상가상으로 쿠바의 상황은 더욱 악화되었다. 강경노선의 스페인 지지자들은 매일같이 반란군과 용의자들을 학살했다.

한편 그랜트의 마음은 점점 반란군 인정 쪽으로 기우는 듯하더니 카리브 해의 해군 병력을 증원했다. 8월에 이르러 그는 인내심에 한계를 드러냈다. 여행 도중 그랜트는 최근 미국 측 제의에 만족스러운 대답을 얻지 못하면 반란군을 인정하는 성명서를 발표하라고 피시에게 지시했다. 피시는 전쟁장관 롤린즈의 영향력이 두려웠다. 그리하여 다시 한번 그랜트를 설득하여 반란군 인정을 미루도록 했다. 그러나 상황이 개선되지 않으면 그랜트가 반란군 인정을 명령하는 것은 시간문제였다.

늦은 여름 내내 의회와 언론, 미국 시민들은 쿠바 문제에 대해 우려를 표시했다. 8월 30일, 「뉴욕 선(New York Sun)」은 "쿠바에 즉시 개입하는 것"이 정부의 의무이지만 "위대한 아이디어가 없고 인격이 매우 부족한 정부에서는 기대할 수 없는 의무"라고 보도했다.

그랜트는 워싱턴으로 돌아왔다. 각료 모임이 다음 날로 잡혀 있었지만 쿠바 문제가 의사 일정의 맨 꼭대기에 있었다. 국무장관 해밀턴 피시와 전쟁장관 존 롤린즈 사이의 최후 대결을 위한 무대가 마련된 셈이었다.

피시는 두 가지 이유에서 롤린즈와의 최후 대결이 두려웠다. 첫째로 남북전쟁 때에 확연히 드러난 그랜트의 예측 불가능한 태도가 걱정거리였다. 전 대통령이 1877년에 영국을 방문했을 때 그랜트를 본 영국 시인 매튜 아놀드(Matthew Arnold)는 그랜트의 통솔력에 대한 많은 사람들의 의견을 종합해서 평했다. 그는 "그랜트는 무한한 인력 자원과 돈을 마음껏 사용하여 남부의 힘을 고갈시킨 사업가였다. 이것이 내가 생각하는 그랜트다."라고 말했다. 실제로 그랜트의 군대는 그가 맞이한 남부군에 비해 사상자가 훨씬 적었다. 그러나 아놀드는 그랜트가 다른 북부군 장군들과 진정으로 다른 점을 집어내지 못했다. 그것은 적이 싸우도록 만들고, 그러기 위해 필요시에는 엄청난 모험을 감행하는 결단력이었다. 자주 좌절감을 맛보았던 링컨에게는 이런 결단력이야말로 마른땅에 단비와 같았다. "그가 있다는 유일한 증거는 일이 진행된다는 것이다! 그가 있는 곳에서는 언제나 실행이 있다."라고 링컨은 생각했다.

쿠바 반란군 인정이 미국을 전쟁으로 내몰 가능성이 다분했다. 그러나 피시는 전혀 예측 불가능하고 자주 모험을 감행하며 빅스버그를 함락시킬 만큼 과감한 그랜트가 그런 가능성에 아랑곳하지 않을까 봐 걱정이었다. 실제로 그랜트는 피시가 생각한 그대로였다.

미시시피 동쪽 기슭에 있는 빅스버그는 서부에서의 북부군 승리에 반드시 필요한 요충지였다. 그러나 1862~1863년 그랜트의 군대는 도시 북부에 고립되어 있었다. 빅스버그의 방어 상태는 남쪽이 약했으나 그곳까지 갈 수 있는 쉬운 길이 없었다. 남부 연합의 포병대가 14마일에 걸쳐 강을 방어하고 있었기 때문이다. 6달 후 그랜트 장군은 시가와 지도를 들고, 옛 여성 전용 살롱이자 전쟁시 본부 전함으로 사용하던 매그놀리아(Magnolia)로 들어갔고, 부하들은 여느 때처럼 밖에서 초조하게 그를 기다렸다.

그랜트는 가장 대담한 전쟁 계획을 들고 나타났다. 그것은 북부 연합군(20,000명 이상)이 수송선을 타고 서쪽 기슭을 따라 어둠을 방패로 남부 연합의 포를 피해 내려가는 것이었다. 빅스버그 아래에 도착하면 군대가 강의 동쪽 기슭에 상륙하여 미시시피를 통해 북쪽으로 행군하기로 했다. 북부 연합군은 수적 열세였고 물자 재공급의 희망도 없었다. 그런데 왜 이런 계획을? 그랜트는 "지금까지는 대규모 군대가 공급기지로부터 군사작전을 펼치고 늘 그 기지를 보호하는 것이 전쟁의 상식이었다.”고 말했다. 그러나 이제 그는 상식을 뛰어넘고자 했다.

당시 그랜트의 여타 부하들과 마찬가지로 윌리엄 테쿰세 셔먼(William Tecumseh Sherman)도 잔뜩 겁을 집어먹고는 “적이 나를 1년 또는 그 이상 고립시킬 수 있는 곳으로 자진해서 가게 생긴 것이다. 거대한 강이 뒤에 있고 적이 위아래로 강력한 요새를 구축하고 있는, 한마디로 적의 한복판으로 가야 한다.”고 생각했다. 도저히 안 되겠다고 판단한 셔먼은 대놓고 그랜트에게 반박했다.

그러나 그랜트는 입장을 고수했고 계획은 실행에 옮겨졌다. 처음에는 그것이 끔찍한 실수처럼 보였다. 북부 연합의 배들이 남부군의 화력을 피해 숨어들어 갈 때 남부 연합은 강 양쪽에서 커다란 횃불을 밝혀 표적을 비추고 있었다. 전함들이 90분 이상 지속적인 포화를 받는 동안 그랜트는 매그놀리아의 갑판 위에서 상황을 지켜보았다.

기적과도 같이 북부군은 사소한 손실밖에 입지 않았다. 북부군은 강의 동쪽 기슭에 성공적으로 상륙해 공급망 없이 쉽게 미시시피를 통과했다. 10주 후에 빅스버그는 함락되었다. 다음 해, 한때 회의적이었던, 그리고 그랜트보다 군사 통설 경험이 두 배나 많은 셔먼도 공급기지가 전혀 없이 조지아 주를 정복했다. 한편, 그랜트는 동쪽으로 행군하여 로버트 리를 상대했다. 이에 링컨은 “그랜트는 내 사람이며, 이제 나머지 전쟁은 그의 몫이다.”라며 기뻐했다.

피시에게 그랜트의 예측 불허성도 문제였지만 쿠바 문제를 놓고 롤린즈와 충돌하는 것도 역시 걱정거리였다. 롤린즈가 그랜트와 각별한 관계에 있었기 때문이다. 뉴욕 주의 귀족이며 그랜트보다 열두 살이나 많았던 피시는 그랜트와 공통점이 거의 없었다.(그랜트는 오하이오 주 무두질 장인의 아들이었다.) 반면 그랜트보다 몇 살 어린 롤린즈는 오랜 세월을 그랜트와 함께 했다. 그러니 그랜트가 롤린즈의 말 한 마디 한 마디에 각별히 신뢰하고 귀를 기울이는 것은 당연한 일이었다.

롤린즈와 그랜트 사이의 밀접한 관계를 알려면, 그랜트의 폭주 습관을 살펴보아야 했다. 젊었을 때 그랜트는 웨스트포인트를 졸업한 뒤 직업군인이 되었고, 1853년에 그는 샌프란시스코로부터 250마일 떨어진 태평양 해안의 외진 전초 기지인 포트 험볼트로 전임했다. 그곳에서 아내와 자식이 그리웠던 그는 술로 위안을 삼았다. 어느 날, 그의 아내는 군으로부터 남편의 사직을 명령하는 예기치 못한 편지를 받았지만, 남편은 아무런 설명도 해 주지 않았다. 그러나 상관이 근무시간에 술에 취한 그를 발견하고는 사직을 요청했다는 것을 모르는 사람은 거의 없었다. 그랜트는 가족을 부양하기 위한 어떤 계획도 없이 무일푼으로 동부로 갔다.

그랜트는 민간인 노릇이 도무지 맞지 않았다. 4년 동안 그는 그 인생과 딱 어울리는 이름을 가진 아내 하드스크러블(Hardscrabble : 고생해 봐야 건질 게 없는 척박한 토지)과 함께 미주리 주에서 열심히 농사를 지었다. 그러나 도무지 되는 일이 없었다. 한번은 크리스마스를 지내기 위해 그의 시계를 전당 잡히기도 했다. 나중에 그는 먹고살기 위해 세인트루이스 거리의 한쪽 구석에서 땔나무를 팔았다.

마침내 30대 말의 그랜트는 자존심을 버리고 아버지에게 부탁해 일리노이 주에서 점원으로 일하게 되었다. 그가 훤칠한 키에 검은 눈과 분명한 도덕성을 갖춘 롤린즈를 만난 것은 그때였다. 남부 주들이 연방에서 탈퇴했을 때 두 사람은 북부군에 자원했다. 처음에 그랜트는 좀처럼 장교로 임명되지 않았다. 그의 주벽에 관한 소문이 포트 험볼트에서 동쪽까지 퍼졌기 때문이다. 그러던 중 1861년 6월 대령 임명장이 도착했고, 그때부터 그는 초고속 승진을 거듭했다. 롤린즈는 남북전쟁의 대부분을 그랜트의 부관으로 복무했다.

술로 인해 불행을 겪었음에도 그랜트의 술 사랑은 전쟁 내내 사라지지 않았지만, 다행히 롤린즈가 그를 제어했다. 롤린즈는 그랜트를 꾸짖었고 당장 술병을 손에서 놓지 않으면 사직할 것이라고 위협했다. 결과적으로 그랜트가 가끔 술을 먹긴 했어도 술에 취해 큰 실수를 저지르는 일은 사라졌다. 한 저널리스트는 이것이 순전히 "롤린즈의 타협하지 않는 태도와 스스로에게 유익인 줄 알고 따라 준 그랜트의 태도"덕분이었다고 말했다.

한편, 링컨은 그랜트 장군의 습관을 전혀 걱정하지 않았다. 일례로 일단의 의원들이 백악관에 찾아와 술을 너무 많이 마시는 그랜트를 해임하라고 요청했다. 당시를 링컨은 "나는 그가 무엇을 마시는지, 그가 어떤 종류의 위스키를 마시는지 물었다. 나는 그들에게 그것을 알아내라고 진지하게 말했다. 그 술이 그랜트처럼 용감한 장군을 만들어 낸다면 그것을 군에 보급하고 싶었기 때문이다."라고 회상했다.

대통령으로 당선된 그랜트는 자신의 친구 롤린즈를 애리조나 군대의 사령관으로 임명하고 싶었다. 사막의 공기가 그의 결핵 치료에 도움이 되리라는 생각에서였다. 그러나 롤린즈는 전쟁장관이 되고 싶은 생각이 지배적이었기에 그것을 거부했다. 그랜트는 워싱턴의 질퍽한 날씨가 롤린즈의 건강에 좋지 않았기에 걱정이 되었으나 친구의 부탁을 거절할 수는 없었다.

젊은 새 전쟁장관은 쿠바 반란군의 명분을 지원함으로써 신문에서 떠들어대는 내각의 공격적인 인물이 되었다. 그러나 그랜트가 대통령 자리에 오른 지 불과 몇 달이 지난 1869년 8월 롤린즈는 폐의 출혈로 거의 죽음 직전까지 갔다. 그의 건강이 나빠진 원인은 아마도 워싱턴에 계속 머물렀기 때문인 듯했다.

그랜트 대통령과 각료들은 8월 31일 정오 백악관에 모였다. 쇠약하다 못해 죽기 직전에 이른 롤린즈가 문을 지나려고 애를 쓰는 순간, 침묵이 흘렀다. 그랜트는 친구의 몰락에 경악했다. 쇠약한 몸과 마음으로 휘청거리는 전쟁장관 롤린즈는 무덤덤한 어조로 길고 감동적인 반란 지지 연설을 했다. 그는 스페인의 폭정과 반란에 대한 잔혹한 대응, 미국 주권에 대한 침해, 스피크먼과 와이어스를 포함한 미국 시민들을 향한 범죄를 언급했다.

당시 롤린즈는 그랜트의 행동을 지연시키려 했다는 명목으로 피시를 강하게 몰아붙였다. 마침내 지친 그는 그랜트에게 몸을 돌렸다. "저는 당신의 부관으로 살아왔습니다. 저의 솔직함을 이해해 주시리라 믿습니다." 대통령은 가까스로 감정을 추스르면서 간단하게 대답했다. "물론이네. 자네는 여전히 내 부관이야."

이번에는 피시가 연설할 차례였다. 그는 침착하게 그랜트가 반란을 인정하지 말아야 하는 이유를 제시했다. 그랜트가 모임 전에 마음을 먹었는지, 아니면 그날의 주장들에 마음이 움직였는지는 알 길이 없었다. 아무튼 토론이 진행되는 동안 그랜트는 뭔가를 쓰기 시작했다. 그는 쓴 글을 피시에게 주었고, 피시가 그것을 큰 소리로 읽었다.

미국은 조건에 따라 스페인과 쿠바 사이를 중재할 용의가 있습니다. 즉각적인 정전, 쿠바가 스페인의 자산 등을 보상할 것, 스페인 사람들이 자신의 뜻에 따라 그 섬에 머무르거나 돌아갈 경우에 신상과 자산의 보호가 보장될 것 등의 조건이 9월 25일(또는 10월 1일)까지 받아들여지지 않을 경우에 미국은 모든 중재 제안을 철회할 것임.

대중과 의회의 압박, 쿠바인들에 대한 개인적 연민, 그리고 무엇보다도 죽어 가는 친구에 대한 존경과 애정을 속으로 삼킨 채, 그랜트는 사실상 쿠바에 개입하지 않기로 결정한 것이다.

그랜트가 그런 선택을 하게 된 동기는 미스터리다. 피시가 1869년 내내 반란군 인정이 법적 측면에서 정당화될 수 없다고 강조하기는 했으나, 그랜트가 그것 때문에 그런 결정을 내린 것 같지는 않았다. 4년 전쯤 그랜트는 부상자와 시체가 즐비한 전장을 돌아다녔다. 그래서 그날 회의실에 있던 그 누구보다도 그는 자칭 남북전쟁의 두려운 교훈을 잘 이해하고 있었다. 그는 "우리는 두려운 교훈을 마음에 새겨 앞으로 전쟁을 피해야 한다."라고 말했다. 쿠바 반란군의 인정하기를 거부한 것은 그가 최소한 그 교훈을 마음에 새겼다는 뜻이었다.

운명의 내각 모임으로부터 6일 후, 롤린즈는 세상을 떠났다. 마지막 순간에 그는 동료 장관인 존 크레스웰(John Creswell)에게 간곡히 부탁했다. "쿠바 편에 서게. 쿠바는 해방되어야 해. 쿠바의 포악한 적은 파멸되어야 해. 미국은 쿠바의 해방에 책임이 있어." 그랜트는 롤린즈의 마지막을 지켜보러 뉴욕 주를 잠시 방문했으나 아쉽게도 1시간 늦게 도착했다.

이후에 그랜트는 쿠바의 한 망명자 단체가 가난한 롤린즈에게 쿠바 채권으로 28,000달러를 줬다는 충격적인 사실을 알게 되었다. 그 채권은 당장은 가치가 없는 것이었으나 반란군이 승리하면 액면 가치로 지불될 수 있었다. 롤린즈가 자신의 사후 가족의 안위를 걱정했던 게 분명했다. 그러나 그랜트는 반란군 명분의 정당성에 대한 롤린즈의 믿음이 진심이었다는 데 의심을 품지 않았다. 사실 롤린즈의 주장은 그랜트에게 나름대로 중요한 통찰력을 제공했다.

쿠바 문제가 롤린즈의 죽음과 함께 사라지지는 않았다. 반란군은 계속해서 행동했고, 스페인 역시 도발 행위를 계속했으며, 미국 대중은 여전히 행동을 촉구했다. 1870년 초, 의회는 스페인의 잔혹하고 극악한 야만 행위에 다시 의문을 제기했다. 그랜트 휘하 장군의 동생 존 셔먼(John Sherman)은 쿠바 반란군을 인정하는 결의문을 제안했다. 만약 그 결의안이 통과되면 비록 위헌일지라도(인정 권리는 대통령에게만 있었으므로) 그랜트에게 심각한 정치적 타격을 입힐 수 있었다. 「뉴욕 트리뷴」은 곧 결의가 이루어질 거라며 환호했다. "이제는 말하라! 크게 말하라. 국민의 대표들에게 간청하노니, 즉시 말하라!"

이번에는 그랜트도 마음이 흔들렸다. 의회에 반대했다가는 자신의 남은 대외 정책에 타격을 입을 수 있었다. 그해 봄 내내 그는 신문에서 떠들어대는 해밀턴 피시의 '무행동(do-nothing)' 정책에 자신을 결부시키지 않으려고 애썼다. 이에 피시는 그랜트가 자신을 전폭 지지하지 않으면 사임하겠다고 으름장을 놓았다.

6월 10일 금요일, 두 의원이 피시를 찾아왔다. 그들은 곧 의회가 반란군 인정에 대한 투표를 할 것이며 비공개로 진행될 것이라고 말했다.

피시는 의회가 정책 변화를 강요하지 못하도록 막고 싶었다. 그는 그러기 위한 유일한 방법은 대통령이 국회의사당에 특별 메시지를 보내는 것이라고 생각했다. 피시는 주말 동안에 그 메시지를 초안했다. 그 내용은, 반란군 인정이 어느 당에 대한 공감이나 편견에 의해 결정될 수 없는 법적 문제라는 것이었다. 쿠바 반란군은 사실상 인정을 받을 만한 정부를 가지고 있지 않았다. 피시는 월요일 아침 식사 전에 대통령 앞에 그 메시지를 전달했다. 그러나 그랜트가 그것을 국회의사당으로 보내는 데 동의할지는 알 수 없었다.

그랜트는 그 메시지를 검토한 뒤 다시 각료 회의를 열었다. 그는 메시지에서 몇 가지 문제점을 발견했는데, 특히 스페인의 잔인성을 비난하는 내용이 있어야 한다고 생각했다. 그런데 이번에는 대부분의 각료가 피시 편에 섰다. 결국 그날 오후 그랜트는 메시지를 의회에 보내기로 동의했다.

결의안 토론이 시작되기 바로 전인 4시에 특사가 국회의사당 계단에 나타났다. 특사가 그랜트의 메시지를 크게 읽는 동안 반란 지지자들로부터 분노의 외침이 곳곳에서 터져 나왔다. 그들이 보기에 그것은 지금까지 의회에 도착한 메시지 중에서 가장 뻔뻔스러운 것이었다. 어떤 이는 스페인의 뇌물을 받은 사람이 그것을 초안한 게 틀림없다고 주장했다. 토론은 불을 뿜었고, 인정 지지자들의 연설이 있을 때마다 방청석의 쿠바 동조자들로부터 큰 박수가 쏟아져 나왔다. 의원 휴게실에서는 거의 싸움이 일어날 뻔했다. 다음 날 「선(Sun)」은 다음과 같이 선포했다. "해밀턴 피시의 어처구니없는 가르침 때문에 그랜트가 딴사람이 되었다. 아니 그는 더 이상 사람도 아니다."

그러나 자신의 입장을 밝히는 대통령의 결단력 있는 태도는 분위기를 반전시켰다. 6월 16일, 하원은 찬성 100대 반대 70으로 결의안 거부를 선택했다. 이로써 쿠바 반란군은 인정을 받지 못하게 되었다. 검찰총장 록우드 호어(Rockwood Hoar)는 그 투표 결과를 "행정부가 지금까지 얻은 가장 큰 승리"라고 했다. 반면 그랜트는 특유의 담백함으로 그저 투표 결과가 "매우 좋다."라고 말할 뿐이었다.

쿠바 반란은 그랜트의 두 번째 임기 내내 지속되었다. 스페인은 결국 반란군을 패배시켰으나 그 분쟁으로 250,000명의 생명이 전장의 이슬로 사라졌다.

매튜 아놀드는 그랜트가 무거운 책임을 두려워하지 않는 용기를 보여 주었다고 생각했다. 처음에는 장군 그랜트와 대통령 그랜트를 낮게 평했던 그가 이후에는 태도를 바꾼 것이다. 그의 찬양의 글은 아마도 쿠바 사태에 관한 글이리라. "여론은 사납고 무례한 노선을 선택한 듯했다. 당국은 그랜트에게 그 노선을 따르라는 압박을 넣었다. 그러나 그랜트는 단호하면서도 품위 있게 그것을 거부했다."

당의 대통령 후보 지명을 수락할 때 그랜트는 "평화를 이루자."라는 말로 연설을 마쳤다. 대부분의 역사가들은 그랜트의 대통령 활동을 지독한 실패로 여겼다. 그러나 주로 대통령들은 재난에 어떻게 대응했는지가 아니라 그것을 피했는지에 대한 여부에 따라 평가받는다. 쿠바 사태 동안 그랜트의 결단력은 미국이 피비린내 나는 전쟁에 다시 휩쓸리는 것을 막았다. 세기의 가장 위대한 장군 중 하나인 그랜트는 자신이 그토록 원하던 평화를 지켜 냈다.

율리시즈 그랜트 대통령

의회에 보내는 쿠바에 관한 편지, 1870년 6월 13일

현 의회를 개회하자마자, 정부가 쿠바 상황에 관해 공식적으로 확인한 모든 사실을 전달했습니다. 그 조직에 정보를 주고자, 쿠바 상황에 관해 이따금씩 스페인과 미국 사이에 교환된 모든 편지의 내용도 밝혔습니다. 개회 이전에 저는 제 전임자들의 전례를 따라, 우리와 평화 관계에 있는 스페인 문제에 절대적으로 중립을 유지했습니다. 회의 동안에 저는 심각한 결과를 초래할지 모르는 조치를 정부의 입법부의 조언 없이 취할 수 없다는 생각이 들었습니다.

쿠바 분쟁이 시작된 이후 세 번에 걸쳐 미국 국기에 의해 보호되는 미국의 배가 공해에서 나포되어 스페인 항구들로 인도되었습니다. 끊임없이 요청하고 종종 약속도 받았지만 단 한 척을 제외하고는 지금까지 보상이 이루어지지 않았습니다. 다른 두 척의 배가 유죄판결을 받게 된 증거 사본을 우리 정부에 보내지도 않았습니다. 이런 사실과 아울러 스페인이 모든 군사력으로도 거의 2년이 지나도록 반란을 진압하지 못

하고 있다는 사실, 스페인이 미국 시민을 보호하지도 그들의 호소에도 불구하고 반(反)스페인 공모 가능성에 대해 무죄를 주장할 틈을 주지 않고 처형했다는 사실, 우리 해안이 전장에서 가깝다는 사실 등에 비추어 볼 때 우리가 이 전쟁을 용인하다가 언제 또 그런 일이 벌어질지, 불행한 교전국들과 인류, 우리 자신에 대한 의무가 무엇인지에 관해 질문하게 됩니다.

저는 쿠바 분쟁이 지속되는 상황과 죄수를 생포하자마자 즉결 처형하는 행위를 막기 위해 미국이 과감한 저항을 해야 할 때가 왔다고 생각합니다.

의회에 이 중대한 질문을 던져 행동을 촉구하는 바입니다.

Theodore Roosevelt

미국 제1자원 기병대 시어도어 루스벨트 대령

평화의 전사

시어도어 루스벨트와 러일 평화조약

1885년 9월 3일, 프랑스 왕의 먼 친척 모레스 후작은 다코타 지역의 감옥 독방 안에 앉아서 다음 행동을 계획했다. 부유하고 잘생긴 20대 후반의 그는 2년 전에 냉동 쇠고기로 돈을 벌어 프랑스 군대를 매수한 다음 프랑스의 왕위를 되찾을 생각으로 서부로 건너왔다. 이 '미친 프랑스인'은 방대한 땅을 매입했다가 국경 지방 주민 세 명과 경계 분쟁에 휩쓸리게 되었다. 주민 중 하나가 자신을 눈앞의 개처럼 쏘겠다고 위협하자 후작은 고용한 인력과 함께 매복했다. 결국 주민 하나가 죽는 바람에 후작은 살인죄로 재판을 기다리게 된 것이다.

그러나 오늘은 전혀 다른 문제가 그를 괴롭혔다. 1년 전 그는 들소를 잡아 목장을 운영하기 위해 서부로 온 젊은 뉴요커와 친구가 되었고, 두 사람은 함께 몬태나 주로 여행을 했다. 사소한 사업상 의견 불일치에도 불구하고 후작은 뉴요커가 자신을 존중한다고 믿었다. 그러나 지금 감옥에 있는 그의 손에는 두 사람이 다퉜다는 기사가 실린 신문이

들려 있었다. 이 중요한 시점에서 엎친 데 덮친 격으로 기사는 그의 공적 이미지를 더욱 훼손시킬 게 뻔했다. 신문사에서 그 이야기를 어떻게 입수했을까? 그는 황급히 편지를 썼다.

친애하는 루스벨트여, 내 원칙은 용감하게 위기에 맞서는 것이네. 신문사들은 우리의 다툼을 어처구니없게 해석하여 보도했네. 자네가 요청한 것인가? 나는 자네가 내 친구라고 생각하네. 자네가 적이라면 내게 말해 주게. 자네도 알다시피 나는 항상 직선적이네. 신사답게 이 문제를 직접 해결하는 게 낫지 않겠나?

역시 20대 후반이었던 시어도어 루스벨트는 후작의 말 속에서 도전의 의미를 발견했다. 그러나 그는 두려움 따위를 잊은 지 오래였다. 테디(Teedie : 루스벨트의 애칭)가 병약한 소년이었을 때 뉴욕 시티의 갈색 집에서 그의 아버지는 "너는 마음은 있으나 몸이 따르지 않는구나."라고 말했다. 이에 테디는 이를 갈며 대답했다. "몸을 만들겠어요." 그런 장애물을 극복하려고 애쓰다보니 그의 속에 용기가 싹텄다. 그리고 이후로 자신의 용기를 증명할 길을 꾸준히 찾았다. 어느새 그는 공격적이고, 심지어 무모하기까지 한 남자가 되어 있었다.

녹비 옷을 입은 젊은 목장주 루스벨트는 배드랜드의 자기 땅에 앉아 안경을 통해 후작의 도전적인 편지를 응시했다. 그의 첫 번째 본능은 수락하는 것이었다. "나는 프랑스인 따위에 겁먹지 않아. 총으로 그를 쏠 거야."

그러나 좀 더 생각해 보니 조심스러워졌다. 루스벨트는 거의 전설에 가까운 저격수인 후작이 이전 대결에서 최소한 두 명을 죽였다는 사실을 떠올렸다. 게다가 그는 스스로 생각하기에도 훌륭한 총잡이가 아니었다.(최소한 다코타의 한 주민은 생각이 달랐다. "그는 사팔뜨기 짐승처럼 총재주가 정말 좋았다.") 무엇보다도 그는 후작에게 전혀 악의가 없었다. 그는 신중하게 답장을 썼다.

나는 결코 자네의 적이 아니네. 내가 적이라면 자네가 먼저 알 것이네. 나는 투명한 사람이니까. 그러나 내게 어떤 일이 닥칠까 두려워서 이런 말을 하는 것은 아니네. 자네도 알다시피 나 역시 항상 직선적이네. 내가 한 말이나 행동을 어떤 식으로든 책임질 준비가 되어 있네.

루스벨트의 답장에 후작은(방면되었으나 왕위에는 오르지 못했다.) 마음이 녹았다. 이에 두 사람은 서로의 명예를 유지하고 대결을 피할 수 있었다.

불과 16년 후, 역사상 가장 젊은 대통령 시어도어 루스벨트는 국제관계가 다코타 배드랜드에서만큼 위험천만한 때에 백악관에 입성했다. 세계의 열강(영국, 프랑스, 독일, 러시아, 최근의 미국)은 지구를 나눠 갖는 일에 몰두하고 있었다. 그리고 좋은 땅이 점점 희소해지면서 필연적으로 충돌이 발생했다. 독일은 북아프리카에서 프랑스와 대치했고, 미국은 쿠바에서 스페인을 몰아냈다. 그리고 모든 국가가 중국의 패권을 놓고 다퉜다. 동시에 국수주의가 만연했다. 애국자들은 자국 명예에 대한 조그만 모욕도 참지 못했다.

수년 동안 군비 확장 경쟁이 진행되어 왔다. 국가들은 힘의 미묘한 균형을 유지하기 위해 전열을 가다듬고 또 가다듬었다. 유럽은 30년 동안 큰 전쟁을 피해 왔으나 세계대전이 언제 터질지 모르는 일촉즉발의 상황이었다.

문제를 더욱 복잡하게 만든 것은 동아시아에서 혜성처럼 등장한 새로운 강국이었다. 1850년 중세 막부 체제를 완전히 탈피한 일본이 단 50년 만에 근대 산업 강대국으로 다시 태어났던 것이다. 루스벨트는 일본의 결단력과 산업 발전을 높이 평가했다. 약자에서 강자로 거듭난 자신과 비슷했기 때문이다. 그에게 일본은 세계의 위대한 신흥 세력이었다.

그러나 루스벨트는 차르의 러시아는 하찮게 여겼다. 러시아는 땅 크기와 인구에서 일본에 비할 바 없이 컸음에도 과거에 묶여 있는 듯했다. 주요 열강 중에서 러시아는 절대 군주의 지배를 받는 유일한 국가였다. 러시아 왕실은 반대의 목소리를 감추기 위해 애를 썼으나 외부에서 보기에 혁명은 시간문제였다. 루스벨트는 "나는 잔혹한 압제 하에 있는 어떤 민족에게도 미래가 없다고 믿는다."라고 말했다.

내부적인 문제에도 불구하고 러시아 곰은 계속해서 황제 놀음을 고집했다. 루스벨트 정권 초기에 러시아는 만주와 한국으로 확장하다가, 역시 영토 확장의 야심을 품고 있는 일본과 직접 부딪히게 되었다. 양측은 여러 달 동안 협상했으나 어떤 조건도 러시아를 물러서게 설득할 수 없었다. 1904년 2월, 일본은 외교관계를 단절했고, 이후에 중국 동해안에 있는 러시아의 주요 해군 기지를 기습 공격했다. 러일전쟁이 시작된 것이다. 많은 사람들은 곧 전쟁의 불똥이 사방으로 튈 것이라며 걱정했다.

여러 가지 면에서 러시아와 일본 사이의 전쟁은 다른 강대국 사이의 세계대전으로 번질 가능성이 다분했다. 예컨대 종이 호랑이인 러시아는 더 이상 독일과 공격적인 카이저 빌헬름을 견제할 힘이 없었다. 차르의 군대가 무너지면 독일은 다른 국가에서 마음껏 만행을 저지를 기회를 얻는 셈이었다. 또한 러일전쟁의 승자가 중국을 차지하려고 할 경우에 다른 열강의 보복이 들어올 게 뻔했다. 모든 열강이 방대하고 혼란스러운 중국 대륙이 무역 개방 상태를 유지하길 원했기 때문이다.

루스벨트 대통령은 깊은 관심을 갖고 동아시아 분쟁을 지켜보았으며, 백악관에 커다란 지도를 놓고 작은 깃발을 꽂아 부대들의 위치를 표시했다. 그의 관심은 개인적인 측면도 있었다. 그는 전쟁을 좋아했기에 강력한 일본이 다소 주춤한 러시아를 어떻게 상대할지 자못 궁금해하며 "러시아는 정신이 반쯤 나가 있다. 나는 일본이 대승을 거두리라고 생각한다."고 말했다.

이후의 사건들은 루스벨트의 예견을 사실로 증명해 보였다. 자살 공격을 퍼부은 일본은 잇따른 전투에서 지도력이 형편없는 러시아를 굴복시켰다. 그러나 양측 모두 사상자 수는 엄청났다. 1904년 9월 교전에서 40,000명 이상이 죽었고, 다음 해 2월 또 다른 교전에서는 90,000명의 사상자가 나왔다.

미국 내에서 러일전쟁에 큰 관심을 두는 사람은 별로 없었다. 양쪽이 바다인 미국은 역사적으로 다른 국가의 위협을 별로 느끼지 못해 왔다. 그러나 대통령이 된 후 루스벨트는 미국이 더 이상 고립 국가가 아니라는 점을 인식했다. 이제 미국도 식민지를 소유하고 있었다. 루스벨트는 일본이 자만심에 빠지면 미국의 식민지인 필리핀과 하와이가 다음 표적이 될 수 있다는 점에 주목했다. 더 중요한 사실은 미국의 경제 번영에 국제사회의 안정이 중요하다는 점이었다. 당시 미국은 전 세계 무명, 옥수수, 석유의 절반 이상과 철강의 1/3을 생산하고 있었다. 이런 생산품을 판매하려면 외국 시장이 필요했다. 무력하고 나약한 평화주의자들이 뭐라고 말하건 간에, 세계대전이 벌어지면 외국 시장 보호 측면에서라도 미국이 참여할 수밖에 없다는 점을 루스벨트는 인식하고 있었다.

루스벨트는 러시아와 일본이 서로 팽팽한 균형을 유지한 상태에서 동아시아 전쟁이 끝나는 것이 미국과 세계의 이익에 부합한다고 생각했다. 다시 말해, 러시아가 망하거나 일본이 능력 이상으로 확장을 꾀하다가 패하기 전에 분쟁이 끝나야 했다. 그러나 그러기에는 최소한 두 가지 문제점이 있었다.

첫째, 어느 쪽도 싸움을 멈추길 원하지 않았다. 일본은 모든 주요 교전에서 이기고 있었고, 차르는 잇따른 패배에도 전쟁을 고집했다. 원래 우유부단해 루스벨트가 이상하고 보잘것없는 놈으로 여겼던 니콜라스가 승리 없이는 평화도 없다고 믿는 열렬한 애국주의자 부인 알렉산드라에게 휘둘리고 있는 듯했다.

둘째, 양쪽이 평화를 선택하더라도 협상 타결을 위해서는 고도로 미묘한 조정이 필요했다. 애국주의자의 긍지에 따라 어느 쪽도 먼저 양보하지 않을 게 뻔했다. 양쪽 모두 한 발 물러서면서까지 협상을 타결하려고 할 리는 없었다. 따라서 평화를 얻어 내려면 러시아와 일본 모두 자존심을 지킬 수 있도록 중립의 제3자가 개입해야 했다.

그러나 영국은 일본의 우방이었고, 프랑스는 러시아를 지지했다. 독일도 마땅치 않았다. 카이저는 니콜라스의 사촌이었으므로 자칫 황화(黃禍, yellow peril : 황색 인종이 백인을 지배할지 모른다는 두려움 – 역주)에 관해 떠들어댈 소지가 있었다. 모든 국가가 전쟁 종식을 원했으나 일본과 러시아가 모두 믿을 수 있는 열강은 미국뿐이었다. 그리하여 평화를 갈망하는 모든 이들의 시선이 미국 대통령에게로 쏠렸다. 루스벨트가 평화를 이끌어 내려면 그가 전에 모레스 후작의 도전을 무마하기 위해 사용했던 전략과 섬세함을 모두 동원해야 했다.

루스벨트를 알고 있던 사람들 중에 그에게 중재자 역할을 맡긴 사람은 거의 없었다. 어렸을 적부터 루스벨트는 소문난 싸움쟁이였다. 하버드 마지막 클럽(final club)에서 논쟁이 벌어지면 그가 음식을 던지는 일은 다반사였다. 운 나쁜 한 학생은 얼굴에 호박덩어리를 통째로 맞기도 했다. 루스벨트가 대학을 졸업하고 서부로 갔을 때 배드랜드의 한 주정뱅이가 그에게 총구를 겨눈 적이 있었다. 당시 루스벨트는 펀치 세 방으로 그를 때려눕혔다.

루스벨트의 정치 이력도 고집스럽고 강력한 적들을 상대로 한 싸움의 연속이었는데 사실 대부분은 그가 먼저 싸움을 걸었다. 그는 뉴욕 주의회에서 태머니 홀(Tammany Hall)의 정당과 전쟁을 벌였으며, 민원 담당자로서 미국 우편국의 엄청난 부패를 밝혀 냈다. 대통령이 된 후에는 J. P. 모건과 신탁자들을 상대했다. 마음만 먹으면 미국 경제를 파탄에 빠뜨릴 능력이 있던 모건은 경쟁 회사를 청소할 수 있는지 확인하기 위해 백악관을 찾아왔으나 루스벨트는 퉁명스럽게 거절했다.

루스벨트는 백악관에서 밤마다 여러 가지 개인적 전투를 벌였다. 때로는 도서관에서 한 일본인 남자와 씨름을 했고, 마스크와 가슴받이를 착용하고 나무 막대로 서로를 때리는 목검 시합을 벌였다. 루스벨트의 주된 상대였던 늙은 러프 라이더(Rough Rider)에 따르면 전투가 한창일 때 루스벨트는 자주 규칙을 까먹었다. 그런가 하면 마크 트웨인(Mark Twain)은 그가 분명히 미쳤다고 생각했다.

그러나 루스벨트는 전쟁과 최고의 영광에 관해서는 완전히 제정신이었다. 그는 메인 호가 아바나 항구에서 폭발하기 전부터 스페인과 전쟁을 하고 싶어 안달이 났었다. 매킨리(McKinley)가 폭발 후에 즉시 전쟁을 개시하지 않자 당시 대통령의 정부 관리였던 그는 매킨리가 초콜릿 에클레어(chocolate éclair : 초콜릿을 얹은 가늘고 긴 슈크림-역주)보다도 배짱이 없다며 길길이 날뛰었다.

의회가 마침내 전쟁을 선포하자 루스벨트는 나이 40에 군사 경험도 없는 주제에 참전하겠다고 고집을 부렸다. 또한 아내의 임종 자리에서도 국가의 부름에 즉시 응했을 것이라고 떠들어댔다. 루스벨트는 러프 라이더 기병대를 이끌고 케틀 힐로 돌격하여 스페인 군사 한 명을 직접 쏘았다. 한 병사는 루스벨트의 부인에게 보낸 편지에서 "T는 단지 승리와 유혈을 즐기고 있었다."라고 쓰기도 했다.

한 세대의 가장 파괴적인 전쟁을 멈추는 임무가 이 미친 사람에게 주어졌다는 사실은 많은 사람들을 깜짝 놀라게 했다. 1904년이 끝날 무렵 루스벨트는 지도 위의 핀을 움직이며 때가 오기를 기다렸다. 그는 양 당사자가 평화를 협정하면 일본 황제에게 곰 가죽을 보내겠다고 일본 대사에게 약속했다. 그러나 지난 8월에 차르는 일본과 협상하라는 루스벨트의 조언을 거부했다. 대신 차르는 발트 해 함대를 아프리카 북동부 쪽으로 보내 일본 해군을 궤멸시키기 위한 최후 작전을 펼쳤다.

마침내 1905년 5월 발트 해 함대는 서태평양에 도착했으나 일본은 그 함대를 신속하고도 철저히 궤멸시켰다. 처절한 전투 속에서 러시아는 전함 34척을 거의 다 잃었고 가까스로 일본 어뢰정 33척만 침몰시켰을 뿐이었다. 5,000명에 달하는 러시아 병사가 교전에서 전사했고, 일본의 전사자는 총 110명에 이르렀다.

차르는 자국이 패했다는 사실을 더는 부인하지 못했다. 루스벨트가 보낸 미국 사절단은 러시아의 은신처에서 비밀리에 차르를 만났다. 그리고 러시아의 상황을 완전 절망이라 부르고 필연적인 재난을 피하라고 권고하면서 루스벨트의 무뚝뚝한 메시지를 차르에게 전달했다. 마침내 니콜라스 차르는 협상에 동의했다. 단, 자신이 먼저 손을 내밀었다는 사실을 일본이 모른 상태에서 협상에 동의해야 한다는 조건을 붙였다. 그러나 차르는 몰랐지만 일본은 이미 루스벨트에게 중재를 요청한 상태였다. 승리에 승리를 거듭했음에도 자원이 바닥났기에 일본 역시 종전을 원하고 있었다.

며칠 후 루스벨트는 양국을 협상 자리로 공식 초청했고, 양국 모두 그것을 수락했다. 평화를 위한 첫 단계가 완성된 것이다. 루스벨트는 양국을 협상 자리로 불러내는 데 성공했고, 영국의 한 신문은 루스벨트의 외교 능력과 매우 특별한 수완을 칭찬했다.

루스벨트도 그런 칭찬이 기뻤으나 양국이 대화하는 것과 성공적인 평화조약을 이끌어 내는 것은 별개의 문제였다. 여러 가지 문제, 이를 테면 중국과 한국에 대한 영향력, 일본이 전시에 정복한 영토 문제, 러시아의 전쟁 배상금 지급 등이 협상 타결의 걸림돌로 작용했다.

처음에 루스벨트는 양 당사자가 만주나 유럽에서 만날 것을 제안했다. 그래야 대화가 실패하더라도 책임을 면할 수 있었다. 그러나 몇 주 간의 실랑이 끝에 양 당사자는 미국에서만 만나겠다는 뜻을 분명히 했다. 회담 사전에 양쪽은 극단적 입장을 정립했고 몇 가지 중요한 문제에 대해 협상하지 않겠다며 심술을 부렸다. 한편, 루스벨트는 러시아를 믿을 수 없었다. 그는 러시아가 매우 신뢰가 없고 교활하고 무능력해서 협상 전체를 망치기 쉽다고 생각했다.

루스벨트는 어떤 이유라도 대화가 실패하면 자기 혼자 비난을 감수해야 함을 알았다. 그래서 외국 열강의 도움을 모색했다. 루스벨트가 모르모트 약 8마리에 해당하는 지능을 가졌다고 평한 영국 대사는 일본을 압박하는 데 동의할 수 없다는 영국의 입장을 전했고, 프랑스 역시 행동을 취하지 않기로 했다. 그러나 루스벨트는 흔들림이 없었다. "세계 전체가 나를 지켜보고 있다는 사실을 잘 알고 있다. 회담이 실패하면 나를 향한 비난이 전 세계에서 들끓을 것이다. 그러나 아무래도 상관없다."

대표단이 뉴욕 주로 향하는 동안, 많은 식자들은 평화 회담의 성공만이 세계대전을 막을 수 있다는 사실을 통감하고 긴장했다. 일례로 헨리 애덤스(Henry Adams)는 친구에게 다음과 같은 편지를 썼다. "평화 회담에 관해 생각하면 제대로 서 있을 수조차 없어. 두려움으로 온몸이 떨리네. 세계가 멸망할지도 몰라."

1905년 8월 5일, 롱아일랜드의 루스벨트 고향 근처 오이스터 베이는 여러 척의 요트와 소형 배, 보트로 가득했다. 가장 중요한 자리는 대통령의 요트인 메이플라워 호가 차지하고 있었고, 거기서 공식 평화 회담이 열릴 예정이었다.(여름의 무더위 때문에 워싱턴은 협상 자리로 적합하지 못했다.) 21문의 예포가 루스벨트의 승선을 축하했고, 외교관들과 각료들, 군 장교들이 승선하는 내내 축포가 이어졌다. 루스벨트는 두 대의 쌍둥이 순양함을 뉴욕 시티로 보내 일본과 러시아의 평화 협상단을 데려왔다. 이 환영회는 루스벨트가 양국 협상단을 처음으로 서로에게 소개하고 회담의 분위기를 결정하는 만큼, 극히 중요한 자리였다. 조그만 실수나 모욕이라도 나타나면 대화가 시작되기도 전에 협상이 끝날 수도 있었다.

일본측이 먼저 도착했다. 그들을 태운 배가 특별히 열어 놓은 수로를 통해 메이플라워 호로 접근했다. 외무장관 유타로 고무라(Jutaro Komura)가 일본 대표단의 수장으로 메이플라워 호에 올랐는데, 깡마르고 창백하며 원래 나이인 48세보다 훨씬 늙어 보이는 그는 키가 채 160센티미터도 되지 않았다. 사실 루스벨트는 일본에서 다른 인물을 보내길 원했었다. 그가 알기로 고무라는 다소 이루어지기 어려운 평화조약을 염두에 두고 있었다. 한편, 고무라 입장에서는 불리한 평화조약을 들고 일본으로 돌아갈 경우에 사실상 처형될 위기에 놓여 있었다.

러시아의 외교관 수장은 고무라와 완전히 상반된 모습이었다. 그가 메이플라워 호의 갑판으로 걸어 올라가는 모습에 많은 사람이 입을 다물지 못했다. 거의 2미터의 키에 턱수염을 기른 세리게이 비테(Sergei Vitte)는 방대한 러시아의 영토를 몸으로 보여 주었다. 니콜라스는 처음부터 일본과의 전쟁을 반대한 비테를 경멸했으며, 총애를 받던 두 외교관이 병을 호소한 후에야 비테를 대표단의 수장으로 임명했다.(비테는 비테 대로 니콜라스를 마음만 착한 어린아이쯤으로 여겼다.)

비테는 회담에 별로 기대를 걸지 않았다. 차르로부터 강경 입장을 취하라는 지시를 받은 바 있었기 때문이다. 며칠 전에 비테는 루스벨트에게 일본이 타협에 응하지 않으면 러시아는 기꺼이 최후의 순간까지 방어 전쟁을 치를 것이라고 말했다. 또 그는 루스벨트의 능력으로는 그토록 중요한 외교 협상을 제대로 수행할 수 없다고 생각했다. 자신을 태운 배가 오이스터 베이로 향하는 내내 비테는 걱정이 태산 같았다. "전형적인 미국인이며 공식 절차에 경험이 없고 부주의한 루스벨트 대통령이 협상 전체를 망쳐 놓을 것이다. 그가 먼저 미카도(Mikado : 당시의 일본 황제 – 역주)를 위해 건배한 후에 우리 황제를 위해 건배한다면 나는 참지 않을 것이다."

러시아 대표단은 루스벨트와 일본 대표단이 기다리고 있는 갑판 아래로 이동했다. 루스벨트가 서로를 소개한 후에 모든 사람은 상대로부터 뭔가 꼬투리를 잡으려고 신경을 곤두세운 채 오찬 자리로 갔다. 식사 테이블 배치는 서열과 관련이 있었으므로 논쟁의 여지를 없애기 위해 좌석은 구석에 무작위로 배치되었고 식사는 뷔페로 제공되었다.

루스벨트는 대화를 주도하는 데 익숙해 있었다. 때로는 동시에 두 가지 이상의 대화를 주도하기도 했다. 그렇다고 그가 무례했던 것은 아니었다. 젊었을 때 그는 뉴욕 시티의 접견실을 다니면서 대화의 예절을 충분히 습득했다. 점심을 먹는 동안 그는 러시아 측과는 프랑스어로, 일본 측과는 영어로 편안한 대화를 나누었다. 그에게서 어느 한쪽을 편애하는 모습은 전혀 발견할 수 없었다. 식사가 끝나고 그는 자리에서 일어나 건배를 제안했다. 당연히 비테는 귀를 쫑긋했고, 일본측도 관심을 집중했다. 과연 루스벨트가 누구를 위해 먼저 건배할까?

이 배에 함께 모인 분들이 대표하는 두 위대한 국가의 왕들의 행복과 번영, 그리고 그 국민들을 위해 건배합시다. 둘 사이에 공정하고도 지속적인 평화가 빠르게 이루어지는 것이 내 진심어린 소망이자 기도이며, 모든 문명인들의 이익입니다.

이번에도 양측 모두 불평할 거리가 없었다. 회담이 성공적으로 개시된 것이다. 한 러시아 대표는 루스벨트가 훌륭한 전략으로 개회 모임을 처리했다고 말했다.

루스벨트는 회담에서 적극적인 역할을 맡지 않기로 했다. 실제로 그는 가능한 자신의 개입 없이 협상이 진행되기를 바라는 눈치였다. 그는 중요한 대화가 시작될 때 자신은 오이스터 베이에 남고 양측 대표를 뉴햄프셔 주 포츠머스로 보냈다. 양측은 여러 문제에서 신속히 합의에 도달했고, 이내 중요한 두 가지 이슈를 중심으로 논쟁의 불꽃이 튀었다. 러시아가 일본에 전쟁 배상금을 지급할지, 그리고 시베리아 동해안에 길게 뻗은 사할린 섬을 누가 소유할지가 협상 타결의 관건이었다. 평화 사절단이 미국으로 향할 당시에 사할린 섬은 일본이 점령하고 있었다.

차르는 비테에게 러시아 땅 한 조각이라도 양보하지 말라고 지시를 내린 바 있었으나 일본은 사할린 소유권을 고집했다. 배상금에 관해서,

동아시아에서는 패전국이 벌금을 지불하는 것이 관례였다. 일본은 최소한 10억 엔을 받아야 한다고 주장했으나 러시아는 배상금 지불 자체를 단호히 거부했다. 나폴레옹이 모스크바를 점령했을 때도 아무 배상금을 지급하지 않았으며, 이번에도 마찬가지라는 것이었다. 사실, 배상금을 둘러싼 의견 불일치는 루스벨트가 충분히 예상했던 일이었다. 협상을 시작하기 전에도 그는 일본에게 배상금을 포기할 것을 요청한 바 있었다.

그러나 러시아 측의 비타협적인 태도와 무례함에 루스벨트는 점점 좌절하기 시작했다. 회담이 진행될수록 차르의 고집스러움은 더욱 여실히 드러났다. 또 일본 측은 회담의 협상 과정이 포츠머스를 가득 메운 기자들에게 알려지지 않도록 보안을 원했으나 비테는 사전의 약속을 어김으로써 일본 측의 심기를 건드렸다. 애초에 비테는 비공식적으로 보안을 약속했으나 거의 협상이 시작되자마자 모든 기자들에게 자신이 아는 모든 정보를 말하기 시작했다. 이에 루스벨트는 불편한 심기를 드러낼 수밖에 없었다. "너무 어리석어서 진실을 말하지 않는 러시아인들은 일본인들보다 열 배는 나쁘다." 생각 같아서는 차르와 그의 부하들을 해변으로 끌고 가 깊은 바다 속으로 무지막지하게 처박고 싶었다.

2주 만에 협상은 막다른 골목에 봉착했고, 러시아 측은 협상 타결에 큰 관심이 없는 듯했다. 루스벨트는 회담이 무위로 끝날 위험이 있으면 자신이 개입하겠다고 고무라에게 말한 바 있었는데, 실제로 그런 위기에 봉착하자 일본 측은 루스벨트에게 사자를 보냈다.

평화 협상이 지지부진하는 동안 루스벨트가 빈둥거리고 있었다고 생각하면 철저히 오산이다. 루스벨트는 위기 속에서 번영하는 능력이 있었다. 젊었을 때 그는 자신이 뉴욕 귀족의 편안한 환경을 떠나서도 살 수 있다는 사실을 증명해 보이고자 서부로 떠났다. 한번은 그와 가이드가 사냥을 갔다가 어둠이 몰려올 즈음에 뻥 뚫린 대초원에서 헤매게 되었다. 그들은 더러운 진흙탕에서 흙탕물을 몇 모금 마신 것 외에 9시간 동안 아무것도 마시지 못했다. 날이 저물면서 점점 추워졌으나 대초원에는 불을 땔 잡목조차 없었다. 게다가 말을 탄 인디언 강도들이 말은 물론이고 머리 가죽까지 벗겨 갈지 몰라 두렵기 짝이 없었으며, 새벽에는 비까지 내렸다. 가이드는 4인치나 위까지 올라온 차가운 물 때문에 잠이 깼으나 루스벨트는 오히려 들뜬 목소리로 중얼거렸다. "제기랄, 하지만 재미있군!"

뉴욕 시티 경찰국장 시절에 루스벨트는 나태한 경찰관들을 담당 구역으로 돌려보냈다. 범법자만큼이나 범법 경찰을 잡아내기 위해 밤새 거리를 쏘다니는 바람에 40시간 동안이나 잠을 못 잔 적도 있었다. 그래서 경찰들은 자기 순번이 아닐 때도 루스벨트를 만나면 소스라치게 놀라곤 했다. 루스벨트는 바워리 가의 철야 음식점에 자주 나타났는데, 새벽 3시에 그곳에 들러 스테이크와 맥주를 마시곤 했으며 때로는 즉석 기회 회견을 열기도 했다.

포츠머스 평화 회담으로부터 7년 후인 1912년, 루스벨트는 독자적으로 대통령에 출마했다. 당시 그가 연설을 하기 위해 밀워키의 한 호텔을 나서는데 한 남자가 걸어와 불과 2미터 거리에서 그의 가슴에 총을 쏘았다. 그의 안경집과 몇 겹으로 접은 연설문 원고가 총알의 속도를 늦춰주긴 했어도 총알은 결국 그의 오른쪽 폐에 박혔다. 의사들은 그를 병원으로 후송해야 한다고 했으나 그는 요지부동이었다. "이 연설을 하지 못할 바에야 차라리 죽겠다. 죽기 아니면 까무러치기다." 연설 도중에 그는 조끼의 단추를 풀어 청중에게 피투성이의 셔츠를 보여 주면서 외쳤다. "이 정도로 혁신당원(Bull Moose)을 죽일 수는 없습니다."

일본의 사자가 회담 결렬의 위기에 관해 이야기하자 루스벨트는 급히 행동에 돌입했다. 먼저, 그는 포츠머스에 있는 비테에게 전보를 보내 러시아 측 인사를 즉시 오이스터 베이로 보내라고 요청했다. 비테는 자정이 지나서 도착한 전보를 읽고는 직속부관인 로만 로젠(Roman Rosen) 남작을 보내라는 명령을 내렸다. 그리하여 한 미국인 외교관이 새벽 2시에 로젠을 깨웠고, 그는 5시간 후에 기차에 올랐다.

심부름 따위를 맡았으니 기분이 좋을 리는 없었다. 로젠 남작이 잔뜩 찌푸린 얼굴로 오이스터 베이에 도착했을 때 루스벨트는 흰색 운동복을 입고 테니스를 치고 있었다. 루스벨트는(혹자는 그가 테니스를 치면서 말을 했다고 한다.) 일본이 사할린 섬을 이미 점령하고 있었으니 러시아가 양보해야 한다고 주장했다. 또 배상금 문제를 중재자에게 맡기면 중재자가 러시아의 배상금 지급을 강요하지는 않을 것이라고 조언했다.

로젠은 이 계획을 비테에게 전달했고, 다시 비테는 그것을 자신이 구상한 또 다른 타협 계획안과 함께 차르에게 보냈다. 비테의 계획이란 사할린 섬의 남쪽 절반을 양도하고 북쪽 절반은 매입하는 것이었다. 물론 매입 비용은 배상금을 다른 이름으로 부른 것에 불과했다. 그러나 비테는 배상금을 다른 이름으로 부름으로써 일본이 원하는 것을 주는 동시에 러시아의 체면도 살릴 수 있다고 생각했다.

루스벨트는 로젠이 못 미더웠던지 다시 차르에게 직접 메시지를 보냈다. 내용인 즉은, 러시아는 무력으로 사할린 섬을 되찾을 힘이 없으며 전쟁을 계속했다가는 동부 시베리아 전체를 잃을 수도 있다는 것이었다. 루스벨트는 러시아와 인류 전체를 위해 차르가 비테의 타협안에 동의해야 한다고 촉구했다.

한편, 차르는 비테에게 회담을 결렬시키라는 지시를 내린 바 있었다. "일본은 절실하게 돈이 필요하다. 그러나 우리는 주지 않을 것이다. 아무런 결정도 나지 않는 이 회담을 계속하는 것은 시간낭비다." 비테는 루스벨트의 메시지를 핑계로 차르의 이런 지시를 무시했다. 차르가 루스벨트의 메시지를 검토하기 전까지는 회담을 결렬시킬 수 없다는 것이었다.

마침내 차르는 입장을 굽혔으나 완전히 굽힌 것은 아니었다. 미국 대사와의 모임에서 그는 사할린 섬의 남쪽 절반을 포기하는 데 동의했다. 배상금 문제는 여전히 결론이 나지 않았으나 차르의 분위기로 보아 회담의 계속된 진행을 용인하는 것을 알 수 있었다.

루스벨트는 일본에도 압력을 넣었다. 고무라는 어떤 식으로든 배상금 지불이 포함되지 않으면 어떤 타협안도 받아들이지 않겠다고 했다. 이에 루스벨트는 일본이 오직 돈 때문에 전쟁을 계속하면 세계의 비난을 받을 것이라고 경고했다. 그리고는 일본에 퉁명스러운 메시지를 보냈다. "윤리적으로 볼 때 일본은 이번 사태에 대해 세계에 빚을 졌다. 문명 세계는 일본이 평화를 선택하길 바란다."

8월 25일, 새로운 군사 기술을 시험해 보고 싶어 안달이 난 루스벨트는 해군의 새 잠수함 플런저를 타고 롱아일랜드 사운드의 해저까지 하강했다. 포츠머스에 있는 외교관들은 그 잠수함이 다시는 수면에 뜨지 않기를 바랐을지도 모를 일이다. 루스벨트의 간섭은 비테와 로젠을 모두 짜증나게 했고, 특히 일본은 루스벨트의 다소 퉁명스러운 조언에 그다지 기뻐하지 않았다. 루스벨트는 루스벨트 대로 화가 났다. 그는 아들 커밋(Kermit)에게 편지를 써, 외교관들 때문에 머리가 세고 있다고 했다.

세계는 최악의 경우가 벌어지지 않기를 바라면서, 배상금 문제로 결렬 직전에 이른 회담을 주시했다. 한번은 고무라와 비테가 협상 테이블에 마주보고 앉아 8분 동안 한 마디도 하지 않고 담배만 피우면서 서로를 응시한 적도 있었다. 어느 날 비테는 그 자신의 말을 빌자면 호텔에서 흐느끼고 기도하면서 밤을 새웠다. 마침내 러시아 외교관들은 차르로부터 "어떤 경우도 내일까지 논의를 끝내라. 일본의 친절한 양보를 기다리느니 전쟁을 계속하겠다."라는 지시를 받았다. 러시아가 뭔가 보상해야 한다고 굳게 믿는 일본 측은 도쿄로부터 최종 지시가 전달되기만을 기다리고 있었다. 그사이에 러시아 측은 호텔 비용을 지불하고 떠날 준비를 했고, 루스벨트도 협상 실패를 인정할 준비를 했다.

그런데 마지막 순간에 일본 정부가 양보를 했다. 마지막 모임이 될지 모르는 자리에서 고무라는 비테에게 개인적으로 만날 것을 요청했다. 고무라는 배상금 요구를 철회하고 사할린 남쪽 절반으로 협상을 마무리하겠다는 뜻을 밝혔다. 비테는 모임 장소에서 나오면서 이렇게 선포했다. "친구들이여, 이제 평화다. 그들이 모든 것에 동의했다."

세계는 안도의 한숨을 쉬었다. 비록 짧은 기간이나마 세계가 안정을 되찾았다. 러시아 주재 미국 대사는 포츠머스 회담이 250,000명의 생명을 구했다며 기뻐했다. 언론과 대중은 루스벨트의 능력을 찬양했고, 한 프랑스 신문은 그를 이 거인 전쟁의 위대한 승리자로 불렀다.

루스벨트는 사실 자신의 힘으로 협상이 타결된 것이 아님을 잘 알고 있었다. 그러나 그는 평화가 러시아에게 좋고 일본에게 매우 좋으며 또 자신에게도 좋은 일이라는 사실을 인정했다. 1906년 루스벨트는 노벨 평화상을 수상했다.

루스벨트는 약속을 지키기 위해 자신이 얼마 전에 콜로라도 주에서 잡은 대형 곰의 가죽을 일본 황제에게 보냈다. 특히 "황제는 선물의 상징 때문에 그 가죽에 크게 기뻐했다." 나중에는 결국 러시아인들도 루스벨트에게 감사하기 시작했다. 오이스터로 소환된 것 때문에 짜증을 부렸던 로젠 남작도 몇 년 후 루스벨트가 자기 아이들에게 보낸 편지를 출판물을 통해 보고 감동을 받았다. 그를 사랑하지 않는 것은 불가능했다.

사랑하는 앨리스에게

시어도어 루스벨트 대통령, 1905년 9월 2일

앨리스 리 루스벨트(Alice Lee Roosevelt)에게 보내는 편지

중국 여행은 즐거웠는지 모르겠구나. 필리핀 여행은 어떠했는지 무척이나 궁금하구나.

아빠는 매우 활발하게 여름을 보냈는데 쉴 틈도 없었단다. 그러나 상관없어. 이제 사실상 일본과 러시아 사이의 평화가 이루어진 것이나 다름없거든. 나는 사절들과 그들의 정부에 대해 많은 경험을 했고, 결국 매우 정중하면서도 엄한 훈계자로서 그들에게 여러 번 편지를 써야 했단다. 일본인들이 침묵을 지켜서 다행이이었지. 그런데 차르에게 편지를 쓸 때마다 러시아인들은 여지없이 그것을 누설했고, 대부분의 내용을 왜곡하기까지 했단다. 그러나 내가 일본에 편지를 보냈다는 사실은 외부 세계에서 전혀 낌새를 채지 못했어. 그래서 러시아인들은 매우 불쾌해 했어. 내가 자기들한테만 편지를 쓴다고 생각했던 거야. 하지만 상황이 종료된 후에는 마음이 누그러졌지. 이후에 차르는 다음과 같은 축하문을 보내 왔고, 나도 그에 대한 마음이 약간 풀렸단다.

귀하의 개인적이며 열정적인 노력 덕분에 평화 협상을 성공적으로 마무리한 데 대한 제 축하와 진심어린 감사를 받아주십시오. 우리 조국은 포츠머스 평화 회담에서 귀하가 담당한 중요한 역할을 감사하고 인정합니다.

정말 힘든 여름이었단다. 국무장관이 없어서 모든 외교 업무를 내가 직접해야 했거든. 태프트(Taft)도 없어서 파나마와 관련된 제반 업무도 내가 해야 했단다. 지난 3개월 동안 내 주요 업무는 평화 협상, 파나마, 베네수엘라, 산토도밍고와 관련된 일이었는데, 이 모든 일을 어떤 조언이나 도움도 없이 진행해야 했단다.

우리나라뿐 아니라 어디서나 대부분의 사람들이 결과로만 모든 것을 평가하니 좀 씁쓸하구나. 내가 평화를 이끌어 내지 못했다면 분명 조롱과 비난의 대상이 되었을 게야. 그렇지만 지금은 과분한 칭찬을 받고 있지. 미래를 보는 눈이 탁월하다는 찬사를 받고 있단다. 사실 내가 이 일을 이룰 수 있었던 것은 내 의지가 아니라 상황이 저절로 그렇게 흘러갔기 때문이야. 나는 뒤로 물러서지 않고 당연한 의무만 수행했을 뿐이고. 작년 겨울에 나는 비공식적으로 몇 가지 근거를 들어 러시아인들에게 화해하라고 조언했어. 그러나 그들은 들은 척도 안 했지. 러시아인들에게 했던 말을 일본인들에게도 그대로 했어. 일본인들이 바다에서 크게 승리한 후에 자진해서 내게 협상 주선을 요청한 것은 내가 정직하게 행동하리라고 믿었기 때문일 거야. 단, 일본인들은 자신들이 제안했다는 사실을 알리지 말아 달라고 부탁했어. 물론 말할 사안도 아니었지만 말이야. 그래서 나는 그 일을 떠맡았고, 당연히 공식적 행동을 하기에 앞서 양 정부의 동의를 구했어. 그런데 둘 다 상대가 원하는 곳에서 회담을 갖지 않겠다는 거야. 또 일본인들은 내가 원하던 헤이그에서 만나기는 싫다고 했지. 결국 그들은 이 나라에서 만나기로 했어. 그로 인해 나는 원하지도 않은, 아니 오히려 피하려고 했던 중요한 입장에 놓이게 되었단다. 하지만 지금에 와서 생각해 보면 그들이 여기서 만나지 않았더라면 평화를 이끌어 내지 못했을 거라는 생각이 드는구나. 그들은 만나자마자 막다른 골목에 다다랐어. 그래서 내가 다시 개입해 양 정부와 직접 접촉해야 했단다. 아슬아슬하긴 했어도 이야기는 풀려 나가는 것으로 보였어. 내가 "보였어."라고 말한 이유는 양국이 평화조약에 실제로 서명을 하지 않는 한 마음을 완전히 놓을 수 없었기 때문이야. 일본 대표들은 일본 정부보다 덜 현명하게 굴었단다. 나는 일본이 배상금을 포기하는 것이 최선이라고 확신했단다. 러시아인들은 배상금 문제에서 양보하지 않을 테고. 전쟁이 지속되면 일본은 이미 쓴 돈을 회수하지도 못한 채 수억 달러를 또 써야 할 거야. 그것은 낭비, 아니 그보다 훨씬 멍청한 행동이지.

지금 우리는 테드(Ted)와 에델(Ethel)을 위해 집에서 파티를 열고 있단다. 테드와 에델은 스스로를 첫 손님이라고 생각하는구나. 그렇다면 스티브 랜던(Steve Landon)과 코넬리아 랜던(Cornelia Landon)이 그 다음이고 잭 데이어(Jack Thayer)와 마사 베이콘(Martha Bacon)은 마지막 손님이 되는 셈이지. 오늘은 비가 오고 있단다. 우중충한 기분에도 불구하고 오후에 꼬마 녀석들과 헛간에서 놀 기대를 하고 있지. 엄마와 나는 함께 말과 배를 타면서 멋진 시간을 보냈어. 나는 나무를 많이 패고 가끔 테니스도 친단다. 아빠는 아직 제임스 루스벨트와 잭보다 건강하단다.

너와 함께 있는 모든 사람에게 안부를 전해라. 특히 마음씨 좋은 그리스콤(Griscom) 부부에게 감사를 전해 주거라.

woodrow Wilson

신이 준 임무

우드로 윌슨과 국제연맹

에디스(Edith)는 남편의 마비된 왼팔 위에 조심스럽게 담요를 덮었고, 사람들이 남편을 잘 볼 수 없도록 불빛을 줄였다. 의사는 그에게 매우 짧은 농담 몇 마디를 연습시켰다. 그리고 나서 에디스가 남편의 주변 좋은 자리에 의자 둘을 놓고 방문객이 도착하기를 기다렸다. 아내와 의사 이외에 다른 사람이 우드로 윌슨 대통령을 못 본 지 벌써 6주가 지났다.

에디스 윌슨은 두 방문객, 즉 공화당 상원의원 한 명과 민주당원 한 명을 신중하게 배치해 놓은 자리로 안내했다. 이윽고 윌슨이 연습했던 말을 읊었다.

공화당원 앨버트 폴(Albert Fall)이 말했다.

"각하를 위해 기도하고 있습니다."

그러자 윌슨이 물었다.

"어떤 식으로? 어떤 식으로 말이오?"

213

상원의원들이 크게 웃자 의사가 급히 그들을 밖으로 안내했다.

속임수는 성공한 듯했다. 「뉴욕 타임즈」는 그날의 만남이 "대통령의 병을 둘러싼 조잡하고 대부분 비우호적인 소문을 영원히 잠재웠다."고 보도했다. 그러나 그것은 사실이 아니었다. 뛰어난 정치인이자 협상가였던 윌슨은 이제 나무토막이나 다름없었다. 하지만 이 사실을 알릴 수는 없었다. 윌슨이 신으로부터 받았다고 확신한 임무, 즉 전쟁 없는 세상에 대한 비전이 걸려 있었기 때문이다. 유럽의 강력한 리더들의 대부분이 참여한 가운데 파리에서 이루어진 윌슨의 제1차 세계대전 평화조약은 미국 상원의 거센 바람에 정신없이 흔들리고 있었다. 조약의 핵심인 국제연맹을 지켜내기 위해 윌슨은 무슨 짓이라도 할 수 있었다. 그는 죽음을 불사하고 싸울 각오를 했다.

윌슨의 평화조약은 전쟁에서 비롯했다. 그것도 모든 전쟁을 끝낼 전쟁인 제1차 세계대전이었다. 1914~1918년 제1차 세계대전은 유럽을 끝없는 전쟁의 도가니 속으로 몰아넣었다. 전쟁이 끝날 무렵 유례없는 850만 명의 목숨이 사라졌다. 그에 앞서 윌슨은 가능한 미국이 전쟁에 휩쓸리지 않게 만들려고 애를 썼고, 중립 노선을 바탕으로 1916년에 대통령 재선에 성공했다. 그러나 선거가 끝나자마자 독일이 바다를 건너 무력으로 미국을 삼킬지 모른다는 우려가 팽배해졌다.

1917년 1월, 독일은 미국에 첫 번째 공격을 감행했다. 독일은 대서양에서 전면적인 잠수함 전쟁을 선포했고, 야간에 독일의 U보트들은 미국의 배들에 몰래 다가가 수뢰를 발사했다.

이후 영국 첩보부가 독일 정부로부터 멕시코로 향하는 전보를 가로 채 윌슨 대통령에게 전했다. 그 전보는 멕시코가 미국을 공격하도록 부추기는 내용이었다. 독일은 철저한 지원을 약속했고, 승리할 경우에 보상으로 멕시코에 텍사스 주, 애리조나 주, 뉴멕시코 주를 주겠다고 했다. 그러나 독일 제국의 외무장관이 놀랍게도 진상을 확인시키기 전까지 그 전보는 허위 정보로 간주되었다. 일단 사실이 확인되자 윌슨은 전보를 복사해 언론에 배포했다. 결과적으로 반(反)독일 여론이 거세게 일어 미국은 더 이상 중립을 유지하기 어렵게 되었다.

윌슨은 굳이 전쟁을 해야 한다면 승리만으로는 충분하지 않다고 판단했다. 그는 더 큰 원칙을 위해 싸울 생각이었다. 그는 정부의 역할, 정치 이론, 진취적인 이념에 관한 글을 쓴 젊은 학자로서 명성을 쌓아 왔다. 수년 동안 세계 속에서 미국의 위치에 대해 생각해 왔으며, 국가들을 서로 견제시키고 평화 수호에 전념할 수 있는 범세계적인 조직을 구상하는 데 오랜 시간을 쏟아 왔다. 한번은 처남에게 그가 이렇게 말했다. "'무력으로는 결국 아무것도 해결할 수 없었다.'는 나폴레옹 보나파르트의 말에 대해 정말 많이 생각해 보았네." 윌슨은 전쟁에 참여하되 언제나 세계 평화를 궁극적인 목표로 삼기로 했다. 이것은 어찌보면 이상하고도 대담한 동시에 참으로 순진한 생각이었으며, 대외 관계에 대한 유례없는 접근법이었다. 그러나 이것이야말로 윌슨이 미국의 유럽 분쟁 개입을 정당화할 수 있는 유일한 길이었다.

1917년 4월 2일, 윌슨은 국회의사당 연설에게 미국 국민들에게 전쟁 참여의 이유를 밝혔다. "민주주의를 위해 안전한 세계를 만들어야 합니다. 그런 의미에서 이번 전쟁은 모든 국가를 상대로 한 전쟁입니다. 미국의 의도는 복수가 아닙니다. 권리, 그러니까 인간의 권리를 지키려는 것입니다. 우리가 그 권리의 유일한 옹호자입니다." 「뉴욕 타임즈」는 청중이 그가 평생 국회의사당에서 받아본 적이 없는 갈채를 윌슨에게 돌렸다고 보도했다.

당시 연방 대법원장 에드워드 더글러스 화이트(Edward Douglass White)는 가장 눈에 띄는 좌석에 앉아 있었다. 「타임즈」에 따르면 그가 갈채를 주도했다. "그는 눈물을 삼키려는 듯 입술을 지그시 물었다. 그리고 손바닥을 파열시키기라도 하려는 듯 커다란 두 손을 모았다." 윌슨의 연설은 그 자리에 모인 청중과 다음 날 그것을 읽은 국민들의 심금을 울렸다.

오늘날 어떤 학자는 당시의 연설을 '윌슨 평생의 가장 중요한 연설'이라고 했고, 또 다른 학자는 링컨의 두 번째 취임 연설 이후로 가장 위대한 대통령 연설이라고 평했다. 미국인들은 윌슨의 명분을 중심으로 일치단결했다. 연설 다음 날 아침 미국의 고전 'Yankee Doodle Dandy'와 'Give My Regards to Broadway'로 유명한 조지 코한(George M. Cohan)은 신곡 'Over There'을 작곡했고, 이 곡은 비공식적인 전쟁 표어가 되었다.

그러나 윌슨에게 그 순간은 달콤하면서도 씁쓸한 순간이었다. 갈채 속에서 그는 수많은 미국인의 죽음과 그로 인해 자신의 어깨를 짓누를 엄청난 짐을 보았다. 그는 비서를 보고 탄식했다. "그들이 무엇을 위해 환호하고 있는지 생각해 보게. 오늘의 내 메시지는 우리 젊은이들의 죽음을 알리는 메시지야. 그런데도 환호하고 있다니 정말 이상하지 않은가?"

이제 미국은 역사상 처음으로 국제무대로 나가게 되었다. 윌슨은 전쟁의 향방을 결정짓고 전후 세계를 형성할 기회를 헛되이 날려 버리지 않기로 했다. 300만 미군이 징집되었고, 그 즉시 윌슨은 평화를 향해 나아갔다. 그는 미국 최고의 정치학자와 역사가들로 위원회를 구성해 유럽의 상황을 연구하고 평화 계획을 구상하도록 지시했다. 새해에 그는 위원회의 조사 내용을 바탕으로 14개조 평화 계획을 수립했다. 그 계획에는 영해의 자유, 무역 장벽 제거, 무기 감축, 그리고 크고 작은 모든 나라의 정치적 독립과 영토 보존을 보장하는 국제연맹이 포함되었다.

며칠 내로 윌슨은 14개 조항을 미국과 세계에 자랑스럽게 발표했다. 「뉴욕 트리뷴」은 다음과 같이 보도했다. "매우 깊은 의미에서 지금 윌슨 대통령은 미국이 벨기에와 폴란드, 세르비아와 루마니아의 자유를 위해 싸울 것임을 맹세하고 있는 것이다. 미국 대통령의 말들은 흑인 노예제도보다 10배나 더 나쁜 노예제도를 없애겠다는 약속이다."

미국 내의 반응은 열광적이었으나 해외에서는 평이 엇갈렸다. 특히 유럽에서는 윌슨의 계획을 어리석고 비현실적인 것으로 보았다. 유럽의 국가들은 중세 이후로 거의 매일이 분쟁의 나날이었다. 남북전쟁을 치른 지 50년밖에 안 된 미국이 어떻게 유럽에 평화로 향하는 길을 제시할 수 있단 말인가? 런던의 「타임즈」는 이렇게 썼다. "우리가 윌슨 대통령의 연설을 비판하는 주된 이유는 개념만 뛰어날 뿐 엄연한 실제 상황을 전혀 고려하지 않았다는 데 있다."

윌슨은 이런 비판을 무시했고 국민들에게 직접 자신의 메시지를 전달했다. 즉 유례없는 선전 활동을 펼친 것이다. 이는 14개 조항을 독일과 그 우방들에게 알림으로써 판도의 변화를 꾀하기 위함이었다. 미국의 비행기들이 독일 상공에서 선전물을 뿌렸으며, 병사들은 연설문 사본을 빈 포탄에 채워 적 진영으로 발사했다. 또한 14개 조항을 12개 언어로 번역, 복사해 전 세계에 배포했다.

선전은 먹혀들어 갔다. 처음으로 미국 국기가 희망과 회복의 상징이 되어 유럽 전역의 창문에서 휘날렸다. 전 세계의 사람들이 윌슨처럼 평화를 원하고 국제연맹에 대한 비전을 공유하게 되었다.

윌슨의 14개 조항이 전쟁을 끝냈다고 말해도 결코 과언은 아니다. 1918년 5월 28일, 미국인들이 독일 병사들과 계속해서 싸움을 벌이고 있는 가운데, 새로운 독일 수상은 윌슨에게 편지를 써 14개 조항에 따라 평화 협정이 이루어진다면 전쟁을 멈추겠다고 말했다.

그러나 승리를 눈앞에 둔 영국과 프랑스는 욕심이 생겼다. 그들은 기어이 무조건적인 항복을 받아 내고 독일을 완전 파멸시키길 원했다. 하지만 윌슨은 이를 거부했다. 그는 철저히 불공평한 평화 계획은 독일의 분노를 일으킬 뿐더러 훗날 더 큰 문제를 일으킬 수 있다고 판단했다. 14개 조항 중심에 있는 원칙은 균형과 안정이었다. 영국과 프랑스는 끝내 고집을 부렸으나 윌슨에게는 확실한 카드가 있었다. 미국의 지원이 없으면 영국과 프랑스가 스스로 승리를 거두리라는 보장이 없었던 것이다. 미국의 강력한 힘은 절대 무시할 수 없는 것이었다. 윌슨은 독일과 자체적으로 평화를 협상하면서 영국과 프랑스에 어떤 지원도 하지 않겠다고 으름장을 놓았다.

협상이 진행되던 1918년 의원 중간 선거 때 윌슨은 국민들에게 세계에 메시지를 보낼 것을 요청했다. 전국의 신문을 통해 유권자들에게 보내는 공개편지에서 그는 다음과 같이 호소했다. "제 리더십을 인정한다면 여당인 민주당 인사들을 상원과 하원으로 돌려보냄으로써 그 확실한 증거를 보여 주시길 진심으로 부탁합니다." 평화 회담이 눈앞으로 다가온 상황에서 윌슨은 해외에서 협상된 조약이 확실히 통과될 수 있는 발판을 마련하고 싶었다. 그래서 얼마나 많은 미국인들이 자신의 계획을 지지하고 있는지 의회에 알리려는 것이었다. 그러나 특정 당에 치우친 호소는 오히려 역효과를 일으켰다. 일치단결하여 윌슨의 참전 명분을 지지했던 국민들은 이제 평화를 위한답시고 국가를 분열시키려는 그의 시도에 분개했다. 결국 양원에서 공화당이 다수당을 차지하게 되었고, 이제 새로운 상원은 모든 평화 계획을 파기하기 위해 힘을 발휘할 게 불 보듯 뻔했다.

선거 결과에도 불구하고 결국 유럽의 열강은 윌슨이 미군을 철수할 가능성이 크다는 사실을 인정했다. 여러 달의 협상 끝에 영국과 프랑스는 입장을 굽혔고, 1918년 11월 11일에 연합국과 독일은 정전 협정을 맺었다. 이에 대해 「뉴욕 타임즈」는 다음과 같이 보도했다. "마른하늘에 날벼락처럼 양측의 총성이 갑자기 멈추었다. 적이나 친구 할 것 없이 모두 환호하고 소리치는 사람들로 인해 총성으로 가득했던 벌판이 되살아났다. 독일인들과 미국인들은 그토록 격렬하게 싸웠던 길고 좁은 땅을 함께 걸어갔다. 일부는 부끄러워하고 어색해 하는 모습이 마치 학생처럼 보였다."

종전 소식이 알려지자 국회의사당은 축하 분위기에 휩싸였다. 14개 조항 횃불에 불이 붙었고, 군중은 애국심을 담은 노래를 부르고 나팔을 불며 종을 울렸다. 윌슨도 축제에 동참했는데, 이후에 그의 비서는 "그가 얼마나 행복해 보였는지, 원칙을 위해 싸워 승리한 사람만이 느낄 수 있는 만족감이 엿보였다."라고 회상했다. 윌슨은 어렸을 때부터 평화 수호를 자신의 운명으로 느껴 왔다.

윌슨은 소년 시절에 자신은 "모든 세계가 영웅적 모험의 장소로 보이는 꿈속에서 살았다."고 회상했다. 장로교 목사였던 그의 아버지는 어린 윌슨에게 세상을 더 좋은 곳으로 만들라는 비전을 심어 주었고, 그 비전을 바탕으로 윌슨은 어느 날 정계로 뛰어들겠다는 꿈을 꾸었다.

이후 윌슨은 학자가 되었다. 30대 중반에 그는 프린스턴 대학의 역사 및 정치학 교수가 되었다. 지금까지 그는 박사 학위를 소유한 유일한 미국 대통령이었던 것이다. 윌슨은 주요 잡지의 논문을 쓰고 많은 연설을 하면서 일약 프린스턴 대학에서 가장 유명한 교수로 성장했다. 그리고 결국 프린스턴 대학의 총장 자리에까지 올랐다.

그러나 39세에 윌슨은 가벼운 출혈을 경험하면서 오른쪽 팔이 약해져 글을 쓸 수 없게 되었다. 가벼운 출혈이 으레 그렇듯 병세는 1년 안에 회복되었고, 9년 뒤 다시 병이 발작했으나 이내 가라앉았다. 그러다가 그가 50세가 된 1906년에 다시 병이 발작했는데, 어느 날 아침에 일어났더니 끔찍하게도 왼쪽 눈이 보이지 않았다. 의사들은 그의 눈 밑 혈관이 심각한 고혈압으로 터졌다고 했다. 유일한 치료 방법은 휴식뿐이었다. 윌슨은 건강을 회복하기 위해 영국 교외로 요양을 떠났다. 그가 황무지에 홀로 있을 때 시력이 다시 되돌아왔고 그는 그것을 계시로 여겼다. 이후 윌슨은 자신을 위한 신의 계획이 있다고 확신했다.

윌슨은 프린스턴 대학을 부자들의 놀이터에서 세계의 차세대 리더들을 훈련하는 최고의 학문 기관으로 바꾸기로 마음먹었다. 부유한 동창들은 프린스턴의 엘리트 '식사 클럽'을 없애려는 그의 시도를 방해했으나, 초월적인 존재로부터 임무를 받았다고 확신한 그는 타협을 거부했다. 향후 4년 동안 그는 고등 교육을 크게 개선할 수 있다는 확신을 품고, 모든 수단을 동원해 동창들과 싸웠다. 그러나 학교 재단 이사회가 그의 계획을 번번이 방해했고, 1910년에 결국 그는 학교를 떠나야 했다.

운명과도 같이 윌슨의 개혁 운동은 진취적인 지역 정치 지도자들의 관심을 얻게 되었고, 그들은 윌슨에게 뉴저지 주지사 출마를 권했다. 학식이 높고 딱 부러지며 개혁과 정의를 위해 싸워 온 윌슨이야말로 그들이 보기에는 가장 이상적인 후보였다. 선거에서 윌슨은 완전한 승리를 거두었다.

그러나 공직에 오른 후부터는 일이 뜻대로 풀리지 않았다. 선거 개혁, 새로운 기업 부패 방지 규제, 노동자 보상 프로그램 법안 등의 급진적 안건을 통과시키기 위해 주의회를 설득하는 일은 만만치 않았다. 처음에 윌슨은 의원들의 이타적이고도 뛰어난 본성에 호소했으나 큰 효과가 없었다. 그러나 그는 단념하지 않고 국민에게 직접 다가가 지지를 호소했고, 주 곳곳을 돌아다니면서 일련의 연설을 통해 여론을 모았다. 국민의 힘으로 의원들을 압박하여 자신의 안건을 통과시키기 위함이었다. 국민에게 직접 다가간 윌슨의 전략은 적중했고, 이후에 그는 전쟁 종식을 위한 노력에서도 이 전략을 사용하게 되었다. 노련한 정치인들이 국민의 뜻이자 곧 자신의 뜻을 따라 주지 않으면 그는 여지없이 거리로 나가 외쳤다.

뉴저지 주에서의 성공으로 윌슨은 단 2년 만에 민주당 대통령 후보로 급부상했고, 미국 중산층의 삶 개선을 약속함으로써 대통령 선거에서도 승리했다. 그러나 그는 그 승리를 더 큰 계획의 일부로 보았다.

민주당 당수가 선거를 도왔다는 명목으로 정부 내 자리를 요청하려고 접근했을 때 윌슨은 자신을 백악관으로 보낸 것은 민주당이 아니라 신이라며 딱 잘라 거부했다. 그는 신의 소명을 구했고 그것을 향해 나아갔다.

윌슨은 국민의 지지를 받고 백악관에 입성한 기세를 몰아 소득세 제정, 아동의 노동 금지, 일반 시민 대상 대출의 확대를 위한 개혁 법안을 즉시 통과시켰다. 국내 개혁을 위한 윌슨의 개혁 엔진이 불을 뿜기 시작했던 것이다.

그러나 새 대통령 윌슨은 국제 문제를 다뤄 본 경험이 없었다. 윌슨 정부의 출범 1달 만에 멕시코 대통령이 살해되었다. 그로 인해 멕시코에 폭력과 폭동이 난무하자 이상주의적인 윌슨은 질서 회복을 돕기 위해 군대를 보내기로 했다. 결과는 참담했다. 미군과 멕시코 폭동 세력 사이의 교전으로 100명 이상이 죽었다. 순전히 국내 분쟁에 미군이 등장한 것에 화가 난 멕시코 폭도는 미국의 국경 지대를 공격하기 시작했다. 그럼에도 윌슨은 계속해서 군대를 보냈다. 그는 멕시코가 아메리카 대륙에 속해 있다는 점을 간섭의 이유로 들었으나 이를 공감하는 사람은 거의 없었다. 후에 시어도어 루스벨트는 윌슨을 '국제 문제에 어리석은 놈, 역대 최악의 미국 대통령'으로 불렀다. 그러나 멕시코 사건은 윌슨의 깊은 연민을 보여 주는 사건이었다. 그는 국경에 상관없이 세상을 구하길 원했고, 마침내 그는 그 일을 해낼 수 있는 위치에 서게 된다.

윌슨과 유럽의 정상들은 파리 평화 회담에 동의했고, 윌슨은 직접 회담에 참석하기를 갈망했다. 그럴 경우에 현직 미국 대통령이 유럽을 최초로 방문하는 것이므로 단순한 방문 이상의 성과를 거두어야 했다. 대통령이 그 회담에 참여하면 6개월 동안 행정부의 일상 업무에서 손을 놓아야 하는 만큼 전무후무한 사건이었다.

보좌관들은 윌슨에게 고국에 머물라고 간청했다. 대통령이 파리로 직접 가면 여느 협상가와 다를 바가 없다는 것이 그들의 주장이었다. 또 고국에 머물러 있어야 회담의 방향에 더 큰 영향을 미칠 수 있으며 대통령의 뜻과 맞지 않는 결과가 나오더라도 거부권을 행사할 수 있다고 했다.

「뉴욕 월드(New York World)」의 편집장을 사임하고 대통령의 자문관이 된 프랭크 코브(Frank Cobb)는 "워싱턴에서 그는 회담과 관련한 어떤 개인적 상황에도 마음이 흔들리지 않는 냉정한 재판관이다. 하지만 대통령이 그 과정에 개인적으로 참여하면 부러진 지팡이 꼴이 난다. 그는 자기 땅에서 싸워야 하며 그 땅은 바로 워싱턴이다. 외교 상대로서 유럽은 그에게 완전히 적의 땅이다."라며 윌슨의 파리 여행을 강하게 반대했다. 미국 대통령이 일개 평화조약에 관해 논쟁을 벌이러 파리로 가는 것은 있을 수 없는 일이었다.

윌슨은 자신의 국제연맹 계획이 백지화될 수도 있는 상황에서 멀리서 지켜만 보고 있을 수는 없었다. 그는 직접 파리로 향했고, 6개월간의 험난한 협상 끝에 평화 계획을 들고 고국으로 돌아왔다. 그 계획은 여러 면에서 윌슨의 14개 조항과 매우 달라 보였으나 한 가지만은 그대로였다. 국제연맹 계획은 변함이 없었다.

그러나 파리 여행으로 미국 내 윌슨의 지지율은 크게 약화되었다. 공화당원들은 윌슨이 대표단에 다양한 정치 세력을 포함시키지 않았다며 난리를 쳤다. 실제로 윌슨은 자신의 길에 방해가 될 만한 어떤 사람도 대표단으로 끌어들이지 않았다. 파리에서 외국의 리더들과 협상하는 데 집중해야 할 판에 공화당원들에게까지 신경을 쓰고 싶지 않았기 때문이다.

회담에 대한 부담감은 윌슨의 건강에 악영향을 끼쳤다. 그는 유럽을 휩쓴 독감에 걸려 심한 열과 구토로 고생을 했다. 침대에 누워 쉬어야 함에도 그는 계속해서 하루에 몇 시간씩 일을 했다. 훗날 대통령이 된 허버트 후버(Herbert Hoover)는 파리에 동행했다가 윌슨의 행동과 정신에 변화가 있음을 감지했다. 전에 윌슨은 조언에 귀를 기울였고 새로운 아이디어를 빠르게 이해하고 결단을 내렸는데 병 때문에 그런 능력이 약해졌던 것이다. 또 그는 새로운 사실과 상황을 기억하고 파악하는 데 어려움을 겪었다. 돌이켜 보면 파리 방문 당시에도 사소한 출혈이 여러 번 있었던 것 같다.

아무튼 파리 회담에서 결정된 평화 계획 초안은 엄청난 환호를 받았다. 국제연맹이 탄생하면 분쟁 해결, 군비 축소, 또 다른 비참한 세계대전 방지를 위해 전 세계가 하나로 뭉치며, 폭력이 아닌 경제 제재를 통해 회원국들의 평화를 유지할 수 있게 되는 셈이었다. 「런던 타임즈」는 이렇게 보도했다. "국제 관계를 부드럽게 하는 프로젝트로만 국제연맹을 생각하던 사람들이 오늘 발표된 '언약'을 읽고 마음을 바꾸었다. 구름이 걷히고 평화와 그 수호의 길이 드러났다." 「지오날레 드 이탈리아(Giornale d'Italia)」는 국제연맹을 '인류 단결의 고귀한 행위'로 칭송했다. 1919년 2월 14일 밸런타인데이 때 윌슨은 자신이 이룬 업적을 국민들에게 말하고 싶은 열정에 사로잡혀 미국으로 향했다. 그러나 공화당이 장악한 의회는 그를 따뜻하게 환영할 생각이 없었다.

평화조약 반대 목소리의 중심에는 상원 외교 위원회의 강력한 의장, 헨리 로지(Henry Cabot Lodge)가 있었다. 로지는 윌슨을 미워했는데, 한번은 친구에게 자신이 누구를 미워하게 되리라고는 생각지 못했다고 했다. 부분적으로 그의 미움은 사소한 문제에서 출발했다. 윌슨이 정계에 입문하기 전 로지는 '학자'로 알려져 있었으나 박사 학위에 대학 총장까지 지낸 윌슨이 그의 명성을 이내 빼앗아간 것이다. 로지가 윌슨을 미워한 또 다른 이유는 그를 참전하기까지 너무 시간을 끈 겁쟁이로 보았기 때문이다. 약 4년 전인 1915년 5월 7일 독일이 영국의 여객선 루시타니아(Lusitania)를 침몰시켜 미국인 128명이 죽었을 때 윌슨이 즉시 전쟁을 선포하지 않자 로지는 "윌슨이 겁에 질렸다."고 비아냥거렸다.

로지가 윌슨을 미워한 마지막 이유는 윌슨이 바람을 피웠다는 근거 없는 소문 때문이었다. 로지는 전에 자신의 아내가 전 국무장관 존 헤이(John Hay)와 스캔들을 일으켰기에 간통한 사람을 가장 증오했다. 윌슨이 첫 번째 아내가 죽은 지 단 7개월 만에 재혼을 했을 때도 까다롭고 금욕적인 로지는 화를 감추지 못했다. 그에게 윌슨의 이런 행위는 용납할 수 없는 죄악이었다.

로지는 윌슨의 재혼을 무효화할 수는 없었지만 상원 외교 위원회의 수장으로서 평화조약을 방해할 수는 있었다. 그를 비롯한 일부 공화당원들은 평화 계획을 반대했는데, 이는 국제연맹이 미국 군대를 외국의 분쟁 현장으로 내몰리라고 생각했기 때문이다. 한 상원의원은 "어느 미국 시민이 발칸 문제를 해결하기 위한 군대에 자원하겠는가?"라고 물었다.

윌슨은 미국을 비롯한 상임 이사국들 중 한 국가라도 반대하면 국제연맹의 군사행동이 불가하다고 설명했다. 한마디로 미국을 비롯한 모든 상임 이사국에 거부권이 있었다.

그러나 로지를 비롯한 많은 공화당원들은 평화 계획의 표현을 물고 늘어졌다. 연맹의 모든 회원국을 영토 보존에 대한 외부 공격으로부터 보호하고 현재의 정치적 독립성을 존중하기 위해 국가들을 하나로 묶는 것은 미국 주권의 상실처럼 들렸다. 즉 그들은 이 조항이 전쟁을 선포할 수 있는 의회의 헌법상 권한과 상충할 수 있다고 주장했다.

윌슨은 반대 목소리를 누그러뜨리기 위해 영향력 있는 상원의원들과의 만남에 동의했다. 그러나 그것은 전혀 도움이 되지 않았다. 한 상원의원은 그 만남이 엘리스와 함께 이상한 나라에서 헤매고 미친 모자 장수(Mad Hatter : 이상한 나라의 엘리스에 등장하는 인물-역주)와 차를 마시는 것과 같았다고 불평했다. 윌슨은 유럽에서 수개월을 보낸 끝에 세계 정상들과 성공적인 협상을 마쳤으나, 아이러니하게도 오히려 고국에서의 협상은 그의 뜻대로 되지 않았다. 그는 최대의 장애물이 국외에 있다고 생각해 파리에 직접 갔지만, 헨리 로지와 공화당 의원들이 진정한 장애물일 줄은 꿈에도 생각지 못했다.

로지는 막강한 의회 영향력을 발휘하여 음모를 꾸미기 시작했다. 물론 그는 상원의원 대다수가 전반적으로 국제연맹을 지지한다는 사실을 알고 있었다. 그럼에도 그는 국제연맹 계획에 대해 윌슨이 용납할 수 없는 수정과 변화를 제안하고자 했다. 또 비준에 필요한 2/3 지지율이

나올 수 없도록 조약 지지자들을 두 패로 가를 참이었다.

그러나 로지가 지지 세력을 구축하려면 시간이 필요했다. 그래서 그는 국제연맹을 가장 강하게 반대하는 공화당원들을 모아 위원회를 구성했다. 그러면 조약 비준을 수개월 동안 묶어 둘 수 있었다. 실제로 위원회는 조약을 한 줄씩 크게 읽으면서 2주를 끌었다. 그리고 청문회를 통해 전국의 시민들이 조약에 관해 불평하도록 유도함으로써 다시 6주를 끌었다.

윌슨은 로지를 비롯한 상원의원들에 맞서기 위해 전국 순회 연설을 시작했다. 뉴저지와 독일에서 이미 증명되었듯이 정확한 정보로 무장한 연설로 반드시 대중의 지지를 얻을 수 있으리라고 그는 확신했다. "무대는 마련되었다. 운명은 드러났다. 우리는 돌아올 수 없다. 앞으로만 갈 수 있을 따름이다."라고 생각하며 윌슨은 이번이 마지막 전투라는 각오로 임했다. 국제연맹 문제에서 그에게 타협이란 있을 수 없었다. 그가 신으로부터 받은 임무, 그의 운명, 그가 남길 궁극적인 유산은 국제연맹이었다. 윌슨은 "나는 다음 세대 내에 또 다른 세계대전이 일어날 것이라 절대적으로 확신한다. 다음 세대에 사용될 무기에 비하면 독일이 사용한 무기는 한낱 장난감에 지나지 않을 것이다."라고 말했다.

윌슨은 27일 동안 전국의 26개 도시를 다니며 7량짜리 열차의 후미 연단에서 하루에 10번의 연설을 하기로 계획했다. 시작은 매우 성공적이었으나, 기차에 동승한 기자 24명은 문제가 전혀 없지는 않다는 사실을 금세 알아챘다. 윌슨은 대중 앞에서는 웃고 손을 흔들었으나 안에 들어오자마자 화색을 잃었다. 윌슨의 부인은 남편에게 약간의 휴식, 정확히는 그랜드 캐니언에서 1주간 휴식을 취하라고 사정했지만 윌슨은 "이것은 전적으로 비즈니스 여행이야."라며 막무가내였다.

워싱턴 상황으로 돌아가, 국제연맹을 파괴하려고 안달이 난 로지 상원의원은 여러 동료 의원들을 보내 대응 연설을 하도록 했다. 그들은 윌슨이 가는 곳이면 어디든 따라다니며 뛰어난 말솜씨로 그를 깎아내렸다. 가는 곳마다 적들이 따라다니는 와중에도 윌슨의 열차는 계속해서 굴러갔다.

그러던 어느 날이었다. 시애틀에서 카메라 플래시가 터지자 깜짝 놀란 윌슨이 자리에 털썩 주저앉았다. 군중 속의 한 해군 장성은 나중에 이렇게 말했다. "연설할 때 윌슨 대통령에게 뭔가 이상이 있는 듯했다. 그는 평상시의 힘과 열정을 잃어버린 듯했다." 윌슨은 이후에 한 육군 퇴역 군인과 만났는데, 그는 당시 윌슨의 모습에 대해 "그는 늙어 보였다. 정말 늙어 보였다."라고 회상했다.

그러나 사람들 대부분은 그토록 보고 싶어 하던 대상, 즉 미국을 열광의 도가니에 빠뜨린 영웅적 리더의 모습을 보았다. 신문에서는 윌슨의 각 도시 방문을 떠들썩하게 보도했다. 한 신문은 "로스앤젤레스는 큰 소리로 대통령을 지지했다."고 보도했고, 또 다른 신문은 "윌슨이 들르는 곳마다 군중의 분위기는 광신에 가까웠다. 많은 무리가 지속적이고도 떠들썩한 소동에 합류했다."고 보도했다.

솔트레이크 시티에 들른 윌슨은 모르몬 장막(Mormon Tabernacle)에서 15,000명을 상대로 연설했다. 그런데 건물에 통풍이 잘 되지 않아 그렇지 않아도 아픈 윌슨의 몸에서 땀이 비 오듯 흘렀다. 저녁 축제 내내 윌슨은 땀에 젖은 옷을 끊임없이 갈아입어야 했다.

3일 후 윌슨은 콜로라도 주 푸에블로(인구 65,000명, 윌슨에게 너무 작은 도시란 없었다.)를 떠나 캔자스 주 위치토로 향했다. 그날 밤 11시 30분 에디스 윌슨은 문을 두드리는 소리를 들었다. "에디스, 좀 와 주시오. 아파서 견딜 수 없구려." 윌슨의 두통이 마침내 참을 수 없는 지경에까지 이른 것이었다.

에디스는 남편을 베개로 받친 후에 최대한 편안한 자세를 찾기 위해 그를 이리저리 뒤집었는데, 윌슨은 5시간 만에 겨우 잠이 들었다. 에디스는 남편이 깰까 봐 숨도 제대로 쉬지 못한 채 뜬눈으로 밤을 새웠다. 윌슨은 새벽에 잠에서 깼는데, 끝내 고집을 부리며 수염을 깎고 그날의 첫 연설을 준비했다. 그사이에 에디스는 의사를 찾으러 갔다.

에디스가 의사를 데리고 왔을 때 윌슨은 옷을 다 입고 있었다. 말할 때만 빼고 윌슨의 입 왼쪽에서는 끊임없이 침이 흘러나왔다. 그는 "끝까지 연설을 해야 하오."라고 말했으나 의사는 그럴 수 없다고 주장했다. 그래도 그는 막무가내였다. "그러나 우리가 이 여행을 취소하면 로지 상원의원과 그의 친구들은 내가 쉽게 포기하는 사람이라고, 이번 여행이 실패였다고 말할 것이오. 그러면 조약을 잃게 되오." 그는 의사 쪽으로 걸어가려고 했으나 그의 몸 왼쪽은 이미 마비 상태였다. 왼팔과 다리가 말을 듣지 않았다. 에디스는 대중에게 이런 모습을 보일 수 없다고 했다. 그의 한쪽 안색이 어두워졌고 말을 조리있게 하지도 못했다. 이에 의사는 "각하의 건강부터 돌봐야 합니다."라고 말했다.

의사는 "지금 워싱턴으로 돌아가는 것보다 더 시급한 일은 없습니다."라고 말하고는 백악관에 연락을 취했다. 그리고 윌슨의 남은 여행이 병으로 취소되었으며 열차가 급히 수도로 돌아갈 것이라고 기자들에게 알렸다.

　다음 날, 신문에서는 윌슨이 '신경쇠약'에 걸렸다고 보도했다. 윌슨이 약한 몸으로 침상에서 신음하는 동안 백악관은 그에게 휴식이 필요하다는 보고서를 발표했다. 그리고 3일 후 「타임즈」는 윌슨이 약간 호전되었으며 "정신적 피로에다 신경과민으로 인한 소화불량이 겹친 정도에 불과하다."고 보도했다. 사실은 그보다 훨씬 심각하다는 사실을 아는 사람은 소수의 측근들뿐이었다.

　의사들은 며칠 간의 휴식으로 윌슨의 건강이 회복되기를 바랐다. 그러나 고향으로 돌아온 지 1주일 만에 윌슨은 백악관 침대에 쓰러졌다. 그는 심한 발작으로 몸의 왼쪽이 완전히 마비되었다.

　6주 동안 윌슨은 말을 할 수 없었고, 한쪽 눈의 시력을 반쯤 잃었다. 정신력도 완전히 엉망이 되어, 한 번에 몇 줄 이상을 읽지 못했고 편집증까지 오는 바람에 쉽게 흥분했고 사리분별 능력이 크게 저하되었다. 윌슨이 심한 병으로 드러누워 있는 동안, 국제연맹 계획도 상원에 묶여 마비 상태였다. 그 창시자가 병에 걸려 싸울 수 없고 타협을 이끌어 낼 수 없었으니 당연한 결과였다.

　그러나 아무도 윌슨의 상태를 알 수 없었다. 윌슨의 아내와 의사들은 어떤 결과가 발생할지 몰라 그의 상태를 비밀에 부치기로 했다. 심하면 대통령 직을 내놓아야 할지도 몰랐기 때문이다. 윌슨 자신도 스스로 정확한 상태를 모르는 듯했다. 그는 자신의 몸에 어떤 이상이 있다는 사실을 인정하지 않으려 했다.

　로지는 평화 계획을 상원 투표에 회부했는데 윌슨의 표현 일부를 바꾸었다. 그런데 이런 변화에도 불구하고 평화조약의 핵심은 그대로였다. 윌슨이 건강했더라면 손쉬운 승리를 거둘 수 있었을 것이다. 즉 그가 자신의 지지자들에게 찬성표를 던지도록 지시하면 조약은 쉽게 통과될 게 분명했다. 그러나 민주당 지도부가 찾아오자 그는 변화를 결코 받아들이지 말라고 지시했다. 그의 지시에 따라 지지자들은 국제연맹 계획에 반대표를 던졌고, 결국 통과는 실패로 돌아갔다.

로지는 통과 실패에 이은 대중의 강력한 항의에 전혀 준비가 되어 있지 않았다. 타협을 요구하는 목소리가 높아졌고, 정치적 압력에 따라 조약에 대한 재고가 이루어졌다. 그러나 다시 한 번 윌슨은 변화를 용인하지 않았고, 이번에도 그의 실수를 인식하지 못한 많은 지지자들이 그의 뜻을 따랐다. 이번에는 통과에 필요한 2/3표에서 단 7표가 모자라 조약 통과는 다시 원점으로 돌아갔다. 로지는 윌슨의 패배를 축하했으나, 자신이 움직일 수도 사리분별도 할 수 없는 병자를 이겼다는 사실은 전혀 몰랐다.

시간이 흘러 1920년 대통령 선거운동에 막이 올랐다. 자신의 상태에 무지한 윌슨은 유례없는 삼선에 출마하고자 했다. 그리고 윌슨의 상태를 모르는 미국 시민들은 몰표로 그를 다시 백악관으로 보낼 기세였다. 그러나 윌슨의 아내와 보좌관들은 윌슨이 지명을 받지 못하도록 애를 썼다. 그리고 공화당은 온화하면서도 비범한 인물인 워렌 하딩(Warren Harding)을 대통령 후보로 지명했다. 국제연맹의 재고를 외치는 여론의 목소리가 끊이지 않았음에도 하딩은 7백만 표 차이로 당선되었고, 그 후로 평화 계획에 대한 안건은 거론되지 않았다.

평화 계획을 통과시키지 않은 결과는 윌슨이 예측한 그대로였다. 한 세대 후 제2차 세계대전으로 2,500만 명의 목숨이 이슬처럼 사라졌는

데, 윌슨이 건강했더라면 막을 수도 있었던 전쟁이었다.

윌슨은 1924년 2월 3일에 눈을 감았다. 그러나 그는 죽기 직전까지도 자신의 원칙이 결국은 승리할 것이며 언젠가 미국이 국제연맹에 가입할 것이라 굳게 믿었다. 장례식 전에 윌슨의 부인은 방문 예정자 명단에서 헨리 로지의 이름을 발견했고, 그에게 이런 편지를 썼다. "당신의 참석은 당신으로서도 난처한 일이며 저로서도 반갑지 않은 일입니다." 결국 장례식에서 로지의 모습은 보이지 않았다.

윌슨은 결과에 상관없이 평화 계획을 위해 애를 쓰고 국제연맹을 구상한 공로로 노벨 평화상을 수상했다. 그러나 윌슨의 꿈은 그가 죽은 지 20년 후에 결국 현실로 이루어졌다. 제2차 세계대전 말에 두 번째 기회를 맞은 미국은 국제연합을 옹호했을 뿐 아니라 뉴욕에서 국제연합 본부를 발족했다.

의원 여러분에게

우드로 윌슨 대통령, 1918년 1월 8일

14개 조항에 대한 양원합동연설

의원 여러분, 전에도 누차 말했듯이 또다시 중유럽제국의 대변인들은 전쟁의 목적과 전반적인 평화의 가능성을 의논하고 싶다는 희망을 표시했습니다. 브레스트-리토프스크에서 러시아 대표단과 중유럽 제국의 대표단 사이에 교섭이 진행되고 있으며, 이 교섭에 모든 교전국의 관심이 쏠려 왔습니다. 교전국들은 이 교섭이 평화와 화해를 위한 전면적 회담으로 발전될지 알기를 원합니다.

러시아 대표단은 평화를 맺기 위한 원칙을 아주 명백하게 기술한 성명서뿐 아니라, 그 원칙을 구체적으로 적용할 뚜렷한 계획까지도 제시했습니다. 중유럽 제국 대표단은 그들 나름대로 해결책의 윤곽을 제시했는데, 그다지 명료한 것은 아니지만 실제적인 조건에 관한 구체적 계획이 추가될 때까지는 어느 정도 해석이 가능할 것 같았습니다. 그 계획은 러시아의 국권에 대해서도, 국권에 의해 운명이 좌우된 국민의 선택권에 대해서도 전혀 양보를 표시하지 않았습니다. 그것은 한마디로 말해 중유럽 제국은 자신들의 군대가 점유한 영토의 한 치까지도 영원히 자신들의 영토와 권한에 속한 부가물로 보유하겠다는 뜻이었습니다.

그들이 애초에 내놓았던 전쟁 해결의 대체적인 원칙은 독일과 오스트리아의 진취적인 정치가들, 즉 자국 국민들의 생각과 의도의 힘을 느끼기 시작한 사람들이 구상한 것이었으나, 실제적 해결을 위한 구체적 조건은 기득권을 계속 유지할 생각밖에 없는 군 수뇌부로부터 나왔다고 해도 과언이 아닙니다. 그래서 협상은 깨지고 말았습니다. 러시아의 대표단은 진지했고 열성적이었습니다. 그들은 정복이나 지배권에 관한 제안을 좋아하지 않습니다.

이 사건 전체는 매우 중요하며, 복선이 많이 깔려 있습니다. 러시아 대표단은 누구를 상대하고 있으며, 중유럽 제국의 대표단은 누구를 대변하고 있는가? 중유럽 제국의 대표단은 각각 자기 나라 의회의 다수를 대변하는 것인가? 그렇지 않으면 오늘날까지 자국의 국사는 물론이고 터키와 발칸 제국을 강제로 전쟁 동맹국으로 삼고 그 국사까지 통제해 왔던 군대 제국주의적 소수 혹은 소수당을 대변하는 것인가?

러시아 대표단은 매우 정당하고 현명하게, 그리고 근대적 민주주의의 참된 정신에 기초하여, 자신들이 게르만 족과 터키 족의 정치인들과 가졌던 회담을 공개석상으로 끌어내야 한다고 주장했습니다. 그리하여 세상의 누구나 원하면 방청객이 될 수 있어야 한다고 했습니다.

그러면 우리는 누구의 말을 귀담아들었습니까? 지난해 7월 9일에 독일 연방의회 하원에서 결의한 정신과 의도를 말하는 사람들의 말을 들었습니까? 다시 말해, 독일 자유당의 정신과 의도를 말하는 사람들의 이야기를 들었습니까? 아니면 그 정신과 의도를 반대하고 무시하는 대신 정복과 굴복을 주장하는 자들의 말을 들었습니까? 그것도 아니면 사실상 서로 화해되지 않고 대놓고 절망적인 대립으로 맞선 양쪽의 말을 다같이 듣고 있는 것입니까? 이는 대단히 심각하며 쉽지 않은 문제입니다. 세계의 평화가 이 질문에 대한 답에 달려 있습니다.

브레스트-리토프스크 교섭이 어떠한 결과를 가져왔건, 또 중유럽 제국 대변자들의 발언에 나타난 의견과 의도가 다소 불분명하긴 해도, 중유럽 제국이 전쟁과 관련한 자신들의 목적을 세계에 다시 확인시켜 주려 했다는 점만큼은 분명합니다. 또 중유럽 제국은 그들의 적들에게 어떤 목적이 있으며 어떤 해결책이 옳고 만족스럽다고 생각하는지 말하도록 요구한 것입니다. 그 요구에 우리가 응하지 않을 아무런 이유도 없고, 최대한 허심탄회하게 응답하지 못할 까닭도 없습니다. 우리는 그들이 요구해 오기를 기다리지 않았습니다. 한 번만이 아니라 몇 번이고 거듭 우리는 세계 앞에서 우리의 전체 의사와 의도를 밝혔습니다. 그것도 개괄적인 말로만이 아니라 매번 해결책의 뚜렷한 방향까지 명백히 밝히고 충분한 설명을 제시했습니다.

지난주에 로이드 조지는 놀랄 정도로 솔직하게, 그리고 당당한 태도로 영국 국민과 정부를 대신해 말했습니다. 중유럽 제국의 적대세력인 우리 연합국들 사이에는 협의에 혼란도 없고 원칙의 불확실성도 없으며 세부 항목이 애매하지도 않습니다. 협의를 비밀에 붙이고, 당당하지도 솔직하지도 않고, 전쟁의 목적을 분명히 밝히지 않는 쪽은 오히려 독일과 그 동맹국입니다. 생명과 죽음의 문제는 규정이 명확하냐에 달려 있습니다. 조금이라도 책임감이 있는 정치인이라면, 피와 보물 같은 생명의 희생을 강요하는 비극적이고도 소름끼치는 이 사건을 잠시라도 묵과해서는 안 됩니다. 더구나 인명 희생으로 사회와 국가의 생명을 건질 수 있느냐, 아울러 국민들이 정말로 희생을 정의롭고 필요한 부분으로 생각하고 있느냐는 문제에서 확신이 서지 않는다면 이 비극적 전쟁을 더 이상 계속해서는 안 됩니다.

그뿐만 아닙니다. 원칙과 목적을 명확히 규정하라는 요구가 일고 있습니다. 이 요구는 지금 세계의 험악한 분위기 속에서 울려 퍼지는 어떤 감동적인 목소리보다 한층 더 전율적이고 강력한 느낌을 줍니다. 이 요구는 러시아 민중의 목소리입니다. 지금까지 친절도 동정심도 보여주지 않았던 독일의 무자비한 힘 앞에서 러시아 민중은 지치다 못해 거의 절망에 빠져 있는 듯합니다. 그렇지만 그들의 정신이 완전히 녹슨 것은 아닙니다. 러시아 민중은 원칙이나 행동에서 굴복하지 않을 것입니다. 무엇이 옳고 무엇이 자비이며 무엇이 명예인가에 관한 그들의 생각은 담백함, 넓은 시야, 관대한 정신, 그리고 모든 인류의 감탄을 자아낼 만한 범인간적 동정심에 그대로 나타났습니다. 러시아 민중은 자기 이념을 버리지 않았고, 자기 안전에 도움이 된다고 해서 다른 국가들의 이념을 묵살하지 않았습니다. 그들은 우리가 미국에 바라는 것이 무엇이며, 혹시 서로의 목적과 정신이 조금이라도 차이가 있더라도 어떤 점에서 다른지 대답해 달라고 요구합니다. 나는 미합중국의 국민이 아주 간명하고 솔직하게 응답할 의무를 내게 지웠다고 믿습니다. 러시아의 현 집권층이 믿든 믿지 않든 간에, 우리는 러시아의 민중이 자유와 안전한 평화를 달성하도록 도와주고 싶습니다. 자유로 향하는 길을 열어주는 것이 우리의 진심에서 우러나오는 갈망이요 희망입니다.

평화 회담을 진행할 때 그 과정은 분명히 공개해야 하며, 앞으로는 어떤 형태로든 은밀한 타협이 이루어져서는 안 된다는 것이 우리의 소망이요, 의도입니다.

정복과 세력 확장의 시대는 지나갔습니다. 특정 정부의 이해관계 때문에 순식간에 세계 평화를 뒤엎기 위해 몰래 손을 잡는 시대도 지나갔습니다. 이미 지나간 시대가 아닌 미래를 보는 공인들은 이 사실을 확실히 알고 또 기뻐하고 있습니다. 이제 세계의 정의와 평화를 추구하는 모든 국가는 지금뿐 아니라 언제라도 계획과 목적을 드러낼 수 있게 되었습니다.

우리는 우리의 권리가 침해를 받았기 때문에 이 전쟁에 돌입했습니다. 이것을 바로잡고 더는 그런 일이 벌어지지 않도록 세계가 힘을 합치지 않으면 우리는 철저히 망가지고 우리 국민들의 생활은 엉망이 될 것입니다. 그러나 우리가 이번 전쟁에서 요구하는 조항은 우리 자신만을 위한 것이 아닙니다. 모든 사람이 인간답고 안전하게 살아갈 수 있는 세계를 건설하자는 것입니다. 지금 우리는 원하는 대로 삶을 살고, 원하는 제도를 결정하고, 폭력과 이기적인 침략에 과감히 맞서고 있습니다. 우리는 이 조항을 통해 세계의 다른 나라 국민들도 정당하고 공평한 대우를 받고, 평화를 사랑하는 모든 국민이 안전하게 사는 세계를 구축하길 원합니다.

모든 나라의 국민들은 이런 목표 아래에서 사실상 동료나 다름없습니다. 우리는 타인에게 정의가 주어지지 않는다면 우리에게도 정의가 주어지지 않는다는 사실을 아주 똑똑히 볼 수 있습니다.

따라서 세계 평화의 계획은 바로 우리 자신의 계획이며, 우리가 알기로 유일하게 가능한 계획입니다.

1. 공개적인 평화조약이 체결되어야 하며, 그 후부터는 어떤 형태의 사적인 국제 행동, 또는 지배도 분명히 있을 수 없고, 외교는 언제나 솔직하고 공공연한 견지에서 진행되어야 함.

2. 평시나 전시를 불문하고 영해 밖의 공해에서는 항해의 절대적 자유를 보장함. 단, 국제적 조약의 집행을 위한 국제적 행동으로 공해가 전적, 또는 부분적으로 봉쇄될 수 있는 경우는 예외임.

3. 모든 경제적 장벽은 없애며, 평화에 동의하고 평화 유지에 협력하는 모든 국가 간에는 무역 조건을 가능한 평등하게 함.

4. 국가의 군비는 자국 내의 안전에 알맞은 최저 수준으로 감축해야 한다는 충분한 보증계약이 교류되어야 함.

5. 모든 식민지의 요구와 권리를 자유롭고 편견 없이, 그리고 절대적으로 공명정대하게 조절하는 작업을 다음과 같은 원칙에 따라 함. 즉 주권과 같은 문제를 결정할 때 임시 정부의 형평법상 권리 못지않게 해당 주민들의 이해관계에 큰 무게를 두어야 함.

6. 러시아의 모든 영토를 비워 주고, 러시아에 영향을 줄 모든 문제의 해결책이 마련되어야 함. 즉 러시아가 자체적 정치 발전과 국가정책을 독자적으로 결정할 수 있는 자유롭고 편안한 기회를 얻도록 세계의 다른 국가가 자유롭게 또 최선을 다해 협력하며, 러시아가 스스로 선택한 정치제도에 따라 자유국가의 일원이 되도록 최대한 도와야 함. 단순한 도움이 아니라 러시아가 필요로 하며 바라는 갖가지 원조를 제공함. 앞으로 수개월 동안 동맹국들이 러시아에 제공하는 원조는

그들이 얼마나 좋은 의도를 갖고 있는지, 그들이 자국의 이해관계와 다른 러시아의 필요를 얼마나 잘 이해하고 있는지, 그들이 얼마나 지적이고 이타적인 동정심을 품고 있는지 시험하는 장이 될 것임.

7. 벨기에가 영토를 회복하고 다른 모든 자유국가들처럼 아무런 제약 없이 주권을 누려야 한다는 데 전 세계가 동의함. 국가들이 국제 관계와 관련하여 스스로 결정한 법들에 대한 신뢰를 회복해야 함. 이런 치유 행위가 없으면 국제법의 전체 구조와 타당성은 영원히 손상될 것임.

8. 프랑스의 모든 영토는 해방되어야 하며, 침해를 받은 곳은 회복되어야 함. 거의 50년간 세계의 평화를 어지럽혀 왔던 알사스-로렌의 문제와 관련해서 1871년 프로이센이 프랑스에 입혔던 불법은 시정되어야 함. 이는 모든 국가의 평화를 다시 일구어내기 위해 필요함.

9. 이탈리아 국경의 재조정은 누구나 인정할 수 있는 국적을 따라 이루어져야 함.

10. 우리는 오스트리아와 헝가리 국민들이 국제사회에서 안전한 자리를 차지하기를 바람. 그런 의미에서 그들에게 자체 발전을 위한 가장 자유로운 기회를 주어야 함.

11. 루마니아와 세르비아, 몬테네그로를 비워 주고, 점유 당한 영토를 회복시켜주어야 함. 세르비아에 자유롭고 안전한 바다 출입을 허용해야 함. 발칸 제국의 상호관계는 역사적으로 확립된 동맹과 국적 관계에 따라 우호적으로 결정해야 하며, 몇몇 발칸 국가들의 정치적, 경제적 자립과 영토 보전에 관해서는 국제적 보장이 이루어져야 함.

12. 현 오스만 제국 터키 영토의 일부는 안전한 주권이 보장되어져야 하지만, 지금 터키의 통치 하에 있는 여타 민족들도 매우 안정된 생활

과 자립적 발전을 위해 절대적으로 자유로운 기회를 누릴 수 있어야 함. 다르다넬스 해협은 국제적 보장 하에 모든 국가의 선박과 교역의 자유 통행로로써 영구히 개방되어야 함.

13. 폴란드 독립국이 건설되어야 함. 당연히 폴란드 주민들이 거주하는 영토를 포함해야 하며, 자유롭고 안전한 바다 출입을 보장해야 함. 또 정치적, 경제적 독립과 영토 보전을 국제적 협약으로 보장해야 함.

14. 국가 사이의 전반적 연합은 국가 규모에 상관없이 정치적 독립과 영토의 보전을 상호 보장한다는 구체적 협약 하에 이루어져야 함.

우리 국민은 제국주의자들과 맞서 함께 뭉쳤던 모든 나라의 정부와 국민들이 불의를 뿌리 뽑고 정의를 실현하는 데 협력하는 동지라고 확신합니다. 우리는 이해관계로 분열될 수 없고, 목적을 위해 갈라질 수도 없습니다. 우리는 끝까지 함께 버틸 것입니다.

우리는 이런 협정과 조약이 성취될 때까지 기꺼이 또 끊임없이 싸울 것입니다. 이는 오직 우리가 정의를 바라기 때문이며, 전쟁 도발의 뿌리를 뽑아야 가능한 정의롭고 강력한 평화를 갈망하기 때문입니다. 위의 계획이 전쟁 도발의 가능성을 반드시 없애줄 것입니다. 독일이 위대하다고 시샘하는 것은 아닙니다. 위 계획 속에는 독일의 위대한 업적을 폄하하는 항목은 하나도 없습니다. 독일이 이룩한 엄청난 학문적 성과, 또는 독일을 매우 빛나고 풍요롭게 했던 평화적 산업의 업적과 탁월성을 인정하는 데 우리는 인색하지 않습니다. 우리는 독일의 합법적 영향력이나 세력을 어떤 방법으로든 약화시키거나 막으려는 생각이 없습니다. 독일이 정의와 법과 공정한 행동 조약을 위해 우리와 세계의 여러

자유국들과 기꺼이 협력한다면, 우리는 그들과 무력으로나 혹은 적대적 무역 협정으로나 싸울 생각이 전혀 없습니다. 우리는 독일이 지배자의 자리 대신 우리가 지금 살고 있는 신세계의 모든 나라 국민들과 평등한 자리에 참여하길 갈망합니다.

우리는 독일에 정치제도의 변경이나 수정을 제시할 의향도 전혀 없습니다. 그러나 솔직하게 말하면, 서로 지적인 거래를 하기 위한 발판을 마련할 필요는 있습니다. 즉 우리와 대화할 때 독일 대표가 누구를 위해 말할지, 의회의 다수를 위해 말할지 아니면 군부나 제국주의를 위해 말할지를 알아야 합니다.

지금 우리는 더 이상 의심하거나 물을 여지가 없을 만큼 구체적인 말로 우리의 뜻을 밝혔습니다. 그런데 내가 앞서 말한 전체 계획 속에는 하나의 뚜렷한 원칙이 있습니다. 그것은 모든 국가의 국민들과 민족에 대한 정의의 원칙이요, 그들이 강자이건 약자이건 서로 자유와 안전의 평등한 조건에서 살아갈 권리의 원칙이기도 합니다. 이 원칙이 토대가 되지 않는다면, 국제 정의라는 구조물은 어느 한 부분도 제대로 설 수가 없습니다. 미합중국의 국민은 그 밖의 다른 원칙에는 따를 수가 없습니다. 그 원칙을 옹호하는데, 미국 국민은 생명과 명예는 물론이고 모든 것을 바칠 각오가 되어 있습니다. 인간의 자유를 위한 이 최후의 전쟁은 도덕적 정점에 도달했습니다. 미합중국의 국민은 자신들의 힘과 가장 중요한 목표와 진실성, 헌신을 시험받을 준비가 되어 있습니다.

Nixon

링컨실에서 일하는 리처드 닉슨

차이나 카드

닉슨과 중화인민공화국

1972년 2월 20일, 에어 포스 원이 기밀 고도를 유지하면서 태평양 상공으로 밤새 서쪽 석양을 쫓아 날았다. 리처드 닉슨은 괌 경유지에서의 편안한 잠자리를 기대하며 좋아하는 창가 좌석에 앉아 홀로 깨어 있었다. 지난 1968년 대통령 자리에 오른 직후 닉슨은 날씬한 보잉 707, 즉 에어 포스 원의 내부 개조를 명령했다. 이로써 린든 존슨 대통령이 손님과 참모, 기자들을 만났던 커다란 객실은 사라졌다. 중앙에 사방이 막힌 방 세 개를 배치한 에어 포스 원은 세 칸으로 나눠진 하늘의 성소(聖所)가 되었다. 아이젠하워 정부의 부통령 시절에 두 임기 동안 56개국을 방문하면서 국제 마당발이란 명성을 얻은 인물에게 딱 어울리는 배치였다. 또 끊임없이 음모를 꾸며 온, 극도로 비밀스러운 인물에게 완벽히 어울리는 배치였다.

그날 밤 달 밝은 대양을 바라보며 깊은 생각에 잠겨 있던 닉슨은 먼 옛날의 지리적 발견을 위한 항해만큼이나 불확실하고, 어떤 면에서는 위험한 철학적 여정을 떠나고 있는 듯한 기분을 느꼈다. 이번 여행은 비밀스러운 다국적 카드 게임의 마지막 패였다.

닉슨은 포커 게임에 남다른 재주가 있었다. 해군에 합류한 후 첫 두 달 동안 닉슨 대위는 포커 게임으로 6,000달러를 땄다. 훗날 그는 이 돈을 그의 첫 번째 주요한 정치 도박, 즉 미국 하원 선거에 사용했고, 당선에 성공했다. 그러나 이번에 걸린 것은 돈이 아니라 세계 힘의 균형, 그리고 그해 후반에 있을 자신의 재선을 포함한 '판돈'이었다.

에어 포스 원은 괌에 들른 후 상해에 잠시 착륙하여 붉은 중국의 항법사를 태우기로 했다. 그러면 그 항법사가 닉슨과 그의 가족, 몇몇 보좌관들을 상해로부터 북경의 공군 착륙장으로 안내하기로 되어 있었다. 국외에서는 공산 월맹을 상대로 전쟁을 확대했고 국내에서는 열렬한 반공 운동으로 명성을 얻은 닉슨은 이번 여행을 통해 중화인민공화국을 방문한 첫 번째 미국 대통령이 되었다.

제2차 세계대전 이후 중국이 피비린내 나는 공산화를 겪은 이래로 미국의 우두머리 중에서 감히 천국(Kingdom of Heaven : 중국을 지칭)의 베일을 걷은 인물은 없었다. 공화당 강경론자들, 닉슨을 당선시킨 미국의 '말 없는 다수(Silent Majority)', 그리고 심지어 닉슨의 두 전임자들에게조차 중국은 핵무기로 언제라도 자유세계를 유린할 수 있는 거대한 악당이었다. 그래서 존슨은 중국 핵시설에 대한 폭격을 신중히 검토한 바 있었고, 케네디는 중화인민공화국의 핵무기 위협을 제2차 세계대전 말 이후로 우리가 직면한 어떤 상황보다도 위험한 상황으로 선포했다.

1950년대 말 모택동 주석의 살벌한 개혁이 점점 무자비해지면서 심지어 소비에트의 중국 후원자들조차 중국과의 관계를 끊으라는 압력을 받게 되었다. 나아가, 불안해진 소비에트는 중국과 겹치는 방대한 국경 지대로 수천 병력을 이동 배치했다. 이런 상황에서 닉슨은 미국 대통령으로서는 처음으로 중화인민공화국이란 명칭을 공식 인정했고, 1년이 안 되어 전혀 계획되지 않은 중국 방문을 하게 된 것이다. 사실, 얼마 전인 1964년까지도 닉슨은 자기 당의 철저한 반(反)중국 입장을 고수했으며 베리 골드워터(Barry Goldwater) 상원의원을 강력히 지지했다. 하지만 이후에 닉슨은 "예측 불가능은 리더가 가질 수 있는 최고의 자산 또는 무기다."라고 말했다. 게다가 시원치 않은 첫 번째 대통령 임기가 끝나감에 따라 닉슨으로서는 재선을 위한 선거운동에서 내세울 만한 위대한 성과가 필요했다.

닉슨은 1968년에 미군 병력을 베트남으로부터 철수시키는 데 성공했으나 1972년 2월에는 전쟁을 두 주변 국가로 확산시키고 말았다. 한편, 강력한 레이니드 브레즈네프(Leonid Brezhnev) 체제 하에 소비에트는 닉슨이 시작했던 군비 제한 회담을 막무가내로 중단했다. 국내에서는 닉슨이 처음 제안한 대법원 임명안 두 개가 국회의사당에서 부결된 한편, 그가 제안한 세금 개혁, 무과실 보험, 학교 버스 안건의 통과가 의회에서 제자리걸음을 하고 있었다. 국제 세계의 판도를 미국에 유리하게 바꾸려는 목적으로 닉슨은 수년 동안 중국 모험을 철저하고도 은밀히 추진해 왔다.

닉슨이 대통령이면서도 주로 배후 활동을 펼친 이유는 수십 년 동안 역사학자들과 저널리스트들의 궁금증을 자아냈다. 닉슨은 캘리포니아 주 오렌지카운티에서 태어났는데, 당시만 해도 그곳은 시골 분위기가 물씬 풍기는 곳이었다. 그의 아버지는 능력이 없었고, 어머니는 200년을 이어져 내려온 가문의 엄격한 퀘이커 예배 방식을 고수했다. 닉슨은 어릴 적 두 번씩이나 크게 아팠으나 자신의 아픔보다도 폐결핵에 걸린 두 동생을 안타까워했다.

그는 축제 안내원으로 일하면서 애리조나 주 요양소에 있는 동생들의 회복을 애타게 기다렸으나 헛수고였다. 학교 토론회와 극장, 법률 사무소에 있을 때도 젊은 닉슨은 개인적인 빈 공간을 대중의 관심으로 채우고자 분투했다. 닉슨에게 토론에 관해 가르쳤던 교사에 따르면, 고등학교 시절 그는 주장에 정면으로 맞서기보다 우회 공격하는 능력이 있었다. 몇 년 후에 그는 자신과 몇몇 학우들의 대학 학점을 확인하기 위해 무단 침입을 주도하기도 했다. 이미 너무 많은 것을 잃은 그에게 사용하지 못할 책략도, 감당할 수 없는 모험도 없었다.

워터게이트 이후 모든 것을 잃은 닉슨은 "나는 내가 아는 정치 법에 따라 움직였다."고 말했다. 그는 전시 우방이 평시 라이벌로 바뀌면서 극도의 긴장감이 감도는 전후 세계 속에서 정계에 뛰어들었다. 핵의 안전 격납, 극단적 정책, 국내 공산주의자 음모에 대한 불안감은 닉슨의 성공에 오히려 도움이 되었다.

조셉 매카시(Joseph McCarthy)의 의회반미활동위원회(House Un-American Activities Committee)의 일원으로 캘리포니아 주의 신참 의원이 된 닉슨은 냉전의 긴장감을 효과적으로 이용했고, 국무부 직원이자 공산당 스파이 앨저 히스(Alger Hiss)를 끈덕지게 추적한 덕분에 닉슨은 유명세를 탔고 2선 의원이 되었다. 그의 말을 빌자면, 이후 그는 캘리포니아 주 출신으로 미국 상원 입성을 시도함으로써 유권자들에게 자유와 국가 사회주의 사이에 선택할 수 있는 기회를 제공했다. 결국 그는 거의 700,000표 차이로 대승을 거두었다.

닉슨과 같은 보수주의자들에게 새로운 세계에서 가장 크고 두려운 존재는 중국 본토였다. 공산당의 실세 모택동은 일본 침략을 물리친 후에 소비에트의 지원으로 국민당 장군 장개석을 대만으로 쫓아냈다. 그리고 대만 섬에서 장개석은 망명 정부를 수립했다. 트루먼이 북한 공산당의 남한 침공에 개입하기 위해 미군을 보냈을 때 모택동은 북한 쪽에 지원군을 보냈다.

한국전쟁이 끝난 후에 아이젠하워의 국무장관 존 포스터 딜레스(John Foster Dulles)는 제네바에서 열린 중미 평화 회담에서 중국의 총리이자 수석 외교장관이었던 주은래의 악수를 거절했는데, 이는 주은래에게 잊을 수 없는 모욕이었다. 그때부터 미국과 중국 공산 정부의 공식적인 만남은 오랫동안 중단되었다. 공화당원들은 트루먼이 중국을 공산주의자들의 손에 넘겨주었다고 생각했다. 공화당원 딜레스의 입장에서는 포위된 대만과 배신당한 장개석 장군에게 아무리 많은 군사 지원과 물자 원조를 제공하고 부드러운 말로 달래도 충분하지 않다고 생각했던 터에, 주은래의 악수가 달가울 리 없었다.

정확히 단정할 수는 없지만 1968년 대통령 선거운동 초에 닉슨의 대(對)중국 정책이 바뀌었다는 증거가 발견되었다. 지명 직후에 초안된 닉슨의 선거 전략 문서에는 다음과 같은 내용이 실려 있었다. "중국을 국제사회 밖에 영원히 내버려 둘 수는 없다." 백악관에 입성한 후 닉슨은 취임 연설을 통해 '새로운 협상의 시대'를 약속했다.

1969년 3월에 중국이 말 많던 중국-소비에트 국경 지대를 순찰하고 있던 소비에트 국경 수비대를 매복 공격하자 닉슨은 드디어 때가 왔다고 판단했다. 서방 세계가 방대한 국경 지대에서 이따금씩 충돌하는 중국과 소비에트를 주시하는 동안, 그는 은밀한 정치적 경로로 첩자를 보내 중국과 비밀 대화의 창구를 열었다.

대만과 인민공화국, 미국 공화당 사이에 남아 있는 까다로운 이슈를 염두에 둔 채, 닉슨은 미리 조작해 놓은 행정부 구성을 효과적으로 활용했다. 닉슨이 오랜 친구이자 법률 자문가인 윌리엄 로저스(William Rogers)를 국무장관으로 임명한 것은 사실 그 자신을 실질적인 전문 영역 밖으로 끌어낸 것이었다. 닉슨은 대외 정책에서 공화당을 이끄는 데는 로저스의 도움을 받는 한편, 실제로 중국을 다룰 때는 자신만의 방법을 썼다. 양심적이고 정직하며, 제임스 신(James Shen, 미국 주재 대만 대사)의 친구로서 대만을 강력하게 옹호하는 로저스를 중국과의 교섭에서만큼은 믿을 수가 없었다. 그 대신 닉슨은 국가 안보 담당 특별 보좌관인 독일 태생의 하버드 박사 출신 헨리 키신저(Henry Kissinger)를 의지했다.

학자와 대외 정책 컨설턴트로 활동하던 시절 내내 키신저는 닉슨과 같은 당파 위주의 정치인들이 구식 도덕성에 따라 국제 관계를 이끌고 있다며 강력히 비난했다. 1960년 닉슨의 대통령 선거운동이 성공리에 진행되는 동안, 심지어 키신저는 미래의 보스를 '후보 중에서 대통령이 되기에 가장 위험한 인물'로 평했다. 독일 출신의 유태인으로 독단적이고 지적인 키신저는 모든 면에서 닉슨과 어울리지 않는 듯했다. 그러나 키신저도 닉슨이 국제 문제에서만큼은 매우 영리하고 포용력이 있다는 점을 인정했다. 또 그의 눈에 닉슨은 배후 공작에 뛰어난 전략가이자 외교관이었다.

닉슨은 국무장관 로저스를 형식적인 일차 외교 접촉에 몰두하게 만든 후에 폴란드 주재 미국 대사에게 중국과 접촉할 것을 명령했다. 미국과 인민공화국 사이의 공식 통로는 심하게 훼손되어 국무부 임원들은 중국 측 협상 상대가 누군지조차 알 수 없었다. 그 와중에 미국 대사관 파견단은 바르샤바의 한 패션쇼에서 일단의 아시아인들에게 과감히 접근했는데, 운 좋게도 그들은 인민공화국에서 온 외교관들이었다. 경계심을 품은 중국 대표들이 머뭇거리며 미국과의 공식 모임에 동의한 한편, 키신저는 파키스탄인 중재자를 통해 북경 정부와 비밀리에 일련의 비공식 커뮤니케이션을 시작했다.

그러나 1970년 5월 닉슨의 캄보디아 침공은 모든 외교 통로를 막아 버렸다. 중국 대표들은 바르샤바의 협상 테이블을 도망치듯 빠져나갔고 파키스탄을 통한 비밀 경로도 막혔으나, 닉슨은 이에 굴하지 않고 공격적인 홍보 전략을 펼쳤고 「타임」을 통해 "내가 죽기 전에 하고 싶은 일이 있다면 그것은 중국에 가는 것이다."라고 말했다. 개인적으로 그는 소비에트가 중국과 공유하는 국경 지역에 지나치게 많은 병사 120만을 배치한 것 때문에 중국이 위기감을 느끼고 있으리라 확신했다. 또한 그는 사실상 월맹에 대한 중국의 전폭적인 지지가 과거 대만에 대한 미국의 전폭적인 지지처럼 얼마든지 바뀔 수 있다는 점에 승부를 걸었다.

닉슨은 키신저를 통해 파키스탄 대통령 야히야 칸(Yahya Khan)에게 직접 호소했는데, 특별히 미중 정상급 비밀 회담에 관해 주은래에게 압력을 넣어 달라고 요청했다. 야히야 칸과의 저녁 만찬 자리에서 주은래는 회담에 관해 동의했으나 오직 대만 문제만 주제로 삼겠다는 조건을 붙였다. 닉슨은 중국 방문만 성사되면 뭐든지 양보할 수 있었으나 일단은 광범위한 주제를 다뤄야 한다는 입장을 밝혔다. 그런데 이번에는 1971년 초 미국이 배후 지원한 라오스 침공으로 극비 커뮤니케이션은 다시 단절되었다.

북경은 주은래가 눈부신 미디어 플레이를 펼치기 전까지 답답하리만큼 침묵을 지켰다. 주은래는 일본 토너먼트에 참여하고 있던 미국 탁구 팀을 중국으로 초대했다. 팀과 그들의 배우자, 그리고 동행이 허락된 미국 저널리스트 5명은 1949년 트루먼의 대표단 이후 중화인민공화국을 방문한 최초의 미국인이 되었다. 주은래가 닉슨을 다시 '도박'으로 끌어들인 셈이었다.

주은래는 미국 선수들이 "미국인과 중국 인민의 관계에 새로운 장을 열었다."고 말했고, 실제로 맞는 말이었다. 탁구 선수들의 중국 방문 이후 파키스탄을 통한 미중 비밀 커뮤니케이션이 잇따랐다. 주은래는 고위층 회담에서 보다 광범위한 주제를 다루자는 미국의 요청을 이번에는 수락했다. 그는 나아가 서로 얼굴을 보며 세부 사항을 결정하자며 미국 측의 장관급 사절을 중국으로 초청했다.

키신저와 닉슨은 환호성을 질렀다. 몇 시간 후 고요한 백악관 안에서 그들은 브랜디 병을 따서 주은래의 제안을 축하했다. 키신저의 말을 빌자면, 그것은 "제2차 세계대전 종전 소식 이후 미국 대통령에게 도착한 가장 멋진 소식이었다." 정치적 승리에 혈안이 되어 있던 닉슨을 그토록 열광하게 만든 것은 중국이 다른 미국 정치인, 특히 민주당원과 대화하지 않는다는 사실이었다.

닉슨의 밀정, 키신저는 저널리스트와 정적들을 속이는 데 누구보다도 밝았다. 국가 안보 담당 특별 보좌관 키신저는 각료 수준의 특권을 누렸는데, 그는 비밀리에 에어 포스 원으로 이동할 때마다 '항공기 기어를 시험하기 위한 훈련 임무'라고 둘러댔다. 그리고 종종 유명한 워싱턴 사교 행사에 모습을 드러내는 치밀함을 보였다. 이를테면 워싱턴 사교계의 유명 인사였던 키신저는 금요일에 음악의 밤에 나타났다가 월요일에 저녁 만찬에 모습을 보임으로써 자신이 워싱턴에서 주말을 보냈다는 착각을 불러일으켰다. 사실, 그는 앤드류 공군기지로 몰래 빠져나가 지구를 반 바퀴쯤 돌아 고위급 극비 모임에 참석해 닉슨의 임무를 수행했다.

중국 정찰 임무에 대해 키신저는 정보 수집을 위해 아시아 전역을 돌아다니고 있는 것으로 언론에 보도되었다. 그러나 야히야 칸 대통령과의 저녁 만찬 도중 키신저는 갑작스러운, 그러나 사전에 조작한 설사를 호소했고, 이후 쉴 곳으로 안내되었다. 암호명 폴로(Polo)라는 대담한 작전을 통해 키신저는 대기하고 있던 파키스탄 제트기로 순식간에 이동했다. 안에서 키신저와 보좌관들은 중화인민공화국의 대표 4명을 만났다. 키신저는 북경에 도착해 주은래 앞에 앉은 후에야 자신이 납치된 것이 아님을 확신할 수 있었다.

주은래는 협상을 거칠게 몰아붙였다. 그는 미국으로부터 대만 정책을 전적으로 재평가하겠다는 확답을 받고자 했다. 그러자 키신저는 주은래가 걱정하는 러시아 침공 위협을 들먹였고, 다시 주은래는 닉슨의 베트남 전쟁 확산 문제에 파고들었다. 그러나 양측 모두 키신저의 유일한 목적이 닉슨의 중국 방문임을 알고 있었다. 48시간에 걸친 논스톱 협상 끝에 양측은 상호 만족스러운 결과를 이끌어 냈다. 그리고 키신저는 미리 준비한 암호문 '유레카'를 워싱턴으로 보냈다.

키신저의 귀환 후 며칠 내로 닉슨은 국영방송에 출연해 중국 교섭 상황을 모두 이야기했고, "초대에 기꺼이 응했다."고 말함으로써 전국을 충격에 휩싸이게 했다.

미국에서의 반응은 즉각적이고도 극단적이었다. 노동당 리더 조지 미니(George Meany)는 닉슨에게 아예 쿠바의 카스트로를 방문하라고 말하며 "그가 세상에 둘도 없는 쓰레기를 만나고 있으니 이왕이면 모든 쓰레기를 만나는 게 좋지 않겠는가?"라고 빈정거렸다. 심지어 공화당 원들도 냉전의 가장 불쌍한 희생자, 대만을 팔아넘긴 데 대해 닉슨을 비난했다. 닉슨이 가장 좋아하는 영화 '진정한 용기(True Grit)'의 주인 공 존 웨인(John Wayne)은 팬에게 중국 방문 결정이 정말 소름끼치는 일이라고 썼다. 나아가 그는 미국이 여전히 냉전을 치르고 있다는 사실을 닉슨에게 환기시키는 반공 팸플릿을 보냈다.

국무장관 로저스는 노발대발했다. 그는 친구인 대만 대사에게 닉슨의 의도를 알리는 아주 달갑지 않은 최악의 임무를 맡아야 했다. 중국 방문에 대한 신 대사의 격렬한 항의는 무시되었다. 분노한 미국 상원은 자신들을 철저히 속인 데 대한 복수로 닉슨의 대외 원조 법안을 41대27로 부결시켰다. 상원의원 테드 케네디(Ted Kennedy)는 닉슨의 중국 정책이 자기 당과 국가에 대한 최악의 본능에서 비롯되었다고 했다.

닉슨은 자신의 속임수에 분노한 목소리들을 달래느라 밤낮없이 애를 써야 했다. 우선 그는 베리 골드워터를 위해 애썼던 점을 들어 보수주의자들에게서 중국 방문에 대한 지지를 얻어 낼 수 있었다. 미래의 두 대통령은 닉슨의 밑에서 사태 수습에 관한 훈련을 받았다. 즉 캘리포니아 주지사 로널드 레이건(Ronald Reagan)은 개인적으로는 중국을 살인자와 건달의 집단으로 치부했지만 닉슨으로부터 신의 보스인 대만의 장개석을 달래라는 특명을 받았다.

닉슨의 정책 변화로 손이 꽁꽁 묶인 미국의 UN 대사 조지 부시(George Bush)는 얼마 전까지 생각조차 할 수 없는 일이 생각 차원을 넘어 행동으로 이어지는 모습을 무기력하게 지켜보았다. 부시가 불명예의 순간으로 표현한 그때 바르샤바 조약기구의 UN 대표들은 늑대처럼 대만을 몰아붙였다. 북경 정부를 받아들이고 대만을 탈퇴시키는 알바니아 결의안에 미국이 반대투표를 했음에도 중국을 지지하는 닉슨의 태도는 UN의 반(反)중국 진영을 효과적으로 분열시켰다. 결국 찬성 76개국, 반대 35개국으로 결의안은 통과되었고, 이어 UN 총회에서는 엄청난 환호성이 터졌다. 그리고 대만 대표는 엄숙한 분위기 속에서 마지막으로 홀을 빠져나왔다.

그때 닉슨은 이미 다른 문제에 정신이 팔려 있었다. 그의 중국 정책에 모스코바가 반응을 보인 것이다. 닉슨의 발표가 있은 지 며칠 만에 소비에트는 중단되었던 전략 무기 제한 협정(SALT) 협상의 재개를 위해 닉슨을 초대했다. 소비에트의 반응이 미친 여파는 닉슨이 원하던 그대로였다. 세계 힘의 균형이 시기적절하게 미국에 유리한 쪽으로 변하기 시작한 것이다. 반쯤 목표를 이룬 닉슨은 이제 실제 방문이 이루어지기까지 기다리는 일만 남았다. 그런데 중국은 아직 내놓을 카드가 있었다.

닉슨이 재선에 성공하려면 역사적인 중국 방문이 텔레비전으로 완벽하게 보도되는 것이 무엇보다 중요했다. 닉슨이 닉슨 독트린을 통해 새로운 세계 질서를 주도하는 모습을 미국 대중이 보아야 했다. 그런데 수십 년 동안 굳게 문을 걸어 잠근 중국은 닉슨의 생각처럼 서방 언론의 자유로운 접근을 허락하지 않았다. 북경은 위성 수상기를 통한 닉슨 방문의 컬러텔레비전 방송을 수락했지만 미국 저널리스트의 입국 허가 명단을 크게 제한했다.

중국으로부터 새어 나온 소문과 첩보들로 인해 불안감은 더욱 가중되었다. 중국 공산당에는 모택동과 주은래가 지나친 수를 썼다고 믿는 과격한 반제국주의자가 많았다. 모든 중국 시민이 1세대 이상에 걸쳐 미워한 국가의 원수이자 혐오스러운 도살자 닉슨을 환영하는 것은 중국의 많은 고위급 강경론자들에게 용인할 수 없는 일이었다. 닉슨을 가장 반대한 인물은 서방 분석가들이 모택동이 직접 뽑은 후계자로 여겼던 붉은 군대(Red Army, 紅軍)의 실세 임표였다. 그런데 임표가 극비 모임을 위해 소비에트로 향하던 중에 원인 모를 비행기 사고로 죽자 크렘린과 백악관은 충격에 휩싸였다.

모택동의 숙청 과정을 주시하는 한편 중국 언론의 거부 반응을 확인하기 위해 닉슨은 자신의 중국 방문 일정 1달 전에 예비 방문으로 키신저의 휘하 알렉산더 헤이그(Alexander Haig)를 보냈다. 군인다운 짧은 머리와 탄탄한 근육질의 헤이그는 중국 강경론자들이 경멸하는 미국 군국주의의 표상처럼 보였다. 헤이그가 더러운 자본주의자들(Capitalist Pigs)을 비난하는 깃발들로 장식된 착륙장에 도착한 때부터 반미 성향의 상해 주민들은 베트남 전쟁과 아시아에 대한 미국의 속셈을 따졌다. 미국 대표단이 항주에 도착했을 때도 똑같은 일이 벌어졌다. 다행히 지지자들이 모택동에게 헤이그의 방문으로 인한 정치적 위기 상태를 경고하면서 사태는 차츰 수습되었다. 상해 주민들은 신속히 자기 자리로 돌아갔고, 헤이그의 방문은 처음보다 부드러운 분위기에서 마무리되었다. 가까스로 임무를 완성한 헤이그는 워싱턴으로 돌아와, 모택동이 개입하지 않았다면 예정보다 짧은 여행이 되었을 것이라고 닉슨에게 보고했다. 그는 닉슨의 공식 방문이 기껏해야 모험이며 최악의 경우에 정치적 자살이 될 수 있다고 생각했다.

아마도 1972년 2월 21일 에어 포스 원이 중국 항법사의 요청에 따라 낮게 날아 북경을 목전에 두었을 때 이 모든 일이 닉슨의 머리를 스치고 지나갔을 것이다. 이후 비망록에서 닉슨은 창가 좌석에서 보니 비행기 아래의 "작은 도시와 마을이 그림에서 본 중세 마을처럼 보였다."고 회상했다. 북경에 착륙하자마자 닉슨의 공식 수행단 15명은 각기 중국의 육해공군을 상징하는 완벽한 세 대열의 사열을 받았다. 아침 날씨는 추웠고, 닉슨이 에어 포스 원에서 내려 주은래의 박수 부대에 화답하는 동안 활주로에는 겨울의 그림자가 짙게 드리워져 있었다. 18년 전 제네바에서 덜레스의 무례함을 염두에 둔 듯, 닉슨은 모택동에게 성큼 다가가 손을 굳게 잡았다. 이후에 이 상황을 두고 닉슨은 이렇게 말했다. "우리의 손이 만났을 때 한 시대가 끝나고 또 다른 시대가 시작되었다."

전 세계에 생방송되는 그 순간은 닉슨이 그토록 꿈꿔 오던 순간이었다. 혁명적인 슬로건으로 장식된 수수한 비행장, 닉슨의 주홍색 코트, 미국 국가를 연주하는 중국 군악대는 훗날 오페라의 소재가 되었다. 미국에 있는 시청자와 유권자들을 위해서 미국의 세 방송국은 기존 프로그램을 전면 중단하고 아폴로의 달 착륙만큼이나 닉슨의 중국 방문을 비중 있게 다루었다.

극도로 꼼꼼한 방문 계획을 준비했음에도 중국은 손님을 당황시켰다. 닉슨과 키신저는 짐을 풀기도 전에 병에 걸린 모택동을 예기치 않게 접견하게 되었다. 책이 즐비한 모택동의 서재 안에서 캘리포니아 잡화상의 아들 닉슨과 하버드 출신의 학자 키신저는 매우 지적인 동시에 농부 같은 이미지의 독재자를 대면했다. 농부 이미지는 모택동이 이어받은 만주 대륙만큼 거대한 황제의 이미지나 그가 박멸한 약탈자들만큼 피에 굶주린 군사 지도자의 이미지보다도 더 강했다. 모택동과 닉슨, 키신저, 주은래가 1시간가량 편안한 대화를 나누는 동안 모택동의 여비서들이 지켜보았다. 외교 협상이 거의 끝나갈 무렵 모택동은 라이벌 닉슨에게 "대만은 작은 문제이고 러시아는 큰 문제입니다."라고 말했다. 그는 닉슨의 저서 『The Six Crises』에 대한 칭찬도 빼놓지 않았다.

그날 밤, 두 문화는 어색하지만 진심으로 하나가 되었고, 인민대회당의 연회장에서 중국 악단은 언덕 위의 집(Home on the Range)을 연주했다. 이 역사적인 만남은 방송을 통해 전 세계에 보도되었다. 닉슨은 연회 주최자들에게 "우리가 적이 될 하등의 이유가 없다."라고 말하는 한편, "우리 중 누구도 손을 뻗어 세계를 지배할 생각이 없다."고 말함으로써 은근히 소비에트를 꾸짖었다.

닉슨이 비행기 두 대로 동행한 언론을 멋지게 지휘한 덕분에 언론에 비친 1주일 여행의 나머지는 온통 관광과 연회로 이루어진 것처럼 보였다. 그러나 사실 닉슨과 키신저는 양국의 누구도 이번 방문에 군소리를 할 수 없도록 적절한 공식 성명서를 초안하느라 바빴다. 가장 큰 걸림돌은 역시 로저스 국무장관이었다. 그는 거의 25년에 걸친 미국의 정책을 닉슨이 순식간에 바꾼 데 대해 아직도 충격이 가시지 않은 상태였다. 결국 주은래가 계획에 없이 국무성을 직접 방문한 후에야 로저스는 마음을 누그러뜨렸다.

2월 27일 상해에서 1,800개 단어로 이루어진 공식 성명서가 발표되었다. 5부에 걸친 이 성명서는 닉슨 방문을 상세히 설명하고 양국의 상호 협력을 선언하며 새로 협상된 규칙과 공통 이슈를 기술했다. 특히 4부는 대만 문제에 전부 할애되었으며, "대만 해협 양쪽의 모든 중국인은 중국이 오직 하나이며 대만은 중국의 일부임을 주장한다. 미국 정부는 이 입장에 어떤 이의도 제기하지 않는다."는 구절이 포함되었다. 현실정치(realpolitik)의 측면에서 닉슨은 중국 본토라는 더 나은 카드를 뽑기 위해 대만 패를 벌린 것이다.

외교적으로 또 정치적으로 커다란 성공을 거두긴 했어도 마지막 상해 연회에서 닉슨이 조그만 잔으로 마이타이주를 연거푸 마시자 키신저는 못내 걱정이 되었다. 키신저는 "와인 두 잔이면 그를 들뜨게 만들기에 충분한데 한 잔만 더 마시면 말이 불분명해지고 공격적이거나 감상적으로 변할 것이다."라고 말하며 최악의 상황을 대비했다. 그러나 닉슨은 알코올보다는 승리에 취했다. 닉슨이 약간 비틀거리면서 모인 사람들에게 '세상을 바꾼 한 주'라고 떠들어댔지만 누구도 그의 논리에서 허점을 발견하지는 못했다.

다음 날, 주은래는 닉슨과 그 일행에게 작별을 고했다. 에어 포스 원에 탄 닉슨은 이미 다음번 공식 방문을 계획하고 있었다. 다음 차례는 러시아였다. (몇 달 후에 모스크바 활주로에 도착한 그는 미소 전략 무기 제한 협정에 서명하게 된다. 계속해서 닉슨의 뜻대로 게임이 풀린 셈이다.)

닉슨의 중국 모험은 엄청난 성공을 거두었다. 중국과의 관계에 물꼬가 트였고, 그 과정에서 러시아도 화해의 장으로 나오게 되었다. 그해 11월, 닉슨은 압승을 거두게 되었다.

별로 놀랄 일은 아니지만, 중국에서 그에게 성공을 안겨 준 것도 결국 그를 파멸시킨 것도 권모술수와 속임수였다. 재선을 확보하기 위한 비밀공작이 드러나면서 2년 만에 닉슨의 정치 인생은 망가졌고 그의 평판은 영원히 땅에 떨어졌다. 대부분이 닉슨하면 불명예스러운 워터게이트 스캔들을 기억하지만, 30년이 지난 지금까지도 닉슨의 중국 방문은 뛰어난 정치 외교술을 보여 주는 최고의 '패(card)'로 여겨지고 있다.

주은래 총리와 이 밤에 모인 저명한 귀빈들에게

리처드 닉슨 대통령, 1972년 2월 21일

인민대회당에서 중화인민공화국의 주은래 주석에게 축배하며

세계적으로 유명한 중국만의 비할 데 없는 환대에 대해 미국 측을 대신해서 귀하께 감사를 드리고 싶습니다. 특히 이 멋진 만찬을 준비해 주신 분들뿐 아니라 화려한 음악을 제공해 주신 분들께 감사를 드리고 싶습니다. 이국땅에서 미국 음악이 이보다 더 멋지게 연주되는 것을 들어본 적이 없습니다.

귀하의 매우 친절하고 멋진 발언에 대해 감사합니다. 바로 이 순간, 놀라운 전기통신 기술을 통해 세계 역사를 통틀어 가장 많은 사람들이 우리를 보고 우리의 말을 듣고 있습니다. 그러나 여기서 우리가 하는 말은 오래 기억되지 않을 것입니다. 여기서 우리가 하는 행동이야말로 세상을 바꿀 수 있습니다.

귀하가 축배를 하면서 말씀하셨듯이, 중국 국민과 미국 국민은 모두 위대한 사람들입니다. 우리 두 국민이 적이라면 우리가 공유할 이 세계의 미래는 참으로 어두울 것입니다. 그러나 우리가 협력할 공통

기반을 찾는다면 세계 평화를 위한 변화의 속도가 말할 수 없이 빨라질 것입니다.

이번 주 우리의 대화가 솔직하기를 바라면서, 처음부터 다음과 같은 점을 솔직히 인정합시다. 과거에 때로 우리는 서로에게 적이었습니다. 오늘 우리는 서로 큰 차이가 있습니다. 우리가 모인 것은 우리에게 이런 차이를 초월하겠다는 공통의 목표가 있기 때문입니다. 물론 서로의 차이를 논하면서 우리 중 누구도 자신의 원칙을 타협하지 않을 것입니다. 그러나 우리 사이를 가로막고 있는 것을 좁힐 수는 없지만 서로 많은 이야기를 할 수 있도록 다리를 놓는 시도는 필요합니다.

그러니 이후 5일 동안 같은 길이 아닌 같은 목표로 향하는 다른 길에서 함께 기나긴 행진을 시작합시다. 우리의 목표는 모든 사람이 동등한 존엄성으로 함께 서고, 크든 작든 모든 국가가 외부의 간섭이나 지배 없이 자신의 정부 형태를 결정할 수 있는, 평화와 정의의 세계 구조를 구축하는 것입니다. 세계가 지켜보고 있습니다. 세계가 듣고 있습니다. 세계가 우리의 향후 행보를 기다리고 있습니다. 세계가 무엇입니까? 개인적으로 저는 오늘 생일을 맞은 제 장녀가 떠오릅니다. 그리고 딸을 생각하면 아시아와 아프리카, 유럽, 아메리카, 나아가 온 세상의 모든 어린이들, 그러니까 대부분 중화인민공화국이 탄생한 이후에 탄생한 아이들이 떠오릅니다.

우리 아이들에게 어떤 유산을 남기겠습니까? 그들이 옛 세상을 오염시킨 미움 때문에 죽어야겠습니까? 아니면 우리가 새로운 세상 건설에 대한 비전을 가진 덕분에 그들이 살아야겠습니까?

우리가 적이 될 이유는 조금도 없습니다. 우리 중 누구도 상대의 땅을 노리지 않고, 상대를 지배하고자 하지 않습니다. 손을 뻗어 세상을 정복하려고 하지도 않습니다.

모택동 주석은 다음과 같이 썼습니다. "정말 많은 행위들이 항상 시급하게 행해지길 외치고 있다. 세계가 구르고 있다. 시간이 흐르고 있다. 만년은 너무 길다. 오늘을 잡아라. 시간을 잡아라."

지금이 그 시간입니다. 지금이야말로 우리 두 국민이 더 좋은 새 세상을 건설할 수 있는 위대한 발판을 마련할 때입니다.

그런 의미에서, 모택동 주석과 주은래 총리, 그리고 세계의 모든 사람들을 위한 우정과 평화로 이어질 수 있는 중국 국민과 미국 국민의 우정을 위해 여러분 모두 저와 함께 잔을 높이 듭시다.

Ronald Reagan

이스트룸에서 열린 백악관 기자회견에서 기자들에게 제스처를 취하고 있는 로널드 레이건

제로 옵션

로널드 레이건과 소련

1983년 가을, 모스코바로부터 55마일 떨어진 극비 감시 벙커 안에서 소련군 중령 스타니슬라프 페트로프(Stanislav Petrov)는 위성 활동을 점검하던 중에 경고음을 들었다. 그는 찻잔을 놓고 컴퓨터 스크린을 보았다. 미국이 핵미사일을 발사했다는 신호였다. 깜짝 놀라 주저앉은 페트로프의 손은 심하게 떨렸다. 그럴 리가 없었다.

아니, 어쩌면 사실일지도 몰랐다. 불과 몇 달 전에 로널드 레이건 대통령이 군비 경쟁에 관해 목소리를 높였기 때문이다. 레이건은 소련을 '악의 제국'으로 부르면서 러시아 리더들에게 분노를 표출했다. 또 그는 미국의 국내 프로젝트들을 멈추면서까지 군사력에 막대한 자금을 쏟아 부었다. 그가 제안한 예산이 집행되면 1985년까지 펜타곤은 국방에 매시간 3,000만 달러 이상을 퍼붓게 되었다. 더욱 최근에 미국은 중거리 핵무기 한 세트를 유럽으로 이동시켰다가 소비에트 리더들은 이 것이 침략을 위한 구실이라며 우려를 표명했고, 핵전쟁 긴급 대책에도 이 무기 배치에 관한 사항을 포함시켰다.

긴장감을 더욱 고조시키는 것은 불과 3주 전에 소련 군대가 한국 여객기를 격추시켜 미국인 61명을 포함한 승객 269명을 몰살시켰다는 사실이었다.

페트로프는 뭔가 행동을 취해야 했다. 미국이 공격할 경우에 즉각 핵무기를 대응 발사하는 것이 소련의 방침이었으나, 그러면 미국의 대대적인 보복이 이어질 게 분명했다. 그러면 몇 분 안에 지구 양쪽에서 수백만 명이 목숨을 잃게 된다.

페트로프는 확인을 위해 지상 레이더를 점검했으나 미사일이 다가오고 있다는 신호는 잡히지 않았다. 구식 지상 시스템은 여전히 미사일의 접근을 표시했으나, 페트로프의 컴퓨터가 관리하는 최신 위성 시스템만큼 믿을 만하지는 않았다.

3분이 지났다. 잘못된 경고가 분명했다. 게다가 미국이 미사일 하나로 공격을 시작할 리 없다고 페트로프는 생각했다. 다시 경고음이 울렸다. 불빛이 반짝였다. 두 번째 미사일이 스크린을 지나갔고, 이어서 세 번째, 네 번째, 그리고 다섯 번째 미사일이 나타났다. 이 시점에서 페트로프는 최악의 상황을 걱정했으나 자신이 어떤 행동을 취하더라도 돌이킬 수 없는 일련의 사건으로 이어지리라는 것을 알았다. 그의 복무규정은 중요한 정보를 위에 보고하는 것이었고, 그 정보는 다시 소비에트 공산당의 서기장, 유리 안드로포프(Yuri Andropov)에게 즉시 전달되게 되어 있었다. 안드로포프는 즉각적인 보복 공격을 명령할 게 뻔했다. 결국 페트로프는 보고를 하지 않았다.

모든 시스템이 정상인 것처럼 보였으나 페트로프의 직감에는 뭔가 잘못된 게 확실했다. 그는 규정을 무시하고 상관에게 전화를 걸어 잘못된 경보라고 보고했다. 그것이 실수라면 15분 안에 러시아의 수많은 도시가 완전히 파괴되고 버섯구름이 피어오를 것이었다. 그러면 크렘린 지도부에 경고하지 않은 페트로프에게 모든 책임이 돌아갈 수밖에 없었다. 시계가 째깍거리는 동안 페트로프는 땀으로 흠뻑 젖었다.

4시간 후에도 미사일은 보이지 않았다. 모스크바로부터 조사 팀이 도착했고, 3일 동안 페트로프를 심문했다. 결국 조사 팀은 예측하지 못했던 각도에서 구름에 반사된 햇빛이 경고음을 일으켰다는 사실을 밝혀 냈다. 통계적으로 확률이 낮은 오작동으로 미국이 핵전쟁을 개시한 것처럼 보였던 것이다. 냉전과 아슬아슬한 평화의 시대였기에 이런 사소한 장비 결함으로도 거의 아마겟돈 직전까지 갈 수밖에 없었다.

3년 후, 미국 대통령 로널드 레이건은 아이슬란드 레이캬비크에 있는 호티 하우스 영빈관에 도착했다. 그는 당시 소련 지도자인 고르바초프(Mikhail Gorbachev)와의 만남에 7분 일찍 도착했다.

영빈관으로 들어오는 레이건의 모피 깃 외투는 단추가 모두 잠겨 있었다. 사람들은 그 외투의 소매가 너무 길어서 레이건이 옷장 깊숙한 곳에서 케케묵은 옷을 꺼내 온 것이리라 여겼다. 1년 전 제네바 정상회담 때 링컨은 혹독하게 추운 11월 아침, 정장 재킷만 걸친 채 고르바초프를 맞았다. 사실 이는 준비된 연출이었다. 74세의 링컨은 20살이나 어린 고르바초프에게 자신의 건재함을 보이고 싶었던 것이다. 스카프와 외투의 매무새를 만지는 고르바초프 앞에서 레이건은 얼굴에 화색을 띠며 자신감을 표출했다. 카메라 플래시가 터지는 가운데 러시아인들은 자신들이 이미지 전쟁의 첫 교전에서 패했음을 알았다. 그런 의미에서 이번에 레이건이 외투를 입은 것은 아마도 예의의 표출이었을 것이다.

고르바초프는 외투와 격자무늬 스카프, 그리고 그의 트레이드 마크인 중절모를 쓰고 1분 일찍 나타났다. 그의 등장에 깜짝 놀란 레이건은 영빈관 밖으로 나가 그를 맞았다. 레이건은 시간에 관해 언급했고, 고르바초프는 시계를 보더니 어깨를 으쓱했다.

레이캬비크의 정상회담은 별로 기대를 모으지 못했다. 그저 두 사람의 비공식 모임으로 여겨졌을 뿐 실제로 레이건은 사적 모임이라고 말한 바 있었다. 그러나 레이캬비크 주민들은 역사적 사건을 기대했다. 거리에는 양국 정상이 그려진 스웨터를 파는 상인들이 줄을 이었다. 한쪽에는 별과 줄이 다른 쪽에는 망치와 낫이 새겨진 스카프뿐 아니라 금으로 만든 기념 재떨이도 팔리고 있었다. 한 고등학교 체육관은 저널리스트 2,000명을 위한 기자회견실로 바뀌었으며, 청어, 훈제 새끼 양고기, 꿀을 섞은 요구르트 등의 지역 특산물이 제공되었다. 레이캬비크 주민들에게 평생 한 번 있을까 말까 한 사건이었다. 양대 초강대국의 두 리더가 중립 지역에 모여 지구의 미래를 협상한다니!

제2차 세계대전 직후로 양국 사이에 진정한 평화는 없었다. 요세프 스탈린(Josef Stalin)과 프랭클린 루스벨트가 주도한 전후 동맹관계는 깨졌고, 미국과 소련은 국제 영향력을 놓고 경쟁해 왔다. 1948년 베를린에서 시작된 민주주의와 공산주의 사이의 싸움은 수년에 걸쳐 헝가리와 이탈리아, 중국, 그리스, 베트남, 쿠바, 앙골라, 그레나다, 아프가니스탄으로 번졌다. 국가들은 자본과 군사력을 막대하게 쏟아 부으면서 이념과 전략의 우위를 놓고 격돌했다.

전후 세계가 형성되면서 핵무기의 존재는 긴장감을 점점 고조시켰다. 양국의 국가 방어 책임자들은 핵무기 선제공격과 대응공격 능력을 고려해 사상자 수를 수억 명으로 예상했다. 양측은 핵전쟁이 승자 없는 게임임을 잘 알고 있었다.

그럼에도 군비는 계속해서 확대되었고, 양측의 악감정은 높아만 갔다. 1970년대 초 닉슨과 브레즈네프는 양국의 협력 강화를 위해 데탕트(긴장완화)를 협상했다. 그들은 무역을 확대하고 군비 축소 협정에 서명함으로써 양측의 반감을 줄이고자 했다. 그러나 협상이 순조롭게 진행됨에도 결정적 전환점은 나타나지 않았다. 두 경쟁 체제 사이의 근본적인 긴장은 넘을 수 없는 산처럼 보였다.

1980년 레이건이 대통령에 당선될 때까지도 별다른 진척은 없었다. 대대적인 군비 감축은 이루어지지 않았고, 오히려 소련은 아프가니스탄과 아프리카, 중앙아메리카에서의 영향력을 적극 넓혀 가고 있었다. 데탕트로 이루어진 무역 협정(미국 각료들은 많은 면에서 소련에 유리한 이 협정을 엄청난 곡물 약탈로 불렀다.)은 휘청거리는 소련의 경제에만 도움이 되었다. 그리고 소련은 양국 사이의 무역 거래를 통한 막대한 이익을 계속해서 핵무기 개발 프로그램에 쏟아 부었다.

레이건은 새로운 태도로 출발했다. 그는 전임자들과는 달리 소련 제국을 넓히는 일에 일조할 생각이 없었다. 즉 미국이 소련을 무너뜨리기 위해 무슨 짓이라도 해야 한다고 생각했다. "소련이 군사적 야욕을 위해 무기를 생산하지 못하고 동시에 국민들의 필요를 채우지 못하도록 만드는 것만큼 확실하게 마르크스주의의 실패를 증명하는 방법도 없다. 그들과의 거래를 멈춰라. 그들의 체제가 몰락하도록 내버려 둬라."

레이건의 강력한 이 발언은 미국의 기존 정책에 반하는 것이었다. 과거의 대통령들은 막다른 골목을 뚫을 임시적인 평화를 추구했다. 그러나 레이건은 철의 장막을 영원히 없애고자 했다. 그는 자기 임기 내에 냉전을 종식시키고, 일시적이 아닌 영구적인 평화를 일구어 내기를 원했다. 이는 별로 놀라운 일이 아니었다. 국민들은 레이건을 '평범한 배우'라고 조롱했지만, 사실 그는 압도적인 표로 백악관에 입성하기 전까지 거의 40년 동안 공산주의와 싸워 왔다. 어떤 이들은 소련 제국을 멸망시키는 일에 레이건보다 더 자격이 있는 사람, 또는 더 열정이 있는 사람은 없다고 했다. 한편, 소련과 그의 싸움은 영화 속에서부터 시작되었다.

1946년 9월 27일, 35세의 B급 영화배우 로널드 레이건은 새로운 영화 〈Night Unto Night〉의 제작을 위해 워너 브라더스 스튜디오에 나타났다. 스튜디오로 가는 도중 그는 스튜디오 문 앞에서 피켓을 들고 있는 수천 명의 사람들을 만났다. 스튜디오 노조 협의회의 우두머리 허브 소렐과 공산 조직 20개 이상에 가입한 어느 회원이 쟁의를 주도한 것이다. 소련의 창시자 블라디미르 레닌은 "모든 예술 중에서 영화가 가장 중요하다."고 말했는데, 이 때문에 소렐은 쟁의를 통해 할리우드를 공산당에 귀속시키고자 했다.

워너 브라더스의 경비 책임자는 배우들과 직원들에게 방수로를 통해 피켓 무리를 몰래 피해 가라고 했으나 레이건은 겁먹지 않았다. 이에 스튜디오 관계자들은 배우들을 수송해 오기 위해 버스를 보내면서 돌이나 탄산음료 병이 날아올지 모르니 버스 바닥에 바짝 엎드리라고 지시했다. 매일 버스는 아침저녁으로 피켓 라인을 통과했다. 스타나 엑스트라 할 것 없이 모두 바닥에 엎드려 있었는데, 오직 한 배우만 곧게 서 있었다. 버스 창문을 통해 그의 머리와 어깨가 보였다. 로널드 레이건에게 숨는다는 것은 있을 수 없는 일이었다.

쟁의가 계속되면서 공산당원들은 레이건을 위협하기 시작했다. 〈Night Unto Night〉 촬영 세트 안에서 레이건은 전화 한 통을 받게 되었다. 계속해서 쟁의를 반대하면 산을 얼굴에 뿌려 형체를 알아볼 수 없게 만들겠다는 것이었다. 그전까지 레이건은 정치에 대해 별로 생각해 보지 않았다. 그는 단지 자유 민주당 가문에서 자랐기에 프랭클린 루스벨트에게 투표했을 뿐이었다. 그런 그에게 공산주의자들의 전술은 정치에 대한 열정을 불러일으켰다. 그는 열렬한 반공주의자가 되어 할리우드에서 공산주의의 위험에 관해 목소리를 내기 시작했다. 1947년 그의 동료 배우들은 그를 미국 연기자 협회의 회장으로 선출했고, 그는 그 자리를 통해 FBI에게 할리우드 내 공산주의 활동에 관한 정보를 제공했다.

15년 후인 1962년, 레이건이 10년에 걸쳐 주인공을 맡아 온 제너럴 일렉트릭(General Electric)의 주간 텔레비전 시리즈가 종영을 향하고 있었다. 당시 그가 맡은 일 중 하나는 제너럴 일렉트릭의 사절로 전국을 돌아다니며 노동자들에게 연설하는 것이었다. 그의 연설은 점점 정치적 성향을 띠어 갔다. 특히 그는 반공 메시지를 통해 청중과 하나가 되기를 원했다.

1964년 공화당 대통령 후보 베리 골드워터(Barry Goldwater)는 레이건의 연설을 듣고 감동을 받았다. 그는 레이건에게 대형 방송국에서 자신의 대통령 선거를 지지하는 연설을 녹화해 달라고 부탁했고, 이에 레이건은 지금까지보다 훨씬 더 강력한 반공 메시지를 완성했다. "여러분과 저는 운명과 만났습니다. 우리는 우리 아이들을 위해 이 운명을 수호할 것입니다. 이 운명은 지구상의 모든 인간에게 마지막이자 최고의 희망입니다. 이것을 수호하지 못하면 우리는 우리 자녀들에게 수천 년간의 어둠 속으로 마지막 발걸음을 내딛는 천형을 내리는 것입니다."

레이건의 연설은 미국을 흥분의 도가니 속에 몰아넣었다. 이후 800만 명 이상이 골드워터의 선거운동에 동참했고, 「타임」은 레이건의 연설을 음울한 선거 운동에서 유일하게 빛나는 순서라고 했다. 「워싱턴 포스트」는 "제닝스 브라이언(Jennings Bryan)이 황금 십자가 연설로 1896년 민주당 전당대회를 열광시킨 이래로 가장 성공한 전국 정치 무대로의 데뷔"라고 보도했다. 이제 레이건은 단순한 배우가 아니었다.

캘리포니아 주 공화당 리더들의 권유에 따라 주지사에 출마한 레이건은 1966년 선거에서 큰 표 차이로 당선되었다. 두 번째 주지사 임기를 마친 그는 미국이 러시아에게 입지를 잃는 모습을 보고는 1976년 공화당 대통령 지명에 도전하겠다는 뜻을 밝혔다. 그는 아들 마이클에게 자신이 대통령이 되려는 가장 큰 이유는 소비에트와 협상하려는 것이라고 말했다. 그들이 미국 대통령으로부터 '아니오'라는 말은 들은 지 참으로 오래되었다.

레이건은 현직 대통령인 제럴드 포드(Gerald Ford)에게 지명권을 빼앗겼다. 그러나 4년 후 카터 대통령의 우유부단한 러시아 정책이 끝나자 다시 도전하게 되었다. 그는 1980년 지명권을 손쉽게 획득했고, 이율 상승과 인플레이션, 이란의 미국인 인질 억류, 세금의 끝없는 상승을 책임진 카터를 침몰시켰다. 물론 지독한 반공주의자 레이건의 최종 목표는 대통령 당선이 아니라 소비에트의 위협을 완전히 뿌리 뽑는 것이었다. 백악관에 입성한 그는 자신의 그 목표를 달성할 가능성이 그만큼 높아진 셈이었다.

레이건은 무력을 통한 평화라는 계획을 갖고 대통령 활동을 시작했다. 경제력 약화로 망하기 직전인 소비에트 제국은 군비 경쟁에 돈을 쏟아 부으면서 동시에 국민들을 먹여 살릴 수는 없었다. 그래서 레이건은 군비 경쟁을 통해, 항복 외에 다른 길이 없을 때까지 소비에트의 경제를 약화시키기로 했다. "자본주의의 엄청난 성공으로 인해 우리는 공산주의와의 전투에서 강력한 무기를 갖추게 되었다. 그것은 바로 돈이다. 러시아인들은 군비 경쟁에서 이길 수 없다. 그들이 우리보다 더 많은 돈을 쓰는 날은 오지 않는다."

레이건은 미국 역사상 가장 규모가 큰 평시 군사력 증강을 주도했다. 이는 러시아가 어쩔 수 없이 미국을 따라가다가 국민들을 굶겨 죽이고, 결국 패배를 인정하도록 만들기 위함이었다. 대담한 전략이니만큼 곧 비판의 목소리를 불러일으켰다. 상원의원 에드워드 케네디는 "오늘 더 많은 핵폭탄을 만들어야 미래에 핵폭탄이 줄어들 수 있다는 어처구니없는 이론을 인정할 수 없다."라고 말했다. 심지어 레이건의 보좌관들조차 계획의 실효성을 의심했다. 그러나 레이건의 믿음은 확고했다.

1980~1985년 펜타곤의 예산은 51%, 즉 인플레이션이 조정된 가치로 3천3백억 달러가 증가했다. 러시아가 미국의 저항 없이 핵무기를 늘리는 동안 멍하니 보고만 있었던 과거의 정부들과는 전혀 다른 모습이었다. 이후에 레이건은 이런 전략적 변화를 그린 만화를 청중에게 보여주기도 했다. 만화 속에서 한 러시아 장군이 또 다른 장군에서 말했다. "우리 혼자서만 군사력을 늘리면 좋을 텐데."

군사력 증강과 아울러 레이건은 전 세계에 자유 열풍을 불러일으키기 위한 캠페인을 시작했다. 이는 소련에 속한 동유럽의 자유 열망을 부추기고 더 이상의 공산주의 확산을 막기 위함이었다. 미국은 폴란드와 동유럽 전역, 중앙아메리카의 지하 저항 활동에 자금을 지원했으며, 스포츠 해설가이기도 했던 레이건은 라디오를 십분 활용하였다. 즉 「미국의 소리(Voice of America)」와 「RL(Radio Liberty)」 방송을 통해 유럽 전역에 민주주의와 자유의 메시지를 보냈다. 방송을 통해 소비품 부족, 높은 사생아 비율과 낮은 평균 수명 등 공산주의 체제의 삶이 얼마나 비참한지 여실히 폭로했다. 라디오 캠페인은 엄청난 성공을 거두었다. 레이건의 첫 번째 임기가 끝날 즈음 소비에트 성인의 거의 1/5이 최소한 주에 한 번은 미국 라디오 방송을 들었고, 다른 곳에서는 수치가 더 높았다. 폴란드인 68%, 루마니아인 64%, 헝가리인 58%가 주에 한 번은 미국 라디오 방송에 채널을 맞추었다. 1983년 5월, 폴란드인 600명을 대상으로 폴란드의 마지막 희망을 조사했을 때 레이건은 교황과 성모 마리아 다음으로 세 번째에 랭크되어, 심지어 폴란드 자유 노조의 리더 레흐 바웬사(Lech Walesa)보다도 높았다.

레이건의 다음 행동은 엄청난 파장을 일으켰다. 1983년 미국은 단거리 핵미사일을 소련에서 가까운 서유럽으로 이동시켰다. 그런데 러시아를 위협하기 위한 이 조치는 나토에 있는 미국의 동맹국들을 자극했고, 유럽 전역의 거리에서 데모가 일어났다. 쉽게 말해, 약효가 너무 강했던 것이다. 레이건은 점점 전쟁 도발자로 여겨지게 되었고, 딸 패티 (Patti)까지 미사일 배치를 반대하는 연설을 하고 반핵 운동에 동참했다. 이에 러시아 리더들은 불안에 떨었다.

레이건은 연설에서 소련을 '근대 세계 악의 집결지'로, 공산주의를 '역사의 쓰레기 더미'로 부르면서 목소리를 높이기 시작했다. 그는 러시아와 조금의 협상도 거부했는데, 이는 항복을 얻어 내기 위한 첫 단계였다. 그러나 점점 대화가 단절되자 매우 실질적인 결과가 나타났다. 소비에트는 한국 항공기 격추로 269명의 목숨을 빼앗아 세계를 경악에 빠뜨리고도 정신을 못 차렸다. 1983년 가을에도 페트로프가 신중했기에 때문에 소비에트는 또 한번의 경박스러운 행동을 멈출 수 있었다. 1983년 9월 28일, 상황은 더욱 악화되어, 소비에트 리더 안드로포프는 레이건이 백악관을 떠나기 전까지 어떤 외교 노력도 하지 않겠다고 공언했다.

레이건은 분노했지만 한편으로 그의 전략은 먹혀들어 가는 듯했다. 1983년 가을, CIA는 소련이 '멸망 단계'로 치닫고 있다고 보고했다. 소련이 경제를 회복하려면 공산주의를 몰아낼 정도의 민주개혁이 필요하다는 것이었다. 그러나 레이건과 보좌관들은 한국 항공기 사건이 다가올 재앙들의 전조일 뿐이라며 큰 우려감을 표시했다. 그들이 보기에 소련은 무너지더라도 곱게 무너질 국가가 아니었다. 레이건은 소련의 생존 몸부림이 무서운 결과, 최악의 경우에 무시무시한 핵공격으로 이어질까 두려웠다.

아이러니하게 소련도 미국에 대해 똑같은 걱정을 하고 있었다. 점점 거칠어지는 레이건의 발언은 오히려 그가 까닭 없는 선제공격을 계획하고 있다는 우려를 낳았다. 공산주의를 포기하는 대가가 세상의 종말이라면 소련으로서는 항복할 이유가 없었다. 나중에 레이건은 그해 가을을 되돌아보며 "소련의 많은 관리들이 우리를 단순한 적이 아니라 핵무기 선제공격을 감행할 공격자로서 두려워한다는 생각이 들기 시작했다."라고 말했다. 레이건은 소련이 핵무기 선제공격을 하리라고는 믿지 않았으나 소련 리더들과의 대화를 거부함으로써 그들의 선택 폭을 좁혔다.

이런 문제들 외에도 국민들이 자신을 전쟁 도발자로 여기고 있다는 선거 여론조사(그리고 자신의 대외 정책이 49% 대 38%로 부결된 점)가 나오자, 레이건은 강력한 미국을 추구한 자신의 선거 전략이 다소 지나쳤으며 지금은 평화주의를 내세울 때라는 결론을 내렸다. 그는 부드러운 표현으로 급선회하여 협상의 문을 열기 시작했다. "승자가 없는 핵전쟁은 일어나지 말아야 한다. 우리의 꿈은 핵이 지구상에서 사라지는 날을 보는 것이다." 표현방식이 불과 몇 달 전의 '악의 제국'에서 크게 달라진 것이다.

남편의 표현 방식을 누그러뜨리고 협상을 진행시키는 데 낸시 레이건의 역할이 컸다. 1984년 초 마침내 레이건은 소련 외무장관 안드레이 그로미코(Andrei Gromyko)와 만났다. 낸시 레이건은 당시를 이렇게 회상했다. "그로미코가 내게 다가와 레이건이 평화를 믿느냐고 물었을 때 나는 서슴지 않고 물론이라고 답했다. 그러자 그로미코는 내게 평화를 믿도록 레이건에게 밤새 속삭여 주라고 권했고, 나는 당신에게도 속삭여 줄 수 있다고 응수했다."

그러나 레이건에게는 강력한 무기가 하나 더 있었다. 그가 구상 중인 전략 방위 구상은 핵공격으로부터 미국을 방어해 줄 미사일 방어 시스템이었다. 그는 1979년 펜타곤의 북아메리카항공우주방위군을 방문했다가 핵전쟁의 참혹함을 깨닫고 나서부터 이 개념을 구상해 왔다. 일단 핵미사일이 발사되면 두 가지 선택 사항이 있었다. 하나는 가만히 앉아서 엄청난 피해를 입는 것이고, 다른 하나는 대응 공격으로 함께 자멸하는 것이었다. 레이건은 "둘 다 안 좋은 선택이다. 다른 방법이 있어야 한다."라고 말했다. SDI는 다가오는 탄도 미사일을 포착하여 파괴할 수 있는 우주상의 레이저 시스템을 구축하자는 것이었다. 이 시스템을 통해 핵전쟁을 막을 수 있었다. 자문가들은 이것을 러시아로부터 군비 축소 약정을 받아 내기 위한 협상 카드로만 생각했지만 레이건은 그 가능성을 믿었다.

물론 레이건은 핵무기가 완전히 사라지기를 간절히 원했으나 일단은 SDI가 방어막 역할을 해 줄 것이라 생각했다. 미국이 핵전쟁 위협에 노출되면 미사일 방어 시스템만이 국가를 방어할 수 있는 유일한 길이었다. 레이건은 기술 공유를 통해 세계를 보호하면 가장 좋고, 최소한 소련이 자신의 의도를 알아주길 바랐다. 텔레비전을 통한 대국민 연설에서 그는 미국과 러시아에 SDI를 제시했고, 그 기술을 공유해 양측이 평화를 찾자고 제안했다. "상호 확실 파괴 능력이 있는 상황에서 누가 두 발을 뻗고 잘 수 있겠습니까? SDI는 이런 핵무기를 무기력한 고물로 만들 수단을 제공할 것입니다."

러시아 리더들은 레이건의 SDI 제안을 충격으로 받아들였다. 그들은 레이건의 의도를 믿지 않았고 SDI를 위협, 그러니까 선제공격을 하기 위한 구실쯤으로 여겼다. 그로미코는 "아무리 가혹한 말이라도 솔직하게 말하라. 그 시스템은 소련을 속이기 위한 것이다."라고 말했다. 러시아인들은 SDI가 최신 기술을 바탕으로 어마어마한 군비 경쟁을 일으킬까 우려했다. 경제가 휘청거리는 러시아로서는 극심한 군비 경쟁을 더 이상 감당할 수 없었다. 기술을 공유하자는 레이건의 단순한 제안은 러시아의 의심을 더욱 가중시켰다. 소비에트 리더 안드로포프는 SDI에 관해 거친 말을 내뿜었다. "그것에 참여하는 것은 책임감 없는 행동을 넘어 미친 짓이다. 워싱턴의 행동은 전 세계를 위험에 빠뜨리고 있다." 양국의 단절은 계속되었고, 설상가상으로 서로 분노까지 품게 되었다.

1985년 3월, 안드로포프가 죽고 안드레이 체르넨코(Andrei Chernenko)가 그 뒤를 이었는데, 그 역시 몸이 약해 죽기 직전이었다. 레이건은 "그들이 계속 죽으면 러시아와 어떻게 접촉하란 말인가?"라고 탄식했다. 그러나 체르넨코의 후계자 미하일 고르바초프는 새로운 리더로 보였다. 그는 그의 두 전임자보다 1세대나 어렸으며, 자국의 개혁 필요성을 인정한 최초의 소비에트 리더였다. 그는 러시아를 '글라스노스트(glasnost: 공개와 자유)'와 '페레스트로이카(perestroika: 경제 개혁)'로 이끌어 수많은 정치범과 사상범을 사면하고, 몰락한 소련 경제의 상징인 음식과 필수품 부족을 다루게 된다고 생각했다.

고르바초프의 전임자들은 군 출신이었으며 핵무기의 위력에 푹 빠져 있었다. 반면 고르바초프는 레이건과 마찬가지로 핵무기의 사용으로 인한 무시무시한 결과를 두려워했다. 스탈린과 흐루시초프(Khrushchev), 브레즈네프는 소련 핵무기 기술을 세세하게 배웠으나 고르바초 프는 그 기술을 멀리했다. 심지어 그는 군사 훈련을 위해 핵무기 발사 명령을 내리는 척하지도 않았다. 그는 과거 소비에트 리더들이 보지 못한 사실을 깨달았다. 그것은 군비 증강에 돈을 퍼부으면 러시아 국민의 삶을 파괴할 수밖에 없다는 사실이었다. 그래서 레이건과 마찬가지로 그는 군비 경쟁을 그만두기로 결심했다. "평화는 무엇보다도 가치가 있다. 핵과 우주의 시대에 세계전쟁은 절대적인 악이다."

레이건은 시간을 허비하지 않고 즉시 중요한 결정을 내렸다. 그는 부통령 조지 부시를 체르넨코의 장례식장에 보내 "중요한 협상들에서 귀하를 비롯한 소비에트 리더들과 협력할 것을 개인적으로 약속드립니다."라는 편지로 고르바초프를 정상회담에 초대했다. 열렬한 반공주의 자 레이건이 소련의 새로운 리더에게 평화의 손길을 내민 것이다. 이제 그는 대화를 원했다.

두 정상은 1985년 11월 제네바에서 만나기로 동의했다. 유럽 내 레이건의 강력한 후원자인 영국 수상 마가렛 대처(Margaret Thatcher)는 고르바초프를 우리가 거래할 수 있는 사람으로 불러 정상회담에 대한 기대를 높게 했다.

고르바초프는 평화를 갈망하는 마음으로 제네바에 도착했다. "우리는 우리의 능력을 넘어서는 군비 경쟁에 휘말릴 것이다. 그리고 우리는 한계에 다다랐기 때문에 분명히 질 것이다." 레이건의 무력을 통한 평화 주의가 소련을 한계까지 내몬 것이다. 이제 강자의 입장에 선 레이건은 평화를 협상할 준비가 되었다.

희한하게도 레이건과 고르바초프는 만나자마자 의기투합했다. 레이건은 자서전에서 이렇게 기록했다. "서로 처음으로 악수를 하면서 나는 고르바초프에게 호감이 생겼음을 인정할 수밖에 없었다. 마가렛 대처와 캐나다의 브라이언 멀로니(Brian Mulroney) 총리가 예상한 그대로였다. 그의 얼굴과 스타일에는 따뜻함이 있었다. 내가 그전까지 만난 소련의 고위급 인사들 대부분에게서 볼 수 있었던 미움과 냉기는 보이지 않았다."

두 정상은 레만 호수 주위를 산책했고 레이건의 연기 경력에 관해 이야기하면서 서로 가까워지려고 노력했다. 그들은 두 번 더 정상회담을 갖기로 합의했다. 텔레비전을 통해 세계는 두 정상이 모닥불 곁에 앉아 담소하는 모습을 지켜보았고, 이 모습은 몇 십 년 만에 처음으로 평화에 대한 희망을 안겨 주기에 충분했다. 회담을 마치고 고국으로 돌아온 레이건은 대중의 열렬한 환영을 받았다. 그는 "영화를 촬영할 때 이후로 그런 환영을 받기는 처음이다."라고 말했다.

1년 후 레이캬비크에서 열린 두 번째 정상회담은 지금까지 외교 역사상 가장 특별한 만남의 하나로 기억되고 있다.

호티 하우스 안에 장관도 자문가도 없이 두 정상만 들어간 상태에서 정상회담이 시작되었다. 고르바초프는 레이건이 상상할 수 있는 모든 타협안을 제시했는데, 소련은 25년 만에 가장 많은 양보를 했다. 국무장관이나 펜타곤의 군 지휘부, 우방의 자문 없이 레이건은 1996년까지 핵무기를 완전 제거할 것을 제안했다. 두 정상은 거의 10시간 동안 얼굴을 맞대고 허심탄회한 대화를 나누었다.

보좌관들이 회담에 합류했을 때 국무장관 조지 슐츠(George Shultz)는 고르바초프가 '우리 발 아래 선물을' 놓은 것에 경악했다. 다시 말해, 고르바초프는 자진해서 러시아의 재래식 무기를 대대적으로 감축하겠다고 말했다. 나중에 레이건은 이렇게 썼다. "이것은 우리가 항상 핵무기 감축 협정의 필수조건으로 여겨 왔지만 아이슬란드에서는 그 조건을 얻어 내리라고는 기대하지 못했다. 조지와 나는 당시 일어난 일을 믿을 수 없었다. 우리는 놀라운 협정을 일구어 내고 있었다."

전에는 그런 무기 감축이 논의된 일조차 없었다. 이제 악수 한 번으로 핵전쟁의 위협이 사라지게 되었다. 마침내, 고르바초프는 자신이 제안한 모든 것은 오직 한 가지 조건에 달려 있다고 발표했다. 그것은 미국이 SDI를 폐기하는 것이었다.

정상회담에 앞서 전 대통령 닉슨은 SDI를 미국의 최후 협상 카드로 불렀으며 레이건에게 그것을 이용해 최선의 결과를 이끌어 내라고 조언했다. 그러나 레이건은 고르바초프를 협상 테이블로 이끌어 낸 것이 SDI임을 알았다. SDI는 확실한 평화로 향하는 길을 열어 주는 희망 그 자체였다.

레이건은 "우리는 핵미사일 방어 무기를 찾기 위한 연구를 멈출 수 없다."라고 말하며 일어서서 겉옷을 걸쳤다. "모임이 끝났소. 조지(슐츠), 이제 가세."

고르바초프가 자신을 멈춰 세우려고 하자 레이건이 다시 말했다.

"귀하는 협상 타결을 원하지 않는 것 같소."

고르바초프가 대답했다.

"나도 더 이상은 어려웠소."

"귀하는 '예스'라고 대답할 수 있었소."

언론은 레이건이 그냥 걸어 나간 것을 비난했다. 그러나 협상 실패에도 불구하고 레이건은 커다란 진전이 있었다는 것을 알았다. "우리는 핵 없는 안전한 세상으로 나갈 수 있는 타협점에 전에 없이 가까워졌다." 양측이 최소한 원칙상으로는 핵 없는 세상에 합의했던 것이다. 이 전까지 누구도 냉전의 종식을 상상조차 하지 못했다. 과거 대통령들은 냉전 종식은 힘들고 기껏 긴장 완화만 가능하다는 전제에서 노력을 해 왔다. 고르바초프도 그것을 인정했다. 그는 "레이캬비크는 돌파구였다. 레이캬비크는 결국 결과를 만들어 낼 것이다."라고 말했다.

후에 마가렛 대처는 레이캬비크 정상회담을 냉전이 실질적으로 끝난 시점으로 보았다. 1년 후 레이건과 고르바초프는 백악관에 모여 역사적인 균형에 합의 서명했다. 고르바초프는 유럽에 있는 양국의 중거리 핵미사일을 없애자는 레이건의 '제로 옵션'을 받아들였는데, 이번에는 SDI의 폐기를 주장하지 않았다. 그는 더 이상 선택의 길이 없었다. 협정이 필요했지만 레이건이 뜻을 굽이지 않을 게 분명했기 때문이었다. 이제 위협은 사라졌고, 냉전은 끝났다.

1988년 5월, 고르바초프는 레이건을 모스코바로 초청했다. 레이건은 레닌의 흉상 앞에서 이루어진 연설에서 민주주의가 다가오고 있다고 외쳤다. "여러분은 소비에트 역사상 가장 흥분되고 희망찬 시대에 살고 있습니다. 지금은 첫 번째 자유의 바람이 불고 희망의 리듬에 따라 심장박동이 빨라지는 시대입니다. 축적된 정신적 에너지가 오랜 침묵을 깨고 막 터져 나오려고 하는 시대입니다. 우리는 이 여정의 끝을 알지 못합니다. 그러나 개혁의 약속이 이루어질 것이라 확신합니다."

나중에 레이건이 붉은 광장을 지나고 있을 때 한 기자가 물었다.

"각하, 아직도 악의 제국에 있다고 생각하십니까?"

"아닙니다. 저는 지금 다른 시대를 걷고 있습니다."

레이건과 고르바초프의 합의는 세계에 막대한 영향을 미치게 된다. 예컨대 1989년, 베를린 장벽이 40년 만에 무너졌고, 공산국가들은 하룻밤 사이에 민주국가가 되었다. 1992년, 마침내 쿠데타로 고르바초프가 물러나면서 소련은 자유민주주의국가가 되었다.

현재, 모스크바에서 30마일 떨어진 황량한 마을의 2층 아파트에 스타니슬라프 페트로프가 혼자 살고 있다. 그가 보호했던 무기들은 더 이상 존재하지 않는다. 그것들은 우라늄 원료를 뽑아내기 위해 모두 녹여졌다. 어처구니없게도 소비에트 리더들은 페트로프의 선견지명을 공식적으로 인정하지 않았다. 사건이 있은 지 1년 만에 페트로프는 27년에 걸친 군 생활을 마감했다. 그가 받은 유일한 보상은 보통 설치에 몇 년이 걸리는 전화를 즉시 개통 받은 것뿐이었다. 그러나 그는 너무 가난해서 지금은 전화가 끊긴 상태다.

세계는 페트로프의 뛰어난 판단력에 큰 빚을 졌다. 또 레이건의 방향을 바꾸고, 나아가 세상을 바꾼 데는 페트로프의 덕이 크다.

국방과 국가 안보에 관한 대국민 연설

로널드 레이건 대통령, 1983년 3월 23일

친애하는 미국 국민 여러분, 오늘밤 제게 시간을 내주셔서 감사합니다.

제가 여러분과 나누려는 주제인 평화와 국가 안보는 시기적절한 동시에 중요한 것입니다. 제가 21세기에 우리 자녀에게 새로운 희망을 주는 결정, 몇 분 안에 여러분에게 이야기하려는 결정에 도달했다는 점에서 시기적절합니다. 그리고 여러분이 스스로 매우 중대한 결정을 내려야 한다는 점에서 중요합니다. 이 주제는 모든 대통령과 모든 국민이 공유하는 가장 기본적인 의무, 즉 평화를 수호하고 강화하는 의무를 포함하고 있습니다.

올해 초 저는 향후 우리 국민을 보호하기 위해 우리와 우방들이 무엇을 해야 하는지에 관해 최고 전문가와 자문가들의 의견을 구하고 그것을 제 나름대로 최대한 판단한 끝에 국방 예산을 세워 의회에 제출했습니다. 그 예산은 단순히 숫자의 긴 나열이 아닙니다. 모든 숫자 뒤에는 인간 최대의 비극을 막고 때로는 위험천만한 세상에서 우리의 자유로운 삶을 보호할 수 있는 미국의 힘이 있기 때문입니다. 그 예산은 너무 긴 세월 동안의 태만과 실수 후에 미국을 다시 강력하게 만들려는 신중하고도 장기적인 계획의 일부입니다.

미국의 국방을 재정비하고 평화를 강화하기 위한 우리의 노력은 2년 전에 시작되었습니다. 당시 우리는 국방 프로그램의 대대적인 예산 확충을 요청했습니다. 그 후로 우리가 처음 제안한 예산 확충은 경영과 자재 조달의 개선과 절약을 통해 절반으로 줄었습니다.

지금 의회 앞에 놓은 예산 요청은 최대한 줄인 것입니다. 더 줄이면 국가의 안보가 심각한 위험이 빠질 수밖에 없습니다. 선택은 여러분 자신에게 달려 있습니다.

오늘밤 저는 여러분에게 이 국방 논의가 도대체 무엇이며, 지금 의회 앞에 놓인 예산이 왜 필요하고 여러분의 신뢰와 지지를 받을 만한지 설명하고 싶습니다. 아울러 미래에 대한 희망을 전하고 싶습니다.

미국의 국방 정책은 단순한 전제를 바탕으로 하고 있습니다. 그것은 미국이 먼저 싸움을 시작하지 않는다는 것입니다. 우리는 침략자가 되지 않을 것입니다. 우리는 공격을 억제하고 방어하기 위해, 자유와 평화를 수호하기 위해 우리의 힘을 유지할 것입니다.

원자 시대의 태동 이후로 우리는 강력한 전쟁 억제책을 유지하고 실질적인 무기 감축을 추구함으로써 전쟁의 위협을 줄이고자 노력해 왔습니다. 전쟁 억제의 의미는 간단합니다. 그것은 미국이나 우리의 우방이나 우리의 중요한 이권을 공격하려고 생각하는 적이 잠재적인 이익보다 위험이 크다는 결론을 내리도록 만드는 것입니다. 적이 그것을 이해하면 공격을 하지 않을 것입니다. 우리는 우리의 힘으로 평화를 유지합니다. 나약함은 공격을 부추길 뿐입니다.

전쟁 억제 전략은 변하지 않았습니다. 그것은 여전히 효과적입니다. 그러나 전쟁 억제 전략을 유지하기 위해 필요한 것은 바뀌었습니다. 우리가 다른 강대국보다 훨씬 많은 핵무기를 보유하고 있을 때는 전쟁 억제를 위해 한 가지 군사력만 필요했습니다. 그러나 예컨대 소련이 사실상 지상에 있는 우리의 모든 미사일을 파괴할 수 있을 만큼 정확하고 강력한 핵무기를 보유하고 있는 지금은 다른 종류의 군사력이 필요합니다. 그렇다고 소련이 우리를 침략하기 위해 전쟁을 계획하고 있다는 말은 아닙니다. 제가 전쟁이 불가피하다고 생각하는 것도 아닙니다. 오히려 정반대입니다. 하지만 우리의 안보가 어떤 종류의 위협도 물리칠 수 있는 준비를 하는지에 달려 있다는 사실을 알아야 합니다.

우리가 해안 요새와 포에 의존하던 시절이 있었습니다. 당시의 무기로는 바다를 통해서만 공격할 수 있었기 때문입니다. 지금은 다른 시대입니다. 지금 같은 핵 시대에는 다른 국가들이 보유한 무기가 무엇인지 알아야 국방이 가능합니다.

우리가 결코 위협을 당하지 않으리라 확신할 수는 없습니다. 제 평생에 두 번의 세계대전을 겪었습니다. 물론 우리는 전쟁을 시작하지 않았으며, 오히려 전쟁에 휘말리지 않기 위해 모든 노력을 했습니다. 그러나 우리는 두 세계대전 모두를 제대로 준비하지 못했습니다. 우리가 제대로 준비했더라면 평화가 보존되었을지도 모릅니다.

20년 동안 소련은 막대한 군사력을 축적해 왔습니다. 그들의 군사력이 합리적인 방어력에 필요한 수준을 초과했는데도 그들은 멈추지 않았습니다. 지난 15년 동안 소비에트는 미국을 직접 공격할 수 있는 새로운 전략 핵무기를 다량 축적해 왔습니다.

어떤 사람들은 아직도 이렇게 묻습니다. 소비에트가 막강한 군사력을 사용한 적이 있던가? 다시 말하지만, 앞으로 그들이 그것을 사용하지 않으리라고 믿을 만한 근거라도 있습니다. 아프가니스탄과 폴란드를 보십시오. 소련은 그곳 사람들의 의지를 무시했고, 그 과정에서 그들이 군사력이 위협용으로도 사용될 수 있다는 사실을 세상에 증명해 보였습니다.

마지막 사실은 소련이 공격을 위한 것으로 생각되는 군사력을 키우고 있다는 것입니다. 그들은 전쟁 억제에 필요한 것보다 훨씬 많은 대륙간 탄도탄을 계속해서 만들어 왔습니다. 그들의 재래 군대는 방어라기보다 갑작스러운 공격에 필요한 훈련을 받고 장비를 갖추고 있습니다.

우리의 나토(NATO) 동맹국들은 대부분의 경우 병사 징집을 포함한 막대한 방위 부담을 안고 있습니다. 우리는 그들 국가와 전 세계의 우리 우방과 함께 더 강한 방위력을 갖추기 위해 협력할 것입니다. 우리의 방위 전략은 매우 빨리 이동할 수 있는 군사력, 어떤 위기 상황에도 대응할 태세를 갖춘 훈련된 병사를 키워 내는 것입니다.

전함과 탱크, 비행기, 훈련을 위한 예산, 예비 부품을 비롯한 우리 국방 프로그램의 모든 항목에는 매우 중요한 한 가지 목적이 스며 있습니다. 그것은 평화를 수호하는 것입니다. 불행히도 10년 넘게 군사력을 무시한 결과, 우리에게 그럴 능력이 있는지 의문입니다.

1981년 1월 대통령에 취임했을 때 저는 경악스러운 사실을 발견했습니다. 예비 부품과 훈련된 인력, 주요 훈련에 필요한 연료와 군수품이 부족해서 미국의 비행기들이 날 수 없고 배들이 항해할 수 없다는 것이었습니다. 이 모든 상황의 필연적인 결과는 우리 군의 사기 저하입니다. 뛰어난 젊은 인재에게 제복을 입히기가 어렵습니다. 경험이 많은 인력을 군에 붙잡아 두기가 어렵습니다.

그렇다면 우리가 위기에 어떻게 대처할지 참으로 걱정입니다. 따라서 우리가 향후 공격을 억제하고 평화를 수호할 수 있으려면 대대적인 현대화 프로그램을 추진해야 함이 분명해집니다.

우리는 재래식 군의 기본적인 준비 태세와 내구력을 즉시 개선해야 합니다. 그래야 위기에 대응하고 위기를 억제할 수 있습니다. 우리는 우리의 적들이 미래를 위해 개발하고 있는 군사력에 맞서 우리 군이 준비할 수 있도록 장기적인 계획을 추진함으로써 과거의 투자 공백을 보충해야 합니다.

저는 여러분이 궁극적으로 원하는 것이 평화라는 사실을 압니다. 저도 그렇습니다. 또 저는 여러분 대부분이 핵 동결이 평화의 가능성을 높여 줄 것이라 믿고 있다는 것도 압니다. 하지만 이제 핵 동결은 안보는커녕 위험을 초래하며 전쟁의 위협을 줄이기는커녕 증가시킬 뿐입니다. 핵 동결의 효과는 별로 타당성이 없습니다. 핵 동결은 군비 감축에 대한 우리의 협상 능력을 약화시킬 뿐입니다. 핵 동결은 낡고 점점 취약해지는 우리의 군을 현대화하지 못하도록 막는 동시에 소련의 대대적인 군사력 증강을 부추길 뿐입니다. 소련이 월등히 강할 뿐 아니라 핵 동결로 우리가 그들을 따라잡을 수 없다는 것을 안다면 그들이 과연 군비 축소에 합의하겠습니까?

정부 지출을 줄이기 위해 워싱턴에 오는 일은 그다지 유쾌하지 않습니다. 하지만 우리는 우리의 국방을 다시 세우는 일을 추진해야 합니다. 그렇지 않으면 현재와 미래에 분쟁을 억제할 수 있는 능력을 잃게 될 것입니다. 우리는 공격이 성공할 수 없으며 유일한 해결책은 실질적이고 정당하며 검증할 수 있는 군비 축소라는 사실을 모든 적에게 일깨워주어야 합니다. 지금 우리는 제네바에서 그런 노력을 하고 있습니다.

여러분의 강력한 지지와 의회의 초당파적인 지지 덕분에 우리는 문제를 해결하기 시작했습니다. 이미 매우 고무적인 결과가 나타나고 있습니다. 인재 영입과 보유율이 극적으로 증가하고 있습니다. 점점 더 많은 고졸자가 군을 선택하고 있으며, 점점 더 많은 유경험자가 군에 머물기로 결심하고 있습니다. 제복을 입은 우리의 남녀는 결국 임무 수행에 필요한 도구와 훈련을 갖추게 될 것입니다.

지금 주위에, 특히 젊은 사람들에게 물어보십시오. 국가를 섬기는 일에 대해 완전히 새로운 태도를 발견하게 될 것입니다. 이는 더 나은 봉급과 장비, 리더십만을 의미하지 않습니다. 여러분, 즉 미국 국민들은 이들 젊은이에게 제복을 입는 것이 영광이라는 사실을 다시금 일깨워주었습니다. 이는 예산으로 산정할 수 있는 성질의 것이 아니지만 국가적 힘의 매우 실질적인 부분입니다.

우리가 미래에 필요한 종류의 장비를 갖추려면 오랜 시간이 걸릴 것입니다. 그러나 우리는 멋진 출발을 했습니다.

지난 21년간 우리는 새로운 장거리 폭격기를 개발하지 않았습니다. 그러나 지금 우리는 B-1을 생산하고 있습니다. 우리는 17년간 새로운 전략 잠수함을 한 대도 선보이지 못했습니다. 하지만 지금 우리는 1년에 트라이던트(Trident) 잠수함 한 대를 생산하고 있습니다. 우리의 지상 발사 미사일은 소련의 거대한 신형 ICBM(대륙간 미사일)에 위협을 받고 있습니다. 하지만 지금 우리는 이 문제의 해결책을 연구하고 있습니다. 동시에 우리는 양측의 전략 및 중거리 핵무기의 대대적인 감축을 목표로 START와 INF 협상에서 애쓰고 있습니다.

또 우리는 절실히 필요했던 재래식 군의 현대화를 시작했습니다. 육군은 20년 만에 처음으로 신형 탱크를 생산하고 있습니다. 또한 공군도 현대화를 추진하고 있습니다. 우리는 1960년대 말의 군함 약 천 대에서 1970년대의 453대로 축소된 해군력을 다시 강화하고 있습니다. 우리 국가는 군사력과 외국에서의 중요한 이익을 지원하기 위해 우수한 해군력을 필요로 합니다. 이제 우리는 군함 600척을 갖추고, 현재 레바논의 평화를 위해 작전을 펼치고 있는 해병의 수륙양용 능력을 증강시키는 중입니다. 또 매우 중요한 인도양과 페르시아 만 지역에 있는 우리의 친구들을 도울 수 있는 실질적인 능력을 키우는 중입니다.

이 모두를 합치면 보통 큰일이 아닙니다. 즉 돈이 많이 듭니다. 다른 많은 부분에서 예산의 압박이 있고 미국 국민들이 경기 후퇴로 이미 큰 희생을 본 상황에서 이런 일이 추진되었습니다. 그러나 우리는 국방을 또다시 연방 예산의 희생양으로 만들려는 자들에게 현혹되지 말아야 합니다.

지난 몇 십 년간 우리의 세금 지출 방식이 극적으로 변한 것이 사실입니다. 1955년, 개인에 대한 지급은 연방 예산의 약 20%밖에 차지하지 않았습니다. 거의 30년 동안 이런 지급은 꾸준히 증가하여 올해는 연방 예산의 49%를 차지할 겁니다. 이와 반대로 1955년 국방비는 연방 예산의 절반 이상을 차지했습니다. 그러다가 1980년에 23% 이하로 뚝 떨어졌지요. 제가 올해에 높여서 제안한 국방비도 연방 예산의 28%밖에 되지 않습니다.

국방 예산을 줄이라는 요청은 간단명료한 산수에 따른 것입니다. 1930년대에 민주주의 국가들로 하여금 국방을 무시하게 만든 주장들도 마찬가지였습니다. 그래서 결국 제2차 세계대전이라는 비극을 초래하고 말았지요. 우리의 무관심이나 태만으로 인해 역사 속의 그런 끔찍한 장이 되풀이되어서는 안 됩니다.

제가 오늘밤 이야기하는 이유, 제가 여러분에게 상원의원과 하원의원들에게 우리 군사력의 계속적인 회복을 외치라고 하는 이유가 여기에 있습니다. 우리가 중간에 멈추면 우리의 의지가 약해졌다는 신호를 친구뿐 아니라 적들에게 보내는 것입니다. 자유민들은 전체주의자들이 강제적으로 만들어 놓은 도전에 대해 공개적인 토론과 민주적인 방법을 통해 자발적으로 대응해야 합니다. 평화와 자유의 수호라는 어렵지만 꼭 필요한 일과 자유의 적이 날로 강해지는 와중에도 우리의 의무를 무시하고 헛된 희망에 빠지고 싶은 유혹 사이에서 현명한 선택을 하는 것은 우리와 우리 시대의 몫입니다.

해결책은 우리의 손이 닿을 수 있는 거리에 있습니다. 하지만 그것을 잡으려면 올해도 이 예산을 통해 평화를 수호하고 자유를 보장하기 위한 자원을 계속해서 공급해야 합니다.

지금, 오늘밤까지 저는 우리가 함께 직면해야 할 국가 안보의 문제점에 관한 제 생각을 여러분과 나누었습니다. 대통령 집무실의 제 전임자들도 소련의 힘에 의한 위협을 설명하기 위해 여러분 앞에 나타났고, 그런 위협을 다루기 위한 조치들을 제안했습니다. 그러나 핵무기의 등장 이후로 그런 조치는 점점 보복 다짐을 통한 공격 억제 쪽으로 바뀌었습니다.

공격적 위협을 통한 안보라는 방법은 효과를 발휘했습니다. 우리와 우방들은 30년 이상 핵전쟁을 예방하는 데 성공했습니다. 하지만 최근 몇 달 사이에 특히 합동 참모들을 포함한 제 보좌관들은 안보에 안보를 위해 공격적 보복에만 의존하는 방식에서 탈피할 필요성을 강조해 왔습니다.

이런 논의의 과정에서 저는 인간만큼은 다른 국가와 다른 인간의 존재를 위협함으로써 그들을 다루는 방식에서 초월할 수 있음을 점점 더 깊이 확신하게 되었습니다. 이런 확신에서 저는 긴장을 완화하고 양측의 전략적 계산에 더 큰 안정성을 부여할 모든 기회를 철저히 검토해야 한다고 생각합니다.

물론 우리가 할 수 있는 가장 중요한 일 중의 하나는 모든 무기, 특히 핵무기의 수준을 낮추는 것입니다. 그래서 지금 우리는 상호 무기 감축을 위해 소련과 여러 협상을 벌이고 있는 중입니다. 한 주가 지난 뒤 이 부분에 대한 제 생각을 말씀드리겠습니다. 지금은 제가 전심으로 노력하고 있다는 사실만 말씀드리겠습니다.

대대적인 군비 축소를 위한 우리의 노력에 소련이 동참한다면 우리는 핵 균형을 안정시킬 수 있습니다. 그러나 보복의 망령, 상호 위협에 의존한 필요성은 계속 남을 것입니다. 이는 인간의 본성에 관한 슬픈 현실입니다. 복수하지 않고 목숨을 구할 수 있는 좋은 방법이 없을까요? 진정으로 지속되는 안정성을 얻는 일에 우리의 모든 능력과 독창성을 쏟음으로써 우리의 평화적 의도를 증명할 방법은 없을까요? 저는 방법이 있다고 생각합니다. 사실, 우리는 그런 방법을 반드시 찾아야 합니다.

합동 참모들을 비롯한 제 보좌관들과 함께 신중하게 검토한 결과, 저는 방법이 있다는 결론을 내렸습니다. 희망찬 미래의 비전을 여러분에게 말씀드리겠습니다. 그것은 무시무시한 소련의 미사일을 방어적인 조치로 상대하는 프로그램을 추진하는 것입니다. 우리의 위대한 산업 근간을 탄생시키고 우리에게 지금과 같은 높은 삶의 질을 가져다준 기술적 강점을 활용합시다.

소련의 공격을 억제하기 위해 미국의 즉각적인 보복 위협에 의존하지 않아도 되고, 전략적 탄도탄이 우리의 땅이나 우리 우방의 땅에 도착하기 전에 우리가 그것을 중도에 파괴할 수 있다는 사실을 알기에 자유민들이 발 뻗고 잘 수 있다면 얼마나 좋겠습니까?

저는 이런 기술이 금세기 말까지는 완성될 수 없는 어마어마한 기술임을 잘 압니다. 그러나 현재 기술은 그런 프로그램을 시작해도 될 만큼의 수준까지 발전했습니다. 몇 년, 아마도 몇 십 년간 다방면의 노력이 필요할 것입니다. 실패와 후퇴도 있을 겁니다. 그러나 그만큼 성공과 도약도 있을 겁니다. 이 프로그램을 추진하는 동안 우리는 계속해서 핵 억제책과 유연하고 강력한 대응력을 유지해야 합니다. 그러나 세상을 핵전쟁의 위협으로부터 해방시키는 일에 충분히 투자할 가치가 있지 않겠습니까?

한편, 우리는 강한 위치에서 협상함으로 실질적인 핵무기 감축을 계속 추구할 것입니다. 우리의 전략적 군을 근대화할 때만이 강한 위치에 설 수 있습니다. 동시에 우리는 핵 이외의 능력을 개선함으로써 재래식 군사 분쟁이 핵전쟁으로 확산될 위험을 줄여야 합니다.

이제 미국은 핵이 아닌 재래식 군사력을 크게 개선할 수 있는 기술을 보유하고 있습니다. 이런 신기술로 과감하게 나아가면 미국이나 그 우방에 대한 소련의 공격 가능성을 크게 줄일 수 있습니다.

방어 기술이란 목표를 추구하는 한편, 우리는 우리 우방들이 우리의 전략적 공격 능력에 따른 공격 억제 효과에 의존하고 있음을 깨달았습니다. 그들의 중요한 이익들과 우리의 중요한 이익들은 불가사의하게 연결되어 있습니다. 그들의 안전과 우리의 안전은 하나입니다. 기술에 어떤 변화도 이런 현실을 바꿀 수 없습니다. 우리는 우리의 약속을 계속해서 지켜야 하며 지킬 것입니다.

방어 시스템에 한계가 있고 특정한 문제들과 모호함을 야기할 것은 분명합니다. 공격 시스템과 결합된 방어 시스템은 공격적 정책을 추구하는 것으로 보일 수 있습니다. 누구도 그런 정책을 원하지 않습니다. 그러나 이런 부분을 마음 깊이 새긴 채, 저는 우리에게 핵무기를 만들어 준 우리 국가의 과학자들에게 이제 그 위대한 재능을 인류와 세계의 평화라는 명분에 쏟아 줄 것을 촉구하는 바입니다. 그들이 핵무기를 무력한 고물로 만들어 주길 바랍니다.

오늘밤, 저는 ABM 조약에 대한 우리의 의무에 따라, 또 우방들과의 더 가까운 협력 필요성을 절감하면서 중요한 첫발을 내딛고 있습니다. 저는 전략적 핵미사일의 위협을 없애겠다는 우리의 궁극적 목표를 향해 발을 뻗고 있습니다. 그런 목표를 가진 장기적인 연구 및 개발 프로그램을 정의하기 위한 포괄적이고도 심도 있는 노력을 시작했습니다. 이를 통해 무기 자체를 없애기 위한 군비 축소 조치의 기초가 마련될 수 있습니다. 우리는 군사적 우위도 정치적 이점도 추구하지 않습니다. 모든 사람들이 공유하는 우리의 유일한 목적은 핵전쟁 위험을 줄이기 위한 방법을 찾는 것입니다.

사랑하는 국민 여러분, 오늘밤 우리는 인간 역사의 방향 전환을 약속하는 노력을 시작했습니다. 위험도 있고 열매를 맺기까지 시간이 걸릴 것입니다. 그러나 저는 우리가 할 수 있다고 믿습니다. 이제 시작이나 여러분의 기도와 지원을 부탁드립니다.

감사합니다. 좋은 밤 되십시오. 여러분에게 하나님의 축복이 있길 바랍니다.

적에 맞서

AGAINST THE ENEMY

Thomas Jefferson

렘브란트 필(Rembrandt Peale)의 그림

1807년 6월 22일 오후 3시 30분, 버지니아 해안으로부터 10마일쯤 떨어진 해역. USS 체사피크(Chesapeake) 호가 제임스 배런(James Barron) 제독의 지휘 하에 지중해로 항해를 출발했다. 갑판에 흩어져 있던 선원들은 화창한 날씨 덕분에 가까이 붙어 따라오는 배 한 척을 발견할 수 있었다. 바로 뒤에서 영국 소형 전함 HMS 레오파트(Leopard)가 몰래 따라오고 있었다. 레오파트 호는 중요한 메시지가 있다는 신호를 보내왔다.

배런 제독은 마지못해 레오파트 호의 메시지 송신을 허락했다. 젊은 대위가 노를 저어 체사피크 호에 올라 배런에게 쪽지를 전했다. 그것은 레오파트 호의 선원이 체사피크 호 안에서 영국인 탈영병을 수색하게 허락해 달라는 내용이었다. 배런은 탈영병 따위는 없을뿐더러 어떤 상황에서도 다른 배 선원의 승선을 허락하지 말라는 미국 정부의 지시가 있었다고 대답했다. 그는 "나는 조화를 수호하고 싶소. 딸려 보내는 이 편지가 만족스럽기를 바라오."라는 편지를 써서 보냈다.

영국 선박이 바다에서 미국 선박에 다가온 것은 이번이 처음이 아니었다. 영국은 지난 몇 년 동안 수없이 이런 행동을 해 왔다. 그리고 실제로 미국 선박 내에서 탈영병들을 꽤 발견하기도 했다. 당시 나폴레옹 전쟁이 벌어지고 있었는데, 프랑스군의 공격이 만만치 않아 영국 해군 병사들이 미국 항구에 도착하면 도망가는 일이 비일비재했다. 미국은 중립을 표방했기에 미국의 배는 안전했다. 그래서 많은 영국 수병들은 국가의 의무를 버리고 미국의 무역선을 타고 유럽으로 돌아갔다. 그러면 미국에 있는 영국 전함은 최소 군사력만 거느린 채 고국으로 돌아가야 했다.

영국을 특히 화나게 만든 것은 미국 정부가 영국 수병들에게 즉각적이고 손쉽게 미국 시민권을 주었다는 사실이었다. 영국은 이런 변절 행위를 더 이상 인정하지 않았고, 탈영병들을 본국으로 소환하기 위한 정책을 추진했다. 구체적인 방법은 미국 선박들을 세워 탈영병을 수색한 다음, 거기서 발견된 모든 영국 수병들을 '강제 징병' 하는 것이었다. 전쟁이 계속됨에 따라 영국은 병력 유지가 절실해졌고, 그에 따라 미국 선박에 대한 수색 행위가 점점 공격적인 양상을 띠게 되었다. 영국 전함의 지휘관들은 종종 영국 시민 출신이 아닌 미국인 선원들을 붙잡는 '실수 아닌 실수'를 저질렀다. 미국인 선원들의 삶을 더욱 힘들게 만든 것은 영국 정부가 탈영병 유무에 대한 사전 정보에 상관없이 모든 입출항 선박을 전담으로 수색하는 전함을 미국 해안에 영구 주둔시켰다는 사실이다.

레오파트 호는 이런 수색 전함의 하나였으며, 체사피크 호가 버지니아 해안의 린헤이븐 베이를 떠날 때부터 쫓아왔다.

영국 대위가 돌아간 지 몇 분 만에 레오파트 호는 체사피크 호로 가까이 접근했고, 함장은 다시 큰 소리로 수색을 요구했다.

배런 제독은 어떻게 해야 할지 확신이 서지 않아 갑판에 가만히 서 있었다. 현재 위치는 중립 해상이었기에 그가 영국인을 승선시킬 의무는 없었다. 그는 시간을 벌기 위해 무슨 말인지 못 알아들었노라고 외쳤다. 그러면서 부하들에게 상대편의 도발 행위에 대비하라고 명령했다. 하지만 체사피크 호의 선원들이 갑판에서 전투 위치로 이동하기도 전에 레오파트 호에서 날아온 포탄이 체사피크 호의 뱃머리를 관통했다. 공격이 개시된 것이다.

레오파트 호가 15분 동안 포탄을 전면 사격하여 체사피크 호의 돛대와 돛, 삭구를 망가뜨렸고, 선원 3명이 죽고 18명 이상이 부상을 입었다. 배런이 항복의 표시로 기를 내리자 그의 선원 한 명이 처음이자 마지막으로 체사피크 호의 유일한 포 한 방을 발사했는데 물론 항복의 뜻이었다. 거의 침몰 직전인 체사피크 호로 두 영국군 대위가 승선하여 탈영병을 수색했다. 그들은 체사피크 호의 석탄 저장 구멍에 숨어 있던 사람까지 포함해서 영국에 속한 네 사람을 발견했다. 넷 중 하나는 왕의 함대에서 도망쳐 나왔기에 교수형을 당할 운명에 놓였다.

만신창이가 된 체사피크 호는 시체와 죽어 가는 사람을 가득 실은 채 가까스로 버지니아 항구에 도착했고, 그 소식은 급속도로 미국 전역에 퍼져 나갔다. 탈영병을 태운 것은 사실이지만 영국의 지나친 행동은 미국인들을 분노하게 했다. 아이러니하게도 사건이 일어난 곳은 25년 전에 영국 해군이 요크타운 전투에서 패한 그 해역이었다. 요크타운 전투를 승리함으로써 미국은 독립을 확정 지을 수 있었다. 그런데 이제 미국의 독립이 위태로운 지경에 빠지게 되었다. 미국인들은 자국 항구 내에서도 더 이상 안전하지 않았다.

1807년 6월 28일, 4,000명의 인파가 상처로 죽은 체사피크 호 선원의 장례식에 나타났다. 사람들은 망자와 함께 희생된 동료 선원들을 애도하기 위해 팔에 검은 모직 띠를 감았다. 버지니아 주 노퍽에서는 항구 내 영국 선박들에 대해 수리나 물자 공급을 전면 거부하는 법안이 통과되었다. 토머스 제퍼슨 대통령은 "이 나라가 렉싱턴 전투 이후로 이만큼 흥분한 적은 없었다."라고 말했다. 전쟁의 그림자가 드리우기 시작한 것이다.

실제로 수년 동안 세계는 전쟁의 도가니 속에서 허덕여 왔다. 지난 4년 동안 프랑스와 영국은 유럽 내 우위를 주장하기 위해 싸워 왔고, 이 충돌은 향후 10년을 지속되어 500,000∼700,000명의 목숨을 앗아가게 된다. 프랑스가 영국으로부터 공해 통제권을 빼앗으려고 달려들고 영국이 프랑스의 유럽 대륙 정복 과정을 멈추려고 무력을 행사하는 가운데, 오스트리아와 프러시아, 러시아, 스웨덴, 독일이 각기 시기를 달리하여 피비린내 나는 전투에 휩쓸렸다. 대서양 너머에서 자유를 축하하던 신생국 미국은 구세계의 다툼에 끼어들고 싶지 않았다. 그러나 도발 행위가 줄을 잇고 자유와 안전이 위협을 받으면서 미국이 전쟁의 소용돌이를 피해갈 방도는 없는 듯했다. 체사피크 호 사건은 점점 늘어가는 유럽 열강의 도발 행위들 중 하나일 뿐이었다.

영국 파견 미국 대사였던 제임스 먼로(James Monroe)는 1807년 이

전까지 영국이 미국 상선 528척(3천만 달러 가치의 배와 화물, 오늘날 가치로 약 4억6천만 달러)을 나포하고 이유 없이 수천 명의 미국인 선원을 투옥한 것으로 추정했다. 세계 최고의 해군력을 자랑하는 영국은 명실상부 바다의 지배자였다. 체사피크 호 사건 몇 달 전에 영국은 미국이 중요한 파트너이자 동맹국인 프랑스와 교역하지 못하도록 방해했다. 그리고 더욱 최근에는 미국 선박이 먼저 영국 항구에 들러 세금을 내지 않으면 유럽 해안 어디에서도 교역을 하지 못하도록 했다. 불과 30년 전 독립 전쟁의 기억은 미국인들의 머릿속에 아직도 생생했다. 부분적으로 독립 전쟁은 불공평한 세금으로부터 탈피하기 위한 전쟁이었다. 그런데 영국의 새로운 정책은 점점 모욕적인 양상을 띠었고, 이제는 아예 미국을 과거의 식민 상태로 되돌리려는 듯했다.

엎친 데 덮친 격으로 이제 프랑스는 오히려 영국보다 더 비우호적으로 나왔다. 나폴레옹의 베를린 법령은 영국을 거쳐 프랑스로 도착하는 모든 선박을 압류하는 내용이었는데, 그런 선박의 소유자는 대개 미국인이었다. 미국의 공해상 자유가 양국에 의해 위기에 처한 만큼, 미국은 영국과 프랑스 모두에 전쟁을 선포할 명분이 있었다.

미국 시민들은 대응하라고 아우성이었다. 겉으로는 평시이면서도 미국과 영국의 악감정은 오히려 더욱 커져만 갔다. 제퍼슨 대통령은 이제 행동을 해야만 했다. 미국인 대부분은 제퍼슨이 백악관에 있는 한 전쟁은 시간문제라고 생각했다. 64세의 제퍼슨은 그만큼 대담한 행동으로 정평이 나 있었다. 그는 4년 전 나폴레옹으로부터 루이지애나를 구입할 때 새로운 땅 획득의 합헌성에 대한 우려를 과감하게 극복한 전력이 있었다. 또 그는 루이스(Lewis)와 클라크(Clark)의 역사적이며 유례

없는 서부 원정을 구상하고 지원했다. 자신보다 서른 살이나 어린 아리따운 노예 소녀와의 사랑을 주장함으로써 사회 관습의 틀을 완전히 깨뜨리기도 했다.

더욱 중요한 사실은 제퍼슨이 이미 전쟁 불사의 의지를 드러냈다는 것이다. 바바리 해안에서 미국 선박들이 해적들에게 당했을 때 제퍼슨은 해군 일개 함대를 보내 미국의 공해상 교역과 자유를 보호하도록 했다. 해적들은 미국 건국 이래로 계속해서 뇌물을 요구해 왔다. 1785년 프랑스 파견 대사 시절에 제퍼슨은 무사통과를 위해 해적에게 뇌물을 주면 더 큰 공격을 당할 수밖에 없다고 경고했으나 아무도 그의 말에 귀를 기울이지 않았다. 그리하여 1800년 인질 몸값과 공물은 미국 정부 연간 세입의 20%까지 치솟았다.

제퍼슨은 대통령이 된 후에 몸값과 공물을 중지하겠다고 공언했다. 취임식 당일에 해적들(그리고 그들을 지원하는 북아프리카 리더들)이 225,000달러를 요청해 오자 그는 이를 거부했고 오히려 지중해로 전함들을 보냈다. 미군이 과감한 인질 구출 작전을 펼치고 육지를 통해 데르나를 공격한 끝에 해적들은 백기를 들었다. 미군의 해상 전투 능력이 입증되는 순간이었다.

과감한 조치를 취하고 어떤 싸움도 두려워하지 않는 제퍼슨의 의지는 전설이 되었다. 그가 할 수 없는 일은 없어 보였다. 남자들이 일상 업무를 하기에도 바쁜 당시의 삶 속에서도 제퍼슨은 뛰어난 발명가이자 과학자, 바이올리니스트, 농학자, 종교학자, 건축가의 다양한 역할을 담당했다. 심지어 그는 미국에 아이스크림을 도입하기도 했다. 영국에 대한 그의 미움이 뿌리가 깊다는 사실은 미국의 전쟁 가능성을 더욱 높게 했다. 독립 전쟁이 실패로 돌아갔더라면 영국이 독립선언문을 쓴 제퍼슨을 누구보다도 먼저 교수형에 처했을 게 아닌가.

임기 내내 제퍼슨은 영국과 미국이 전혀 다른 국민으로 이루어진 다른 국가임을 강조했다. 그는 영국의 구식 관습과 사회 기준을 경멸했다.

이런 태도를 보여 주기라도 하듯, 첫 번째 대통령 임기 때 제퍼슨은 최초의 미국 파견 영국 대사인 안토니 메리(Anthony Merry)를 백악관 국빈 만찬회에 특별 초청했다. 메리는 아내와 국무장관 제임스 메디슨(James Madison)과 함께 도착했다. 훤칠하게 생긴 메리는 황금을 장식한 벨벳 코트를 입고, 전통대로 벨트에 검을 차고 서 있었다. 그런데 아무리 기다려도 제퍼슨은 나타나지 않았다.

메디슨이 한참 방 안을 살피는데 제퍼슨이 서재에서 나타나 손님을 맞았다. 그런데 옷차림이 가관이었다. 화장옷 차림에다 슬리퍼를 신었던 것이다. 메리는 입이 떡 벌어졌는데 여기서 끝이 아니었다. 제퍼슨은 영국과 프랑스 사이에 전쟁이 한창임에도 프랑스 대리 대사 루이 앙드레 삐숑(Louis Andre Pichon)을 그 자리에 불렀다. 게다가 메리와 삐숑 사이에는 개인적으로도 적대감이 있었다.

만찬 시작 종이 울리자 관례대로 메리 부인을 테이블로 에스코트하는 대신에 제퍼슨은 돌리 메디슨(Dolly Madison)의 손을 잡고 안내했고, 나머지 손님들은 알아서 자리로 흐트러지도록 내버려 두었다. 또 사각 테이블을 준비해 메리를 상석에 앉히는 대신 원형 테이블을 배치하였다. 만찬 내내 제퍼슨은 발로 슬리퍼 한 쪽을 공중에 던졌다가 커다란 발가락으로 그것을 붙잡기를 반복했다. 이에 메리는 만찬이 끝나자마자 부리나케 떠나갔다.

그날 저녁, 제퍼슨은 일부로 그런 것이었다. 사실 그는 영국의 규칙 하에 살아왔고 유럽에서 많은 시간을 보냈기에 올바른 행동 예절을 알고 있었지만, 단지 전통을 따를 마음이 없었을 뿐이다. 화장옷 차림으로 영국 대사와의 만찬회에 나가는 것은 제퍼슨이 독립 전쟁에서 싸운 또 다른 이유였다. 제퍼슨은 높은 귀족이었음에도 귀족이라는 개념을 거부했으며 스스로 가난한 농부이자 범인이 되고자 했다.(실제로 그는 7월 4일마다 자기 집을 대중에게 공개하여 미국인이면 누구나 대통령과 함께 건국 기념일을 기념할 수 있게 했다.) 영국과 전쟁을 벌일 수 있는 사람이 있다면 그는 바로 제퍼슨이었다.

제퍼슨은 영국을 미워하고 과감한 행동을 즐기며 대중의 전쟁 의지를 알고 있는 한편, 미국이 영국을 상대로 이길 수 없다는 사실도 잘 알고 있었다. 그는 나폴레옹 전쟁에 휩쓸리고 싶지 않았다. 1807년 미국은 상비군이 없었고 해군력도 미미했다. 사실 제퍼슨은 해안 방어의 대부분을 각 주의 시민군에 의존했으며, 해군은 지원 세력에 불과했다. 제퍼슨은 해군력이 미미한 미국이 500척 이상의 강력한 전함으로 전 세계의 바다를 다스리는 영국 해군을 상대할 수 없다는 사실을 잘 알았다.

실제로 미국은 자국 선박과 선원들에 대한 영국의 공격을 저지하려고 노력해 왔으나 아무런 소용이 없었다. 1807년 미국과 영국 사이에서 이루어진 먼로−핑크니(Monroe-Pinckney) 조약에서 영국은 무고한 미국인 병사를 나포하지 않기로 비공식적으로 약속했으나 그 약속은 무용지물이었으며 공해상의 충돌을 전혀 줄이지 못했다. 영국은 미국이 반격할 힘이 없다는 것을 알았다.

제퍼슨의 재무장관 앨버트 갈라틴(Albert Gallatin)에 따르면, 전쟁은 국가의 채무와 세금을 증가시키고 모든 면에서 발전을 저해할 수 있었다. 그러나 제퍼슨으로서는 뭔가 행동을 취해야 했다. 그는 한 걸음 물러서서 전략적으로 생각하기로 했다. 미국이 전쟁에서 이길 수야 없겠지만 앞으로의 도발 행위를 저지하고 그 과정에서 영국과 프랑스에 타격을 입힐 수는 있었다.

제퍼슨은 상황을 논의하기 위해 내각을 소집했다. 그는 의회의 최근 국방 지출금을 가장 노출된 항구(뉴욕, 뉴올리언스, 찰스턴)를 요새화하는 데 사용했다. 또 전쟁이 필요할 경우 각 주에 시민군 100,000명씩 준비시킬 것을 요청했다. 마지막으로 모든 영국 무장 선박에게 즉시 미국 해역을 떠나라는 선언문을 발표했다. 또 이 선언문은 이들 선박에 대한 미국 시민들의 접근이나 물자 공급을 금지했다. 오직 조난에 빠지거나 공문서를 전달하는 선박만 미국 해역 내 운행이 허락되었다.

제퍼슨의 의도와 달리 이 선언문은 제대로 힘을 발휘하지 못했다. 미국 해역은 겨우 3마일 밖에 되지 않았는데, 체사피크 호 사건만 하더라도 그 너머 해역에서 벌어진 일이었다. 게다가 선언문의 내용을 집행하기는 불가능했다. 영국은 세계 최강의 해군력에 제약을 가하려는 미국의 시도를 비웃었다. 영국 사령관들은 노골적으로 새로운 규칙을 무시했다. 그들은 계속해서 미국 선박을 쫓아가 탈영병 수색을 요구했다. 한번은 버지니아 주지사가 시민군을 현장으로 파견했으나 해안의 시민군은 바다에 있는 배를 어찌하지 못했고 나약한 미국 해군과 해안 경비대도 속수무책이었다.

이에 제퍼슨은 이미 바다에 있는 자국 국민을 보호하는 쪽으로 눈길을 돌렸다. 정부의 추정에 따르면 미국인 40,000명이 공해에 있었다. 긴장이 고조되면 이들은 무방비 상태에서 영국의 표적이 될 수 있었다. 제퍼슨은 영국이 미국 선박을 차례로 나포해도 미국이 어쩔 도리가 없다는 것이 안타깝기만 했다. 그래서 그는 체사피코 호가 향했던 지중해에 있는 모든 미국 선박을 소환하는 한편, 동맹국들에게 공감과 도움의 손길을 요청했다.

제퍼슨은 먼저 영국과 좋은 관계에 있는 러시아에 접근했다. 러시아가 영국 수상을 설득하여 미국 선박 나포를 멈추도록 만들기를 바랐던 것이다. 하지만 러시아는 단호히 거절했다.

다음으로 제퍼슨은 프랑스에 접근하여 프랑스 대사 뚜레 장군의 환심을 사고 영국에 대항하여 함께 싸우도록 설득했다. 악센트가 없는 완벽한 프랑스어로 제퍼슨이 뚜레에게 말했다. "영국이 우리에게 원하는 것을 주지 않으면 우리는 캐나다를 접수할 겁니다. 캐나다는 연방에 가입하기를 원하고 있습니다." 그러나 결국 그는 미군에 사실상 "장교가 없다."는 사실을 인정해야 했다. 뚜레는 프랑스 정부에 이렇게 보고했다. "제퍼슨이 전쟁을 원하지 않고 메디슨은 전쟁을 더욱 두려워하고 있다. 이 두 인물이 전쟁을 피하기 위해 모든 노력을 기울일 것으로 확신한다. 정부가 전쟁으로 얻을 것은 없고 잃을 것만 있다." 러시아와 마찬가지로 뚜레는 제퍼슨을 도와봤자 이익이 없다고 판단했던 것이다. 사실 동맹으로서 미국은 군사력 측면에서 하등 도움이 되지 않았다.

사실 제퍼슨은 분쟁에서 벗어날 외교적 방법을 찾고 싶었다. 영국에 대한 그의 미움과는 별개로, 혹시 미국이 승리할 가능성이 있더라도 전쟁은 그리 달가운 일이 아니었다. 제퍼슨은 본질상 평화주의자였다. 알렉산더 해밀턴이나 애런 버(Aaron Burr)와 같은 동시대 인물들과 달리 제퍼슨은 결투나 군사 경험이 전혀 없었고, 역사 기록상으로 볼 때 인간의 생명을 빼앗는 일에 결코 참여한 적이 없었다. 그는 평화 수호의 희망을 담은 편지를 쓰기도 했다. "나에게는 우리가 공정하고 친절하게 행동해야 남으로부터 공정하고 친절한 대접을 받을 수 있다는 믿음이 있다. 현재의 다툼 속에서 모든 교전국들은 우리의 선의에 관심을 가지게 될 것이다."

제퍼슨이 유례없는 조치를 취하게 된 데는 이런 배경이 있었다. 그는 미국이 군사력으로 영국에 타격을 입힐 수 없는 대신 무명과 모직 같은 원자재 수입에서 영국이 미국에 의존하고 있다는 사실을 이용하기로 했다. 그는 전쟁을 계획했고 준비했지만 결국 전쟁 선포를 거부했다. 대신 출입항 금지, 즉 미국과 영국 사이의 무역 전면 중단을 선언했다.

제퍼슨이 출입항 금지를 구상한 데는 두 가지 목적이 있었다. 하나는 미국 선박들을 육지로 불러들이는 것이고, 다른 하나는 영국의 경제에 큰 타격을 입혀 해군 정책을 바꾸도록 유도하는 것이었다. 제퍼슨이 보기에 이 조치는 완벽했다. 영국이 곧 미국 원자재 수입의 절실함을 깨닫고 조용히 도발 행위를 멈추리라 판단되었다. 제퍼슨은 다음과 같이 썼다. "우리와의 상거래는 그들 유럽의 교전국들에게 매우 귀중하므로 우리가 요구하는 유일한 대가가 공정한 대우뿐일 때 그들은 우리와 기꺼이 거래할 것이다."

그러나 현실은 그리 간단하지 않았다. 의회가 출입항 금지 법안을 기꺼이 통과시켰으나 그 법안이 보호하려는 대상인 미국 국민이 오히려 반발하고 나섰다. 법안이 통과되자마자 항구 도시들은 선박을 바다로 내보내려고 부산을 떨었다. 한 상자를 나를 수 있는 사람까지 모두 선적에 동원되었다. 심지어 텅 빈 선박도 어디선가 화물을 찾으려는 희망에 바다로 나섰다. 항구에 묶여 있는 배는 아무 짝에 쓸모가 없었기 때문이다. 선원들은 경악했다. 출입항 금지 조치는 선원들을 실업자로 만들었는데, 선원들에게 이는 나포 위험보다 더 끔찍한 일이었다. 사업가들은 떠나는 배에 마지막 상품까지 실으려고 발악했다. 그것이 마지막 남은 밀가루라는 사실이 세상에 알려지면 가격을 대폭 올릴 수 있었기 때문이다.

출입항 금지 조치는 결국 영국인이 아닌 미국인에게 엄청난 재앙으로 다가왔다. 항구를 봉쇄하자 선원 30,000명이 일자리를 잃었고, 무역에 거의 전적으로 의존하는 뉴잉글랜드의 경제는 바닥을 기었다. 최근까지만 해도 무명, 양모, 쌀, 차, 술, 와인으로 넘쳐나던 활기찬 뉴욕 시티는 유령 도시로 변해 버렸다. 출입항 금지 조치는 선적 회사들을 무너뜨렸을 뿐 아니라 해상 무역으로 삶을 꾸려가던 해상 보험업자들을 궁지에 몰아넣었다. 항구 가까운 곳의 소매상점들은 파리만 날렸고, 거리를 지나던 발길들도 뚝 끊어졌다. 대도시들은 공공사업을 추진하여 노는 일손들에게 일자리를 주었다. 일례로 필라델피아의 상공 회의소는 선원들에게 로프 만드는 일거리를 주었다.

더욱 심각한 것은 출입항 금지 조치가 부정행위를 조장했다는 사실이다. 모험적인 사업가들은 샘플레인 호의 캐나다 국경을 통해 물품을 몰래 반입했고, 제퍼슨은 군대를 보내 이를 막았다. 남쪽 플로리다에서도 부정 반입이 있었기에 제퍼슨은 그곳에도 증원 부대를 보내야 했다. 무역업자들은 어떤 편법을 써서라도 사업을 지속해야 했고, 제퍼슨은 새로운 법을 집행하기 위해 막대한 자원을 퍼부어야만 했다.

미국인들이 출입항 금지를 피해갈 방도를 속속 찾아냈는데 그때마다 제퍼슨은 법의 구멍을 막기 위해 법의 적용 범위를 점점 더 확장해야 했다. 처음에는 동해안을 따라 주들 사이의 필수품을 교역하는 것이 허락되었다. 그런데 선적 회사들은 이 점을 악용하여 세관에 거짓 항해 계획서를 제출하고는 짐을 싣고 엉뚱한 곳으로 향했다. 제퍼슨은 이런 행위를 막기 위해 모든 해안 교역을 금지했는데, 그 결과 전국이 식량 부족난에 빠지게 되었다. 사람들이 일상생활에 반드시 필요한 밀가루와 설탕을 구할 수 없었던 한편, 신선한 생산품과 구운 제품들이 부두에서 썩어 갔다. 미국 내에 식량이 풍부한데도 수요자에게 전달되지 못하고 해안에서 썩고 있었으니 국민들은 굶주릴 수밖에 없었다.

제퍼슨은 고집을 약간 꺾었다. 그는 주지사들이 완벽하게 신뢰할 수 있는 선적업자들에게만 국내 운송에 대해 '특별 허가'를 해 주도록 했다. 그러나 곧 주지사들은 영향력 있는 상인들의 압력에 굴복했으며, 부정 허가를 내주고 부정 교역을 눈감아주기 시작한 것이다. 또 주요 항구들은 허가증을 암거래하기 시작했다. 이에 제퍼슨은 단속을 강화했다. 그는 국내 교역을 위한 것이 분명한지 확인하기 위해 모든 무명과 주류의 특성을 살피고 모든 허가 신청서를 일일이 검토했다. 결국 시스템은 감당하기 어려운 지경에 이르렀다.

오직 신세계에서 부자가 되겠다는 목표를 가지고 독일에서 미국으로 건너온 한 중년 모피 무역업자는 배를 빌려 봉쇄를 뚫고 가족에게 돌아가게 해 달라고 제퍼슨에게 요청하는 편지를 실존하지 않는 중국 귀족 명의로 꾸며 냈다. 중국과의 관계 개선을 고심하던 제퍼슨은 그의 요청을 수락했고, 배는 엄청난 양의 화물을 싣고 중국으로 가 그것들을 중국 제품과 바꿔 가지고 돌아왔다. 출입항 금지 조치로 이런 상품의 가격이 천정부지로 올랐기에 존 자콥 아스터(John Jacob Astor)라는 이 남자는 평범한 모피 무역업자에서 엄청난 거부가 되었고 자손 대대로 부를 누렸다.

모험적인 상인들이 법망의 그물을 더 많이 발견할수록 제퍼슨은 그물의 범위를 점점 넓혀 갔다. 그는 '수레와 마차, 썰매' 등으로 물품을 운반하는 행위까지 출입항 금지의 범위를 넓혔다. 물품을 국경 너머 배까지 이동시킬 수 있는 모든 운송 수단의 사용을 금지한 것이다.

출입항 금지 조치가 미국 경제에 미친 영향은 실로 엄청났다. 1년 만에 미국의 수출액은 거의 80%(1억3백만 달러에서 2천2백 달러까지)나 하락했고, 수입액도 60%(1억4천5백만 달러에서 5천8백만 달러까지)나 하락했다. 또 밀수는 아무리 적게 잡아도 6백만 달러 수준까지 치솟았다. 미국 선박으로부터 발생하는 관세 수입은 연간 1천6백만 달러에서 몇 십 만 달러로 크게 줄었다. 또한 전국적으로 대략 선원 50,000명과 장정 100,000명이 일자리를 잃었으며, 뉴욕에서만 빚이 25달러인 1,150명을 포함해서 1,300명이 채무자 감옥에 들어갔다. 남부에서는 너무 많은 플랜테이션이 파산했기 때문에 빚 회수를 제한하는 '유예법'이 통과되었다.

뉴잉글랜드 신문들은 출입항 금지 조치에 관해 보도했다. 또 어느 역사학자가 기술했듯이 출입항 금지 조치 하에 영국이나 프랑스가 피를 흘렸다 하더라도 미국만큼 빠르게 흘리지는 않았다. 영국은 무릎을 꿇기는커녕 완벽하게 대응해 갔다. 영국 내에서 많은 산업 도시들이 생겨 났다. 또 영국은 미국 시장을 잃은 것을 보충하기 위해 스페인에 새로운 시장을 개척했다.

제퍼슨은 점점 좌절해 갔다. 1808년 대국민 연설에서 그는 출입항 금지 조치에 적극 협력해 줄 것을 국민들에게 호소했다. 그는 호전적인 열강의 부당함 때문에 우리의 대외 상거래를 중지시킨 것과 그로 인한 우리 시민들의 손해와 희생이 걱정거리라는 점을 인정하면서도 출입항 금지 조치를 일단 믿고 따라주기를 호소했다.

1808년이 저물어갈 무렵, 출입항 금지 조치는 실패작이라는 의견이 지배적이었다. 프랑스 파견 미국 대사였던 존 암스트롱(John Armstrong)은 "여기서 그것은 느껴지지 않고, 영국에서는 잊혀졌다."라고 썼다. 그런가 하면 100년 후 상원의원 헨리 로지는 다음과 같이 주장했다. "오늘날 자신이 가난해지면서까지 적에게 상처를 입히려는 문명국은 어디에도 없다. 출입항 금지 조치의 이론은 완전히 잘못되었다."

대통령으로서 제퍼슨의 마지막 행동 중 하나는 백악관을 떠나기 며칠 전 출입항 금지 조치의 폐지에 서명한 것이다. 그는 출입항 금지 조치의 실패를 인정했지만 밀수만 없었다면 효과를 보았을 거라고 굳게 믿었다. 그리고 나중에 "두 달만 더 유지했으면 1812년 전쟁을 막을 수 있었을 것이다."라고 주장했다.

당시 제퍼슨은 출입항 금지 조치의 부작용을 걱정했으며, 버지니아 주 몬티첼로에 있는 작은 언덕 집으로 돌아가면서 자신에 대한 후세의 평가에 관해 고민했다. 출입항 금지 조치는 상황을 역전시키지 못한 듯했다. 그 조치를 없앤 후에 영국은 계속해서 미국 선박들을 나포했으며 미국인 선원들을 억류했다. 1810년 15,000명에 가까운 미국인이 영국 선박에 갇혀 강제 노동을 했다. 영국은 출입항 금지 조치를 풀면 미국 선박을 건드리지 않겠다고 약속했으나 여전히 무뢰한처럼 굴었고, 그런 영국을 아무도 건드리지 못했다.

다른 선택의 길이 없고 시민들이 본때를 보여 주라고 아우성인 가운데, 1812년 매디슨 대통령은 마지못해 영국을 상대로 전쟁을 선포했다. 1814년 어느 여름날, 영국군이 백악관과 국회의사당에 불을 놓자 매디슨은 줄행랑을 쳤는데, 워싱턴의 나머지 부분은 폭우로 가까스로 보존되었다. 이제 71세 노인이 된 제퍼슨은 고향에서 그 소식을 들었다. 다행히 전쟁은 영국의 정복이 아닌 정전으로 마무리되었다. 미국은 위협에서 벗어나는 데 성공했다. 이는 많은 부분에서 제퍼슨의 '실패한' 출입항 금지 조치 덕분이었다. 출입항 금지 조치가 최소한 영국의 맹공을 견딜 만큼의 군사력을 기를 시간을 벌어 주었던 것이다. 정치적 압력 속에서도 이 조치를 고수한 제퍼슨의 용기가 신세계의 자유를 구한 것인지도 모른다.

제퍼슨과 마찬가지로 배런 제독도 압력에 굴복하지 않았다. 체사피크 호 사건 이후 그 배의 장교 6명은 신속한 전투태세를 갖추지 않았다는 이유로 배런을 고소했다. 이에 배런도 법정 싸움을 불사했다. 공판 후에 해군은 배런에게 벌금 없이 5년 집행유예를 선고했다. 1820년, 한 동료 제독이 영국에 순순히 항복했다며 배런을 비난했고, 오랜 논쟁 끝에 벌어진 결투에서 배런은 그를 죽였다.

제퍼슨은 정전 후 10년을 더 살면서 버지니아 대학을 설립했는데,

그는 이 대학을 자신의 최후 유산으로 보았다. 또 그는 자신의 비문을 직접 지었다. "독립선언문과 종교 자유를 위한 버지니아 법령의 작성자이자 버지니아 대학의 아버지인 토머스 제퍼슨, 여기에 잠들다." 여기에 그의 많은 업적, 그중에서도 대통령 시절에 이룬 중요한 업적은 빠졌다. 이제 출입항 금지 조치는 그의 기억에서 사라져 버린 것이다.

1826년 7월 4일 자정을 조금 넘긴 시각, 죽어 가는 제퍼슨이 의사에게 물었다. "오늘이 독립기념일인가?" 의사가 그렇다고 대답하자 그가 중얼거렸다. "아." 그는 하인들을 불러 작별 인사를 한 후 숨을 거두었다.

미국 상원과 하원에게

토머스 제퍼슨 대통령, 1808년 11월 8일

여덟 번째 연간 의회 연설

국민 여러분, 유럽에서 온 지난 소식, 즉 중립 권리를 무시하여 우리의 상거래에 막대한 타격을 입힌 호전적 국가들이 그들의 불의한 명령을 철회할 의무와 지혜를 깨달았다는 소식을 여러분에게 전하게 되어 참으로 기쁩니다. 저는 이런 좋은 결과를 만들어 내기 위해 모든 수단을 동원했고, 몇몇 출입항 금지법의 전면, 또는 일부 중단을 승인하는 일에 시간을 빼앗기지 않았습니다. 런던과 파리에 있는 사절들로 하여금 처음 공격이 시작된 구실을 없애고, 하나같이 마지못해 멈췄다고 주장하는 상거래를 재개하기 위해 우리의 권위를 사용하겠다는 뜻을 그곳 정부들에 전하도록 지시했습니다. 이들 각 정부가 중립국들의 부정할 수 없는 권리를 통해 상대에게 접근하던 행위를 그만두기로 맹세하고, 각 정부가 상대의 공격을 묵인했다는 오해에 따른 보복을 멈추며, 양자가 솔직한 고백을 이끌어 내고 미국의 상거래의 합당한 자유를 회복시키기 위한 근거를 확보하리라 기대되었습니다. 다른 교전국들과 관련하여 우리 사절들에게 내린 지시는 그 교전국들의 다른 상황, 그리고 법이 대통령의 정지 권한에 부가한 조건, 즉 프랑스 법령들의 폐지로는 이룰 수 없는 수준까지 우리 상거래의 안전을 확보해야 한다는 조건을 고려하여 필연적으로 수정되었습니다. 따라서 그런 폐지의 경우 프랑스에 대한 출입항 금지법 철회 대신 다른 해결책을 찾을 수 있을 것으로 생각되었습니다. 특히 우리의 정당한 요구에 대한 한 교전국의 순응과 다른 교전국의 거부에 따른 변화, 거부한 교전국과 미국 사이의 관계 변화에서 해결책을 찾을 수 있을 것 같았습니다. 바다에서 매우 강한 영국이 미국과의 관계에 대한 자신의 명령을 철회하면 미국과의 교육이 재개될 텐데, 명령을 철회하지 않을 경우에도 계속해서 적의 무역 금지가 유지되리라고 공공연하게 말하는 것은 그 조건과 일관되지 않는 것으로 보였습니다. 프랑스로부터는 아무런 대답을 받지 못했고, 프랑스 법령의 변화가 고려되고 있다는 조짐도 보이지 않았습니다. 영국이 우리의 제안을 기꺼이 받아들이는 것은 당연하게 보였습니다. 영국 의회의 명령들은 더 이상 존재하지 않는 미국의 묵인을 지지한다고 언급했습니다. 뿐만 아니라 제안된 합의는 프랑스의 불법적 법령을 거부하는 한편 사실상 영국의 명령들에 의해 공언된 바로 그 이점을 포함하고 있습니다. 그런데도 결국 제안된 합의는 거부되었습니다.

이런 솔직하고도 자유로운 실험이 실패했고, 대통령의 출입항 금지법의 정지가 승인될 만한 다른 사건들이 일어나지 않았으므로 출입항 금지법은 원래 상태로 남아 있어야 마땅합니다. 그러나 돌이켜보면, 그 조치로 인한 빈곤에 대한 보상으로, 그리고 우리 국민들이 애국심으로 참아준 덕분에 우리 선원들을 구하고 무역의 큰 번영을 되찾을 뿐 아니라 그 사건으로 인해 필요해진 방어적 임시 조치를 실행할 수 있어서 다행입니다. 외국 국가들에게는 우리 의회의 현대화 정신과 단호함이, 우리 시민들에게는 법과 국가의 권리를 수호하기 위해 단합해야 할 필요성이 증명되었습니다. 또 침입과 약탈에 저항할 경우에 전쟁으로 이어지고, 굴복할 경우에 우리 국가의 독립이라는 중요한 원칙을 잃을 수밖에 없는데, 그런 행위들을 크게 좌절시킬 수 있었습니다.

중립국의 권리를 신성시하는 법에 대항하는 호전적 조치들이 바다 전역에서 지속적으로 위험을 불러일으키는 가운데, 그런 상태에 가장 적합한 방향을 설정하는 것은 의회의 지혜에 달려 있습니다. 합중국의 모든 부분으로부터 우리 국민들의 여론을 종합하여 결정을 내림에 있어 의회가 국가의 중요한 권리와 이해관계를 정확히 고려하여, 선택하기 어려운 대안들을 잘 비교할 것이라고 저는 강하게 확신합니다. 어떤 것이든 선택된 대안이 위기 속에서 나타나는 모든 강점과 애국심을 통해 끝까지 추진되리라는 신뢰를 품지 않는다면, 우리 동포 시민들에게서 자주 볼 수 있었던 미덕을 무시하는 꼴이 될 것입니다.

우리 상거래에 반하는 외국 법령을 주제로 한 서신이 포함된 문서가 런던과 파리의 우리 사절들에게 내렸던 지시와 함께 지금 여러분 앞에 놓여 있습니다.

지난 회기에 의회에서 제출한 문서는, 체사피크 호에 대한 영국 전함의 공격에 관한 토론을 마치면서 국가가 막대한 관심을 표명한 바 있는 주제에 관해 논의를 마친 경위를 설명해 줍니다. 통과된 사안들에 대한 모든 시각이 영국 정부가 잘못의 시정을 위해 즉각적인 조치를 취할 것이라는 믿음을 뒷받침했습니다. 조사를 더 할수록 이 특별한 임무에 제공되지 않았던 것들이 필요하다는 점이 더욱 분명해졌습니다. 그런 목적으로 어떤 조치도 취해지지 않았다는 사실이 발견됩니다. 반대로, 여러분 앞에 놓인 문서를 보면, 시정을 방해하는, 용인할 수 없는 예비행위가 아직도 주장되고 있다는 점이 나타날 겁니다. 더욱이 이제 이런 주장에 의회의 분명한 명령까지 더해졌습니다. 필요시 미국이 주장하는 배상을 얻어 내기 위해 런던의 사절들에게 내렸던 명령은 전달된 문서들에 포함되어 있습니다.

유럽의 다른 국가들과 우리의 관계는 지난 회기 이후로 실질적인 변화가 없었습니다. 중단과 재개를 반복했던 스페인과의 중요한 협상은 스페인의 내부 상황에 따른 특이한 위기로 인해 중단될 수밖에 없습니다.

우리는 바르바리 지역과 계속해서 조화를 이루고 있습니다. 알제리 지방장관이 우리 영사에 대해 어처구니없는 태도를 보이는 것만 빼고 말입니다. 알제리의 특성과 상황은 지금 여러분 앞에 놓인 문서에 나와 있습니다. 현재나 미래에 대통령의 권한을 넘어선 조치가 필요할지 판단하는 데 도움일 될 것입니다.

우리의 이웃 인디언들과는 공공연한 평화가 꾸준히 유지되고 있습니다. 때로는 사건이 벌어지기도 하지만 국가의 의지가 필요할 정도는 아닙니다. 미시시피족, 아이오와족, 소크족, 앨라배마족은 미국 시민을 살해한 자기 동족을 심문과 처벌을 위해 우리에게 내주었습니다. 미시시피에서는 크리크족도 그런 범법자를 체포하기 위해 노력하고 있습니다. 촉토족은 자기 부족의 무법자가 저지른 약탈 행위에 관해 우호적이고도 정당한 협정을 맺을 의지를 표명했습니다. 일반적으로, 우리가 그들을 우리의 일부로 여기고 그들의 권리와 이익을 진심으로 존중한다는 확신에 따라, 인디언 부족들의 우호적 감정은 날로 강해지고 있습니다. 그런 감정이 가까운 곳에서 먼 곳까지 퍼지고 있으며, 그들을 향한 우리의 정의와 우정이 큰 효과를 거둘 것입니다. 북부 부족보다 남부 부족들에서 농업과 가내공업이 더욱 빠르게 발전하고 있는데, 이는 토양과 기후 조건 덕분입니다. 체로키 국가에 속한 두 개의 대규모 부족 중 하나는 미국 시민권을 받고 우리와 같은 법과 정부 아래 놓이는 문제를 고려하고 있습니다. 우리로서는 정말 바람직한 상황입니다.

지난 의회 회기에 우리 항구도시와 항구의 안전을 위한 지출을 승인한 결과, 여러 지역의 상황과 상대적인 중요도, 지출금의 양에 따라 국방을 위한 공사가 시작되었습니다. 이런 공사는 대개 현 시즌 내에 완성될 것입니다. 뉴욕과 뉴올리언스는 예외지만, 그 역시 이번 시즌에 공사가 거의 끝날 것입니다. 지난 지출금의 상당 부분이 기존 지역에 사용되었으나, 바다 침략에 대한 완벽한 안보를 위해 의회가 더 많은 의견을 내놓을 것입니다. 몇몇 지역의 공사 결과와 향후 공사 제안에 대한 의견은 보고서들을 받는 대로 알려드리겠습니다.

지난 12월 법으로 승인된 포함에 대해서는 올해에 103대만 구축하면 된다는 의견이 있었습니다. 기존 포함과 이번에 구축될 포함이면 노출된 항구와 해역을 방어하기에 충분합니다. 나머지는 필요할 때 빠른 시간 내에 구축할 수 있습니다.

지난 회기의 병력 증강에 관한 법에 따라, 징집 업무에 필요한 장교들을 즉시 임명했고, 승진한 인력을 채우기 위해 추가로 병력을 모집했습니다. 만족할 만한 결과라고 생각합니다. 그러나 아직 보고서가 도착하지 않았기에 정확한 숫자를 말씀드릴 수는 없습니다.

지난 회기에 저는 통과된 법에 따라 국민군이자 자원군의 대대적인 파견이 필요하다고 생각하지 않았습니다. 하지만 다음 시즌에 그들은 필요시 파견될 만반의 준비를 갖추고 있어야 할 것입니다. 탈세 시설들이 있던 북부 국경 지대의 일부에서 출입항 금지법을 집행하기 위해 소규모의 특별 파견이 있었습니다. 그러나 새로운 인력이 충원되자마자 대체되었습니다. 이런 파견군과 다른 지역에서 활동에 들어간 군함의 지원 덕분에, 초기에 우리가 미처 준비하지 못한 사이에 나타나 상당한 악영향을 끼친 불순종과 남용의 정신이 상당히 진정되었습니다.

우리가 살고 있는 이 시대의 독특한 상황을 고려할 때 우리는 우리 국가의 안전에 시선을 고정해야 합니다. 자유로운 사람들, 계속해서 자유롭게 살려는 사람들에게 뛰어난 조직력과 무기를 갖춘 국민군은 최상의 안보입니다. 따라서 모든 모임에서 국민군의 상황을 점검하고, 침략에 노출된 모든 지역에서 강력한 적을 내쫓을 준비가 되어 있는지 자문하는 것이 우리의 의무입니다. 일부 주는 이 문제에 훌륭하리만큼 큰 관심을 보였습니다. 하지만 일부 주에서는 정도는 달라도 태만이 엿보입니다. 의회만으로도 이 위대한 방위 기관의 한결같은 준비 태세를 유지시킬 힘이 있습니다. 의회 자신과 우리 국가의 안보에 대한 의회의 깊은 관심은 가장 중요한 토의 주제로서 표출될 것입니다.

무기에 관한 3월 11일과 4월 23일의 법에 따라, 그리고 유럽의 현재 상황과 판도에 따라, 해외에서 무기를 구하기 어려워지면서 우리는 내부 공급에 모든 노력을 쏟게 되었습니다. 그리하여 공공 공장들이 확장되었고 기계들이 추가로 설치되었으며, 발굴하고 훈련시킬 수 있는 기술자의 수도 이미 두 배 이상 증가했으며, 국민군의 연간 증가율에 맞취 계속 증가할 전망입니다. 최근 법에 따라 충당한 연간 총액은 개인 소유 무기 공장을 지원하는 데 사용되었으며, 거의 첫해 지출액에 맞먹는 계약이 개인업자들과 체결되었습니다.

호전적 국가들의 불법이 초래한 외국 거래의 중단, 그리고 그 결과로 나타난 손실과 희생은 큰 관심의 대상입니다. 원치 않게 이런 상황에 빠지는 바람에 우리는 우리 산업과 자본의 일부를 국내 생산과 개선에 활용해야 했습니다. 이런 전환은 날로 속도를 더해 가고 있으며, 값싼 자재, 노동자의 세금 면제, 보호 의무와 금령 덕분에 기존 시설과 신축 시설은 영구적으로 보존될 것입니다. 우리 국경 내에서 이루어지는 인디언들과의 상거래도 위와 같은 내부 상황 덕분에 풍성해질 것이며, 상호 적대적인 행위에 방해를 받지 않는 상태에서 인디언들에게 평화와 문명화를 가져다줄 것입니다.

지난 해 9월 30일까지의 수입과 지출 계산서가 아직 만들어지지 않았습니다. 재무부로부터 정확한 계산서가 전달될 것입니다. 한편, 수입은 거의 1,800만 달러에 이르는 것으로 확인되었습니다. 작년 초 국고에 있던 8백50만 달러와 이 수입을 합쳐, 현재의 수요와 이자를 지불한 후에 국채 원금 중 230만 달러를 처리하고 당일에 약 1,400만 달러를 국고에 남길 수 있었습니다. 이중에서 다음 해 1월 첫날에 535만 달러를 갚으면 이자 8% 주식의 상환이 마무리될 것입니다. 6년 반이 걸린 이 상환으로 원금 3,358만 달러 부채가 소멸될 것이며, 이로써 법과 우리의 계약이 제한하는 한도 내에서 국채를 판매할 수 있게 됩니다. 원금 상환으로 약 2백만 달러의 이자로부터 세입이 자유로워지며, 지출할 수 있는 연간 흑자가 증가하게 됩니다. 국채 상황에 사용할 수 있는 수준

이상으로 흑자가 쌓였을 경우 우리 상거래의 자유와 안전이 회복될 때마다 의회에서 그 활용 방법을 고려해야 마땅합니다. 그렇게 쌓인 흑자를 비생산적으로 국고에 쌓아 둘 것인가? 세입이 줄어들 것인가? 또는 의회가 이미 소유한 힘을 통해 그 흑자를 도로, 운하, 강, 교육 등 번영과 통합의 위대한 기초를 쌓는 데 사용할 것인가? 불안감이 있긴 하지만, 시간을 두고 고민한다면 개선을 위한 힘을 얻을 수 있을 것입니다.

입법부의 양원에 대한 연설을 마치기에 앞서, 제 요청에 따라 행정부에 들어온 후로 그들과 그들의 전임자들이 보여 준 신뢰와 수많은 관용에 대해 진심어린 감사를 빼놓을 수 없습니다. 국민들에게도 똑같은 감사를 드려야 마땅합니다. 그들의 지지는 어려움 속에서 제게 큰 힘이 되었습니다. 그들의 일을 처리함에 있어 저는 실수를 피할 수 없었습니다. 불안전한 우리는 늘 그렇지요. 그러나 진심으로 말씀드리지만, 제 이해력이 모자랐을 뿐이지 의도가 나빴던 것은 아닙니다. 모든 조치의 동기는 언제나 그들의 권리와 이익을 증진시키는 것이었습니다. 이런 부분에서 그들의 용서를 구하는 바입니다. 불안한 가운데 그들의 운명을 바라보면, 어려움 속에서 흔들리지 않았던 그들의 변함없는 인격, 그들의 자유 사랑, 준법, 공적 권위에 대한 지지 속에서 우리 공화국의 영원한 존립이 보장되리라 확신합니다. 저는 하늘이 사랑하는 우리 조국을 위해 장구한 번영과 행복을 예비해 놓았다는 확신과 안도 속에서 대통령의 짐을 벗고 싶습니다.

Franklin Roosevelt

USS 인디애나폴리스 호 위에서의 프랭클린 루스벨트

정원 호수

프랭클린 루스벨트와 무기 대여법

1940년 9월 15일 일요일 아침 윈스턴 처칠 수상이 창문 밖을 보았을 때 머리 위로 맑은 하늘이 펼쳐져 있었다. 처칠은 비가 내리거나 최소한 구름이 깔리기를 바랐으나 시야가 완벽하게 뚫려 있었다. 곧 하늘 위로 독일 폭격기가 나타날 것이다. 지난 두 달 내내 나치 전투기들이 때로는 한번에 수천 대씩 영국을 폭격했다. 오늘도 예외는 아닐 것이다.

프랑스를 패배시키고 이제 유럽 대륙을 지배한 아돌프 히틀러(Adolf Hitler)는 영국의 무릎을 꿇게 하는 데 군사력을 집중시켰다. 처칠은 독일 공습이 무시무시한 독일 육군의 영국 침략을 예고하는 전주곡에 불과함을 잘 알고 있었다.

영국 해안에서 불과 22마일 떨어진 해역에 독일 함대가 진을 치고 있었다. 런던 주재 미군 무관이 말했듯이, 영국은 "군사 침공을 견디기 위한 요새화나 준비 태세가 롱아일랜드만도 못했다." 독일군보다 훨씬 열악한 영국군은 나치의 여름 진격 때 포와 탱크 대부분을 남겨 둔 채 도망쳤다. 재난을 피하려는 몸부림으로 영국은 바다에 불을 지르는 실험을 감행했다. 처칠은 이페릿(mustard gas, 미란성 독가스)을 해변에 살포할까 고려하기도 했다.

다행히 지금까지는 수적 열세에도 불구하고 영국 공군의 영웅적 노력으로 히틀러의 계획이 차질을 빚어 왔다. 이 일요일 아침에 처칠은 런던 외부의 공군 지휘 센터로 가서 상황을 관찰하기로 했다. 그가 지하 50피트의 방폭 작전실에 도착하자 지휘관이 그를 맞으며 말했다. "오늘 무슨 일어날지 모르겠습니다만 현재는 조용합니다." 처칠은 작전실 뒤편에 자리를 잡고 앉았다.

15분 후 영국 해안으로 향하는 독일 전투기들의 쇄도가 레이더에 포착되었다. 20명의 인력이 테이블 위 거대한 지도 위에서 적의 위치를 표시하는 원반을 바쁘게 이리저리 옮겨 댔다. 벽의 전구는 출격 가능한 영국 비행중대를 표시했다. 처칠이 응시하는 동안 전구의 불빛은 하나씩, 결국 모두 꺼져 버렸다. "남은 예비중대는 없나?" 놀란 처칠이 묻자 지휘관이 대답했다. "전혀 없습니다." 영국의 모든 전투기가 출격한 것이다.

독일 전투기들이 런던 상공에 나타났을 때 영국 공군이 그들을 기다리고 있었다. 이내 격렬한 공중전이 벌어졌다. 불타오르는 전투기들이 공중에서 떨어졌는데 항상은 아니지만 가끔 낙하산을 탄 조종사들이 따라 떨어졌다. 영국 전투기 허리케인을 조정하던 레이 홈스 하사는 독일 폭격기 한 대를 조준하여 총을 발사하기 시작했다. 홈스는 적기가 자신을 피해 가리라 예상했으나 적기는 항로를 유지했고 허리케인의 몸체가 적기의 꼬리에 충돌했다. 적기가 추락하는 사이에 폭탄이 빠져 나왔고, 그중에서 두 개가 버킹엄 궁전에 떨어졌다. 홈스는 기체에서 탈출하여 한 아파트 위로 낙하산이 착륙했다. 그는 아래 정원에 있는 두 소녀에게 입을 맞추었고, 빅토리아 역 외부에서 폭격기 잔해를 확인한 후에 자신의 막사로 돌아갔다.

해가 떨어지기 전까지 나치 전투기 55대 이상이 추락했고, 영국 전투기는 25대가 추락했다. 처칠은 집으로 돌아가 잠깐 눈을 붙였다. 이틀 후 영국 첩보 기관은 히틀러가 바다사자 작전을 연기했다는 정보를 입수했다. 이로써 영국은 잠시 한숨을 돌릴 수 있게 되었다.

하지만 처칠은 위험이 사라진 게 아님을 잘 알고 있었다. 지상 침투가 연기된 것이지 취소된 것은 아니었다. 그리고 히틀러가 영국 해협을 통해 병력을 보내지는 않더라도 다른 방법으로 영국에게 항복을 강요할 수 있었다. 즉 나치의 전투기와 잠수함이 영국의 항운을 노리고 있었다. 독일이 바다를 장악하면 점점 영국의 목을 조여 올 것이다. 히틀러가 이왕이면 결정타를 원하겠지만 서서히 목을 조여 항복을 얻어 내는 방법도 마다할 리 없었다.

처칠의 문제는 여기서 끝이 아니었다. 오랜 기간 전쟁을 치르려면 돈이 필요했으나 영국 정부는 가난했다. 침공이 임박해 보였을 때 처칠은 재정 문제를 영원한 신의 힘에 맡기기로 결심한 바 있었다. 하지만 이제 전쟁이 지속될 것으로 보이는 만큼, 물질적인 자원이 반드시 필요했다.

그사이에도 폭격은 계속되었다. 지휘 센터에 방문한 지 이틀이 지나, 처칠은 런던에서 참모총장들을 만났다. 그때 공습이 시작되었고,

처칠은 장군들들 데리고 밖으로 나가 상황을 관찰했다. 사이렌이 울리고 폭탄이 터졌으며, 전투기에서 발사된 총알이 하늘을 가득 메웠다. 공원 반대편에서는 한 건물이 불타고 있었다.

한 관찰자의 말에 따르면, 당시 처칠은 콘크리트 방어벽에서 몇 걸음 떨어져서 턱을 내밀고 입에 긴 시가를 문 채 낮게 외쳤다. "신이 영국을 구해 주시리라." 그러나 그는 영국 혼자서는 불가능하다는 것을 알았다. 참모총장들이 석양을 보며 야간 폭격을 걱정하고 있을 때 처칠의 마음은 서쪽으로 향하고 있었다. 오직 한 나라, 한 사람만이 영국을 구할 수 있었다.

프랭클린 루스벨트는 히틀러를 저지해야 한다는 사실을 유럽의 많은 인사들보다도 먼저 인식했다. 처음부터 그는 잔다르크 콤플렉스를 가진 거친 사람 율리시스 시저와 예수 그리스도의 환생으로 자처하는 독일의 독재자를 경계했다. 그래서 1938년 워싱턴에 있는 독일 대사는 베를린에 보내는 보고서에서 루스벨트를 히틀러의 가장 위험한 적으로 불렀다.

2년 후 독일이 프랑스를 쓸어버리고 영국을 공격하자 루스벨트는 긴장한 상태에서 상황을 지켜보았다. 그가 보기에 나치 독일은 유럽의 민주주의를 위협할 뿐 아니라 미국에게 매우 위험한 존재였다. 히틀러는 태평양에 있는 미국의 적 일본과 연합했다. 독일이 영국을 무너뜨리면, 특히 영국 해군을 장악하면 추축국은 바다를 지배하게 되는 셈이었다. 이때 독일이 미국을 세계로부터 고립시키려고 마음을 먹으면 약한 미국 해군으로서는 그것을 저지할 수 없었다.

설상가상으로 많은 독일인들이 라틴 아메리카에 잠입해 있었다. 이미 브라질은 나치 동조자로 가득한 파시스트 정부가 지배하고 있었고, 아르헨티나에서도 독일의 군사작전이 개시되었다. 히틀러가 남으로부터 미국을 공격할 정도로 무분별하지는 않을지 몰라도 그가 파나마 운하를 장악할 가능성은 충분했다. 1940년에 스위스보다도 규모가 작았던 미군은 그런 독일을 저지할 힘이 없었다.

그러나 이런 위험이 존재하지 않더라도 루스벨트는 영국을 도왔을 것이다. 그는 장기적으로 미국이 나치 독일이나 제국주의 일본과 평화롭게 공존할 수 없다고 생각했다. 그가 보기에 미국이 '힘의 철학이 지배하는 세상에서 외로운 섬'으로 생존할 수 있다는 생각은 '망상'에 지나지 않았다.

불행히도 대부분의 미국인들은 그런 망상에 빠져 있는 듯했다. 외국의 독재를 무너뜨리기 위해서는 먼저 고국의 고립주의를 극복해야만 했다.

본국의 대변혁을 피해 이주해 온 사람들로 이루어진 미국에서는 항상 고립주의가 강력한 정치 세력으로 존재해 왔다. 양쪽 바다의 보호를 받는 상황에서 자국에게 아무런 영향을 미치지 않는 다른 국가들의 싸움에 자국의 아들들을 보낼 이유가 없다는 것이 고립주의의 주장이었다.

제1차 세계대전은 이런 주장을 더욱 강화시켰다. 당시 미국은 우드로 윌슨의 이상주의적 주장에 이끌려 참전했다. 그러나 자국 병사 50,000명을 잃은 후 베르사유에서 미국은 냉소주의와 복수심에 빠져든 연합국들을 무기력하게 지켜봐야 했다. 또 영국을 포함한 연합국들은 미국에 대한 전채(war debts)를 갚지 않았다. 루스벨트가 백악관 주인 노릇을 하고 있을 때 대부분의 미국인들은 미국의 제1차 세계대전 참전을 큰 실수로 생각했다. 1935년 어니스트 헤밍웨이는 미국인들의 감정을 다음과 같이 정리했다. "지난 전쟁 이후로 유럽의 어떤 국가도 우리의 친구가 아니었으며 지금도 마찬가지다. 자국 외에 어떤 국가를 위해서도 싸울 가치가 없다." 유럽 내 긴장감이 다시 고조되고 있음에도 고립주의자들의 마음은 조금도 바뀌지 않았다.

루스벨트는 지역적 이점이 더 이상 자국을 방어해 주지 않는다고 주장했다. 그는 적국이 버뮤다를 장악하면 "최신 폭격기들이 우리 해안에 도착하는 데 걸리는 시간은 불과 3시간도 되지 않는다."라고 말했다. 하지만 정치 세력으로서의 고립주의자들은 무시하지 못할 만큼 강력했다. 실제로 루스벨트는 종종 그들에게 주장을 굽혔다. 일례로 1932년 첫 번째 대통령 임기 때 그는 국제연맹에 대한 지지를 포기했다. 또 3년 후 의회에서 중립법(Neutrality Act)을 통과시켰을 때도 마지못해 거기에 서명했다.

국제주의자 친구들은 루스벨트가 원칙을 저버렸다며 비난했다. 또 루스벨트가 국제연맹을 포기했을 때 아내 앨리너는 그와 며칠 동안 얘기도 하지 않았다. 그러나 루스벨트는 단지 해야 할 바를 했을 뿐이라고 생각했고, 한 친구에게 이런 편지를 썼다. "이상과 그것을 얻는 수단에 차이가 있다는 생각을 해 본 적 있는가?"

루스벨트가 또 다른 국제 분쟁을 피하기 위해 보다 강력한 행동을 취하려고 했을 때 고립주의자들은 번번이 그를 저지했다. 1937년, 그는 일본에 대한 제재를 제안했을 때 두 의원은 그가 탄핵을 받아야 한다고 말했다. 1939년 초 히틀러가 체코슬로바키아로 진격한 후에 루스벨트는 의회에 중립법 폐지를 요청했으나 거절당했다.

심지어 히틀러가 프랑스를 점령한 후 영국으로 눈길을 돌린 후에도 고립주의자들은 민주국가들에 대한 지원에 반대했다. 그들은 그럴 경우에 미국이 전쟁에 휩쓸릴 수밖에 없다고 주장했다. 물론 미국의 행동을 원하는 이들도 있었다. 그리하여 1940년 여름과 가을에 여론은 극심하게 분열되었고, 공직자들 사이에서도 격렬한 논쟁이 벌어졌다. 뉴욕의 한 식당에는 논쟁을 반대하는 문구가 걸렸다. "법정에서 전쟁 토론을 삼가라." 베트남 전쟁을 비롯한 중대한 국가적 위기를 거쳐 온 역사학자 아서 슐레진저(Arthur Schlesinger Jr.)는 훗날 이렇게 말했다. "1940~1941년 극심한 논쟁 때만큼 가족과 친구관계가 분열된 적은 없었다."

그러나 미국의 직접적인 참전을 원하는 사람은 거의 없었다. 로버트 태프트 상원의원은 미국의 참전이 "독일의 승리보다도 못한 결과를 가져올 것이다."라고 말했다. 여론조사에 따르면 전국적으로 미국인의 6% 이하가 참전의 필요성을 느끼는 것으로 드러났다. 프린스턴 대학생들은 '미래 전쟁의 베테랑들'이란 조직을 구성하여, 자신들이 전쟁에 나가 죽기 전에 정부에서 당장 1,000달러의 보너스를 지급할 것을 요구했다. 또 다른 대학에서는 학생들이 "왕의 구원은 신에게 맡기자. 양키들은 가지 않을 것이다."라는 기치를 내걸고 데모를 했다.

미국인들이 논쟁하는 사이에 영국은 대재앙에 직면했다. 독일인들이 전술을 바꾸어 주로 해진 후에 런던 등의 도시에 폭격을 시작한 것이다. 당시 야간 공격에 대해서는 마땅한 방어책이 없었다.(나치 야간 공습 작전의 1%에서만 겨우 전투기 한 대가 격추되었다.) 1940년 10월 15일 하루에만 독일 폭격기는 거의 400톤에 이르는 폭탄을 런던에 투하했고, 독일 잠수함들은 계속해서 영국 선박들을 파괴했다.

처칠과 루스벨트는 20년 전에 런던에서 딱 한 번 만났다. 당시 루스벨트는 미래의 수상 처칠을 무례한 사람(우리 모두의 주인 행세를 한 불쾌한 사람)으로 보았으나 1939년 그와 비밀 교신을 시작했다. 전쟁 내내 지속된 둘 사이의 교신은 매우 독특한 것이었다. 즉 양국의 리더가 그토록 자주 사적 커뮤니케이션을 나눈 예는 지금까지 없다. 루스벨트(암호명 '실비아')는 이런 교신이 대중에게 알려질 경우 고립주의자들의 분노를 살 각오를 했다.

영국의 전망이 어두워지면서 처칠(암호명 '전 해군 인사')은 이런 사적 커뮤니케이션 통로를 통해 루스벨트에게 지원을 간청했다. 그는 절박한 군사 상황과 눈앞으로 다가온 재정 위기를 루스벨트에게 간략하게 설명했다.

루스벨트 입장에서 위기는 최악의 순간에 찾아왔다. 1940년은 선거해였고, 그가 미국을 전쟁으로 내몰 수 있는 어떤 행동을 취하더라도 고립주의자들은 모두 그에게 반대표를 던질 게 뻔했다. 늦여름에 실시된 여론조사에서 공화당 후보 웬델 윌키(Wendell Willkie)가 총선에서 루스벨트를 앞서는 것으로 드러났다. 윌키가 이기면 영국은 필요한 지원을 얻지 못할 가능성이 높았다.

도중에 어떤 일이 벌어질지 몰랐으나 루스벨트는 실질적으로 영국을 지원하고 의회에서 고립주의자들과 최종 대결을 펼치기까지 때를 기다려야 한다고 생각했다.

아마도 프랭클린 루스벨트는 미국의 대통령 중에서 인내의 가치를 가장 잘 아는 인물일 것이다. 그가 그것을 깨달은 것은 1920년인 듯하다. 그의 아들 제임스는 그를 세상에서 가장 잘생기고 강하고 멋지고 활기차고 매력적인 아버지로 기억했다. 거리에서 그를 본 여자들은 자신도 모르게 걸음을 멈추었다. 그가 겨우 38세의 해군차관보에 불과했으나 민주당은 그를 부통령 후보로 지명했다. 전국 전당대회에서 그는 연단으로 올라가 연설을 하고 싶은 열정에 의자 몇 개를 단숨에 뛰어넘어 주위를 놀라게 했다. 공화당원 워렌 하딩(Warren Harding)이 그해 총선에서 승리하였으나 전국 무대의 화려한 이력이 매력적인 젊은 뉴요커 루스벨트를 기다리고 있었다.

하지만 다음 해 어느 여름날, 그는 아이들과 수영을 즐긴 후 이상할 정도로 피곤함을 느꼈다. 다음 날 아침 침실로 걸어가는데 그의 왼쪽 다리가 갑자기 휘어졌고, 그 다음 날에는 아예 일어설 수가 없었다. 2주 만에 의사는 그에게 소아마비라는 충격적인 소식을 전했다.

인생의 목표를 거의 이룬 시점에서 이제 루스벨트는 인생을 처음부터 다시 써야 했다. 의사들은 그가 한없이 무너질까 우려했으나 놀랍게도 그는 "매우 활기찼고 놀랄 정도의 인내심을 발휘했다." 7년 동안 그는 근육의 움직임을 회복하는 데 온 힘을 쏟았다. 그는 목발과 고통스러울 정도로 무거운 다리 보호대를 사용하여 걷는 법을 배웠지만 그로 인해 심신이 매우 고단했다. 그러나 포기란 없었다. "오늘 차도까지 걸어가야 한다. 여기서부터 차도까지 쭉."

1924년에 그는 민주당 전국 전당대회에 복귀하여 연설을 했는데, 연단까지 걸어가겠다고 고집을 부렸다. 1년 전 뉴욕 증권 회사로 복귀하려고 했을 때 회사 로비의 바닥에서 목발이 미끄러지는 바람에 그는 사람들 앞에서 넘어졌고 모자가 땅바닥을 굴렀다. 그때의 경험도 그를 막지 못했다. 그의 아들 제임스가 그를 연단까지 부축했다. "아버지의 손가락이 펜치처럼 내 몸을 파고들었다. 아버지의 얼굴은 땀으로 뒤덮여 있었다." 루스벨트는 마지막 15피트를 혼자 걸었다. 12,000명의 의원들이 보는 가운데 그는 천천히 비틀거리며 무대로 나갔다. 한 관찰자는 메디슨 스퀘어 가든의 누구도 숨을 쉬지 않는 듯했다고 말했다. 그가 마침내 연단에 도착해 고개를 돌렸을 때 그의 얼굴에는 승리의 광채가 가득했다. 의원들은 3분 내내 박수를 멈추지 않았다. 태양이 구름과 메디슨 스퀘어 가든의 채광창을 뚫고 그에게 빛을 쏘았다.

하지만 의원들은 환호하면서도 루스벨트에게 공직을 수행할 능력이 있을까 우려했다. 루스벨트는 정계에서 살아남으려면 사람들이 자신의 병을 잊도록 만들어야 한다는 것을 알았다. 한번은 그가 친구의 집에서 저녁을 먹게 되었는데, 친구들은 그가 식사가 끝나고 관례대로 거실까지 걸어갈 수 있을지를 걱정했다. 그를 불편하게 만들고 싶지 않았던 친구들은 모임이 끝날 때까지 식탁에 머물기로 했다. 하지만 루스벨트가 의자에서 일어서면서 말했다. "내가 옆방으로 가는 걸 보게." 그러더니 고개를 들고 발을 질질 끌면서 기어서 방을 나섰다. 그런데 그 모습이 그리 이상하게 보이지 않았다. 앨리너는 이렇게 말했다. "그는 일부로 주위의 시선을 흐트러뜨리기 위해 뭔가를 했다. 주위에서 그의 놀라운 머리 외에 아무것도 볼 생각을 못하게 말이다."

1928년, 그의 이런 마법은 효력을 발휘했다. 그가 뉴욕 주지사에 당선된 것이다. 공직 시절의 많은 위기 속에서도 '침착한' 그를 보고 사람들이 놀라면 그는 이렇게 응수했다. "2년 동안 엄지발가락을 움직이려고 애쓰다보면 뭔들 쉬워 보이지 않겠소?"

　루스벨트는 1940년 여름, 그 어느 때보다도 침착성을 유지해야 했다. 윌키의 강력한 도전에 직면한 그는 자신이 참전할 기미를 조금이라도 보이면 고립주의자들의 맹렬한 비난이 이어지리라는 것을 알았다. 하지만 유럽의 위기 상황은 무시할 만한 것이 아니었다. 얼마나 절박했던지 평상시에 루스벨트와의 전보에서 신중하고도 부드러운 분위기를 유지했던 처칠은 참을성을 완전히 상실했다. "이런 상황에 최소한 구식 구축함 오륙십 대라도 보내 주지 않는지 이해할 수가 없습니다. 최대한 정중하게 말씀드립니다만 오랜 세계 역사 속에서 '지금' 이야말로 행동할 때입니다."

　루스벨트는 그런 절박한 외침을 모른 체 할 수 없었다. 그는 카리브 해 영국 해군 기지와 구축함을 맞바꾸는 협상을 벌였다. 상원의 고립주의자들이 이 거래를 거부하리라는 것을 알기에 그는 기존 법 내에서 구축함 인도를 승인했다. 많은 사람이 그 조치의 적법성에 이의를 제기했으나 그는 그대로 밀고 나갔다. "의회는 이에 대해 길길이 날뛸 것이다. 하지만 하루라도 더 미루면 문명 세계가 끝날지 모른다."

　그 거래로 루스벨트는 선거에서 패할 수도 있었다. 「세인트루이스 포스트 디스패치(St. Louis Post-Dispatch)」는 루스벨트를 거세게 비난했다. "루스벨트 대통령은 오늘 전쟁 행위를 했다. 또 그는 미국 최초의 독재자가 되었다." 심지어 속으로는 영국 지원에 동의하는 윌키조차 구축함 양도 계약을 빌미로 고립주의자들의 표를 얻고자 했다. 그는 의회의 승인 없이 구축함을 영국에 보낸 것은 미국 대통령이 취했던 조치 중에서 가장 독단적이고 독재적인 조치라고 말했다.

루스벨트는 유권자를 다시 사로잡기 위해 공격을 받은 경우가 아니면 미국이 참전할 일은 없다고 여러 번 되풀이했다. 하지만 그에 대한 압박은 점점 거세졌다. 「뉴욕 타임즈」를 비롯하여 과거에 그를 지지했던 신문들은 그의 3선을 반대하고 나섰다. 결국 선거 전날 연설에서 군중에게 이렇게 말했다. "우리의 아이들을 어떤 외국 전쟁에도 보내지 않겠습니다."라고 말하면서 다른 조건을 달지 않았다.

이에 한 연설문 작가가 빠진 부분을 꼬집었고, 루스벨트는 "누군가 우리를 공격하면 외국 전쟁이 아니지 않습니까?"라며 불쑥 말했다. 하지만 그런 태도의 차이는 효과를 발휘했다. 라디오에서 루스벨트의 연설을 듣던 윌키는 욕을 했다. "저 위선자 같으니라고. 정말 못 당하겠군."

그의 말은 옳았다. 11월 5일은 루스벨트는 손쉽게 3선에 성공했다.

대서양 건너 처칠은 엄청난 걱정 속에서 결과를 기다렸다. 그는 루스벨트 말고는 누구도 실질적인 지원책의 통과를 보장할 수 없다고 믿었다. 게다가 미국의 대선이 종반부로 치닫는 사이 히틀러는 런던 외의 다른 도시에도 폭격을 시작했다. 코번트리 공습은 도시의 중심부를 쑥대밭으로 만들었고 400명을 죽였다. 그리고 1주 후, 세 번에 걸친 버밍엄 공습은 두 배나 많은 인명을 살상했다. 또 설상가상으로 영국의 국고는 거의 바닥이 났다. 11월 23일, 영국 대사는 뉴욕에서 비행기에 오르면서 기자들에게 이렇게 말했다. "여러분, 영국은 파산했습니다. 우리가 원하는 것은 여러분의 돈입니다."

선거를 앞둔 루스벨트는 영국을 지원하기 위해 소극적인 방법을 쓸 수밖에 없었다. 그러나 소극적 조치를 취할 때는 이제 지났다. 이제 의회의 고립주의자들과 정면 대결을 해야 했다. 선거 후에 루스벨트는 휴가를 떠나기 위해 해군 순항함 USS 터스컬루사 호에 오르면서 각료들에게 상상력을 동원하여 계획을 내놓으라고 말했다.

다음 주에 행정부 관리들은 루스벨트가 제안할 내용을 논의하느라 끊임없이 모임을 가졌다. 어떤 이들은 영국에게 확실한 선물을 주자고 했으나 의회가 그것을 거부할 것은 너무도 뻔했다. 불행히도 차관 지원도 통할 것 같지 않았다. 미국인들은 제1차 세계대전 이후 영국이 전채를 갚지 않았다는 사실을 잊지 않고 있었다. 도무지 묘안이 떠오르지 않자 관리들은 그 문제를 사실상 제쳐놓았다. 그리고 루스벨트와의 교신을 통해 미국과 영국의 남은 기금을 모두 사용하여 무기 공장을 짓자고 제안했다. 의회가 1월에 모여 지원 문제를 다루기 전까지 일단 일을 벌이자는 것이었다.

내각이 모였을 때 터스컬루사 호는 카리브 해를 지나고 있었다. 루스벨트는 따뜻한 날씨 속에서 낚시와 영화 관람을 즐기고 친구들과 포커를 치면서 빈둥빈둥 시간을 보냈다. 그런데 12월 9일 수상 비행기가 도착하여 처칠의 긴급 메시지를 전달했다. 스스로 자신이 쓴 가장 중요한 메시지 중 하나로 생각한 10페이지 분량의 편지에서 처칠은 즉각적인 지원의 필요성을 역설했다.

"이 섬(영국)에 필요한 모든 종류의 군수품을 공급하지 않으면 대륙 독재자들의 정신이 무너질 때까지 그것이 보장되지 않으면 우리는 도중에 무너질지도 모릅니다. 영국이 배와 다른 공급품들에 대해 더 이상 현금을 지급할 수 없는 때가 거의 다가왔습니다. 우리가 대의를 위해 끝까지 고통과 희생을 감내할 줄 알리라 믿습니다. 나머지는 귀하와 귀 국민들에게 믿고 맡깁니다."

이틀 동안 루스벨트는 다른 활동을 접어둔 채 처칠의 편지에 관해 고심했다. 이틀 동안 그는 편지를 누구에게도 보여 주지 않았다. 당장 영국을 도와야 했다. 내각이 미봉책을 제안했을 때 루스벨트는 마음에 들어 하지 않았다. 그리고는 자신이 워싱턴으로 돌아갈 때까지 기다리 라고 지시했다. 워싱턴에서 내각은 루스벨트가 무엇을 들고 나타날지 기다렸다.

23년 전 봄날 저녁, 저명한 공화당원들이 뉴욕 메트로폴리탄 클럽의 밀실의 만찬회로 모였다. 회중에는 뉴저지 주지사, 전 국무장관, 전 해 군장관, 모건이 포함되어 있었다. 그러나 일행 중에서 가장 저명한 인 물은 전 대통령 시어도어 루스벨트였다. 이들은 모두 백악관은 현 주인 우드로 윌슨의 적들이었다.

1달 전, 카이저 빌헬름 2세는 제1차 세계대전의 판세를 뒤엎으려는 최후의 시도로, 대서양에서의 대대적인 잠수함 전쟁을 선포했다. 독일 의 U보트들은 연합군 항구로 향하는 모든 선박을 침몰시키라는 명령을 받았다. 그러나 윌슨은 미국이 참전하지 않기를 바랐고, 참전을 막기 위해 갖은 노력을 다했다. 그는 카이저의 선포 이후 독일과의 관계를 끊었으나 6주 동안 카이저를 자극할 수 있는 어떤 행동도 하지 않았다. 메트로폴리탄 클럽에 모인 사람들은 모두 윌슨의 태도에 불만을 품고 상황을 의논하고자 모인 것이었다.

토론 도중에 키가 크고 운동선수처럼 생긴, 그리고 모인 사람 중에서 가장 어린 사람이 방으로 들어왔다. 그의 등장은 회중의 눈살을 찌푸리게 만들기에 충분했다. 그는 민주당원이자 해군차관보로서 윌슨 정부의 핵심 인물이었기 때문이다. 그러나 그는 사촌 시어도어를 비롯해 거기 모인 사람들과 마찬가지로 독일에 대한 전쟁 선포를 몹시도 바랐다.

이야기가 진행되는 동안 프랭클린 루스벨트는 몇 주 전에 자신이 윌슨에게 했던 제안을 이야기했을지도 모른다. 윌슨은 미국 상선들이 독일 잠수함의 강제 수색으로부터 스스로를 보호할 수 있도록 무장하기를 원했다. 그러나 그는 의회의 승인이 필요하다고 생각했다.

변호사였던 프랭클린 루스벨트는 법을 연구한 끝에, 의회 승인 없이 윌슨이 선주들에게 총을 대여할 수 있도록 허가하는 옛 법령을 발견했다. 그러나 일부 각료들의 촉구에도 불구하고 윌슨은 편법을 사용하지 않으려 했다. 그가 상선 무장에 관한 제안을 국회의사당에 제출하자 반전(反戰) 상원의원들은 의사 진행을 방해하고 제안을 기각시켰다. 결국 몇 주를 더 끌다가 마침내 윌슨은 입장을 굽혀 옛 법에 따라 상선들을 무장시켰다.

처칠의 편지를 무릎에 놓고 카리브 해를 응시하던 프랭클린 루스벨트는 지난 일을 떠올렸을지도 모른다. 물론 그의 상황은 윌슨과 달랐다. 중요한 대외 지원을 제공하려면 반드시 의회의 동의를 거쳐야 했다. 그러나 어차피 고립주의자들과 부딪힐 바에야 영국에게 노골적인 선물을 주거나 대출을 제공하여 쉬운 표적이 되느니 연합국들이 원하는 것을 임대해 주는 것이 낫다는 생각이 들었다.

12월 16일 워싱턴에 돌아온 루스벨트는 고립주의자들에 대한 공격 계획을 세웠다. 그는 다음 날 기자회견을 열어 단도직입적인 표현으로 자신의 구상을 설명했다.

> 이웃집에 불이 났다고 합시다. 이웃이 제 정원 호수를 가져가 자기네 수도에 연결할 수 있다면 저는 기꺼이 그가 불을 끄도록 도울 것입니다. 그러면서 제가 무엇을 할까요? 이웃이 불을 끄기 전에 이렇게 말하지는 않을 겁니다. "제 정원 호수는 15달러 들었습니다. 그러니 15달러를 내십시오." 저는 15달러를 원하지 않습니다. 불이 꺼진 후에 정원 호수를 돌려받기를 원할 뿐입니다.

2주 후 노변담화에서 루스벨트는 미국이 영국의 몰락을 방관하지 않겠다고 공언했다. "우리는 침대 위로 기어가 머리 위까지 이불을 덮는다고 해서 위험을 피할 수 없다는 걸 잘 알고 있습니다. 우리는 민주주의의 위대한 병기고가 되어야 합니다." 루스벨트는 미국이 어느 정도까지 개입할지에 대해 제한을 두지 않았다. 한 역사학자는 이 연설을 두고 미국 대통령이 한 가장 극단적인 약속이라고 평했다.

루스벨트는 최대한 직접적이고도 저돌적으로 고립주의자들을 몰아붙였다. 그가 국회의사당으로 보낸 법안은 그의 노변담화만큼이나 대담한 것이었다. 그 법안이 통과되면 그는 스스로 판단하기에 어떤 국가라도 그 안전이 미국과 관련이 있을 경우에 무기를 임대하거나 배치할 힘을 가지게 되었다. 여기에는 상황을 규정하는 어떤 조항도 포함되지 않았다.

고립주의자들은 아마도 때가 왔다고 생각해 루스벨트의 제안에 격렬한 분노로 반응했다. 그들의 공격에는 두 가지 전제가 깔려 있었다. 첫째, 한 고립주의자의 표현에 따르면 루스벨트의 법안은 "모든 실질적 목적으로 의회를 폐지하는 것이다." 「시카고 트리뷴」은 독재자 법안이란 표현을 썼다. 둘째, 그 법안은 미국에 대한 독일의 공격과 나아가 미국의 공격을 유도하는 것이었다. 시카고 대학의 총장은 "미국 국민들이 자살하려고 하고 있다."고 말했고, 한 고립주의자 상원의원은 그 법안이 미국의 젊은이를 네 명 중 한 명꼴로 죽일 것이라고 했다.

루스벨트는 위 상원의원의 말을 우리 세대 공직자가 한 말 중에서 가장 비겁하고 매국적인 말로 치부했다. 그러나 그 말은 여론의 지지를 받았다. 영국 지원을 위해 로비했던 가장 저명한 조직의 우두머리가 루스벨트에게 등을 돌렸고, 그 법안이 미국을 전쟁으로 몰아넣을 것이라는 데 동의한 것이다.

이후 2달 동안 거센 논쟁이 이어졌다. 법안에 대한 의회 청문회에 사상 최고의 인파가 몰렸다. 독일의 승리가 필연적이라고 믿은 찰스 린드버그는 법안에 반대하는 증언을 했다. 또 법안 반대자들은 일련의 개정으로 법안의 알맹이를 빼내려고 애를 썼다.

그러나 루스벨트의 뛰어난 기지와 호소력 있는 연설 능력은 결국 전세를 역전시켰다. 1941년 3월 8일 마침내 의회에서 무기대여법안이 통과되었다. 고무된 처칠은 그 법에 대해 모든 국가의 역사상 가장 깨끗한 법 새로운 마그나카르타(Magna Carta : 1215년 영국왕 존이 귀족들의 강압에 따라 승인한 칙허장)라며 환호했다. 이제 히틀러에게 새로운 적이 생긴 셈이었다.

한편, 루스벨트는 고립주의의 몰락을 선언했다. 다음 날 저녁 백악관 기자 만찬회에서 그는 다음과 같이 선포했다. "이번 결정은 미국 유화정책을 종식시키는 결정입니다. 우리를 독재자와 어울리게 만들려는 모든 시도와 타협, 압제 세력에 종지부를 찍는 결정입니다."

미국의 군수 산업이 엔진에 불을 뿜자 대공황이 끝났고 또 다른 경제 위기에 신속히 대응할 수 있는 준비가 갖춰졌다. 생산량은 어마어마했다. 전쟁이 끝날 때까지 미국은 연합국들을 위해 비행기 300,000대, 탱크 107,000대, 총 2천만 정을 생산해 냈다.

1941년 8월, 루스벨트와 처칠은 뉴펀들랜드 해안의 미국 측 배에서 생애 두 번째 만남을 가졌다. 이들은 함께 전쟁 상황을 논한 후 처칠은 다음 날 아침 HMS 프린스 오브 웨일즈 호에서 열릴 예배에 루스벨트를 초대했다. 초청에 감사하고 싶었던 루스벨트는 자기 힘으로 걸어 프린스 오브 웨일즈 호에 승선하기로 결심했다.

다음 날 아침, 루스벨트의 배가 도착하자 처칠은 자기 배의 갑판에서 기다렸고 루스벨트는 현문을 통해 걸어왔다. 처칠의 눈에 루스벨트의 걸음에 스며 있는 고통이 보였다. 한 관찰자는 루스벨트에게서 평온한 조각상의 얼굴, 용을 무찌른 세인트 조지의 얼굴을 보았다고 회상했다.

의자에 도착한 루스벨트는 그 유명한 함박웃음을 지었다. 양국 대표단이 찬송가를 부를 때 처칠은 미국인과 영국인의 목소리가 하나로 뒤

섞이고 말 한 마디 한 마디가 심금을 울리는 것을 느꼈다.

프랭클린의 배가 떠날 때 한 장교가 모임에 대해 처칠에게 감사를 표시했다. "우리 모두에게 영광입니다." 그러자 처칠이 이렇게 화답했다. "여러분은 오늘 위대한 인물을 보았습니다."

백악관 라디오 연설

프랭클린 루스벨트 대통령, 1940년 12월 29일

지금 전쟁에 관한 노변담화를 나누자는 것은 아닙니다. 이 이야기는 국가 안보에 관한 이야기입니다. 여러분의 대통령이 가진 전체 목적의 요지는 현재 여러분과 나중에 여러분의 자녀, 훨씬 더 나중에 여러분의 손자를 전쟁으로 몰지 않는 것이기 때문입니다. 미국의 독립, 그리고 그것이 여러분과 저, 우리들에게 의미하는 모든 것을 수호하기 위한 최후의 전쟁 말입니다.

제임스타운과 플리머스 록 이후로 우리가 미국 문명이 지금과 같은 위험에 처한 적은 일찍이 없었습니다.

1940년 9월 27일 베를린에서 서약된 조약으로 인해 강력한 군사력을 지닌 세 나라, 다시 말해 유럽의 두 나라와 아시아의 한 나라가 결탁하여 우리를 위협하고 있습니다. 만약 미국이 세계 정복을 목적으로 하는 그들 세 나라의 팽창주의 정책을 방어하거나 개입한다면 그들은 힘을 합쳐 미국에 최후의 일격을 가하겠다고 위협하고 있습니다.

독일의 나치 선동자들은 자신들이 자국 국민들의 모든 삶과 사상을 통제할 뿐 아니라 유럽 전체를 예속시키고, 나아가 유럽의 자원을 이용하여 나머지 세상까지 지배하려는 의도가 있음을 분명히 천명해 왔습니다.

불과 3주 전에 그들의 리더는 이렇게 말했습니다. "서로 대치하고 있는 두 세계가 있다." 그리고 적들에 대한 도전적인 대답에서 이렇게 말했습니다. "이 세계가 있으면 우리가 영원히 만족할 수 없다는 말이 맞다. 나는 세상의 어떤 세력이라도 깨부술 것이다." 나치의 리더는 그렇게 말했습니다.

다시 말해, 추축국은 그들의 정부 철학과 우리의 정부 철학 사이에 궁극적인 평화가 있을 수 없다는 점을 단지 인정하는 수준을 넘어 선포하고 있습니다.

이런 부인할 수 없는 위협의 본질을 고려할 때, 침략국 쪽에서 세계 정복에 대한 모든 생각을 버리겠다는 분명한 의도를 보이는 날이 오기 전까지 미국이 평화의 대화를 추진할 권리나 이유가 없다고 단언할 수 있습니다.

이 순간, 자유롭게 살고 있는 모든 사람들을 대적하여 규합한 국가 세력들은 우리 해안에서 멀리 떨어져 있습니다. 독일과 이탈리아는 영국, 그리스, 그리고 정복된 국가로부터 가까스로 탈출한 수많은 병사와 선원들에 의해 대서양 반대편에 묶여 있습니다. 아시아에서는 일본이 중국의 강력한 방어력과 싸우고 있습니다.

태평양에는 우리 함대가 있습니다.

우리 국민 중 일부는 유럽과 아시아의 전쟁이 우리와 상관이 없다고 믿습니다. 하지만 유럽과 아시아의 전쟁 도발자들이 이 반구로 이어진 해양을 장악하지 말아야 한다는 사실은 우리에게 가장 중요한 문제입니다.

117년 전, 우리 정부는 이 반구를 위협하는 유럽 대륙 연합에 대한 방어 조치로서 먼로 독트린을 구상했습니다. 그 후로 우리는 이웃인 영국과 함께 대서양을 방어해 왔습니다. 조약도 없었고, 구두 계약도 없었는데 말입니다.

그러나 역사적으로 증명된 믿음, 즉 이웃으로서 우리가 어떤 분쟁도 평화적인 방법으로 해결할 수 있다는 믿음이 있었습니다. 그리고 이 기간 내내 서반구는 유럽이나 아시아의 공격으로부터 자유로웠습니다.

강력한 해군력을 보유한 자유 영국이 우리의 대서양 이웃으로 남아 있다면 우리는 어떤 공격도 두려워할 필요가 없습니다. 하지만 추축국 세력이 우리의 대서양 이웃으로 등장한다면 과연 우리가 편히 쉴 수 있겠습니까?

영국이 무너지면 추축국 세력은 유럽, 아시아, 아프리카, 호주 대륙, 그리고 공해를 장악할 것입니다. 즉 이 반구를 상대하기 위해 막대한 군사력과 해군 자원을 동원할 수 있는 위치에 서게 되는 것입니다. 아메리카에 있는 우리 모두가 총 끝에서 살게 될 것이라는 사실은 결코 과장이 아닙니다. 그 총에는 군사뿐 아니라 경제적인 총알이 장착될 것입니다.

우리 반구를 포함한 세계 전체가 야만적인 세력의 위협에 유린당하는, 끔찍한 시대로 접어들 것입니다. 이런 세계에서 살아남으려면 우리는 전쟁 경제를 기반으로 군국주의 국가가 되어야 할 것입니다.

우리 국민 중 일부는 영국이 무너지더라도 광활한 대서양과 태평양이 버티고 있기 때문에 우리는 안전하다고 믿습니다.

하지만 이런 대양의 거리가 의미하는 바는 범선 시대와 다릅니다. 아프리카와 브라질 사이의 한 지점으로부터 워싱턴까지의 거리는 워싱턴에서 콜로라도 주 덴버까지의 거리보다 짧습니다. 최신 폭격기로 다섯 시간 거리밖에 되지 않습니다. 그리고 미국과 아시아의 태평양쪽 북단은 거의 서로 붙어 있습니다.

심지어 오늘날에는 영국제도에서 뉴잉글랜드까지 날아왔다가 연료를 채우지 않고 돌아갈 수 있는 비행기도 있습니다. 현대 폭격기의 비행 거리는 지금도 계속해서 증가하고 있습니다.

지난주 동안 미국의 각 지역에서 많은 사람들이 오늘밤 제 입에서 자신들이 원하는 말이 나오기를 바란다고 말했습니다. 그들 대부분은 상황의 심각성에 관한 정확한 진실을 듣고 싶다는 용감한 의지를 표출했습니다. 하지만 한 전보에서는 내심으론 악이 존재한다는 것을 알면서도 악을 보지도 듣지도 않고 싶다는 소수의 의견이 표출되어 있었습니다. 그 전보의 주인은 미국 도시들이 이 서반구에 기지를 확보한 적국들로부터 얼마나 쉽게 폭격을 당할 수 있는지에 관해 다시 말하지 말아 달라고 간청했습니다. 전보의 요지는 이러했습니다. "대통령 각하, 제발 사실을 말해서 우리를 놀라게 하지 말아주세요."

솔직하고 단호하게 말하면 우리 앞에는 위험이 놓여 있습니다. 우리는 그 위험에 대한 준비를 해야 합니다. 우리는 침대 위로 기어가 머리 위까지 이불을 덮는다고 해서 위험, 또는 위험에 대한 두려움을 피할 수 없다는 걸 잘 알고 있습니다.

유럽의 일부 국가들은 독일과의 엄숙한 불간섭 조약에 얽매여 있습니다. 다른 국가들에 대해서는 독일은 침공하지 않을 테니 걱정하지 말라고 안심을 시켰습니다. 불간섭 조약이 있든 없든 간에, 결과적으로 그 나라들은 1시간 후 공격 개시 통보에 따라 또는 심지어 아무런 통보도 없이 공격과 유린을 당했고 현대의 노예로 전락했습니다. 이들 국가에서 망명한 리더 중 한 명은 언젠가 제게 이렇게 말했습니다. "통보는 사후에 이루어졌다. 독일군이 우리 국가의 수백 개 지역을 휩쓴 지 두 시간이 지나서야 통보가 도착했다."

이들 국가의 운명은 나치의 총부리 위에서 사는 삶이 어떤 것인지 말해줍니다. 자치는 다양한 사기행각으로 그런 행동을 정당화해 왔습니다. 이런 사기행각 중 하나는 자신들이 질서 회복을 목적으로 다른 국가를 점령하고 있다고 주장입니다. 또 다른 거짓 주장은 자신들이 다른 세력의 공격으로부터 보호할 목적으로 다른 국가를 점령하거나 통제하고 있다는 것입니다.

예를 들어, 독일은 영국으로부터 보호하기 위해 벨기에를 점령하고 있다고 발표했습니다. 나중에 독일이 남미 국가들에 대해서도 그런 식으로 말하지 말란 법이 있겠습니까? "우리는 미국의 공격으로부터 보호하기 위해 귀국을 점령하고 있는 겁니다."라고 말입니다.

오늘날 벨기에는 현재 사력을 다해 싸우고 있는 영국을 무너뜨리기 위한 침공의 발판으로 이용되고 있습니다. 남미 국가들도 나치의 손아

귀에 떨어지면 이 반구의 다른 공화국을 공격하기 위한 독일의 기점이 될 것입니다.

나치가 승리할 경우 독일에 가까운 두 지역의 미래가 어떻게 될지 여러분 스스로 판단해 보십시오. 아일랜드가 버틸 수 있겠습니까? 자유가 없는 세상에서 예외적으로 아일랜드의 자유만 허락되겠습니까? 아니면 5세기가 지나도록 포르투갈의 국기가 휘날리고 있는 아조레스 제도가 버틸 수 있겠습니까? 여러분과 저는 하와이를 태평양 방어의 기지로 생각하고 있습니다. 하지만 대서양의 아조레스가 태평양의 하와이보다 우리 해안에 더 가깝습니다.

추축국 세력이 서반구를 공략하려는 야욕을 품지 않을 것이라고 말하는 사람들이 있습니다. 그런 말은 정복당한 수많은 사람들의 저항력을 파괴했던 것과 똑같이 위험천만한 헛된 바람에 불과합니다. 누구나 알다시피 나치는 다른 모든 종족이 열등하기 때문에 자신들의 지배를 받아야 한다고 끊임없이 주장해 왔습니다. 무엇보다 중요한 사실은, 미국 대륙의 방대한 자원과 부가 전 세계를 강하게 유혹하는 전리품이라는 점입니다.

다른 수많은 국가들을 파괴하고 훼손하고 타락시킨 악의 세력이 이미 우리의 문 앞까지 이르렀다는, 부인할 수 없는 사실을 더 이상 모른 체하지 맙시다. 우리 정부는 그런 악의 세력에 관해 깊이 알고 있으며, 날마다 그들을 몰아내고 있습니다.

그들의 스파이들은 우리 땅과 이웃 국가들에서 활발히 활동하고 있습니다. 그들은 의심과 의견 불일치를 유도하여 내분을 일으킬 기회만 엿보고 있습니다. 그들은 자본과 노동이 서로 등을 돌리도록 유도하고 있으며, 오랜 잠에 빠져 있으며 이 땅에 설 자리가 없어야 할 인종차별 주의와 원한을 깨우려고 하고 있습니다. 편협을 조장하는 모든 그룹에 속해 활발히 활동하고 있습니다. 우리의 자연스러운 전쟁 혐오증을 자신들의 목적을 위해 이용하고 있습니다. 말썽을 조장하는 이런 자들은 오직 한 가지 목적밖에 없습니다. 그것은 우리 국민을 적대적인 집단들로 분열시키고 우리의 단결을 파괴하며 우리의 방어 의지를 분쇄하는 것입니다.

미국 시민 중에서도, 특히 고위층에서 대부분 자신도 모르는 사이에 이들 스파이들의 활동을 돕는 사람들이 있습니다. 저는 이런 미국 시민들을 외국의 스파이로 정죄하지 않습니다. 하지만 독재자들이 미국에서 하려는 일을 바로 그들이 하고 있다는 비난은 면키 어렵습니다.

이들은 다른 국가의 운명을 모른 체함으로써 우리의 목숨을 건질 수 있다고 믿으며, 개중에는 더 심한 착각에 빠진 사람들도 있습니다. 이를테면 우리가 추축국 세력의 친구, 또한 동반자가 될 수 있으며, 그렇게 해야 한다고 말하기도 합니다. 또한 우리가 독재의 수단들을 모방해야 한다고 주장하기도 합니다. 하지만 미국인은 결코 그럴 수 없습니다.

지난 2년간의 경험으로 볼 때 어떤 국가도 나치를 달랠 수 없다는 사실이 분명해졌습니다. 누구도 호랑이를 달래 고양이처럼 길들일 수 없습니다. 무자비함을 달랠 방법은 없습니다. 소이탄에게는 이성이 통하지 않습니다. 이제 우리는 어떤 나라도 완전한 항복 없이 나치와 평화를 유지할 수 없다는 것을 알았습니다.

심지어 이탈리아 국민들도 억지로 나치와 공범이 되었지만 동맹국들이 그들을 언제 죽음으로 내몰지 알 수 없습니다.

양보를 주장하는 미국인들은 오스트리아, 체코슬로바키아, 폴란드, 노르웨이, 벨기에, 네덜란드, 덴마크, 프랑스의 운명에서 나타난 경고를 무시하고 있습니다. 그들은 추축국 세력이 어쨌든 이길 것이라 말합니다. 세계의 이 모든 유혈극이 멈출 수 있으며, 미국이 강제된 평화 쪽으로 영향력을 발휘하고 거기서 최대한 이익을 뽑아내는 것이 낫다고 주장합니다.

그들은 그런 평화를 협상된 평화라고 부릅니다. 허튼소리입니다! 무법자 집단이 여러분의 지역사회를 포위하고 파멸의 위협으로 여러분에게 목숨 값을 내라고 하면 그것이 협상된 평화입니까?

이런 강제된 평화는 평화라고 말할 수 없습니다. 이것은 역사를 통틀어 가장 규모가 큰 군비 경쟁과 가장 파괴적인 무역 전쟁으로 이어질 수밖에 없는 또 다른 형태의 휴전입니다. 이런 싸움에서 미국은 추축국 세력에 강력히 저항할 따름입니다.

효율을 떠벌리고 이 전쟁의 종교적 목적을 과시하지만 그들의 이면에는 여전히 정치범 수용소와 사슬에 묶인 하나님의 종들이 있습니다.

최근의 역사를 보면 총살과 정치범 수용소는 일시적인 도구가 아니라 독재 광신자들의 제단이라는 사실을 알 수 있습니다. 그들은 그것을 이 세상의 새로운 질서라고 말할지 모르나, 그들이 마음에 두고 있는 것은 오로지 낡고 부패한 전제 정치의 부활뿐입니다. 거기에는 자유도 종교도 희망도 없습니다.

그들이 제안한 새로운 질서는 유럽 합중국이나 아시아 합중국 개념과 정반대입니다. 그것은 피지배자의 동의에 따라 세워진 정부가 아닙니다. 그것은 자존감을 가지고 억압으로부터 자신의 자유와 존엄성을 지키려는 평범한 남녀의 연합이 아닙니다. 그것은 인류를 지배하고 노예로 삼기 위한 힘과 금전의 사악한 연합입니다.

영국 국민들과 동맹국 국민들은 현재 이 사악한 연합을 상대로 적극적인 싸움을 벌이고 있습니다. 향후 우리 자신의 안보는 이 싸움의 결과에 크게 의존합니다. 우리의 전쟁에 휘말리지 않을 능력은 그 결과에 영향을 받을 것입니다. 저는 오늘과 내일의 조건에서 생각한 끝에 미국 국민들에게 직접 말하는 바입니다. 추축국의 공격으로부터 자신을 방어하고 있는 국가들을 우리가 최선을 다해 지원할 때 미국이 전쟁에 휘말릴 가능성이 훨씬 낮아집니다. 우리가 그들의 패배를 묵인하거나 추축국의 승리를 조용히 받아들이면 다음번 공격 대상은 바로 우리가 될 것입니다.

우리 자신에 대해 철저히 솔직해진다면 우리가 어떤 방향으로 가더라도 위험이 있다는 사실을 인정해야 합니다. 하지만 저는 제가 주창하는 방향이 가장 위험이 적고 향후 세계 평화를 이룰 확률이 크다는 사실에 우리 국민의 대다수가 동의하리라 굳게 믿습니다.

스스로를 방어하고 있는 유럽 국민들은 우리에게 싸우라고 요청하지 않습니다. 그들이 요구하는 것은 그들 스스로 자신들의 자유와 우리의 안보를 위해 싸울 수 있도록 전쟁 도구, 비행기, 탱크, 총, 화물 수송기를 제공해 달라는 것입니다. 반드시 우리는 이런 무기를 그들에게 주어야 합니다. 그것도 충분한 양을 최대한 빨리 주어야 합니다. 그래야 그들이 견뎌내야 하는 전쟁의 고통을 우리와 우리의 자녀가 겪지 않을 수 있습니다.

너무 늦었다는 패배주의자들의 말을 듣지 마십시오. 지금이 가장 빠른 때입니다. 내일은 오늘보다 빠르지 않습니다.

우리 국가는 이 긴급한 시기에 필요한 모든 것을 최대한 빠른 속도로 생산하기 위해 막대한 노력을 퍼붓고 있습니다. 이런 막대한 노력에는 막대한 희생이 따릅니다.

저는 민주주의를 방어하기 위해 가난과의 싸움을 포기하라고 말하고 싶지 않습니다. 이 정부가 시민들의 경제적 삶을 보호하지 못해 이 국가의 강점이 희석되어서는 안 됩니다.

기계 부분의 문제로 우리의 생산력이 떨어진다면 이런 기계가 노동자들의 기술과 체력으로 움직인다는 사실을 기억해야 합니다. 정부가 노동자의 권리를 보호하기 위해 애쓰는 만큼, 국가는 기계를 움직이는 사람들이 긴급한 국방의 필요성을 위해 책임을 다하기를 기대할 권리가 있습니다.

노동자는 엔지니어나 경영자, 소유자와 똑같은 인간 존엄성을 가지고 있으며 똑같은 직업 안정성을 누릴 권리가 있습니다. 노동자가 우리 구축함과 비행기, 탱크를 생산하기 위한 인력을 제공하기 때문입니다.

국가는 군수업체들이 파업이나 공장폐쇄 없이 계속 운영되기를 기대합니다. 경영자와 노동자가 자발적 또는 법적 수단으로 각자의 차이를 조종하여 시급한 군수품을 계속해서 생산해 주길 기대하고 주장합니다.

여러분도 알다시피 대규모 국방 프로그램의 경제적 측면에서 우리는 가격 안정, 나아가 생계비 안정을 유지하기 위해 모든 노력을 기울이고 있습니다.

9일 전에 저는 군수품 생산력 향상을 위한 우리의 대대적 노력을 진두지휘할 보다 효율적인 조직의 탄생을 선포했습니다. 막대한 자금 지출과 국방 프로그램의 원활한 경영만으로는 충분하지 않습니다. 총과 비행기, 배를 비롯한 많은 군수품이 미국의 공장과 병기창에서 생산되어야 합니다. 그것들은 기계의 도움으로 노동자와 경영자, 엔지니어가 생산해야 하며, 다시 그 기계는 전국의 수많은 노동자가 만들어야 합니다.

이 대대적인 사업에 있어 정부와 업계, 노동계의 뛰어난 협력이 이루어졌습니다. 이에 깊이 감사드리는 바입니다.

생산 문제 해결에서 전 세계에 비할 대상이 없는 미국의 산업 천재들이 자신들의 자원과 재능을 쏟아 부었습니다. 시계, 농사 도구, 라이노타이프, 금전 등록기, 자동차, 재봉틀, 잔디 깎는 기계, 기관차 제조업자들이 이제 도화선과 폭탄 상자, 망원경, 포탄, 권총, 탱크를 만들고 있습니다.

하지만 현재 우리의 모든 노력은 충분하지 않습니다. 우리는 배와 총, 비행기를 비롯한 모든 종류의 군수품이 더 많이 필요합니다. 이런 필요를 채우려면 우리는 평상시 운영 개념을 버려야 합니다. 기존의 생산 시설들에 인력과 재료를 더 많이 투입하는 것으로는 충분하지 않습니다.

국방을 위한 우리의 노력이 향후 과잉 생산 능력의 발생을 두려워하는 자들 때문에 방해를 받아서는 안 됩니다. 지금 국방에 실패했을 때의 결과가 훨씬 더 두려운 것입니다.

또 현재의 국방의 필요가 사라진 후에도 국가의 평시 필요를 채우기 위해서는 새로 추가된 생산 능력이 더 많이는 아니더라도 전부 필요할 것입니다.

미국의 미래에 관한 비관적 정책이 당장의 국방을 위한 산업 확장을 지체시켜서는 안 됩니다. 지금은 산업 확장이 반드시 필요한 시기입니다.

저는 지금 우리 국가가 모든 기계와 병기고, 공장을 세우고 있는 목적이 국방의 도구를 생산하기 위함임을 분명히 밝히고 싶습니다. 우리는 인력과 기술, 부, 그리고 무엇보다도 의지가 있습니다.

저는 소비품이나 고가품 생산업체들이 국방에 반드시 필요한 기계와 원자재를 사용해야 하더라도 우리의 가장 중요하고 시급한 목적을 위해 기꺼이 양보해야 하고, 또 기꺼이 양보하리라 확신합니다.

그래서 저는 이런 군수품을 빠르고도 대량으로 생산하는 일에 공장 소유주, 경영자, 노동자, 우리 정부 직원들이 젖 먹던 힘까지 쏟아 붓기를 간청하는 바입니다. 이런 간청을 함과 아울러 정부의 관리인 저희들도 모두 앞에 놓인 위대한 일에 여러분과 똑같은 전심으로 노력할 것은 약속드립니다.

비행기와 배, 총, 포탄이 생산되는 동안에 여러분의 정부와 국방 전문가들은 이 반구의 방어를 위해 그것을 어떻게 활용할지 판단하게 됩니다. 외국으로 얼마나 보내고 국내에 얼마나 남길지에 대한 결정은 전체적인 군사적 필요에 따라 이루어져야 합니다.

우리는 민주주의의 위대한 병기고가 되어야 합니다. 우리에게 이것은 전쟁 자체만큼이나 시급합니다. 우리는 전쟁시와 똑같은 결단력과 긴박감, 애국심, 희생정신으로 이 일에 전념해야 합니다.

우리는 영국에 막대한 물질적 지원을 했으며 앞으로 더 많은 지원을 할 것입니다.

영국을 돕겠다는 우리의 결단력에는 '막힘'이 없을 것입니다. 어떤 독재자도, 어떤 독재자들의 집합도 위협을 통해 우리의 결단력을 약화시킬 수 없습니다.

영국은 영웅적인 그리스 군대와 모든 망명 정부의 군대로부터 귀중한 군사적 지원을 받았습니다. 그들의 힘은 강해지고 있습니다. 그것은 자신들의 목숨보다도 자유를 소중히 여기는 남녀의 힘입니다.

저는 추축국 세력이 이 전쟁을 이길 수 없다고 믿습니다. 저의 이런 믿음은 믿을 만한 최신 정보에 따른 것입니다.

우리는 패배주의에 빠지지 않습니다. 우리가 희망을 가질 이유는 많습니다. 평화에 대한 희망, 우리 문명의 방어에 대한 희망, 미래에 더 좋은 문명을 건설할 수 있다는 희망 말입니다.

저는 미국 국민들이 과거에 모든 국방 도구의 생산을 늘리기 위해, 민주주의 신념에 대한 위협을 막기 위해 했던 노력보다 더 큰 노력을 해 주리라 굳게 믿습니다.

미국 대통령으로서 저는 국가적인 노력을 촉구하는 바입니다. 우리가 사랑하고 존중하며 우리가 자랑스럽게 섬기겠다고 맹세한 이 국가

의 이름으로 촉구합니다. 우리 모두의 명분이 대승을 거둘 것이라는 절
대적인 신념을 갖고 우리 국민들에게 촉구합니다.

Harry Truman

아이다 호 선 베이에서 엽총을 쏘고 있는 해리 트루먼 대통령

항상 옳은 일을 하라

해리 트루먼과 베를린 공수(空輸)

1948년 3월 5일, 미국의 독일 파견 전시지사 루시어스 클레이 (Lucius Clay) 장군은 우리와 공식적으로 관계가 있는 모든 소비에트 인사들에게서 새로운 긴장감이 있다는 내용의 극비 전보를 베를린에서 워싱턴으로 보냈다. 그는 극적으로 갑자기 전쟁이 발발할 수 있다고 보고했다. 이에 육군 장관 케네스 로얄(Kenneth Royall)은 러시아 근처까지 원자폭탄을 옮기는 데 얼마나 걸리는지 확인했다.

제2차 세계대전 말, 미국과 영국, 프랑스, 러시아는 독일을 거대한 파이처럼 쪼개 나눠가졌듯이 베를린을 분할했다. 그러나 나치의 전 수도는 러시아가 지정한 독일 동부 지구 깊숙이 박혀 있어서 마치 소비에트란 바다에 둘러싸인 하나의 섬과도 같았다. 불안한 4강 구도에 금이 가기 시작하면서 승전국들은 파괴된 도시 베를린을 점유하지 못했다.

소련이 배후 조종한 1948년 2월 체코슬로바키아 쿠데타 이후에 서방 연합국들은 독일의 세 지역을 서독이라는 하나의 독립국으로 합병하겠다는 계획을 밝혔다. 그리고 즉시 러시아의 반발이 거세게 일었다. 클레이의 경고 직후 소비에트 주지사인 바실리 소콜로프스키(Vassily Sokolovsky) 장군은 연합국 통제 위원회 모임을 박차고 나와 위원회의 무효를 선언했다. 그리고 3월 30일 소비에트는 독일 서부 지구에서 베를린으로 이어지는 유일한 철로의 모든 군수품 수송을 검열하겠다고 발표했다.

반(反)나치 지하운동의 리더 루스 안드레아스 프리드리히(Ruth Andreas-Friedrich)는 히틀러의 압제 속에서 살아남았고 소비에트 해방군에 의한 강간을 용케 피했으며 폐허 속을 뒤져 음식 쓰레기로 연명했는데, 그녀는 자기 군대 리더들의 논쟁을 화산 위에서 추는 춤에 비유하며 이렇게 걱정했다. "야채와 과일, 토마토 등 우리가 먹는 거의 모든 음식이 이웃 지방에서 유입된다. 그곳의 점령 세력은 눈 깜짝할 사이에 우리의 생명줄을 끊을 수 있다. 그런데 서방 연합국들이 3백만 베를린 시민에게 토마토를 공급할까? 과일과 야채, 전기를 공급해 줄까?" 그녀는 확신할 수 없었다.

그러나 클레이 장군은 소비에트의 위협에 위축되고 싶지 않았다. 펜타곤이 소비에트에 대한 무력 대항을 허락하지 않자 대신에 그는 소비에트 지구 5,000피트 상공으로 쌍발 C-47 화물 수송기 몇 대를 보냈는데, 이 경우 소비에트 대공화기나 전투기의 쉬운 표적이 될 수 있었다. 용감한 병사라는 뜻의 클레이의 비둘기들은 공중에 득실대는 무시무시한 소비에트의 전투기들이 자신들을 격추시킬지 알 수 없었다. 다행히도 미국 수송기들은 그런 사고 없이 베를린에 착륙했다. 그리고 나서 그들은 베를린의 미군 수비대에 제공할 공급품을 싣기 위해 프랑크푸

르트의 라인 마인 공군기지로 돌아갔다.

며칠 후 정상적인 철도 운행이 개시되었다. 그러나 소비에트는 마음 대로 연합군 장교들을 체포했고, 베를린 영국 지구의 개토 공항과 미국 지구의 중앙 철도국을 봉쇄하려고 했다가 사격 위협이 있고서야 물러 났다. 설상가상으로 소비에트 야크(Yak)-3들이 날아다니다가 영국 여객 기와 충돌하여 승무원과 민간인 10명이 죽는 사고가 발생했다. 이와 동 시에 소련의 지원을 받는 공산 지구 리더들은 서독이란 독립국가 건설 에 관한 서방 연합군들의 계획을 보이콧하는 데 동참하라며 베를린 주 민들을 선동했다. 그들은 "여러분이 정말로 국민 편에 있는지 증명하기 위해 여러분이 서명을 위해 받은 카드를 보여 줘야 할 때가 올 것이다." 라고 경고했다.

미국 내 상황으로 돌아가, 트루먼은 민주당 기금 모금을 위해 대통 령 전용 풀먼 장갑 열차인 페르디난도 마젤란(Ferdinand Magellan) 후미 에서 일련의 즉석연설을 했다. 특히 오리건 주 유진에서 그는 소련의 공격에 맞서겠다는 의지를 강조하며, 공산주의의 확산을 막겠다고 약 속했다. 그리고 약속의 증거로서 국무장관 조지 마샬 장군을 중심으로 대대적인 재정 지원을 제공하여 빈곤한 유럽 국가들을 부흥시키겠다는 계획을 언급했다. 한편, 또 다른 즉석연설에서 트루먼은 1945년 7월 포 츠담에서 소비에트 독재자 요세프 스탈린을 만났던 일을 떠올리며 "옛 친구가 좋습니다! 그는 부드러운 친구입니다."라고 말했다.

열차 후미에서 국무차관 로버트 로베트(Robert Lovett)는 트루먼의 신 임을 받는 백악관 참모 클라크 클리포드(Clark Clifford)에게 긴급 메시지를 보냈다. 내용인 즉은, 트루먼에게 스탈린 이야기를 다시는 하지 말라고 전하라는 것이었다. 이에 트루먼은 "내가 실수한 것 같군."이라며 잘못을 시인했다.

이런 실수, 나아가 겉으로 드러난 그의 소박함과 수수함으로 인해 많은 사람들은 그를 '미주리 출신의 소인(小人)'이라며 깔보았다. 사람들은 그를 작은 도시의 실패한 잡화상에서 시작해 농부와 카운티 판사를 거쳐, 부패로 유명한 캔자스 시티의 정치 지도자 톰 펜더개스트(Tom Pendergast)를 등에 업고 상원의원이 되어 워싱턴으로 입성한 별 볼 일 없는 인물로 치부했다. 그러나 군사 계약의 비효율성과 부정을 조사하기 위한 상원 위원회를 구성함으로써 이 소인은 프랭클린 루스벨트의 4선 러닝메이트로 공화당의 지명을 받게 된다. 하지만 1945년 4월 12일에 루스벨트가 죽었을 때, 오마르 브래들리(Omar Bradley) 장군의 설명처럼 "트루먼은 루스벨트의 커다란 자리를 메울 자격이 전혀 없어 보였다."

이후 포츠담에서 소비에트 독재자를 만났을 때 트루먼 대통령은 자신이 순진한 이상주의자라는 점을 인정했다. 그는 작은 개자식(그는 종종 스탈린을 이렇게 불렀다.)이 심지어 히틀러보다도 많은 인명을 살상했다는 사실을 알고 있었다. 그럼에도 그는 소박한 카키색 군복을 입고 붉은 리본 장식의 황금별 하나를 단 옛 친구에게 마음이 끌렸다.

트루먼은 스탈린이 자신과 마찬가지로 남의 말을 잘 들어 주고 거침없이 이야기한다는 점을 좋아했다. 또 트루먼이 유명 피아니스트의 쇼팽 왈츠 연주에 푹 빠져 악보를 직접 넘기며 감상했다고 알려지자, 스탈린은 모스크바 최고의 음악가들을 트루먼의 연회에 보내 주었다. 그

연회에 대해 트루먼은 대성공이란 표현을 썼다.

트루먼은 전에 개인적 친분으로 인해 곤란에 빠진 적이 있었다. 그는 너무 많은 고향 친구들을 참모에 임명하여 반대자들로부터 백악관을 미주리 독립을 위한 라이온스 클럽 사교장으로 만들었다는 비난을 받았다. 트루먼은 스탈린에 대한 좋은 인상 때문에 그가 얼마나 무자비한 독재자가 될지에 관해서는 별로 생각해 보지 않았다.

1948년 6월 18일, 미국과 영국, 프랑스는 서독 지구의 새로운 통화로 독일 마르크를 도입하는 계획을 추진했다. 단, 4강 협의회의 승인을 받기 전까지 베를린을 잠시 이 계획에서 제외시켰다.

소비에트는 동의를 보류했을 뿐 아니라 동독과 베를린에서 서독 통화 사용을 금지했고, 개별적인 새로운 법화의 도입을 추진했다. 그리하여 다음 날 아침 베를린에는 동독과 서독의 두 통화가 새로 등장했다. 이에 성난 시민들은 시청으로 몰려왔는데, 군중이 한꺼번에 시청 문을 통과하는 바람에 많은 사람들이 발에 밟혔다. 이때 데모가 폭력 사태로 변하면서 매를 맞은 사람들도 생겨났다.

6월 23일 오후 11시, 독일의 소비에트 통신사는 베를린의 소비에트 지구로 통하는 모든 교통이 중단되었다고 발표했고, 철로와 수로 역시 막혀 버렸다. 나아가 소비에트 통신사는 서부 지구에 석탄이나 전기가 공급되지 않는다는 공지를 전했다. 그리하여 아침부터 소련 지구에서 나가는 우유와 야채 운송이 중단되었고 동부 지구에 위치한 중앙은행의 구좌가 동결되었다. 베를린은 마치 중세 시대의 요새처럼 사방이 포위되었다.

이런 변화에 대한 공식적인 구실은 기술적 문제였다. 그러나 이것이 미국과 영국, 프랑스가 서독을 독립국가로 세우고 베를린에 새로운 독일 마르크를 도입하는 계획을 철회하지 않으면 250만 명을 굶겨 죽이겠다는 위협임을 모르는 사람은 없었다. 어쩌면 다른 연합국들을 베를린에서 모조리 몰아내려는 속셈인지도 몰랐다.

미국 병사들은 간단한 지시를 받았다. 한 중대의 지휘관은 엄한 목소리로 부하들에게 말했다. "제군들, 이것을 알아야 하네. 러시아가 쳐들어오기로 마음을 먹으면 우리 모두는 겨우 두 시간밖에 살 수 없다." 서방 연합국 세 나라는 베를린 주둔 병력이 모두 합해서 약 6,500명밖에 되지 않았다. 총 18,000병력에다 동독 지구를 둘러싼 추가 병력 300,000명과 수많은 중무장 탱크를 갖춘 소비에트와 도무지 비교가 되지 않았다.

스탈린이 베를린 전체를 기아로 몰아가리라는 사실을 트루먼은 쉽게 믿지 못했으나 베를린 주둔 미군 사령관 프랭크 하울리 대령은 그것을 확신했다. 베를린 4강 통치기구의 이전 모임에서 하울리는 현재의 빈약한 배급량인 1,250칼로리를 더 늘려야 한다고 주장한 바 있었다. 또한 그는 소비에트 대표에게 "쓰러진 여자를 찰 수는 없습니다."라고 말했다.

"친애하는 하울리 대령, 그때가 그들을 찰 절호의 기회 아닙니까?"

"식량을 정치적으로 이용하자는 말입니까?"

그러자 소비에트 대표가 가식적인 미소를 띠며 말했다.

"물론입니다."

이에 하울리 대령은 클레이 장군이나 국무성에 자문을 구하지 않은 채 공중파를 통해 미국이 떠나지 않을 것이라고 공언했다. 그는 30일

분량의 공급품밖에 없다는 사실을 먼저 인정한 후 열정적인 목소리로 말했다. "나는 분명히 압니다. 미국 국민들은 독일인들이 굶어죽는 것을 방관하지 않을 겁니다." 그리고 러시아인들에게 흑빵 외에 고민거리를 주면서 연설을 마무리했다. "우리는 당신네 군사적 의도에 관해 많은 것을 들었소. 그것에 관해 내가 할 말은 이것뿐이오. 우리 구역에 쳐들어오려면 단단히 준비해야 할 거요. 우리는 각오가 되어 있소."

전력 부족 때문에 서부 지구에 하울리의 메시지를 들을 수 있는 사람은 별로 없었다. 그래서 그는 확성기가 달린 트럭을 보내 거리에서 메시지를 전하도록 했다. 그리고 서부 지구를 그룹으로 나눠, 그룹마다 돌아가며 하루에 두 시간씩 전력을 공급받도록 했다. 루스 안드레아스 프리드리히 역시 자정부터 새벽 2시까지 전력을 이용할 수 있었다.

봉쇄 조치가 시작되기 전부터 하울리 대령은 클레이 장군의 도움으로 식량과 석탄을 임시로 공수하기로 계획했다. 상황이 아무리 나빠도 소비에트가 연합국의 비행기를 격추시키리라고는 아무도 생각지 않았다. 그날 미국과 영국 수송기 34대가 식량과 의료품 80톤을 싣고 베를린에 착륙했다. 하지만 하울리 휘하 전문가들의 계산에 따르면, 서부 지구는 식량과 석탄 등의 공급품이 하루에 최소한 4,500톤은 필요했다. 비행 역사상 오직 한 번, 제2차 세계대전 때 중국-인도-버마 전장의 히말라야 산맥 위에서만 대규모 공급품 수송이 성공했을 뿐이다. 그런데 베를린은 히말라야 작전에서 가장 많이 운반했던 때보다 거의 두 배나 많은 공급품이 필요했다.

클레이는 비행기만으로 베를린에 공급품을 수송하는 것은 절대적으로 불가능하다는 결론을 내렸다. 운송 조건이 너무 열악했다. 공중 수

송은 세 개의 좁은 수송로로만 가능했고, 서부 지구의 두 공항은 폐허가 된 도시의 나머지 부분과 마찬가지로 회복이 불가능할 정도로 파괴되어 있었다. 또 그 지역에 배치된 미군 비행기는 고물 C-47 100대가 전부였고, 영국은 더 심해서 고작 구식 모델 6대 뿐이었다.

이런 제약에도 불구하고 연합국 통제 위원회 위원인 영국 공군 준장 레저널드 와이테(Reginald Waite)는 대규모 공수 작전이 가능한지 독자적으로 조사했다. 그는 영국 전시 지사 브라이언 로버트손(Sir Brian Robertson) 경을 설득하여 런던에 공수 작전을 위한 비행단 증원을 요청케 했다. 클레이는 성공 여부가 의심스러우면서도 미국 수송기를 최대한 모아 와이테를 지원했다.

그리고 나서 클레이는 황급히 펜타곤과 국무성에 텔렉스를 쳐서 자신의 계획을 추진했다. 이미 그는 아우토반을 통해 소비에트 지구를 곧장 질러 베를린으로 가기 위해 장갑과 포, 전투 지휘 대대를 완벽히 갖춘 6,000명 규모의 무장 수송대를 소집해 놓았다. 이제 필요한 것은 명령을 내리기 위한 허가를 얻는 일뿐이었다.

이에 경악한 국무차관 로버트 로베트는 클레이에게 소비에트가 다리 몇 개를 날려 버린 후 산허리에 앉아 비웃을 것이라고 말했다. 육군장관 케네스 로얄은 베를린의 통화 개혁이 전쟁까지 벌여야 할 일이 아니므로 미국 주둔군을 베를린에서 철수시키라고 주장했다.

베를린으로부터 소식이 오자 트루먼은 국방장관 제임스 포레스털(James Forrestal), 국무차관 로베트, 육군 장관 로얄을 대통령 집무실로 불러들였다. 그들은 트루먼에게 소식을 전한 후 미국의 베를린 접근 루트 사용을 법적으로 보장해 주는 문서를 발견할 수 없었다고 했다. 이에 트루먼은 엄청난 실망감에 빠졌다. 트루먼이 공수 작전의 필요성을 누누이 강조했음에도 연합국 통제 위원회에서는 이 문제를 제기할 때마다 소련은 거부권을 행사해 왔다. 이제는 너무 늦었다.

트루먼은 보좌관들에게 정보를 더 수집해 오라고 지시했다. 그리고 한편으론 일본에 원자폭탄을 투하했던 모델인 B-29 2개 편대를 유럽으로 보내라고 명령했다. 소비에트 지구로 향할 B-29는 원자폭탄을 탑재하지 않았으나 스탈린이 그 사실을 알 리 없었다. 포커광이었던 트루먼은 블러핑의 효과를 잘 알고 있었던 것이다.

여느 때처럼 가벼운 발걸음을 유지하고 두꺼운 안경 뒤로 눈을 반짝이는 트루먼에게 걱정의 빛은 보이지 않았다. 신문에서 뉴욕 주지사 토머스 듀이(Thomas Dewey)의 공화당 대통령 후보 지명에 대해 그가 이미 당선된 것처럼 보도했음에도 트루먼은 조금도 동요하는 빛이 없었다. 그날 저녁, 트루먼은 사우스 론(South Lawn)에서 아내와 저녁을 먹고 경치를 구경했다. 그는 관찰한 바를 글로 쓰면서 사랑스런 밤을 즐겼다.

다음 날 오후 펜타곤에서 육군 장성 오마르 브래들리, 공군 장성 노리스 노스타드(Nauris Norstad), 해군 장관 존 설리반(John Sullivan)이 포레스틸, 로베트, 로얄과 만나 처음으로 적당한 대응책을 논하는 고위급 회담을 가졌다. 그들은 선택 사항을 세 가지로 좁혔다. 첫째, 미국이 베를린에서 철수할 수 있었다. 둘째, 계속 주둔한 채 외교적 해결책을 모색할 수 있었다. 셋째, 소련과의 전면전을 준비할 수 있었다. 그들이 베를린으로 돌진하는 전략으로 명명한 클레이의 수송 제안은 이내 무시되었다. 누구도 공수를 언급조차 하지 않았다.

모임 중간에 영국이 베를린에서 철수하지 않겠다고 공언했다는 소식을 들은 장군들은 충격을 받았다. 얼마 전 베를린 철수 계획을 논하기 위해 앨버트 웨드마이어 소장을 런던에 파견한 브래들리는 특히 어리둥절할 수밖에 없었다.

로베트가 백악관에서 여러 대안을 약술했을 때 트루먼이 고함을 질러 그의 말을 막고는 "그 점에 대해서는 토론할 필요도 없어. 우리는 베를린에 머문다. 이상."이라고 잘라 말하자 장군들은 더욱 경악했다. 트루먼은 영국인들만큼이나 고집쟁이였다. 이제 미주리의 심술궂은 고집쟁이가 그의 별명이 되어 버렸다.

로얄은 최대한 정중하게 물었다. "각하, 이 문제를 철저히 고민해 보셨습니까?" 그리고는 그런 입장을 고수하면 제3차 세계대전이 벌어질 수 있다는 점을 이야기했다.

이에 트루먼이 대답했다. "이 문제를 상황에 맞게 다뤄야 할 것이오. 하지만 우리가 협정에 의해 베를린에 주둔해 있고 러시아는 직접적이든 간접적이든 압력을 통해 우리를 몰아낼 권리가 없다는 사실이 중요하오."

보좌관들은 그것이 어렵다거나 대중의 호응이 없을 거라고 주장해 봐야 소용이 없다는 것을 잘 알고 있었다. 그렇게 주장하며 트루먼은 대통령 집무실에 걸어 놓은 마크 트웨인의 친필 액자를 가리킬 게 뻔했다. 액자에는 "항상 옳은 일을 하라! 이로 인해 어떤 사람은 기뻐할 것이고 나머지는 놀랄 것이다."라고 씌어 있었다.

베를린 주둔에 관한 트루먼의 입장이 확고하자 곧 토론의 쟁점은 자신들의 입장을 어떻게 고수할지로 모아졌다. 그들에게는 다행히도 트루먼은 클레이의 무장 수송대를 거부했다. 또 그는 항구들과 파나마 운하의 러시아 선박 출입을 막아 보복하자는 제안도 물리쳤다. 그는 뒤도 돌아보지 않고 공수가 최선책이라는 결론을 내렸고, 외교적 해결책을 찾기 전까지 대대적인 공수 작전을 펼치라고 지시했다. 클레이와 마찬가지로 보좌관들 대부분은 공수로 250만 명을 먹여 살릴 수 있다는 데 의문을 품었다. 그러나 트루먼은 그들의 생각을 묻지도, 자신의 계획이 통할 것이라는 장담도 하지 않았다.

미국 본토와 알래스카, 카리브 해로부터 10톤을 운송할 수 있는 C-54 스카이마스터 39대를 포함한 미국 수송기들이 독일로 향했다. 비행기를 가진 모든 사람, 이를테면 언론 담당 장교, 작전 전문가, 심지어 유럽 주둔 미공군 사령관 커티스 리메이(Curtis Lemay)까지 '식량 작전(Operation Vittles)'에 투입되어 2교대로 공급품을 수송했다. 마찬가지로 영연방 전역에서 '항공 운임 작전(Operation Plane Fare)'을 수행하기 위해 조종사들이 모여들었다. 베를린 시민들은 두 작전을 '디 루프트브뤼케(Luftbrucke, 공중 다리)'라고 불렀다. 한때 폭탄을 의미했던 끊임없는 비행기 엔진 소리가 이제는 석탄, 밀가루, 이스트, 스팸 통조림, 과일 통조림, 건조 감자, 야채를 전해 주는 희망과 생존의 소리로 바뀐 것이다. 6월 24일, 하울리 대령과 영국이 시작한 임시 공수 작전은 몇 주 사이에 전면 작전으로 바뀌었다.

처음에 공수 작전은 계획성이 없고 혼란스러웠다. 미국 작전 책임자 조셉 스미스(Joseph Smith) 준장이 규칙을 무시하고 5분마다 베를린에 수송선을 착륙시키라는 과감한 명령을 내리기 전까지 항공 교통 관제 기관은 25분 비행 간격 규칙을 바꾸지 않으려 했다. 7월 초에는 폭우가 내려 비행이 여러 번 지연되었고, 프로펠러와 타이어, 엔진 부품이 모자라서 비행이 취소된 일도 잦았다. 7월 8일에는 미국의 C-47 한 대가 비스바덴 서쪽의 산에 추락하여 승무원 전원이 사망했는데, 이는 작전 개시 후 첫 번째 사망 사고였다. 그러나 7월 중순에는 소비에트 전투기의 방해에도 불구하고 짐을 싣고 이동하고 짐을 내리고 귀환하고 연료 충전하고 다시 짐을 채우고 이륙하는 일이 꾸준히 반복되어 4분마다 한 대씩 베를린에 도착했다. 15일째 식량 작전은 24시간 내에 1,450톤을 나르는 기록을 세우기도 했다.

같은 날, 트루먼 역시 승리를 거두었다. 14일째 저녁 내내 비행기 안에서 참을성 있게 기다린 끝에 자정 직후 민주당 지명을 얻어 낸 것이다. 새벽 2시 더없이 생기발랄한 모습으로 린넨 옷을 입고 나타난 트루먼은 「라이프(Life)」가 릴 애브너 오자크(Lil Abner Ozark) 스타일로 평한 연설에서 흐리멍텅한 전당대회를 맹렬히 비난했다. 그는 7월 26일(그는 청중에게 이 날이 미주리의 순무의 날(Turnip Day)라고 말했다.) 특별 여름 회기로 의회를 소집함으로써 허튼소리 선거 약속을 지키라며 공화당원들을 몰아붙였다. 의회를 소집해야 그들의 주장대로 물가 상승을 멈추고 공민권과 교육 수준을 높이는 법안을 통과시킬 기회가 있지 않겠냐는 것이었다. 트루먼은 "그들은 마음만 먹으면 15일 안에 이 일을 해낼 수 있으며, 그리고도 공직에 출마할 시간이 남을 것입니다."라며 공화당원들을 조롱했다.

소비에트의 봉쇄를 풀려는 외교적 노력은 별 진전이 없었다. 7월 3일, 클레이 장군은 영국 및 프랑스 사령관들과 함께 소콜로프스키를 방문했는데, 그는 서독의 독립 정부를 세우려는 계획을 철회하지 않으면 기술적 문제가 계속될 거라고 주장하며, 봉쇄를 풀라는 공식 요청은 아예 응답조차 받지 못했다. 소련은 끝까지 기다릴 생각인 듯했다. 런던의 한 신문이 보도했듯이, "전문가들은 공수 작전이 막대한 심리적 영향에도 불구하고 베를린의 겨울을 책임져 줄 수 없다는 데 의견을 같이하고 있다."

스탈린은 트루먼의 고집과 참을성을 심각하게 과소평가했다. 그는 아내 베스 트루먼(Bess Truman)과 상의했어야 옳았다. 트루먼은 9년 동안 파이를 싸들고, 주일학교 친구였던 그녀의 엄마를 끈덕지게 찾아간 끝에 아내로 얻을 수 있었다.

트루먼은 개인적으로는 러시아가 일부러 베를린을 전쟁의 구실로 삼을까 우려했다. 그러나 그는 "우리는 베를린에 머물 것이다. 어떤 일이 일어나도 책임을 남에게 돌리지도, 내가 내린 결정에 대해 변명을 하지도 않겠다."라고 공언했다. 그는 자신의 입장을 고수하기 위해 스탈린만큼이나 자신의 군사 보좌관들과 맞서 싸웠다.

일례로 트루먼의 얼간이 전쟁 장관은 클레이에게 국가안전보장회의 증언을 위해 독일로부터 돌아오라고 명령했다. 트루먼의 눈에 이는 국가안전보장회의가 아무런 이유 없이 극도로 난처한 상황을 만드는 것으로밖에 보이지 않았다.

그러나 식량 작전의 엄청난 성공에 클레이의 확신은 흔들리기 시작했다. 이제 클레이는 비행기와 자원을 추가로 구할 수 있으면 베를린을 고수할 수 있다고 주장했다.

트루먼은 조용히 듣고 있다가 공군 참모총장 호이트 반덴베르크(Hoyt Vandenberg)에게 의견을 물었다. 반덴베르크는 독일에 너무 많은 비행기를 집중하면 미국이 위험에 노출될 수 있다고 우려했다. 또 그는 한 지역에 너무 많은 비행기가 모여 있으면 소비에트의 한 차례 공격에 전멸당할 가능성이 있다고 했다.

트루먼은 조용한 목소리로 무장 수송대를 베를린으로 보내는 것이 낫겠냐고 물었다. 그리고는 대답할 틈도 주지 않은 채, 자기 생각에는 공수 작전이 가장 부작용이 적은 것 같다고 말했다. 그는 지금보다 훨씬 많은 대형 C-54를 작전에 투입하라고 지시한 후에, 대통령인 자신이 위험을 감수할 용의가 있음을 분명히 밝혔다.

처음부터 공수를 반대해 왔던 반덴베르크는 베를린에 착륙 시설이 불충분한 점을 지적했다. 이번에는 클레이가 끼어들어, 자신이 이미 프랑스 지구에 새 공항에 적합한 지역을 찾아 놓았노라고 말했다. 이에 트루먼은 클레이에게 독일로 돌아가 공항을 신축하라고 지시했다.

얼마 있지 않아, 히말라야에서 산맥 공수 작전을 성공적으로 지휘했던 윌리엄 터너(William Tunner)가 식량 작전을 새로운 단계로 끌어올리기 위해 베를린에 도착했다. 독일 적십자에서 가장 아름다운 여인들이 지프를 타고 활주로를 돌아다녔기에 조종사들은 자기 비행기 안에서 지시를 받고 간단한 요기를 사먹을 수 있었다. 비행기는 3분마다 착륙했다. 8월 12일, 미국과 영국의 조종사들이 총 4,742톤의 화물을 베를린으로 공수함으로써 1일 최소 필요량을 처음으로 초과했다.

게일 할보센(Gail S. Halvorsen) 중위와 그의 승무원들은 공항 펜스 옆에서 기다리며 손을 흔들어대는 아이들에게 캔디를 떨어뜨리기 시작했다. 그가 보조익을 펄럭이는 사이에 하사관이 각기 손수건 낙하산이 달린 조그만 꾸러미를 기체 밖으로 던졌다. 몇 주 후 'Onkel Wachel flügel(펄럭이는 날개 아저씨)'에게 보낸 두툼한 편지 꾸러미를 본 'Scho koladenflieger(초콜릿 조종사)'는 캔디를 떨어뜨리는 일을 그만두기로 했고, 마지막으로 두 배 크기의 꾸러미를 떨어뜨렸다. 다음 날 그의 상 관이 「프랑크푸르터 차이퉁(Frankfurter Zeitung)」한 부를 그에게 보여 주었는데, 거기에는 "당신이 어제 베를린에서 캔디 과자로 한 기자의 머리를 맞출 뻔했다. 그는 이 이야기를 유럽 전역에 퍼뜨리고 있다."라 고 씌어 있었다. 곧 세계 곳곳에서 초콜릿과 캔디, 손수건을 산더미처럼 보내왔고, 초콜릿 조종사는 내친 김에 그것을 동부 지구까지 뿌렸다. 결 국 소비에트가 공식적인 불만을 표시한 후에야 그 일을 멈추었다.

외교적 노력은 여전히 오리무중이었다. 여름 내내 서방의 대사들이 연락을 취했으나 번번이 스탈린의 외무장관 브야체슬라프 몰로토프 (Vyacheslav Molotov)가 휴가를 떠났다는 대답만 들었을 뿐이다. 결국 몰 로토프는 7월 말에 돌아왔고 그의 부서로부터 아무것도 바뀐 것이 없으 나 서방 측이 그를 만날 이유가 없다는 연락만 날아왔다. 미국 대사 월 터 베델 스미스 장군과 그의 연합국 동료들은 가까스로 스탈린과 직접 만날 수 있었는데, 스탈린은 서독 건립 반대 입장을 버릴 준비가 되어 있는 듯했다. 그러나 이어서 만난 톨로토프는 이를 부인했다. 9월 중순, 대화는 완전히 단절되었다. 서방 연합국들은 다시 스탈린과 접촉하려 고 했으나 이번에는 그가 휴가를 떠났다는 연락만 돌아왔다.

베를린의 거리 곳곳에서 루스와 시민들은 희망과 절망 사이에서 갈 팡질팡했다. 그러나 그녀는 "뼈를 위해 싸우는 개가 아니라 개들에게 공격을 당하는 뼈의 입장이라면 갈팡질팡하더라도 격렬히 갈팡질팡한 다."라고 했다.

폭동과 데모, 경찰의 공격으로 베를린은 점점 폭력에 휩싸여 갔다. 경찰들은 두 지부로 나뉘었는데, 동부 지구는 서부 지부의 경찰 대부분을 체포했고, 베를린 시민들은 시청으로 모여 소동을 벌였다. 시의회가 미국 지구로 물러나자 루스 안드레아스 프리드리히는 "아마도 내일쯤이면 시 당국이 둘로 나뉘고, 지구 경계를 따라 흙벽과 망루를 갖춘 만리장성이 생길 것이다."라고 생각했다. 실제로 그런 상황으로 치닫고 있었다.

9월 9일, 250,000명의 데모 인파가 공화국의 광장에 모여 시청 공격에 대해 항의했다. 참여 인원은 가장 많이 모였던 강제적인 나치 집회 때보다도 많았다. 몇몇 사람들이 브란덴부르크의 문에 걸린 소비에트 깃발을 찢으려고 하자 동부 지부의 경찰이 총을 겨누었다. 곧 총소리가 났고 15세 소년이 몸으로 한 여인을 막다가 총을 맞고 숨졌다. 그 외에도 22명의 부상자가 나왔다.

트루먼은 일기에서 "끔찍한 기분이 들었다. 전쟁이 코앞으로 다가왔다. 제발 전쟁이 벌어지지 않았으면."이라고 고백했다. 각료들은 트루먼에게 원자폭탄을 사용할 준비가 되었는지 물었다. 역사상 처음으로 원자폭탄 투하를 허락했던 트루먼은 다시는 그런 결정을 내리지 않게 해 달라고 기도했다고 말했다. 그러나 상황이 어쩔 수 없다면 또다시 그런 결정을 내릴 수밖에 없다고 했다.

이런 문제가 있었음에도 불구하고 9월 17일 트루먼은 장갑 열차에 올라 33일에 걸친 선거운동을 힘차게 출발했고, 공화당원 톰 듀이에 맞서 열심히 싸우기로 결심했다. 「뉴스위크」가 조사한 저자 50명 모두 트루먼의 패배를 점쳤음에도 그는 결코 낙심하지 않았다. "나는 그 50명을 모두 알고 있다. 그들 중에 쥐구멍에 모래를 채울 줄 아는 사람은 아무도 없다.(중서부의 오래된 표현, 기본도 모른다는 뜻 – 역주)" 자신이 멈추는 곳마다 예상치 않게 많은 군중이 모여 "해리, 그들을 지옥에 보내라."라고 외치자 트루먼은 힘이 솟았다. 그러나 대선을 위해 필사적으로 싸우는 와중에도 베를린 문제를 잊을 수는 없었다. 특히 클레이에게서 "버티기 어렵습니다."라는 전보가 오는 바람에 더욱 신경이 쓰였다. 그리하여 댈러스에서 트루먼은 비밀리에 스미스를 열차로 불러들였다.

스미스는 최근 몰로토프와의 만남이 아무런 소득이 없었다고 보고했다. 이에 트루먼은 더 이상의 협상은 무의미하다는 결론을 내렸다. 프랑스와 영국이 간청에 따라 마지막으로 협상을 시도해 보았으나 심지어 봉쇄 자체가 존재하지 않는다는 대답만 돌아왔을 뿐이다. 결국 국제연합안전보장이사회에서 이 문제가 논의되었다. 여기서도 이사회의 소비에트 대표는 "Blokada nyet.(봉쇄는 없다.)"라고 거듭 말했다. 베를린의 겨울이 춥고 길 것이라는 사실이 더욱 분명해졌다.

절박해진 트루먼은 국무장관이 파리의 안전보장이사회에서 분투하고 있음에도 친구인 프레드 빈슨(Fred Vinson) 대법원장을 모스크바로 보내 스탈린과 협상하도록 했다. 트루먼은 가망이 없다는 것을 알았지만 갖은 수를 다 써 볼 생각이었다. 나중에 그는 이렇게 회상했다. "스탈린으로 하여금 우리에게 우호적인 사람에게 속을 털어놓게 만들 수만 있다면 뭔가 돌파구가 생길 것 같았다." 그러나 마샬이 반대하자, 트루먼은 연설문 작가들이 홍보 전략으로 짜낸 그 계획을 포기했다.

트루먼이 미국 서부에서 선거운동을 벌이는 사이에 합동 참모들은 공수 작전을 전면 재검토했다. 그리고 공수 작전을 계속 수행하면 국가

안전을 위한 다른 영역이 약해질 수밖에 없다고 판단했다. 그들은 베를린에 머물기로 한 결정을 애초에 비판했고 가능한 빠른 철수를 주장한 바 있었다. 그들은 베를린을 위해 전쟁을 감수하는 것은 "군사적으로 현명하지 않으며 전략적으로도 타당하지 않다."고 결론지었다. 로베트는 합동 참모들이 신경쇠약을 앓아 왔을 게 분명하다고 생각했다.

이에 노한 트루먼은 자신이 돌아오는 대로 국가안전보장회의를 열도록 했다. 그는 이번에는 클레이를 독일에서 불러들이기로 했다. 모임에서 클레이는 최근에 미국과 영국의 작전이 하나의 완벽한 작전으로 합쳐지면서 공수의 효율성이 높아졌다는 점을 강조했다. 동시에 공수 작전이 성공하려면 더 많은 비행기가 시급하다는 점을 덧붙였다.

클린턴은 모인 사람 모두에게 의견을 물었는데 클레이를 지지하는 사람은 한 명도 없었다. 모임이 끝나고 트루먼은 클레이를 자기 집무실로 불러 이렇게 말했다. "자네가 많이 실망했을까 봐 걱정이네. 그러지 말게. 자네 뜻대로 해 주겠네." 그리고는 즉시 독일로 비행기들을 보내라고 명령했다.

가능성이 희박한 상황에서 패배가 승리로 바뀌기 시작했다. 2주가 안 되어 선거 다음 날 새벽 4시 재무성 검찰국 직원 하나가 트루먼을 깨워, 그가 2백만 표 차이로 앞서고 있다는 소식을 전했다. 신문 헤드라인 기사들의 예상을 뒤엎고 트루먼이 선거에 승리한 것이다.

그러나 베를린의 운명은 아직도 오리무중이었다. 11월 중순, 독일에 짙은 안개가 드리웠다. 조종사들의 영웅적 노력에도 불구하고 공수 작전의 속도는 급격히 느려졌다. 27일째에는 공수 작전이 15시간 동안 중단되기도 했다. 소비에트가 지원하는 동부 지구 언론은 공수가 지연될 때마다 크게 보도했다. 그래서 공급량은 적었으나 클레이는 사기를 끌어올리기 위해 독일의 열악한 조건을 견뎌낸 것을 축하한다는 명목으로 가정마다 석탄 50파운드씩(아이들이 딸린 집에는 더 많이) 배급했다. 하지만 게르만 날씨를 좌우하는 신의 심술은 아직 끝나지 않았다. 30일째 24시간 내내 겨우 10대의 비행기가 베를린에 착륙했다. 안개가 12월까지 사라지지 않자 루스 안드레아스 프리드리히는 이렇게 탄식했다. "하늘이 소비에트와 연맹이라도 맺었나?"

날씨와 동부 지구 경찰들의 위협에도 불구하고 12월 5일 베를린 서부 지구 유권자의 86.3%가 투표장에 나타나 시장과 시의회 의원을 선출했다. 이는 그들이 그만큼 민주주의를 열망한다는 사실을 보여 주는 사건이었다. 베를린 시민들은 계속해서 인내심을 발휘했다.

새해에도 궂은 날씨와 전기 부족이 계속되었고 34명의 공수 작전 희생자가 나왔다. 그러나 아주 약간이지만 분위기가 바뀌기 시작했다. 영국 의회는 항공운임 작전을 장기적인 프로그램으로 고려해야 한다는 데 의견을 모았다. 이에 하늘은 맑아졌고 공수 작전은 활기를 되찾았다. 하울리는 기자들에게 이렇게 말했다. "가장 철저한 공산주의자가 보기에도 그들의 전술이 실패한 것은 자명합니다. 엘베의 봉쇄나 겨울의 얼음도 공수를 저지하지 못했습니다."

1949년 1월 20일, 트루먼은 환하게 웃는 얼굴로 취임 연설을 했다. 이 연설문은 그가 직접 작성한 것이며, 주된 내용은 평화와 민주주의를 전 세계로 퍼뜨리자는 것이었다. 이에 수많은 무리가 끝없는 환호로 답했으며, 트루먼의 제1차 세계대전 전우들은 퍼레이드 내내 그의 차를 에스코트했다. 그리고 머리 위로는 비행기 700대가 날아갔다.

오래지 않아 스탈린은 은근히 협상의 뜻을 드러냈다. 저널리스트들이 봉쇄를 풀기 위해 어떤 조건이 필요한지 묻자, 스탈린은 준비된 대답을 했고, 가장 불만스러워했던 통화 문제는 언급하지 않았다.

최근 마샬을 대신해 국무장관이 된 딘 애치슨(Dean Acheson)은 트루먼과 상의한 후에 미국 측 유엔 대사에게 명령을 내렸다. 그것은 스탈린이 통화 문제를 언급하지 않은 것에 무슨 의미가 있는지에 관해 소비에트 대표에게 은근히 물어보라는 것이었다. 1달 후 그렇다는 대답이 왔다. 통화 문제가 중요하지만 외무장관들의 모임에서 논할 사항이라는 것이었다. 스탈린이 천천히, 그리고 아주 조용히 입장을 굽히기 시작한 것이다. 다음으로 미국 대사는 소비에트 대표에게 외무장관 모임을 정하면 봉쇄를 풀 수 있냐고 물었다. 이에 소비에트 대표는 스탈린에게 물어봐야 한다고 대답했다.

일이 너무 잘 진행되어 조종사들이 느슨해질까 걱정된 공수 책임자 터너는 거의 매분 석탄 수송기를 베를린에 착륙시켜 단 24시간 만에 12,941톤을 나르는 부활절 퍼레이드를 추진했다. 스탈린이 그때까지도 봉쇄의 힘을 믿고 있었다면 식량 작전이 그 믿음을 깨부순 셈이었다.

5월에 스탈린은 원하던 양보를 하나도 얻어 내지 못한 채 뜻을 굽혔다. 5월 12일 자정에서 1분이 지나, 서부 지구에 불이 들어오고 바리케이드가 사라졌으며, 사람들이 잠옷 차림으로 구경하는 중에 첫 열차가 철로를 출발했다. 트루먼과 식량 작전은 베를린에 폭탄이 아닌 초콜릿을 투하하여 승리를 거둔 것이다.

1953년 1월 15일, 고별 연설에서 트루먼은 미국 국민들에게 소비에트 체제가 제풀에 무너지는 날이 올 것이라고 장담했다. "그때가 언제인지, 또 정확히 어떤 식으로 이루어질지 아무도 알 수 없습니다. 하지만 변화는 분명히 찾아옵니다." 그날이 오기 전에 한국 전쟁으로 냉전이 극에 달했다. 1961년, 루스 안드레아스 프리드리히의 예측 대로 소련이 높은 담을 세워 베를린을 동과 서로 분리시켰다. 그러나 트루먼이 예측한 대로, 소비에트와 동독 정부는 결국 무너졌고, 1989년에는 담이 무너졌다. 1994년 6월 18일 미국 수비대가 베를린 시내를 통과하는 마지막 퍼레이드를 펼친 후, 베를린에 처음 공급품을 공수했던 낡은 쌍발 C-47이 승리에 취해 있는 군중의 머리 위로 날아갔다.

보스턴 메카닉스 홀 연설

해리 트루먼 대통령, 1948년 10월 27일

제 좋은 친구들과 국민 여러분께 감사합니다.

과거에 세계의 자유민들은 파시즘의 검은 위협에 떨었습니다. 이에 미국 국민들은 그들을 구하기 위해 도움의 손길을 베풀었습니다. 오늘 세계의 자유민들이 공산주의의 붉은 위협에 떨고 있습니다.

그리고 다시 미국 국민들은 그들을 구하고 위해 도움의 손길을 베풀고 있습니다.

저는 제가 민주당원과 공화당원을 모두 포함한 충성스러운 미국 국민들을 대신해 말하고 있다고 생각합니다. 공산주의자들이 옹호하는 것과 그들이 강압 아래 자유민들에게 저지른 일을 우리가 혐오한다고 말하고 싶습니다.

다른 국가의 국민들이 자발적으로 공산주의 정부를 선택한다면 우리가 관여할 일이 아닙니다. 하지만 우리는 미국에 공산 정권이 들어서는 것을 원하지 않습니다.

그리고 다른 국가들의 국민들이 공산주의를 원하지 않는다면 우리는 그들이 의지에 상관없이 공산주의 아래 놓이는 것을 원하지 않습니다.

우리는 세계 곳곳에서 공산주의의 위협을 막기 위해 적극적인 행동을 취해 왔고 성공을 거둬 왔습니다.

여러분이 다음과 같은 점을 정확히 알아주셨으면 합니다.

저는 공산주의를 혐오합니다. 저는 공산주의가 개인의 존엄성과 자유에 대해 저지르고 있는 일에 개탄합니다. 저는 공산주의가 가르치고 있는 사악한 신조를 혐오합니다.

저는 고국에서 공산주의에 맞서 싸워 왔고, 해외에서도 싸워 왔습니다. 앞으로도 제 모든 힘을 다해 싸울 것입니다.

이 싸움에서 저는 결코 항복하지 않을 것입니다.

공산주의자들은 제가 대통령이 되는 것을 원하지 않습니다. 왜냐하면 민주 정부 하에서 이 나라가 세계의 모든 민주 세력들을 규합하고, 공산주의의 노예 상태로부터 자유를 보호하고 자유민들을 구해 왔기 때문입니다.

우리의 목표는 평화입니다. 세계의 지속적인 평화입니다.

저는 이 원자 시대에 평화가 절대적으로 필요하다고 확신합니다. 하지만 인권과 자유에 기초한 평화만이 영구적인 평화일 것입니다.

저는 영구적인 평화를 쟁취하기 위해 최선을 다할 것입니다.

미국 국민뿐 아니라 전 세계의 사람들을 위해서 평화를 이룩해야 합니다.

작년 3월, 저는 세계의 평화를 수호하겠다는 우리 정부의 중대한 결정을 발표했습니다. 그 독트린에서 저는 이렇게 말했습니다. "무장한 소수나 외부 압력에 의한 정복 시도에 저항하는 자유민을 지원하는 것이 미국의 정책이 되어야 합니다."

그 독트린에 따른 우리의 첫 단계는 공산주의 지배의 그늘 아래에 있는 두 국가, 그리스와 터키에 경제적, 군사적 지원을 하는 것이었습니다.

전 세계는 이 정책이 성공했음을 알고 있습니다. 그로 인해 이제 공산주의자들은 저를 결코 용서하지 않을 것입니다.

독일에 대해 우리는 공산주의의 촉수가 서부 지구로 뻗치지 못하도록 해야 한다는, 솔직하고도 단호한 입장을 취했습니다.

우리는 그런 입장을 굽히지 않을 것입니다.

우리는 베를린 시민에게 식량을 제공하고, 민주 정부 아래에서 행복한 삶을 만들어 나갈 수 있는 기회를 독일 국민들에게 줄 것입니다.

그로 인해 이제 공산주의자들은 저를 결코 용서하지 않을 것입니다.

공산주의는 불행 위에 번성합니다. 인간의 고통이 공산주의 위협에 영양분을 제공합니다. 번영과 정의, 관용이 있는 곳에서 이 위협은 시들어 죽습니다.

이 국가에서 공산주의의 진정한 위협은 또 다른 대공황을 초래할 수 있다는 것입니다. 공산주의의 진정한 위협은 1932년의 상황처럼 실업과 노골적인 불법을 퍼뜨릴 수 있다는 것입니다.

이 국가에서 공산주의의 진정한 위협은 미국의 번영을 위협하는 80회 의회의 공화당 정책들에서 기인합니다.

이 국가에서 공산주의의 진정한 위협은 공화당이 대기업의 횡포에 굴복한 것과 어렵게 쟁취한 미국 노동자의 권리를 파괴하기로 선택한 것에서 기인합니다.

우리는 11월 2일 민주당 투표에서 공산주의와 싸울 수 있습니다.

저는 민주당원인 것이 더없이 자랑스럽습니다. 우리는 위대한 성전, 그러니까 자유와 관용과 모든 국민의 권리와 행복을 위한 성전에 참여하고 있습니다.

이 싸움은 루스벨트가 싸운 싸움입니다.

그리고 지금 제가 싸우고 있는 싸움입니다.

나아가 여러분이 싸워야 할 싸움입니다.

우리가 믿는 바를 위해 제가 여러분과 함께 싸울 수 있다면 큰 영광일 것입니다.

여러분의 도움, 여러분의 용기, 여러분의 열정이 있으면 우리는 11월 2일의 싸움에서 승리할 것입니다.

John Kennedy

대선 후보 존 케네디

실패는 고아다

존 케네디와 피그스 만

1961년 4월 17일 오후 4시 32분, 페페(Pepe) 산 로만(San Roman)은 연기와 총성, 전투기의 포효에 둘러싸인 쿠바 해안에 웅크리고 있었다. 무시무시한 분위기 속에서도 그는 최대한 정신을 집중해 모스부호로 메시지를 쳤다. "모든 장비와 통신 장비를 파괴하겠다. 탱크들이 눈에 보인다. 싸울 무기가 하나도 없다. 더 이상 기다릴 수 없다." 적이 너무 많았다. 2506여단의 28세 지휘관은 바다와 몇 마일의 깊은 늪지대 사이에 길게 늘어선 모래사장에 갇혀 있었다. 사방에서 부하들이 죽어 나가고 있었다.

마지막으로 페페는 무전기 핸드세트를 잡고 소리를 질렀다. "총소리가 들리지 않나? 퇴각을 명령하겠다."

무전기에서 간청하는 목소리가 들렸다. "고수하시오! 우리가 가고 있소. 모든 것을 가지고 가고 있소!"

"도대체 얼마나 기다려야 하나?" 페페는 절망했다. 12시간 동안 증원 부대의 도착을 여러 차례 약속받았으나 매번 약속은 지켜지지 않았다. 시간이 지날수록 증원 약속은 공허한 메아리로 들릴 뿐이었다.

무전기로부터 목소리가 끊겨 들려왔다.

"서너 시간."

기다리기에는 너무 긴 시간이었다. CIA(Central Intelligence Agency)는 페페와 그의 쿠바 망명자 여단의 사방에서 위와 아래, 옆에서 함께 하겠다고 약속했으나 도움의 손길이 제때 도착하지 않을 것은 분명했다. 페페는 무전기에 다시 말하지 않고, 부하들에게 통신장비를 파괴하라는 신호를 보냈다. 그들이 개머리판으로 장비를 부순 뒤에 경기관총으로 갈기자 금속 조각과 꼬인 선 이외에 아무것도 남지 않았다. 이제 2506여단은 혼자였다.

페페는 부하들에게 은신처를 찾으라고 했다. 주위에는 온통 폐허가 된 해변 별장과 쓰러진 야자수뿐이었다. 마치 허리케인이 쓸고 지나간 것처럼 서 있는 것이라고는 하나도 없었다. 카스트로 부하들의 비행기가 2506여단을 발견하기는 너무도 쉬웠다.

늪지대로 탈출하라는 페페의 명령에 따라 부대는 흩어져서 달렸다. 병사들이 정처 없이 늪지대를 헤매는 사이에 며칠이 지났다. 찌는 듯한 무더운 황무지를 거의 1주 동안 헤맨 끝에 식량이 떨어지자 병사들은 훤히 뚫린 곳으로 나왔다가 붙잡히고 말았다. 감옥으로 향하는 길에 한 병사가 외쳤다. "우리를 쏴라! 그러나 인간적으로 먼저 물을 줘라."

카스트로의 병사들은 붙잡은 전사들을 트럭에 구겨 실었다. 트럭에 거의 구겨지다시피 탄 죄수들은 숨 막히는 더위에서 벗어나려고 옷을 찢고 소리를 지르고 벽에 부딪히며 난동을 부렸다. 소송 트럭이 몇 시간 후에 아바나에 도착했을 때는 9명이 질식으로 사망해 있었다. 그러나 그들의 고난은 이제 시작이었다. 이후 20일 동안 종종 카스트로가 직접 그들을 고문과 심문했다. 죄수들은 100명이 바닥의 작은 구멍을 화장실로 함께 쓰는 붐비는 감옥에 갇혔다. 한 달, 세 달, 크리스마스가 지나갔다. 그러나 아무도 그들을 구하러 오지 않았다. 쿠바 망명자들은 아무런 희망 없이 악취 나는 어둠 속에서 앉아 있었다.

세 달 전인 1961년 1월 케네디가 차를 타고 대통령 취임식장으로 향했다. 리무진 안에는 그의 전임자이자 이제는 나이 든 전설적인 드와이트 아이젠하워(Dwight D. Eisenhower)가 타고 있었다. 자동차 행렬이 눈 덮인 펜실베이니아 애비뉴를 따라가는 도중에 케네디가 침묵을 깨고 가벼운 말을 던졌다.

케네디는 아이젠하워 전 대통령에게 최근 1944년의 노르망디 상륙작전을 다룬 소설 〈지상 최대의 작전(The Longest Day)〉을 읽어 보았냐고 묻자 아이젠하워가 아니라고 답했다. 당연한 대답이었다. 연합국 원정군 최고 사령부의 최고 사령관이었던 아이젠하워는 역사상 가장 중요한 상륙작전의 모든 면을 구상하고, 조사한 뒤 실행했다. 그러니 그 소설을 읽을 필요가 있었겠는가?

아이젠하워는 자신보다 스물다섯 살 이상 어린 케네디를 그저 '어린 애송이'로만 생각했다. 심지어 케네디의 최측근들조차도 그가 아직 미국 최고의 자리에 오를 준비가 되지 않았다고 생각했다. 그의 오랜 친구도 대선 전에 이렇게 말했다. "자네는 시간이 많아. 기다리는 게 낫지 않겠나?"

그러나 케네디는 시간이 자기편이 아니라는 사실을 알았다. 종종 죽음으로 이어지는 애디슨병을 앓아 온 케네디는 이미 네 번이나 신부로부터 마지막 기도를 받았다. 언제 또 죽음의 사자가 찾아올지 모르기에 케네디는 기회가 있을 때는 반드시 행동을 취하는 태도를 가지게 되었다. 얼마나 살지 모르는 마당에 아까운 시간을 그냥 흘려보낼 수는 없었다.

선거에 돌입하면서 케네디는 이렇게 말했다. "경주에 참여한 다른 사람들을 보면서 나 스스로에게 말했다. 그들이 할 수 있다고 생각하는데 나라고 못할 이유가 있는가?" 선거가 끝났을 때 케네디는 노련한 정치가 리처드 닉슨을 100,000표 이상 차이로 물리치고 최고의 자리에 올랐다.

취임 연설에서 희망에 부푼 군중에게 43세의 젊은 케네디는 횃불이 새로운 세대로 옮겨졌다고 말했다. 그리고 그 말을 증명이라도 하듯, 젊은 보좌관들을 행정부로 끌어들였다. 케네디가 전국에서 워싱턴으로 불러들인 인물 중 누구도 전에 공직에서 일한 경험이 없었다. 그는 자신이 새로 국방장관으로 임명한 로버트 맥나마라에게 이렇게 말했다. "우리는 함께 배울 것이오."

케네디는 이들에 관해 거의 몰랐지만 이들의 지식을 신뢰했다. "누구도 지식을 이길 수 없다." 부통령 린든 존슨은 워싱턴으로 오게 될 가장 뛰어나고 똑똑한 인물들에게 경외감을 가졌다. 그러나 산전수전을 다 겪은 하원 의장은 케네디의 아이디어맨들을 별로 탐탁지 않게 여겼다. 그는 존슨에게 그들 중에 하다못해 군보안관을 지낸 사람이 한 명이라도 있으면 좋겠다고 불평했다.

심지어 케네디도 새로운 피로만 국가를 운영할 수 있을지 완전히 자신하지 못했다. 그의 행정부 절반, 특히 첩보와 군사 보좌관들은 아이젠하워 정부의 인물들이었다. 아이젠하워의 참모 대부분은 10년 이상 워싱턴의 터줏대감 노릇을 하면서 제2차 세계대전과 냉전을 통해 전설적인 명성을 쌓아 왔다.

그러나 이들은 나이든 세대였기에 젊은 케네디의 관심을 별로 받지 못했다. CIA 부장 자리를 오랫동안 내놓지 않고 있던 앨런 덜레스(Allen Dulles)는 케네디보다 거의 스물다섯 살 많았으며, 공화당원이자 육군 원수로 예편한 아이젠하워와 같은 상관으로부터 명령을 받는 데 익숙해 있었다. 덜레스는 자신의 능력을 신참 대통령과 나눌 생각이 없었다.

하지만 덜레스가 케네디와 꼭 나누고 싶은, 즉 알리고 싶은 것이 하나 있었다. 케네디가 정권을 잡자마자 덜레스와 CIA 부국장 리처드 비셀(Richard Bissell)은 피델 카스트로(Fidel Castro) 주변의 상황에 관해 케네디에게 보고했다. 1959년 카스트로는 쿠바 내 지지 세력을 모아 기존 바티스타(Batista) 정부를 몰아냈다. 30년 전 러시아에서 일어난 혁명과 마찬가지로, 쿠바 혁명은 곧 공산주의 체제로 이어졌다.

둘 다 60대 중반인 무뚝뚝한 덜레스와 비셀은 포악한 쿠바 독재자가 제2의 스탈린으로 돌변할 수 있다는 점을 진지하게 설명했다. 그들은 미국 해안에서 불과 90마일 떨어진 곳에 공산 독재 체제가 탄생하는 것을 용납할 수 없다고 주장했다. 그리고는 이미 그것을 저지할 계획이 있다고 덧붙였다.

카스트로가 정권을 잡자마자 아이젠하워는 덜레스와 비셀에게 침투 계획을 세우라고 지시한 바 있었다. 당시 아이젠하워는 오직 한 가지 조건을 내세웠다. "우리의 개입 사실이 절대 드러나서는 안 되네." 비밀

작전은 신속하고 조용하면서도 효율적으로 진행되었기에 아이젠하워는 굳이 전쟁을 선포하여 정치적 논쟁에 휩싸일 필요가 없었다.

이후의 일이지만 아이젠하워는 정치적 지원을 충분히 얻을 수도 있었다. 그의 임기 말, 파리에서 핵무기 폐기에 관한 유엔 정상회담이 열리기 불과 몇 주 전에 소련이 자기 영해에서 U-2 첩보기 한 대를 격추시킨 것이다. 그로 인해 정상회담은 완전히 결렬되었다. 소비에트 수상 니키타 흐루시초프는 모임 첫날에 길길이 날뛰고 서방의 음흉한 전술을 비난하면서 수색 임무에 대해 아이젠하워에게 사과를 요구했다. 그러니 아이젠하워로서는 CIA의 쿠바 침투 계획에서 점점 관심을 멀리할 수밖에 없었다.

그러나 덜레스와 비셀은 아이젠하워와 상관없이 계속해서 계획을 세웠다. 그리하여 케네디는 아이젠하워 정부로부터 미국과 소련 사이의 긴장뿐 아니라 정교한 카스트로 제거 계획을 물려받게 되었다. 케네디 취임 후 첫 주 내내 덜레스와 비셀은 쿠바 침투 전략에 관해 브리핑했다. 그러나 계획은 막연했고 정확한 사실은 별로 포함되어 있지 않았다.

나중에 케네디 휘하의 한 합동 참모에 따르면, 쿠바 상황에 관한 CIA의 브리핑은 정말 이상했고 배경에서 벗어난 특정한 항목들을 다룬 듯했다. 예컨대 덜레스와 비셀은 케네디에게 침략 계획을 처음부터 끝까지 차근차근 설명하려 하지 않았다. 이번에는 케네디가 자세한 설명을 요청하자 그들은 사소한 내용으로 그를 어지럽게 만들려고 했다. 그들은 어차피 케네디가 동의하지 않을 테니 아이젠하워 집권 때처럼 시늉만 하는 것이 낫겠다고 생각했던 것 같다.

그러나 케네디의 생각은 달랐다. 그는 계속해서 모임을 열어 극비 침투 계획을 논했다. 몇 주 후 마침내 그는 머릿속에 전체 윤곽을 그릴 수 있었다. 아이젠하워 시절부터 CIA는 과테말라 비밀 기지에서 반(反)카스트로 쿠바 망명자들을 훈련시켜 왔다. CIA의 계획은 이들을 쿠바 남해안에 상륙시키는 것이었다. 그러면 이들은 해안에 작은 기지를 세우고, 주위를 정찰하면서 기지를 확장하는 것이다. 며칠 후 임시 정부 건립을 위해 선별된 장교들이 점령한 지역에서 독립국가를 선포한다. 새로운 국가가 미국 정부에 보호를 요청하는 사이에 망명자 전사들은 지방 사람들을 회유하여 군대를 조직하고 카스트로의 군대를 공격하고, 미군과 망명자 군대, 지방 민병대로 합동 작전을 통해 카스트로로부터 국가를 되찾는다는 계획이었다.

케네디는 CIA의 계획에 기본적으로 동의했으나 미국의 개입이 너무 노출된다는 문제점을 지적했다. 케네디가 합동 참모들에게 물었다. "아마도 미군 전투기와 전함, 공급품이 지원되어야겠지? 미군 세력이 점진적으로 조용히 상륙하여 양키가 보낸 침략 세력이 아닌 쿠바 내 쿠바인 세력으로서 자리를 잡을 수는 없을까?"

CIA가 케네디에게 새로운 계획을 제시했으나 그는 다시 똑같은 문제점을 지적했다. "너무 화려하네. 디데이(D-Day)처럼 들려. 이 계획의 소음 수준을 줄여야겠어." 케네디는 군사적 위험이 커지더라도 정치적 위험을 원하지 않는다고 설명했다. 전쟁에 대한 책임을 지고 싶지 않았던 것이다. 그는 덜레스와 비셀에게 이렇게 말했다. "내가 미 해병 한 명을 보내는 순간 우리는 꼼짝없이 휘말리게 되는 거야. 가장 좋은 계획은 아직 나오지 않았군." 첫 번째 계획을 구상하는 데 1년 이상이 걸렸음에도 케네디는 비셀에게 4일 만에 새로운 계획을 완성해 내라고 요구했다.

케네디가 서두르는 데는 그럴 만한 이유가 있었다. 한 참모에 따르면, 침투는 극비로 진행될 예정이었다. 그런데 지난 10월 쿠바의 외무 장관은 미국이 카스트로를 공격하기 위해 과테말라에서 망명자들을 훈련시키고 있다며 공개적으로 크게 비난했다. 그리고 11월에 「네이션(The Nation)」은 "우리가 쿠바 게릴라를 훈련하고 있는가?"라는 사설을 실었다. 다음 해 1월 「뉴욕 타임즈」는 일면에서 과테말라 기지를 기술하는 글을 실었다. "미국은 과테말라의 비밀 공군 및 지상군 기자에서 반카스트로 세력의 훈련을 돕고 있다." 또 다음 달 「타임」에서도 과테말라 기지를 놀라울 정도로 정확하게 기술했다. 언론 누출에 케네디는 경악했다. "지금 읽고 있는 사실을 믿을 수 없다. 카스트로는 여기에 스파이를 보낼 필요도 없다. 그저 우리의 신문들만 읽으면 된다. 그에게 필요한 모든 정보가 여기에 있다."

3월 15일, 비셀은 케네디가 요구한 대로 세 번째 계획을 갖고 나타났다. 이번 계획, 암호명 '사파타 작전'은 케네디가 원하는 보안 요구 조건을 모두 충족시켰다. 계획에 따르면, 망명자들은 쿠바 남단의 코치노스 만, 즉 피그 만에 침투하게 된다. 피그 만은 주민이 많지 않은 조용한 지역이었기에 야간에 수월하게 상륙할 수 있었다. 미국은 과테말라와 무기고들에서 피그 만으로 망명자들을 수송할 수 있는 구식 해군 보트를 제공하게 된다. 카스트로는 약간의 공군력을 보유했으므로, 비셀은 망명자들이 피그 만에 상륙하기 며칠 전에 공중 지원을 하기로 계획했다. 단, 미국 개입을 더욱 철저히 숨기기 위해 망명자들이 일반 시장에서 구입할 수 있는 제2차 세계대전 때의 B-26 폭격기를 사용하기로 했다.

비셀이 케네디에게 제출한 사파타 작전은 거의 완벽했다. 케네디는 이 계획을 승인했고 4주 안에 예비 공습을 하기로 했다. 단, 24시간 전까지는 자신이 실제 침투를 취소할 수 있도록 했다.

최종 계획이 마무리되자 과테말라의 쿠바 망명자 부대는 훈련에 박차를 가했다. 2506여단의 핵심 그룹은 페페 산 로만 사령관과 마찬가지로 바티스타 밑에서 일했고 그를 도와 카스트로에 대항했던 경험이 있었다. 그러나 새로운 인물들도 섞여 있었다. 이들은 군대의 숫자를 증강하기 위해 CIA가 비밀리에 영입한 시민들이었다. 이들 대부분은 쿠바인이었으나 소수는 대학생 나이의 퇴폐적인 미국인들로 손쉬운 돈벌이를 위해 모험에 나선 사람들이었다. 미국인 지원자들은 카스트로에 대항하는 민중 봉기가 일어나면 그들이 직접 싸울 일이 별로 없고 카스트로 군대가 "질서정연한 공격 행동에 경험이 없다."는 CIA의 보고서를 굳게 믿었다. 그래서 멋진 호텔에 투숙해 대부분 쾌락을 즐기며 시간을 보냈다. 한 지원자는 대부분의 시간을 풀장에서 보내며 아이러니하게도 '자유의 쿠바(Cuba Libres)'를 마셨다.

워싱턴의 상황으로 돌아가서, 사파타 작전 개시까지 2주밖에 남지 않은 상황에서 윌리엄 풀브라이트로부터 글자 4,000개로 이루어진 메모를 받은 케네디는 작전의 승인을 재고할 수밖에 없었다. 풀브라이트는 상원 외교 위원회의 회장이었는데, 그의 메모는 정치적 이유를 들어 쿠바에 대한 군사행동을 강력히 반대하는 내용이었다. 그는 미국의 개입을 숨기는 것이 불가능하며, 침투가 저항에 부딪히거나 쿠바 국민의 지지 봉기를 일으키지 못하면 미국은 공개적으로 군사행동을 펼칠 수밖에 없다고 주장했다. "그런 상황이 되면 겉으로는 합법적이더라도 30

년에 걸친 라틴아메리카를 안정시키려는 우리의 노력이 헛수고가 될 겁니다." 풀브라이트는 대통령이 외교적인 해결책을 찾는 것이 훨씬 낫다고 주장했다.

호전적인 CIA 계획과 보다 외교적인 방법 사이에 결정을 내리지 못한 채 케네디는 풀브라이트를 백악관으로 불러 CIA 계획에 대한 반대 입장을 펼치도록 했다. 공습 개시 10일 전에 풀브라이트는 설득력과 열정이 가득한 연설을 통해 쿠바 군사행동에 대한 반대 입장을 간단히 기술했다. 그가 연설을 끝내고 앉았을 때 케네디의 보좌관들은 아무도 반박하지 못했다. 케네디가 보좌관들에게 "어떻게 생각합니까? 예스입니까, 노입니까?"라고 묻자 아무도 대답하지 못했다. 케네디가 손가락으로 계속 탁자를 두드리는 소리 외에는 쥐 죽은 듯이 조용했다. 마침내 루스벨트 시절부터 백악관에서 일한 한 나이든 외교 정책 참모가 침묵을 깼다. "조만간 카스트로와 대치해야 합니다. 그래서 돌진하자는 말입니다!" 그의 말을 시작으로 케네디의 보좌관들이 말문을 열었고, CIA 계획을 지지하는 발언을 했다.

케네디의 특별 보좌관이자 12년 이상 된 친구인 아서 슐레진저는 모임에서는 아무 말도 하지 않았지만 이후에 메모를 통해, 오직 쿠바 상황에만 집중해야 그나마 계획을 추진할 여지가 있다는 점을 지적했다. 슐레진저는 케네디에게 급히 쓴 메모에서 "반구(半球)와 나머지 세계를 고려하면 이 계획을 반대하는 주장이 힘을 얻기 시작할 겁니다."라고 했다. 그리고 미국의 개입은 결국 드러날 것이며 정치적, 외교적 반발이 엄청날 것이라고 했다. "새로운 정부를 향한 전 세계의 극도로 호의적인 시각이 순식간에 사라질 겁니다. 한마디로 이번 작전은 터무니없는 계획입니다."

케네디는 깊은 갈등에 빠져 있었고, 이제 사파타 작전 개시까지 1주일 밖에 남지 않았다. 흔들리고 있는 케네디를 덜레스가 몰아붙였다. "처리 문제가 있습니다. 이들을 과테말라에서 빼내려면 미국으로 데려오는 수밖에 없습니다. 그러나 이들이 전국을 돌아다니며, 과테말라에서 있었던 일을 모든 사람에게 떠벌리게 놔둘 수는 없습니다." 이어진 덜레스의 말들은 미국이 무뢰한 취급을 받을 수도 있다는 슐레진저의 정치적 우려만큼이나 설득력이 있어 보였다. 케네디는 국가 보호를 위한 아이젠하워의 계획을 밀고 나가지 못하는, 약한 대통령으로 기억되고 싶지 않았다. 그는 풀브라이트 상원의원이나 친구인 슐레진저, 국무부보다는 경험이 더 많은 CIA 국장의 말을 따르기로 결정했다. 즉 사파타 작전을 계획대로 추진하기로 한 것이다.

쿠바 침투를 군사적인 식은 죽 먹기로 여긴 덜레스는 침투가 개시되는 주말을 푸에르토리코의 배타적 클럽에서 보내기 위해 워싱턴을 떠났다. 모든 일이 계획대로 진행되어 4월 15일에 사파타 작전이 시작되었다. 구식 B-26이 카스트로의 공군력을 무너뜨리기 위해 니카라과를 출발했다. 얼마 후, 공습이 성공적이었고 카스트로의 공군력이 80%나 파괴되었다는 보고가 워싱턴에 도착했다. 이에 CIA는 카스트로에게 더 이상 비행기가 없다고 판단해 모든 공중 지원을 취소했다.

이틀 후 침투 예정일이 다가왔다. 4월 17일 자정 직후, CIA가 훈련시킨 망명자들이 쿠바행 수송선에 몸을 실었다. 그런데 상륙 지점이 시야에 들어왔을 때 예상과 달리 버려진 집 대신에 불빛으로 반짝이는 해안이 눈에 들어왔다. 사실 그 지역에는 몇몇 가정이 카스트로의 신개발 계획을 위해 집을 짓고 있었다. 망명자 여단의 지휘관들은 미국의 잘못된 첩보를 가볍게 받아들여 민간인들을 해안에 억류시키겠다는 계획을 세웠다. 그런데 그들이 그 계획을 추진하는 사이에 또 다른 잘못된 첩보가 그들을 괴롭혔다. 보트들이 바위와 산호초에 충돌한 것이다. 극도로 날카로운 돌출부가 보트 두 척의 바닥을 뚫어 침몰시켰다. 물에 젖어 지치고 여기저기 긁힌 채 겨우 해안에 도착한 그들은 정찰팀이 버린 군사 장비를 발견했는데, 그중에는 아직 온기가 사라지지 않은 무전 장비도 있었다. 카스트로가 경계심을 품은 게 분명했다.

4월 17일 월요일 새벽 3시 15분 피그 만으로부터 조난 신호를 받았을 때 카스트로는 별로 놀라지 않았다. 케네디가 예상한 대로 카스트로는 미국 신문들로부터 얻은 정보를 이용해 침투를 미리 경계하고 있었다. 몇 달 동안 그는 쿠바인들에게 공격이 다가오고 있다고 말했고, 시민들이 공격에 대응할 수 있도록 훈련 프로그램을 텔레비전으로 방송했다. 그래서 쿠바 아이들은 카우보이와 인디언이 아닌 쿠바인과 양키 침입자로 패를 나누어 전쟁놀이를 했다. 설상가상으로 피그 만은 CIA의 예상과는 달리 버려진 해안이 아니었을 뿐 아니라 카스트로가 낚시를 위해 자주 찾던 곳이었다. 카스트로는 미국과의 전쟁을 위해 전사들을 배치할 때 험난한 피그 만 지리에 대한 지식을 십분 활용했다.

미국의 유엔 대사 알다이 스티븐슨(Aldai Stevenson)이 까닭 없는 공격이라는 비난을 무마하려고 애쓰는 사이에 카스트로는 피그 만 방어를 직접 지휘했다. CIA 첩보부의 계산과 달리 사전의 공습은 카스트로의 비행기를 거의 파괴하지 못했고, 카스트로의 남은 공군력은 제 기능을 모두 발휘했다. 망명자 여단은 최후의 거점을 방어하기 위해 분투했지만 수적으로 너무 밀렸고 카스트로의 공중 폭격을 방어할 능력이 없었다. 게다가 쿠바 시민들도 미국 편으로 봉기하지 않았다. 오히려 그들은 망명자에게 대항해 싸웠다. 침투 며칠 전에 카스트로가 반란 가능성이 있는 수천 명을 색출하여 감옥에 가두었기 때문이다.

워싱턴의 케네디와 참모들은 겉으로는 평상시와 다름없는 날처럼 행동했다. 그러나 백악관 벽 안에서는 케네디와 보좌관들이 침투의 진행 상황이 좋지 않아 골머리를 썩고 있었다. 침투가 실패로 돌아가고 있는 것이 분명했다. 그러나 CIA는 어떻게 해서든 비밀을 유지하기 위해 망명자 사단과 워싱턴 사이의 접촉을 점 조직 시스템으로 운영했다. 결과적으로, 쿠바 해안의 메시지가 케네디와 참모들 앞까지 도달하려면 몇 시간에 걸쳐 몇 개의 단계를 거쳐야 했다. 그런 식으로 어렵게 도착한 메시지는 상황이 좋지 않다는 내용이었다.

그러나 비밀을 유지하기 위해 케네디는 다른 스케줄을 평소대로 소화해야 했다. 그날 저녁 그와 아내는 연간 의회 만찬회에 참석했다. 약 450명의 남녀가 정장 차림으로 백악관에 도착했고, 케네디는 어느 때보다도 정답고 멋져 보였다. 그러나 자정이 넘어 마지막 손님이 떠나자 케네디는 각료실로 달려가 CIA 및 국무부 직원들, 합동 참모들과 합류했다. 케네디를 비롯해 모인 사람 대부분이 공식 파티 복장 그대로였다.

방 안의 분위기는 침울했다. 작전이 왜 뒤틀렸는지 아무도 이해하지 못했다. 세계에서 가장 강력한 사람들이 오합지졸의 제3세계 침투 하나 제대로 수행해 내지 못한 것이다. 그날 밤에 대해 이후에 케네디는 이렇게 썼다. "힘의 한계와 딜레마. 인간의 운명과 힘의 관계가 분명하지 않았다." 케네디와 참모들이 할 수 있는 일이라고는 드문드문 나쁜 소식, 그것도 몇 시간이 지나서야 도착하기만 기다리는 것이 전부였다.

해군 작전 부장 알리 버크(Arleigh Burke)는 침투 작전을 성공시키고 2506여단을 구하기 위해 애를 썼다. 그는 방 안을 왔다갔다하며 몇 번이고 "엉망이야!"라고 중얼거렸다. 2506여단은 도움을 요청하는 절박한 메시지를 계속해서 보내왔다. 그러나 케네디는 당장 할 수 있는 일이 없었고, 안타깝게도 계속해서 그들의 간청을 뿌리칠 수밖에 없었다.

버크가 케네디에게 물었다.

"공습을 할까요?"

"안 돼."

"비행기 몇 대를 보낼까요?"

"안 돼. 우리가 보낸 걸 적이 알 거야."

"어떤 식으로든 개입할까요?"

"안 돼."

"구축함 두 대만 보내 포격 지원을 하면 상륙 거점을 고수할 수 있습니다."

"안 돼."

"구축함 한 대라도 안 되겠습니까? 각하."

"안 돼."

그날 케네디는 흐루시초프로부터 미국의 쿠바 개입이 정도를 벗어나면 소련의 군사 대응이 있을 거라는 전보를 받은 바 있었다. 흐루시초프가 보낸 전보의 결론은 이러했다. "군사적 재앙으로 이어질 수 있는 조치만은 막으려는 우리의 입장을 미국 정부가 고려해 주길 바랍니다." 이는 케네디가 가볍게 받아들일 수 있는 위협이 아니었다. 케네디는 침투에 모험을 걸었는데 그것이 실패로 돌아가고 있었다. 더 이상의 개입으로 소비에트를 자극하기에는 위험이 너무 컸다. 그러나 뭔가 행동을 하기는 해야 했다. 최후의 절충안으로서 케네디는 해안의 망명자들을 구하기 위한 1시간의 공습을 승인했다.

CIA의 한 첩보원이 페페 산 로만에게 연락을 취했을 때 카스트로의 탱크가 16세 망명자 전사를 깔고 지나가는 광경이 로만의 눈에 들어왔다.

로만은 소리를 질렀다. "이 개자식아, 뭘 하고 있었던 거야? 도대체 어디에 있었어? 너희는 우리를 버렸어."

"당신에게 당신의 문제가 있듯이 이쪽에도 문제가 있었소. 오늘밤 우리가 가겠소."

"어제도 그런 말을 했지만 오지 않았잖아?"

미국의 마지막 실수, 정말 어처구니없는 대실수는 케네디가 승인한 전투기 6대가 너무 늦게 도착했다는 것이다. 워싱턴에서 니카라과까지 1시간이 걸린다는 사실을 아마도 생각해 내지 못한 것이다. 아무튼 이로써 침투 작전은 종료되었다. 쿠바 망명자들이 다음 날 떠오르는 태양을 볼 때 케네디는 자신의 침실에서 부르짖었다. 망명자들이 붙잡히거나 죽도록 내버려 둬야 하다니.

여단 전체를 죽음으로 몰아넣는 데 대해 양심이 찔리고 소련이 목을 졸라 오고 노련한 보좌관들의 무능력과 게으름이 드러나자 케네디는 이제 스스로 결정을 내려야 할 때임을 깨달았다.

다음 날 늦게 기자회견이 열렸는데 케네디는 책임 소재에 관한 질문을 무시하면서 기자들에게 이렇게 말했다. "승리는 수백 명의 아버지가 있고 실패는 고아라는 옛말이 있습니다. 중요한 것은 오직 한 가지 사실뿐입니다. 제가 이 정부의 책임자라는 사실입니다." 케네디는 백악관에서 유일한 결정권자가 자신이라는 사실을 깨달았고, 이제부터 신중한 결정을 내리기로 결심했다.

휴가에서 볼티모어로 돌아온 덜레스에게 CIA 직원이 사파타 작전의 대실패에 관해 보고했다. "저희가 필수적으로 애쓰고 있습니다. 어서 사태를 수습해야 합니다." 그러나 덜레스는 다음 날 오후까지 케네디를 찾아가지 않고 집에 틀어박혀 스카치위스키를 병째 마셔 댔다. 그런가 하면 비셀은 실패의 원인을 준(準)군사적인 문제에 대한 내 경험 부족과 CIA의 입장을 옹호하는 데 연루된 것으로 돌렸다. 그러나 케네디는 변명도 필요 없었고, 덜레스와 비셀 같은 인물도 더 이상 필요 없었다. 케네디는 그들을 해고하고 말았다.

케네디는 가장 믿을 만한 친구들과 참모들을 외교 정책 책임자들로 임명했다. 새로운 정치 시대의 시작이었다. 케네디는 군사행동에 치우치기보다는 외교에 더욱 치중하기로 계획했다. 그런 측면에서 모두 다 안다는 식으로 거만하게 구는 전 CIA 인물들이 아닌 지식과 능력을 갖춘 보좌관들이 필요했다.

1년이 좀 더 지나서, 케네디의 새로운 참모들은 첫 번째 위기에 직면하게 되었다. 피그 만 침투 실패의 최종 결과로서 카스트로가 소련과 동맹을 맺은 것이다. 이는 미국에 대한 카스트로의 두려움의 표출이었다. 소련은 새로운 동맹국의 방어를 위해 핵미사일들을 쿠바로 이동 배치시켰다. 흐루시초프는 미국을 강하게 밀어붙였고, 케네디의 합동 참모들은 전쟁을 외쳐 댔다.

13일 동안의 긴장된 순간에 세계는 케네디가 합동 참모들과 흐루시초프의 극심한 긴장 상태를 멋들어지게 해소하는 과정을 지켜보았다. 케네디는 즉시 해군에 쿠바 봉쇄를 명령했으나 군사적 행동보다는 외교에 훨씬 더 중점을 두었다. 그는 라디오 대국민 연설에서 이렇게 말했다. "우리의 목표는 힘에 의한 승리가 아니라 권리 옹호입니다. 자유를 희생하여 평화를 얻자는 것이 아니라 평화와 자유를 모두 쟁취하려는 것입니다." 결국 그는 침착하고도 자신감 있는 협상을 통해 미묘한 균형을 일구어 냈다.

피그 만 침투로부터 25년이 지난 1986년, 케네디의 동생 에드워드 케네디(Edward Kennedy)의 요청에 따라 2506여단의 마지막 남은 포로가 아바나 감옥에서 풀려났다. 벌써 57세로 늙고 약해지긴 했어도 카스트로 정부를 무너뜨리겠다는 라몬 콘테 에르난데스(Ramon Conte Hernandez)의 열정만큼은 변함이 없었다. "나는 싸움이 끝났다고 말하고 싶지 않다. 쿠바에는 자유가 없다. 나는 여기서, 아니 어디서나 자유의 투사로 남을 것이다." 82세의 노모와 함께 마이애미 행 비행기에 오른 에르난데스는 1962년 케네디의 정치적 협상으로도 결국 미국에 돌아오지 못한 망명자 투사 9명 중 하나였다. 당시 케네디는 포로들의 석방을 위해 5,300만 달러 상당의 식량과 의약품 지원을 제시했었다. 에르난데스는 "미국인들의 모든 노력에 감사한다. 나는 여기서, 아니 어디서나 자유의 투사로 남을 것이다."라며 자신의 뜻을 표했다.

미국 뉴스 편집자 협회 연설

존 케네디 대통령, 1961년 4월 20일

캣리지(Catledge) 씨를 비롯한 미국 뉴스 편집자 협회 회원 여러분.

우리나라와 같은 위대한 민주국가의 대통령과 여러분과 같은 위대한 신문사의 편집자들은 국민에 대한 의무를 공유하고 있습니다. 그것은 사실을 솔직하고 똑바로 전달할 의무입니다. 제가 24시간 내에 최근 쿠바 사건을 간단하게 논하기로 마음먹은 것은 바로 이 의무 때문입니다.

자유를 위해 싸우는 다른 많은 지역과 마찬가지로 그 불행한 섬에서 점점 좋은 소식보다 나쁜 소식이 쌓여 왔습니다. 저는 이번 작전이 쿠바 독재자에게 대항한 쿠바 애국자들의 싸움임을 강조해 왔습니다. 물론 동정심을 숨기기는 어렵지만 우리는 이 국가의 군이 어떤 식으로든 개입하지 않을 것이라 거듭 밝혀 왔습니다.

우리 국가나 동맹국에 대한 외부 공격이 없는 한, 미국의 어떤 일방적인 공격도 우리의 전통과 국제적 의무에 반하는 것이었습니다. 그러나 우리의 참을성이 끝이 없는 것은 아닙니다. 일례로 미 대륙 국가들 간의 불간섭주의가 무행동 정책을 감춰 주거나 용인해 주는 것은 아닙니다. 이 반구의 국가들이 외부 공산주의 침투를 막지 않는다면 이 정부가 우리 국가의 안전에 가장 중요한 의무를 수행하는 일에 주저하지 않을 것임을 알아주셨으면 합니다.

그러한 때가 오면 저는 부다페스트의 핏빛 거리에서 온통 짓밟힌 사람들에게 개입에 관한 훈계를 들을 생각이 없습니다. 이 용감한 소수의 쿠바 망명자들은 어렵다는 걸 뻔히 알면서도 모험을 했습니다. 일말의 가능성을 품고 자기 섬의 자유를 되찾기 위해 용감하게 시도했습니다. 그들과 마찬가지로 우리도 가만히 구경만 하지는 않을 겁니다.

쿠바는 단순한 섬 하나가 아닙니다. 우리가 불간섭이나 후회를 표시한다고 해서 우리의 걱정이 사라지는 것은 아닙니다. 고대나 최근의 역사 속에서나 작은 무리의 자유 투사들이 전체주의와 싸운 것은 이번이 처음이 아닙니다.

공산주의자의 탱크가 조국의 독립을 되찾기 위해 싸우는 용감무쌍한 남녀를 깔고 지나간 것이 이번이 처음이 아닙니다. 또 쿠바를 포함한 지구 어느 곳에서나 독재에 대항한 자유 투쟁 이야기는 이것으로 끝이 아닙니다.

카스트로는 그들이 용병이라고 말했습니다. 언론에 따르면 해안에 있던 망명자 군대의 마지막 메시지는 철수를 원하느냐는 질문에 대한 반란군 사령관의 답변이었다고 합니다. 그의 대답은 "나는 이 조국을 떠나지 않을 것이다."였습니다. 이것은 용병의 대답이 아닙니다. 그는 지금 수많은 게릴라 전사들이 있는 산맥으로 갔습니다. 그 게릴라 전사들도 생명을 던진 자들의 헌신은 잊혀지지 않는다는 믿음과 쿠바를 공산주의자들의 손에 넘길 수 없다는 각오를 가지고 있습니다. 우리도 쿠바를 포기하지 않을 겁니다!

쿠바 국민들의 외침은 아직 끝나지 않았습니다. 저는 그들, 그리고 카도나(Dr. Cardona)가 이끄는 혁명 위원회가 자유로운 독립 쿠바를 위해 계속해서 목소리를 높일 거라 확신합니다. 어제 카도나로부터 혁명 위원회의 가족들이 섬들에서 혁명에 동참했다는 소식을 전해 들었습니다.

한편, 과거 자신의 지지자들이 이제 자신에게 원한을 품게 되었다며 우리 국가를 비난하려고 하는데, 우리는 그것을 용인하지 않을 것입니다. 그러나 우리 모두가 이 이야기에서 꼭 배워야 할 교훈이 있습니다. 물론 아직 불명확한 부분이 있어 더 많은 정보가 필요합니다. 하지만 다음과 같은 교훈은 확실합니다.

첫째, 쿠바를 비롯한 세계 곳곳에 있는 공산주의 세력을 과소평가하지 말아야 한다는 것은 확실합니다. 모든 광적 독재자의 몰락을 원한다면 경찰국가의 이점, 즉 자유로운 반대 의견의 확산을 막기 위해 대규모 테러와 체포 권한을 사용할 수 있다는 점을 간과하지 말아야 합니다. 자유국가의 자기 절제가 무력에 의한 강제 절제를 당해낼 수 없기에 자유를 빼앗길 위험은 계속해서 커질 것입니다. 군사적 부분뿐 아니라 경제, 정치, 학문 등의 모든 활동에서도 억압이 이루어지고 있습니다.

둘째, 이 국가가 반구의 모든 자유국가들과 힘을 합쳐 쿠바에 대한 외부 공산주의 침투와 지배의 위협을 점점 더 가까이, 또 더 현실적으로 살펴야 한다는 점이 확실합니다. 미국 국민들은 우리 해안에서 채

90마일도 떨어지지 않은 곳에 있는 철의장막 탱크들과 비행기들에 관해 무관심하지 않습니다. 그러나 쿠바 크기의 국가는 우리 생존에 대한 위협이라기보다 이 반구의 다른 자유국가들의 생존을 파괴하기 위한 기지입니다. 쿠바는 우리의 이익이나 우리의 안전과 큰 관계가 없으나 다른 자유국가들이 지금 큰 위험에 빠져 있습니다. 우리가 우리의 의지를 보여야 하는 것은 우리 자신뿐 아니라 그들을 위해서입니다.

증거는 분명하고 시간은 늦었습니다. 우리와 우리의 라틴 친구들은 우리가 이 반구 자체의 생존이라는 실질적 이슈를 더 이상 미룰 수 없다는 사실을 직시해야 합니다. 아마도 다른 이슈들과 달리 이 이슈에 관해서는 중도가 없습니다. 우리는 함께 자유가 번영할 수 있는 반구를 만들어야 합니다. 어떤 종류의 외부 공격을 받고 있는 어떤 자유국가라도 도움을 요청하기만 하면 우리는 모든 자원을 동원할 준비가 되어 있습니다.

마지막 세 번째로, 지구촌 곳곳에서 군대나 심지어 핵무기의 충돌보다 훨씬 중요한 싸움이 벌어지고 있다는 점이 확실합니다. 군대가 거기 있습니다, 그것도 많은 숫자가, 핵무기가 거기 있습니다. 그러나 군대나 핵무기는 주로 방패 역할을 할 뿐입니다. 그 방패 뒤에서 전복과 침투를 비롯한 여러 전략들이 꾸준히 전개되고 있습니다. 우리의 군사 개입이 허가되지 않은 취약한 곳을 차례로 노리고 있습니다.

이 공격적 힘과 규율, 속임수의 특징은 무력입니다. 관심 있는 사람들의 합법적인 불만족을 이용하고, 합법적인 자결주의를 동원합니다. 그러나 일단 힘을 얻으면 모든 불만의 목소리를 억압하고 모든 자결주의가 사라집니다. 쿠바에서처럼 희망의 혁명이라는 약속이 깨지고 테러가 지배합니다. 자유를 되찾으려는 소수 젊은 쿠바인들의 시도를 억제하기 위해 자유국가들의 거리에서 지시에 따라 기계적으로 폭동을 일으키는 자들은 이제 조국으로 돌아갈 수 없는 망명자들의 긴 점호 신호를 기억해야 합니다. 헝가리와 북한, 월맹, 동독, 폴란드 등으로부터 조국에서 자행되는 잔인한 압박에 대한 확실한 증언을 가진 망명자들이 꾸준히 쏟아져 나오고 있습니다.

우리는 더욱 은밀하고 새로운 이 싸움의 교활한 속성을 반드시 인식해야 합니다. 우리는 쿠바나 월남에서 그런 속성에 대항하기 위해 필요한 새로운 개념, 새로운 도구, 새로운 긴박감을 반드시 이해해야 합니다. 우리는 이런 싸움이 수많은 마을과 시장에서 밤낮으로, 그리고 전 세계의 교실에서 소리 소문 없이 매일 일어나고 있다는 사실을 반드시 깨달아야 합니다.

쿠바, 라오스, 공산주의자의 목소리가 들끓는 아시아와 라틴아메리카가 전해 주는 메시지는 똑같습니다. 무관심하고 자유분방하고 부드러운 사회는 역사의 뒤안길로 사라지기 직전입니다. 오직 강하고 부지런하고 결단력과 용기, 비전을 가지고 진정한 의미의 싸움을 결단하는 국가만이 살아남을 수 있습니다.

이 국가나 행정부에게 이보다 더 큰일은 없습니다. 우리의 모든 노력과 에너지를 쏟을 만한 다른 도전은 없습니다. 너무 오랫동안 우리는 전통적인 군사적 필요, 국경을 넘을 준비가 되어 있는 군대, 발사 준비가 되어 있는 미사일에만 시선을 고정해 왔습니다. 이제 이것만으로는 충분하지 않습니다. 적은 미사일 한 대 없이도, 국경 하나 건너지 않고도 우리의 안보를 하나씩 해체하고 국가들을 하나씩 무너뜨릴 수 있습니다.

우리는 이런 교훈에서 얻은 것이 있을 것입니다. 모든 종류의 힘, 즉 우리의 전략과 이 사회의 제도들을 다시 검토하고 방향을 바꿀 생각입니다. 여러 면에서 전쟁보다 훨씬 어려운 싸움, 종종 우리에게 실망감을 안겨 줄 싸움에 우리의 노력을 보다 집중시킬 것입니다.

이 국가와 이 자유세계에 있는 우리가 필요한 자원과 기술, 그리고 인간의 자유에 대한 믿음에서 비롯하는 축적된 힘을 소유하고 있다고 저는 확신합니다. 또 이 쓰라린 싸움이 1950년대 말과 1960년대 초에 최고조에 달했다고 역사에 기록되리라 확신합니다. 미국 대통령으로서 저는 어떤 대가와 어떤 위험이 따르더라도 우리 체제의 생존과 성공을 위해 분투할 것을 약속하는 바입니다!

George W. Bush

웨스트포인트 졸업식 연설을 하고 있는 조지 W 부시 대통령

버섯구름

조지 W. 부시와 이라크 전쟁

1981년 6월 7일, 사막 색깔로 위장한 이스라엘 F-16 편대가 F-15 전투기의 호위를 받으며 사우디아라비아의 북부 사막을 지나갔다. 해 질 무렵에 편대는 이라크 상공에 침투했고, 몇 분 후에 유프라테스 밸리 위에서 북쪽으로 방향을 급선회했다.

F-16 전투기들이 목표물을 향해 진행하는 동안 F-15 전투기들은 상공에서 방어선을 구축했다. 특별히 이번 임무를 위해 업그레이드된 F-16 전투기들은 바그다드 남쪽의 커다란 돔 위로 접근했다. 정렬한 상태에서 F-16 전투기들은 대기 속도를 줄였고 거대한 돔 위에서 멈춰 섰다. 그리고는 수직으로 하공하면서 투석 작전 행동에 따라 2,200파운드 무게의 폭탄 두 개를 투하했다. 그렇게 8대가 지나가면서 폭탄 16개를 떨어뜨린 후에 빠른 속도로 사라졌다. 그로 인해 강철 콘크리트 돔은 불길에 휩싸여 붕괴되었다.

불길에 휩싸인 그 돔은 프랑스가 설치한 2억7,500만 달러 가치의 타무즈(Tammuz) 1 원자로로, 탄생한 지 몇 주밖에 안 된 최신 시설이었다. 이 폭격으로 프랑스 기술자 한 명이 죽었다.

이스라엘의 공습은 아랍 세계와 소련, 유럽 전역, 국제연합안전보장이사회, 그리고 미국의 백악관으로부터 엄청난 비난을 받았다.

이스라엘은 공습에 대한 국제사회의 비판에 격노했고, 메나헴 베긴(Menachem Begin) 수상은 그 폭격이 공격을 예상한 자기 방어라고 설명했다. 그는 프랑스가 무기를 제조할 수 있는 양의 우라늄을 이라크에 공급하기 시작했다는 점을 지적했고, 사담 후세인(당시는 집권한 지 2년밖에 안 되어 외부에 덜 알려진 독재자였음.)이 그 우라늄으로 3~5년 사이의 가까운 미래에 히로시마 타입의 핵폭탄을 제조할 수 있다고 했다. 주요 산유국 중 하나가 에너지 생산을 위해 대규모 원자로가 필요할 리 없다는 것이 베긴의 설명이었다.

세계의 리더와 정부들은 이스라엘을 비방했으나 속으로는 모두 안도의 한숨을 내쉬었다.

약 22년 후, 미국의 무광 검정 F-117 스텔스 전투기 두 대가 어둠을 틈타 이라크 상공에 침투했다. 스텔스들은 호위 없이 아음속으로 비행하면서 바그다드 남부 도라 팜(Dora Farm)으로 표적을 정했다. 이 작전을 가능하게 한 사람은 이라크 내에서 작전을 수행하는 CIA의 록 스타 스파이, 로칸(Rokan)이었다. 다른 록 스타들은 최근에 후세인의 경비 기구들에 의해 색출되었고, 가족과 함께 고문당하고 처형당했다. 이로 인해 내부 스파이 대부분이 활동을 멈추었으나 로칸은 아니었다. 그는 자주 위성 전화를 통해 다량의 중요한 정보를 제공했다.

2003년 3월 19일, 로칸이 매우 긴급한 정보를 보내왔고, 도널드 럼스펠드(Donald Rumsfeld) 국방장관과 조지 테넷(George Tenet) CIA 국장은 백악관으로 급히 달려갔다. 대통령 집무실에 바로 붙은 작은 식당 안에서 그들은 록 스타 작전과 특히 로칸의 보고에 관해 조지 부시에게 브리핑했다. 뛰어난 스파이인 로칸은 후세인과 그 아들들의 위치를 실시간으로 추적해 왔다. 부시의 전쟁 위원회가 후세인 목 베기 작전을 검토하는 사이에 또 다른 보고가 올라왔다. 로칸이 우다이 후세인(Uday Hussein)과 쿠사이 후세인(Qusay Hussein)을 감시하고 있었는데, 그날 저녁 늦게 아버지 사담 후세인이 돌아올 것 같다는 것이었다.

사담 후세인의 도라 팜을 공습하면 이라크 군대를 혼란에 빠뜨리고 다가올 전쟁을 예방할 수 있을지도 몰랐다. 그러나 이는 조종사에게 극히 위험한 작전이었다. 게다가 자칫 후세인의 아내들과 아들들만 죽이게 될 경우, 후세인이 보복으로 이스라엘에 미사일을 발사하거나 유전들을 불태우면 미군으로서는 그것을 막을 준비가 되어 있지 않았다. 그럼에도 조지 부시는 공격을 결심했다.

어린 부시가 그런 결정을 내릴 수 있는 인물이 되리라고 생각한 사람은 거의 없었다. 아마 부시 자신도 마찬가지였을 것이다. 2002년 9월, 그는 종교 지도자들을 모아 놓고 이렇게 말했다. "원래 저는 지금 대통령 집무실이 아닌 텍사스 감옥에 있어야 마땅합니다. 하지만 저는 믿음을 찾았습니다. 하나님을 찾았습니다. 제가 여기 서 있는 것은 기도의 힘 덕분입니다."

복음주의 크리스천인 부시는 40세에 술을 끊고 인생의 방향을 180

도 바꾸었다.

한때 부시는 자신의 삶을 술에 흠뻑 취해 주절대는 삶으로 묘사했다. 상원의원의 손자이자 대통령의 아들인 그는 많은 기대를 받았으나 항상 기대에 못 미쳤다. 그의 아버지는 예일대의 학자와 운동선수로 이름을 날렸지만 그는 평점 C에다 친구들과 어울려 다니는 방탕한 젊은이였다. 제2차 세계대전 때 최연소 전투기 조종사였던 그의 아버지는 태평양에서 격추당했다가 잠수함에 의해 구조되었으나 그는 주(州)공군에 들어갔다가 갑자기 출근하지 않는 바람에 비행 자격을 박탈당했다. 또한 그의 아버지는 텍사스 석유 사업으로 많은 돈을 벌었지만 그는 구멍을 파다가 수백 만 달러를 날렸다. 그의 아버지는 미국 정부 요직에서 일했으나 그는 제멋대로 의회에 출마했다가 고배를 마셨다. 젊은 조지 부시는 나름대로 노력을 했지만 모두 허사였다. 결국 그는 이런 말을 하게 된다. "인생은 제멋대로 돌고 제멋대로 요구하고 제멋대로 이야기를 쓴다. 그러는 사이에 우리는 우리가 자기 인생의 저자가 아니라는 사실을 깨닫기 시작한다."

성은 같았어도 아버지와 아들은 달라도 너무 달랐다. 아버지 부시는 코네티컷 주 그린위치 출신의 주류 정치인 반면에 아들 부시는 스스로를 텍사스 서부의 사람 좋은 인물로 보았다. 부시의 사촌에 따르면 '두비아(Dubya : 부시의 별명)'는 항상 아버지를 거칠고 투박한 사람으로 여겼다. 그럴 만도 한 것이, 대통령 시절에 아버지 부시는 영국 왕족들이 왔을 때 장남 부시에게 테이블 맞은편 끝에 앉아 한 마디도 하지 말라고 명령했다. 오찬 자리에서 엘리자베스 2세가 부인에게 왜 아들이 집안의 골칫거리가 되었는지 물었다. 이에 바바라 부시는 아들 부시가 다소 무뚝뚝하고 항상 자기가 원하는 것만 몸에 걸친다고 말했다. 이를테면 텍사스나 하나님이 미국을 축복하시길이라고 쓴 카우보이 부츠를 자주 신는다는 것이었다. (엘리자베스 2세가 아들 부시에게 그날 저녁 공식 만찬회에서 둘 중에 어떤 부츠를 신을지 묻자 그는 둘 다 아니에요라고 말하며 오늘밤에는 하나님이 여왕을 구원하시길이라고 쓴 부츠를 신을 것이라고 대답했다.)

그러나 언제부터인가 부시는 변했다. 또래의 다른 사람들은 중년의 위기를 겪고 더 젊어지기 위해 노력했지만 부시는 양심의 위기를 겪고 갑자기 성숙해졌다. 술을 끊었고 예수를 자신의 구주로 받아들였으며 달리기를 시작했다. 그는 매일 달렸다. 적당히 빠른 속도를 유지하다가 마지막에 약간 속도를 붙였다. 한때 방탕했던 소년이 자기 수양의 본보기로 변한 것이다.

부시는 1988년 선거에서 아버지의 당선을 위해 열심히 노력했다. 그때의 성공은 젊은 부시의 이미지를 자신과 많은 사람들에게 각인시켰다. 4년 후 아버지 부시가 재선에 실패하자 그는 극도로 분노했다. 좋은 사람이 패하는 것을 보고 매우 강한 분노가 일었던 것이다. 그러나 그런 분노는 부시에게 집중력과 추진력을 길러 주는 좋은 자극제가 되었고, 그 덕분에 그는 텍사스 주지사를 시작으로 압도적인 재선을 거쳐 백악관으로 직행할 수 있었다. 아버지가 처음으로 겪은 커다란 실패가 아들 부시를 커다란 성공으로 이끈 셈이었다.

아버지 부시는 또 다른 면에서 아들 부시의 성공에 큰 보탬이 되었다. 아버지 부시의 동료들과 보좌관들은 부시의 대선과 이후 당선 논란, 그리고 그의 행정부에서 든든한 버팀목 역할을 했다. 그러나 아들 부시의 태도와 대통령 활동은 아버지와 매우 달랐다. 그의 텍사스 기질은 오히려 로널드 레이건과 많이 닮아 있었다. 백악관으로 거취를 옮긴 후 공직의 부담에도 불구하고 그는 규칙적인 삶을 유지했고, 과거와 마찬가지로 운동과 잠에 충분한 시간을 할애했다. 부시의 연설문 작가였던 데이비드 프럼(David Frum)은 부시에 대해 이렇게 기술했다. "부시는 가벼운 사람이 아니다. 오히려 그는 매우 이상한 형태의 무게를 지닌 사람이다. 종종 말실수를 하고 가끔 기억을 못하기도 하지만 그의 비전만큼은 크고 분명하다. 새로운 가능성이 보이면 그는 즉시 행동하는 용기를 지녔다."

내가 기자들을 위한 조촐한 오찬 모임에서 부시를 처음 만났을 때 그의 실제 모습은 언론을 통한 모습과 너무나 달랐다. 정책 토론 때 그는 정보와 정책 세부 사항을 꿰뚫고 방안의 분위기를 주도했다. 부통령 딕 체니(Dick Cheney)가 테이블 바로 맞은편에 앉아 있었지만 부시는 거의 말을 하지 않는 그를 별로 높이 평가하지 않았다. 부시는 한번은 자신의 선거 보좌관들에게 "정치는 전적으로 인식의 문제다."라고 말하며 자신의 아버지와 같은 실수를 결코 되풀이하지 않겠다는 뜻을 분명히 밝혔다.

부시와 많은 시간을 보냈기에 누구보다도 그를 잘 아는 프럼은 "조지 부시는 매우 특별한 사람이다. 그는 좋은 사람이지만 약하지 않다. 그는 많은 흠이 있다. 참을성이 적고 쉽게 화를 낸다. 때로는 말이 앞서고 독단적이기도 하다. 호기심이 별로 없어서 아는 것이 적을 뿐만 아니라 리더답지 않게 생각이 고루하다. 하지만 이런 단점은 예의, 정직, 청렴, 용기, 끈기 같은 장점으로 보충하고도 남음이 있다."라고 말했다.

아프가니스탄 전쟁은 부시에게 별로 어려운 결정이 아니었다. 2001년 9월 11일 사건 이후에 미국인과 세계 각국은 테러를 뿌리 뽑겠다는 백악관의 뜻에 동참했다. 부시는 카우보이답게 죽기 살기로 오사마 빈라덴과 싸워 "그들의 동굴에 연기를 피워 테러 조직을 몰아내겠다."고 공언했다. 비판자들은 서부극을 연상케 하는 부시의 정의 관념에 코웃음을 쳤지만 사실상 부시는 공격을 개시하기 전에 놀라운 인내심을 보여 주었다. 많은 미국인이 즉각적인 행동을 촉구했으나 부시는 아프가니스탄에 첫 폭탄을 투하하기까지 거의 한 달을 기다렸다. 그리고 나서 "이런 행동을 저지르는 테러리스트들과 그들을 지원하는 자들을 똑같이 여기겠다."라고 세상에 공언함으로써 국제 관계의 법칙을 다시 썼다.

9/11 사태는 부시에게 인기와 성공, 그리고 무엇보다도 대통령으로서의 분명한 목적의식을 주었다. "나의 일은 미국을 보호하는 것이다. 나는 바로 그 일을 할 것이다." 거듭난 크리스천으로 모든 내각 모임을 기도로 시작하는 부시는 테러와의 전쟁을 선과 악 사이의 역사적인 싸움으로 명명했다. 뉴욕 주 상원의원 찰스 슈머(Charles Schumer)는 이렇게 말했다. "그는 이 일에 대통령 인생의 전부를 걸 것이라고 내게 여러 차례 말했다. 자신의 성공이 테러 근절이란 목표를 달성하는지 여부에 달려 있다고 했다."

그러나 한 정부 관리의 표현 대로라면 부시의 '유레카 순간'은 미군이 아프가니스탄에서 끔찍한 상황을 발견하면서 찾아왔다. 미군 첩보에 따르면 알카에다(al-Qaeda)가 대량살상무기(WMD)를 적극 개발하고 있는 것으로 드러났다. 이 문제를 깊이 분석해 온 체니 부통령은 미국이 직면하고 있는 최대의 위협이 미국 도시에 대한 화학적, 생물학적 또는 핵 공격이라고 믿었다. 그런 의미에서 9/11사태는 하나의 경종에 불과했다.

이런 상황에서 부시와 그의 전시 내각은 새로운 정책을 개발했다. 그것은 공격을 개시하기 전에 국가 안보에 대한 위협 요소를 제거하는 것이었다. 부시는 웨스트포인트 졸업식에서 이렇게 말했다. "저는 위험이 다가오기까지 기다리지 않겠습니다. 위험이 점점 가까이 오도록 방치해 두지 않겠습니다." 미국은 적이 함부로 선제공격을 하지 못하도록 먼저 조치를 취하기로 했다. 안보 담당 보좌관 콘돌리자 라이스(Condoleezza Rice)는 인터뷰에서 새로운 정책을 이렇게 설명했다. "우리는 연기 나는 총이 버섯구름이 되는 것을 원치 않는다." 이라크가 핵무기를 보유한 것이 확실하므로 핵무기의 사용을 철저히 막겠다는 뜻이었다.

만약 알카에다가 대량살상무기를 개발하려 했다면 그 구실을 제공한 사람은 바로 아버지 부시일 것이다. 아버지의 죗값이 자식들에게 지워졌다면 그 죗값을 치러야 할 사람은 바로 조지 부시가 될 것이다. 텍사스 부시에게 코네티컷 부시가 남긴 오물을 청소하는 임무가 주어졌다. 아울러 이 임무는 아버지 부시가 이룬 모든 업적을 뛰어넘을 기회가 될 것이다.

공습 후 6주가 지나고 지상 작전을 펼친 지 겨우 이틀이 지난 1991년 2월 말, 큰 타격을 입은 이라크군은 가능한 빨리 쿠웨이트 시티를 빠져나가려고 서둘렀다. 그러나 바쁜 가운데서도 그들은 차며 옷 가방,

밀가루 포대, 아이들의 책, 심지어 새하얀 결혼식 드레스까지 가능한 모든 것을 약탈했다. 이라크군의 차량과 트럭, 훔친 소형차들은 6번 고속도로를 통해 바스라로 향했다. 혼란스러운 이라크 야간 행렬이 불 꺼진 고속도로 4개 차선 위를 달리고 있었다.

행렬이 국경을 향해 급히 가는데 미군 F-15 12기가 표적을 향해 집결했다. F-15 편대는 행렬의 앞뒤에서 폭격하여 수천 대의 차량을 사막의 어둠 속에 고립시켜 놓고 무지막지하게 깨부셨다. 트럭들은 서로 충돌하고 차들은 도로를 벗어나 모래에 처박혔다. 공포에 질린 이라크인들은 걸음아 나 살려라 도망쳤다.

하루 뒤에 현장에 도착한 언론은 피바다 속에서 불에 타고 사지가 절단된 시체의 사진을 전 세계의 방송으로 내보냈다. 세인들은 이 도로를 두고 죽음의 고속도로라고 불렀고, 인권단체들은 무기력한 도망자를 공격한 미국에 크게 분노했다.

합동 참모 본부장인 콜린 파월(Collin Powell) 장군은 당시의 대통령인 아버지 부시에게 이라크와 계속 전쟁을 벌이는 것은 미국인답지 않고 정도에서 어긋난 행위라고 말했다. 그러자 미디어의 반발을 의식한 부시는 파월의 말에 동의했다. 그는 이라크 국내 세력이 사담 후세인을 무너뜨리리라 믿고 전쟁을 멈추기로 했다. 그리고 야전 사령관 노먼 슈바르츠코프(Norman Schwarzkopf)에게 이렇게 말했다. "우리는 시체가 쌓인 그 모든 현장에 대해 우호적이지 않은 대중과 정치계 여론을 접했다. 전쟁을 끝내는 것이 낫지 않겠나?" 부시는 걸프전을 깨끗한 승리로 끝내고 싶었다. 보좌관들과 의회, 언론, 미국 국민, 세계의 의지를 불과 100시간 동안 숙고한 끝에 과감한 결단을 내린 국가 원수가 되고 싶었다.

　그러나 부시의 결정은 이라크 국내의 상황을 전혀 엉뚱하게 읽은 결과였다. 그의 오판은 두고두고 후회할 결과를 낳게 된다. 죽음의 고속도로는 잿더미가 되었을지 몰라도 사실 대부분의 이라크군은 살아남았다. 결국 미국의 공격은 보기보다 치명적이지 않았던 것이다. 전쟁이 조기에 끝나면서 탱크 700대와 막강한 공격용 헬리콥터 편대를 갖춘 이라크 공화국 수비대 두 개 사단은 무사히 이라크로 빠져나갔다. 걸프전 직후 이 탱크들과 헬리콥터들은 바스라에서 시아파 수만 명과 북부에서 쿠르드족들을 학살했으며, 그 결과 후세인은 이라크의 지배권을 다시 확보했다.

　향후 12년 동안 후세인은 미국의 종전 협정과 유엔의 제재를 무시했고, 점점 더 대담해졌다.

　아버지 부시가 걸프전을 일방적으로 끝냈고 아들 부시는 전쟁을 구상했다. 아버지는 바그다드 진격을 신중하지 못한 처사로 여겼지만 아들 부시는 바그다드로 곧장 진격해 후세인과 그 측근들을 사로잡거나 죽이고자 했다. 아들 부시는 한 초등학교에서 이렇게 말했다. "자신이 무엇을 믿는지 알면 결정은 매우 쉽다. 항상 바람이 어디로 불고 있는지 알아내려고 애쓰는 사람이라면 결정하기가 어렵다. 하지만 나는 내가 누군지 잘 알고 있다. 나는 내가 무엇을 믿는지, 내가 국가를 어디로 이끌고 싶은지 잘 알고 있다." 아들 부시는 아버지의 실수를 만회하고자 했다.

　부시는 첩보를 통해 이라크가 대량살상무기를 가지고 있을 뿐 아니라 알카에다와 연계되어 있다고 판단했다. 그의 목표는 분명했다. 그것은 국가가 후원하는 테러 행위를 막는 것이었다. 테러가 반드시 나타나리라 확신한 부시는 럼스펠드 국방장관과 토미 프랭크(Tommy Frank) 장군에게 이라크 문제에 대한 계획안을 내놓도록 했다.

또 부시는 대량살상무기가 있든 없든 간에, 후세인이 인도주의적 이유만으로도 사라져야 할 악인이라고 확신했다. 「뉴욕 타임즈」는 "23년간 집권한 후세인은 그의 국가를 중세 시대에나 있을 법한 대량 살상 행위로 이끌었으며 그런 테러 행위를 이웃 국가들에 전염시켰다."라고 보도했다. 인권 감시 기구에 따르면, 후세인은 전쟁과 테러를 통해 수백만의 이라크인을 죽였다. 즉 후세인이 이란과 쿠웨이트에서 벌인 전쟁으로 민간인 290,000명(1987~88년 신경가스와 미란성 독가스로 죽은 쿠르드족 50,000~100,000명 포함) 외의 수많은 인명이 죽었다. 고문을 당하고 불구가 된 희생자는 더 많았다. 증인들과 희생자들은 비밀경찰의 잔학 행위를 분류했는데, 자백을 강요하기 위한 부녀자 및 소녀 강간과 눈알 파내기, 전기 사형, 산성욕(acid bath), 암살 등이 포함되었다. 1999년 감옥 내 불평을 일소하기 위해 수감자 수천 명이 조직적으로 처형되었다. 영국 수상 토니 블레어(Tony Blair)의 2003년 연설에 따르면, 이라크 정부가 국제 구호 단체들이 보낸 식량과 의약품을 훔치거나 구호 활동을 방해하는 바람에 지난 5년 사이에 이라크에서 400,000명의 아이들이 죽었다. 호주 의회 조사단은 후세인 혼자서 유엔의 '석유로 식량 교환' 프로그램을 빌미로 110억 달러를 착복했다는 사실을 밝혀 냈다. 그러니 후세인이 스탈린을 존경했다는 것도 무리는 아니다. 부시는 호주 수상 존 하워드(John Howard)에서 "내가 하는 모든 연설에서 후세인

정부의 만행을 상기시키겠습니다."라고 말했다.

2002년 1월 국정연설에서 부시는 이라크를, '세계 평화를 위협하는 악의 축'으로 규정했다. 「워싱턴 포스트」의 한 칼럼니스트는 부시의 놀라울 정도로 대담한 연설이 전쟁 선포나 다름없었다고 했다. 부시는 어려운 일을 위해 미국인들의 마음을 하나로 모았다. "미국인들은 빅뱅을 원한다. 그래서 나는 이 전쟁이 여러 단계로 이루어질 것임을 국민들에게 이해시켜야 한다."

부시가 참석한 가운데 이라크 전쟁 계획 모임이 정기적으로 이루어졌다. 그런데 얼마 안 있어 국무부와 펜타곤 사이에 틈이 벌어지기 시작했다. 콜린 파월 국무장관은 펜타곤이 부시를 전쟁으로 몰아붙였다고 생각했다. 그럼에도 그는 항상 체니와 럼스펠드의 편이었다. 콘돌리자 라이스 안보 담당 보좌관이 이라크 공격에 대한 국제사회의 지지를 얻는 문제를 논하기 위해 자신의 사무실에서 상원의원 3명과 만났을 때 부시가 불쑥 들어와 말했다. "개 같은 후세인. 그놈을 몰아내야 해." 그러자 상원의원들은 씁쓸하게 웃었다. 그러나 결국 파월의 설득에 못 이겨 부시는 이라크에 무기사찰단을 보내자는 결의안을 유엔에 보냈다.

결의안은 통과되었다. 이제 부시는 국무부와 펜타곤의 힘을 하나로 모을 수 있었다. 그는 두 부서와 협력하여 꾸준하고도 적극적으로 전쟁을 준비해 나갔다.

유엔 무기 사찰 책임자 한스 블릭스(Hans Blix)는 이라크에서 대량살상무기를 발견하지 못했다고 주장했으나 CIA 첩보에 따르면 그가 보고서에 정보를 빠뜨린 게 틀림이 없었다. 부시의 측근들 대부분은 블릭스가 거짓말을 하고 있다고 믿었다. 부시가 이라크에 대량살상무기가 있냐고 묻자 CIA 국장 조지 테넷은 그것은 '슬램덩크(엄청 강력한 무기라는 뜻에서)'라고 말했다. 실제로 후세인은 1980년대에 대량살상무기를 보유하고 있었으며, 1990년대에 그것을 숨겨 놓은 것으로 알려져 있었다. 체니 부통령은 후세인에게 대량살상무기가 없었다면 그동안 그가 유엔의 제재에 순응하고 약 천억 달러의 오일 수입을 포기했을 것이라고 말했다. 심지어 이집트의 호스니 무바라크(Hosni Mubarak)도 자신의 첩보망으로 대량살상무기 실험실들을 발견했다고 밝혔다.

파월은 계속해서 외교적 해결을 주장했다. 그는 중동이 반미주의로 들끓고 있으며 미국의 공격이 이슬람 테러리스트의 동조 세력을 더욱 증가시킬 뿐이라고 주장했다. 그는 미국이 전쟁에 돌입하려면 최소한 아버지 부시가 걸프전 이전에 얻어 냈던 것만큼의 국제적 지지를 얻어 내야 한다고 생각했다. 또 그를 비롯한 일부 인사들은 군사적 입장에서, 후세인이 미군을 상대로 화학무기나 생물학 무기를 사용할 수 있다는 점을 지적했다. 미국 경제가 아직 어려운 상태에서 후세인이 유전에 불을 질러 세계 석유 공급량을 감소시키면 큰일이었다. 후세인이 바그다드로 군대를 철수하면 미군은 시가전을 벌일 수밖에 없었고, 그러면 막대한 사상자는 불가피했다. 또 후세인이 이스라엘이나 사우디아라비아에 대한 스커드 미사일 발사 위협으로 전쟁을 주변 국가로 확산시키려 할 가능성도 배제할 수 없었다. 무엇보다도 파월은 전쟁을 수행하려면 펜타곤이 수요를 감당할 수 없을 정도로 많은 병력이 필요하다고 생각했다. 파월의 걱정을 한층 증폭시키기로 작정이라도 한 듯, 국가 안보 보좌관이자 아버지 부시의 측근인 브렌트 스코크로프트(Brent Scowcroft)는 「월스트리트 저널(The Wall Street Journal)」에서 이라크 침공이 중동을 '가마솥'으로 만들 것이라고 썼다. 스코크로프트가 아버지 부시의 입장을 대변한 것일까?

2003년이 시작된 직후 부시는 파월을 대통령 집무실로 불러 말했다. "전투복을 입을 때요."

부시는 전쟁을 준비하면서도 절제된 생활 패턴을 유지했다. 그는 일찍 자고 일찍 일어났으며 꼭 1시간씩 달리기와 운동을 했다. 아버지 부시는 걸프전 때 충분히 잠을 못잔 것이 후회스럽다고 아들 부시에게 말한 바 있었다. 하지만 흥미롭게도 아들 부시는 자신과 똑같은 상황에 처했었던 아버지 부시에게 조언을 구하지 않았다. "알다시피 내가 힘을 달라고 호소해야 할 사람은 그가 아니다. 내가 의지하는 분은 지극히 높으신 아버지시다."

전쟁이 임박하자 미국과 유럽을 비롯한 세계 전역에서 수백만의 인파가 거리로 나와 미국의 이라크 정책을 반대하는 시위를 했다. 데모의 주동자들은 부시를 도살자와 살인자로 불렀고, 미국의 일부 우방은 침공을 공개적으로 반대했다. 부시를 지지하는 토니 블레어 수상은 이라크 전쟁 문제로 실각할 위기에 놓였다.

그러나 부시는 후세인이 대량살상무기를 사용하거나 그것을 테러리스트들에게 제공하도록 내버려 두느니 전쟁이 덜 위험하다고 강력하게 주장했다. "위협이 완전한 현실로 바뀌기까지 기다린다면 때는 너무 늦는다." 또 부시는 후세인의 몰락이 새로운 중동 건설에 도움이 된다고 믿었다. "자유는 세상 모든 사람에게 베푸는 신의 선물이다." 자유를 위한 부시의 방법은 선제공격과 적극적인 민주주의 확산이었으며, 그는 두 부분에서 모두 입장을 굽힐 수 없었다.

2003년 3월 초, 부시는 국제연합안전보장이사회를 통해 각국의 리더들을 모았으며, 무력 사용 승인을 위한 두 번째 결의안에 대한 찬성 투표를 얻고자 했다. 그러나 소용이 없었다. 몇 달에 걸친 외교적 노력 끝에 부시는 전보다 더욱 고립되었다. "혼자 가야 한다면 그렇게 할 것이다. 그러나 그러고 싶지 않다." 충분한 병력 지원을 약속한 국가는 영국과 스페인뿐이었다. 아버지 부시 때만큼 대대적인 지원은 기대할 수 없게 되었다. 그럼에도 부시는 물러서지 않았다.

찰스 슈머는 부시에 관해 이렇게 말했다. "부시의 강점 중 하나는 다른 사람이 동의하든 그렇지 않든 간에 자신의 본능을 믿고 나아간다는 것이다. 지금과 같이 바람이 완전히 엉뚱한 방향으로 휘몰아칠 때 자기 내부에 자신만의 바람을 가진 대통령은 앞으로 나아갈 수 있다."

3월 17일 저녁 8시, 부시는 후세인에게 48시간 내에 이라크를 떠나라는 최후통첩을 보냈다. 기한 마감이 가까워 온 3월 19일 이른 시각, 백악관에서 부시는 전시 내각을 소집했다. 중동 주둔 미군 사령관들은 화상으로 연결되었다. 모임 참석자 중 한 사람은 "핀 떨어지는 소리까지 들릴 정도로 상황은 엄숙하고 심각했다."라고 말했다. 결국 후세인은 떠나지 않았고, 부시는 명령을 읽었다. "세계 평화와 이라크 국민의 이익과 자유를 위해 이제 '이라크 자유 작전'의 실행을 명령한다." 그는 일어서서 사령관들에게 경례를 하고는 눈물을 흘리며 회의실을 걸어 나갔다. 그는 밖으로 나가 기도했다.

별빛이 밝은 사막의 밤. 각각 EGBU-27 벙커 파괴용 폭탄 두 발을 탑재한 F-117 스텔스 두 대가 도라 팜으로 속력을 더했다. 조종사들은 레이저 목표 추적 장치를 작동하고는 폭탄을 투하했다. 폭발 후에는 전함에서 토마호크 순항 미사일 16발을 발사하기로 되어 있었다.

워싱턴 대통령 집무실 옆 서재에서 부시가 텔레비전 출연을 위해 분장을 하고 있을 때 국가 안전 보좌관 대리가 F-117 스텔스들이 성공적으로 폭탄을 투하했으나 아직 이라크 상공에 있다고 보고했다. 저녁 10시 16분, 부시는 대국민 연설에서 이라크 전쟁의 개시를 선포했다. "이는 임시변통을 위한 전쟁이 아닙니다."

도라 팜의 한 목격자는 후세인의 아들들이 무사하다고 보고했다. 하지만 후세인은 상처를 입었으며 잔해를 파고 나와 앰뷸런스에 실렸다. 공습의 배후 인물인 록 스타 로칸은 자리를 지키다가 순항 미사일 폭파로 사망했다.

군사적인 측면에서 전쟁은 성공이었다. 후세인은 미군을 상대로 화학무기나 생물학 무기를 사용하지 않았는데, 아마도 그런 무기가 없었던 것 같다. 유전도 불타지 않았다. 이라크군은 최후의 방어를 위해 바그다드로 철군하는 대신 산산이 흩어졌고, 바그다드는 전쟁 개시 단 3주 만에 함락되었다. 2003년 12월, 미군은 그의 고향 외곽에 있는 농장 근처의 땅굴에서 후세인을 생포했다.

그러나 전후 이라크 재건은 부시와 보좌관들이 생각했던 것보다 훨씬 어려운 일이었다. 이라크 전역에서 불안에 이어 폭력이 난무했다. 전시보다 전후 이라크 점령 기간에 더 많은 미군 병사들이 죽었다. 지금까지 이라크에서 대량살상무기는 발견되지 않았다. 그럼에도 부시는 입장을 고수했다. 침공의 주된 명분을 사라졌는데도 말이다. 2004년 국정연설에서 그는 이렇게 말했다. "자유와 평화를 사랑하는 모든 이에게 후세인 정권이 없는 세상은 더 좋고 안전한 곳입니다."

그러나 부시 출범 이후에 줄곧 그랬듯이 이라크 전쟁을 둘러싼 미국 여론은 크게 분열되었다. 전쟁의 주된 동기를 제공했던 첩보들은 대부분 잘못된 정보로 드러났다. 이라크 침공으로 인해 부시가 두 가지 측면에서 미국을 위험에 빠뜨렸다는 비판이 제기되었다. 그러니까 그가 전 세계에 스며 있는 더욱 위험한 존재인 알카에다를 간과했고, 아랍 내 반미 감정을 고조시켜 앞으로 더 많은 테러가 일어나게 되었다는 것이다. 이라크 침공과 관련하여 콜린 파월 국무장관은 부시에게 '포터리반 법칙(Pottery Barn rule)'을 이야기한 것으로 유명하다. "부수면 당신 것이다.(잡화점에서 손님이 물건을 부수면 손님 것이 되어 손님이 값을 치러야 한다는 법칙, 포터리반이란 가정용품업체가 정한 법칙처럼 되어 있으나 사실무근이다. – 역주)" 이제 부시와 미국은 아득히 먼 땅에서 안전한 다원적 국가를 건설하는 책임을 맡게 되었다.

부시는 그런 엄청난 도전 앞에서 편안해 보였다. 그는 정책이나 계획 부분에서 결코 실수를 인정하지 않았으며, 실행 부분에서는 더더욱 그러했다.(예외가 있다면 이라크 죄수들을 조직적으로 학대한 점.) 그는 미국을 보호한다는 비전을 품었고, 스스로 옳다고 믿는 바를 위해 대통령 자리까지 버릴 각오가 되어 있었다. 2004년 대선이 관심의 초점이 되면서 부시의 정치적 성공은 그 어느 때보다도 이라크 정책과 연결되어 있었다.

부시 이전의 대통령들은 국가에 이익이라고 믿는 바를 위해 대통령 자리를 걸고 싸웠다. 제퍼슨은 출입항 금지 조치를 도입하여 전쟁을 막으려 했다. 링컨은 두 국가, 즉 북부 연합과 남부 연합으로부터 비난을 받을 것을 알면서도 노예해방령을 선포했다. 트루먼은 군의 조언을 무시하고 제3차 세계대전의 위험을 감수하면서까지 베를린에서 소련을 굴복시켰다. 많은 사람이 투박하고 냉혹한 전사로 생각했던 로널드 레이건은 비전과 의지의 힘으로 세상을 훨씬 좋고 안전한 곳으로 만들었다. 미국 대통령의 이런 전통, 즉 미국 리더들의 과감한 결단력은 부시에 와서도 사라지지 않은 듯하다. 프랭클린 루스벨트와 존 케네디가 앉아 과감한 결단을 내렸던 책상에 지금 부시가 앉아 있다.

2003년 5월 21일, 부시는 해군 전투기를 타고 태평양에 있는 항공모함 'USS 에이브러햄 링컨'의 갑판으로 날아가 대규모 전투 작전의 끝을 선언했다. 당시 그는 해군 조종사 복장을 하고 있었다. 아마도 2세기 전에 조지 워싱턴이 위스키 반란을 진압하고 연약한 신생국가를 보존하기 위해 군대를 이끌었던 때 이후로 현직 대통령이 전투 복장을 한 일은 처음일 것이다. 과거의 많은 대통령이 그랬듯이 부시는 큰 위험이 닥쳐올 것을 알면서도 과감히 앞으로 나아갔다. 부시가 탑승한 해군 제트기가 태평양 상공을 날아 서쪽으로 날아갔다. 부시는 미래가 기다리는 자의 것이 아님을 알았으리라. 미래는 쟁취하는 자의 것이다.

미국 육군 사관학교 졸업식 연설

뉴욕 웨스트포인트에서 조지 W. 부시 대통령, 2002년 6월 1일

웨스트포인트 교장이신 레녹스 장군, 국방장관, 파타키(Pataki) 주지사, 국회의원들, 사관학교 교직원들, 그리고 자랑스러운 졸업생 및 그 가족 여러분. 여러분의 환영에 감사드립니다. 로라와 저는 200주년을 맞이하는 이 위대한 시설을 방문하게 된 것을 특히 영광스럽게 생각합니다.

미국 어디에서나, '웨스트포인트'라는 단어는 즉석에서 존경을 한 몸에 받고 있습니다. 허드슨 강이 굽이치는 이곳은 훌륭한 배움의 전당 그 이상입니다. 미 육군사관학교는 세계 역사를 만들어 온 군인들을 키워 낸 가치의 수호자입니다.

여러분 중 일부는 완벽한 웨스트포인트 졸업의 과정을 걸어왔습니다. 이번에 졸업하는 로버트 E. 리는 4년 동안 단 하나의 벌점도 받지 않았습니다. 여러분 중 일부는 완벽하지 않은 졸업의 과정을 걸어왔습니다. 율리시즈 그랜트는 꽤 많은 벌점을 받았으며, 말하기를 내 생애의 가장 행복한 날은 웨스트포인트를 떠나는 날이라 했습니다. 여러분

이 대학 시절 동안 제가 어떠했을까 궁금해 할 것으로 생각됩니다.

여러분은 아이젠하워 맥아더, 페튼, 브레들리의 전통을 따를 것입니다. 그들은 모두 문명을 구한 지휘관들입니다. 아울러 여러분은 멀리 떨어진 전장에서 싸우다 죽어 간 소령들의 길을 걸어갈 것입니다.

본 사관학교 졸업생들은 창조성과 용기를 모든 분야에 적용했습니다. 웨스트포인트는 파나마 운하의 책임 기사를 탄생시켰고, 맨해튼 프로젝트 배후의 마인드를 만들어 냈으며, 우주를 거닌 최초의 미국인을 탄생시켰습니다. 이 훌륭한 기관에서 야구의 창시자가 나왔으며, 지난 수년 동안 젊은이들을 위해 미식축구를 다듬은 사람도 이 기관에서 배출되었습니다.

여러분은 이 사실을 알지만, 많은 미국 사람들은 이 사실을 모릅니다. VMI(군사 학교) 졸업생 조지 마샬은 이렇게 말했다고 합니다. "나는 위험천만한 극비 임무를 수행할 장교를 원한다. 그래서 웨스트포인트 미식축구선수를 원한다."

오늘 여러분이 이곳을 떠나면서, 이곳에 대해 결코 잊지 못할 일 한 가지가 있음을 저는 압니다. 그것은 사관학교 최하급 생도로서의 경험입니다. 저는 상급생의 질문을 받은 1학년 생도는 반드시 이렇게 대답해야 한다고 들었습니다. "예, 사관학교교장의 개, 해병대사령관의 고양이, 망할 놈의 모든 해군 제독들." 아마 이 이야기를 해군장관에게 하기는 어려울 것 같습니다.

웨스트포인트는 전통에 따라 인도되고 있습니다. '육군의 황금 자녀들(Golden Children of the Corps)'에 대한 존경으로 저도 여러분이 가장 소중히 여기고 있는 전통의 하나를 준수하겠습니다. 최고 사령관으로서, 저는 사소한 행위상 과실에 대한 제약을 받고 있는 전 생도들을 이 자리에서 사면하는 바입니다. 여러분 중에 엔드 존(end zone)에 있는 사람들이 기뻐하기에는 좀 이를지 모르겠습니다. 왜냐하면, 여러분이 알다시피 저는 레녹스 장군에게 '사소한'의 의미가 무엇인지 정확히 정의하게 할 생각입니다.

웨스트포인트의 전 학급은 육군에 임관됩니다. 웨스트포인트의 일부 학급은 역사의 소명에 의해, 국가의 중대하고도 새로운 부름에 참여하기 위해 임관됩니다. 여기서 진주만 공격 6개월 후인 1942년도 학급에 대하여 말하자면, 마샬 장군은 이렇게 말했습니다. "이 싸움이 끝나기 전에 우리는 우리의 깃발을 자유의 상징이자 강력한 힘의 상징으로 세상에 알리겠다고 결심했습니다."

그해 졸업한 장교들은 그 임무 수행을 도와, 일본과 독일을 패배시키고, 이후에는 동맹국으로서 그들 국가의 재건을 도왔습니다. 1940년대 웨스트포인트 졸업생들은 아주 새로운 도전에 직면했습니다. 그것은 제국주의적 공산주의의 도전이었습니다. 그들은 한국에서 베를린, 베트남을 거쳐 냉전 시대에 이르기까지, 즉 처음부터 끝까지 이 도전에 대응했습니다. 그들의 싸움이 끝났을 때 많은 웨스트포인트 출신 장교들은 살아서 세상이 변화하는 모습을 지켜보았습니다.

역사는 여러분 세대에게도 소명을 던졌습니다. 여러분이 졸업하기 직전에 미국은 무자비하고도 교활한 적으로부터 공격을 받았습니다. 여러분은 전시에 졸업을 하며, 막강하고도 영광스러운 미국 군부대 속에서 각자의 위치를 찾게 될 것입니다. 테러와의 전쟁은 이제 시작일 뿐이나, 아프가니스탄에서 출발은 성공적이었습니다.

저는 저의 명령에 따라 싸워 온 사람들을 자랑스럽게 생각하고 있습니다. 미국은 자유를 위해 봉사하는 모든 사람에게, 그리고 자유를 지키기 위해 생명을 바친 모든 사람에게 깊이 감사하고 있습니다. 국민들은 우리 군을 존경하고 의지하며, 여러분의 승리를 확신합니다.

이 전쟁은 예측할 수 없는 많은 굴곡을 거치게 될 것입니다. 그러나 저는 이것만은 확신합니다. 어느 곳에서나 성조기는 우리의 힘뿐 아니라 자유를 상징합니다. 우리 국가의 명분은 언제나 국방보다 우선합니다. 우리는 언제나 그랬듯이 평화를 위해 싸웁니다. 그것은 인류의 자유를 위한 평화입니다. 우리는 테러리스트와 독재자들의 위협에 대항하여 평화를 지킬 것입니다. 우리는 강대국들과 우호적 관계를 맺음으로써 평화를 확대해 나갈 것입니다. 모든 대륙에서 자유롭고 개방적인 사회 건설을 장려함으로써 평화를 확장하려 합니다.

바로 이런 평화를 구축하는 것은 미국의 기회이자 의무입니다. 오늘 이후로 계속해서, 그것은 여러분의 도전이 될 것입니다. 우리도 함께 이 도전에 맞설 것입니다. 여러분은 비할 데 없이 멋지고 훌륭한 국가의 제복을 입을 것입니다. 미국은 확장할 제국도 건설할 유토피아도 없습니다. 우리는 우리 자신에게 바라는 것만 다른 사람들에게 바랍니다. 그것은 폭력 근절, 자유의 보상, 더 나은 삶에 대한 희망입니다.

평화를 수호하려는 우리는 전에 없는 큰 위협에 직면해 있습니다. 과거의 적들은 미국을 위협하기 위해 막강한 군대와 산업 역량을 필요로 했습니다. 그러나 사악한 망상에 젖은 수십 명의 인력과 몇 십만 달러로 9월 11일의 공격이 가능했습니다. 그들은 탱크 한 대의 값도 안 되는 돈으로 엄청난 혼란과 고통을 야기했습니다. 위험이 조금도 사라지지 않았습니다. 이 정권과 미국 국민들은 경계 상태에 있으며, 위험에 철저히 대비하고 있습니다. 왜냐하면 테러리스트들이 더 많은 돈과 인력을 동원하여 더 무시무시한 계획을 세우고 있기 때문입니다.

자유에 가장 큰 위협은 급진주의와 기술의 위험천만한 만남에 있습니다. 화학무기와 생물학 무기와 핵무기의 확산이 탄도 미사일 기술과 만날 때, 작은 국가와 소규모 집단도 큰 나라를 파멸시킬 수 있는 힘을 손에 넣게 됩니다. 우리의 적들은 바로 이러한 의도를 밝혀 왔으며, 이런 가공할 무기를 얻으려는 충동에 사로잡혀 있습니다. 그들은 우리를 위협하고 해치고 우리의 친구들을 해칠 수 있는 능력을 원합니다. 그래서 우리는 우리의 모든 힘을 다해 그들에 맞서고 있는 것입니다.

지난 세기에 미국의 국방은 주로 전쟁 억제와 봉쇄에 관한 냉전 독트린에 의존했습니다. 경우에 따라서 그런 전략이 아직도 활용되고 있습니다. 그러나 새로운 위협은 새로운 사고를 요구합니다. 국가들에 대한 대대적인 보복을 단언함으로써 이루어지는 전쟁 억제는 방어해야 할 국가도 국민도 없는, 그늘 속의 테러리스트 네트워크에게 아무런 의미가 없습니다. 대량살상무기를 보유한 정신병자 독재자들이 그 무기를 미사일에 탑재하거나 테러리스트 동맹에게 비밀리에 제공할 수 있을 때는 봉쇄가 불가능합니다.

우리가 최상의 상황을 기대하면 미국과 그 친구들을 방어할 수 없습니다. 독재자들의 말에 신뢰를 둘 수는 없습니다. 그들은 핵무기 확산 금지 조약에 엄숙하게 서명하고는 그것을 순식간에 파기합니다. 위협이 현실로 이루어질 때까지 기다리면 너무 늦습니다.

본토 방어와 미사일 방어는 보다 강력한 안보의 일부분이며, 미국의 방어 전략 일순위입니다. 테러와의 전쟁은 승리는커녕 오히려 수세에 몰려 있습니다. 우리는 적들과 싸워 그들의 계획을 무너뜨리며, 최악의 상황을 사전에 예방해야 합니다. 오늘날 안보로 향하는 유일한 길은 행동뿐입니다.

안보를 위해서는 좋은 정보가 꼭 필요합니다. 동굴 속에 숨어 있고 실험실에서 피어나고 있는 위협을 밝혀 내야 하기 때문입니다. 안보를 위해서는 FBI를 비롯한 국내 정보기관들의 현대화가 절실합니다. 좋은 정보가 있어야 위험을 상대로 행동을 준비하고 또 신속히 행동할 수 있기 때문입니다. 안보를 위해서는 여러분이 이끌 군대를 변화시켜야 합니다. 일말의 조짐이라도 보이면 아무리 멀리 떨어진 어두운 구석까지라도 단숨에 공격할 준비가 되어 있어야 합니다. 또 안보를 위해서는 모든 미국인의 적극적이고 단호한 태도가 필요합니다. 우리의 자유를 수호하고 우리의 생명을 지키기 위해서라면 선제공격도 불사해야 합니다.

앞으로 해야 할 일은 여간 어렵지 않을 것입니다. 우리가 직면하게 될 선택들은 복잡합니다. 우리는 자금력과 정보력, 법 등의 모든 수단을 동원하여 60개국 이상에서 테러의 세포조직을 찾아내야 합니다. 또 때에 따라 테러의 확산을 저지하거나 테러 후원 정권을 상대해야 합니다. 일부 국가는 테러를 다루기 위한 군사훈련을 필요로 하는데, 우리가 그런 훈련을 제공할 것입니다. 기타 국가들은 테러를 반대하면서도 정작 테러로 이어지는 증오는 쉽게 생각합니다. 이런 태도는 바뀌어야 합니다. 우리는 외교관이 필요한 곳에는 외교관을 보낼 것이며, 군인이 필요한 곳에는 여러분, 즉 군인들을 보낼 것입니다.

침략과 테러를 마음에 품은 모든 나라들은 대가를 치르게 될 것입니다. 우리는 미국의 안전과 지구의 평화를 소수 미치광이 테러리스트들에게 넘겨주지 않을 것입니다. 우리는 우리 국가와 전 세계 속에서 이 암흑 같은 위협을 뽑아낼 것입니다.

테러와의 전쟁은 결단력과 인내를 요구하기 때문에 먼저 강한 도덕적 목적이 있어야 합니다. 그렇기에 우리의 투쟁은 냉전시대의 투쟁과 비슷합니다. 지금 우리의 적들은 전체주의자들입니다. 그들은 인간 존엄성이 끼어들 자리가 없는 힘의 강령을 가지고 있습니다. 그들은 즐거움이 없는 일치를 강요하고 모든 이의 삶을 통제하려고 합니다.

미국은 여러 가지 방법으로 제국주의적 공산주의를 상대했습니다. 이를테면 외교적, 경제적, 군사적 방법을 썼습니다. 그러나 냉전에서 우리에게 승리를 안겨 준 결정적 요인은 분명한 도덕성이었습니다. 존 F. 케네디와 로널드 레이건 같은 지도자들은 독재자들의 잔인함을 간과하지 않았고 포로들과 반대자들, 망명자들에게 희망을 주었으며 자유 국가들을 대의 아래로 모았습니다.

어떤 이들은 옳거나 그르다는 표현을 사용하는 것이 외교에 어울리지 않고 다소 무례하기까지 하다고 걱정합니다. 저는 조금도 걱정하지 않습니다. 환경에 따라 방법이 달라지긴 하나, 도덕성은 달라지지 않습니다. 도덕적 진리는 문화와 시대, 장소를 초월하여 동일합니다. 무고한 민간인을 살해의 표적으로 삼는 것은 시대와 장소에 상관없이 분명한 악행입니다. 여성에 대한 야만적인 행위도 시대와 장소를 떠나 분명한 악행입니다. 정의와 잔혹성, 무죄와 유죄 사이에 중립은 있을 수 없습니다. 우리는 선과 악의 싸움을 하고 있으며, 미국은 언제나 악을 악이라고 부를 것입니다. 사악하고도 불법적인 정권과 싸우는 것은 문제를 일으키는 것이 아니라 문제를 밝혀 내는 것입니다. 우리는 세계의 리더로서 그런 정권을 무너뜨릴 것입니다.

지금 우리는 평화 수호의 역사적 기회를 맞았습니다. 우리는 17세기에 나라를 세운 이후 강대국가들이 전쟁 준비가 아닌 평화 경쟁을 하는 세상을 건설할 수 있는 최선의 기회를 맞았습니다. 지난 세기의 역사는 지구상에 전쟁터와 무덤을 남긴 일련의 파괴적인 국가 경쟁으로 점철되었습니다. 독일은 프랑스와 싸웠고, 추축국은 연합국과 싸웠으며, 동양은 서양과 싸웠고, 핵으로 인한 아마겟돈의 위협 속에서 대리전쟁이 벌어지고 긴장이 고조되었습니다.

강대국 사이의 경쟁은 불가피하지만 군사 경쟁은 반드시 피해야 합니다. 문명국가들은 점점 우리들과 같은 편에서 서고 있습니다. 테러리스트의 폭력과 혼란이라는 공동의 적을 맞아 하나로 뭉쳤습니다. 미국은 우수한 군사력을 소유하고 있습니다. 그 군사력으로 과거의 초점 없는 군비 경쟁을 끝내고 무역 등의 평화적 경쟁을 유도하려고 합니다.

지금은 공동 가치에 따른 강대국들의 연합이 증가 일로에 있으며, 이데올로기 차이에 따라 분열하지 않습니다. 미국, 일본, 우리의 태평양 우방국들, 그리고 유럽의 모든 국가들이 인간의 자유에 대한 깊은 약속을 공유하고 있으며, 그 약속은 NATO와 같이 강력한 동맹으로 표출되었습니다. 자유의 물결이 다른 많은 국가들에서도 일고 있습니다.

웨스트포인트 세대들은 소비에트 러시아와의 전쟁을 계획하고 연습했습니다. 저는 새로운 러시아에서 돌아왔습니다. 지금 이 나라는 민주주의를 향해 나아가고 있으며, 테러와의 전쟁에서 우리의 동반자이기도 합니다. 중국의 지도자들도 경제적 자유가 부유한 국가의 유일하고 영속적인 원천이라는 사실을 깨닫기 시작했습니다. 곧 사회적, 정치적 자유가 위대한 국가로 가는 유일한 길임을 확실히 깨닫게 될 것입니다.

강대국들이 공통의 가치를 공유할 때, 극심한 지역 분쟁을 제대로 해결할 수 있으며, 폭력의 확산이나 경제적 혼란을 막는 일에 더욱 협력할 수 있습니다. 과거에 강한 라이벌 국가들은 까다로운 지역 문제에서 편 가르기에 치중하여 분열을 심화시키고 복잡하게 만들었습니다. 오늘날 우리는 중동으로부터 남아시아에 이르기까지 평화를 더 크게 외치기 위해 광범위한 국제연합을 구성하고 있습니다. 우리는 좋은 시절에는 힘을 기르고 좋지 않은 시절에는 위기를 다루는 일을 도와야 합니다. 미국은 평화를 보존할 수 있는 동반자를 필요로 하며, 이 목표를 공유하고 있는 모든 나라와 함께 일을 해나갈 것입니다.

그리고 궁극적으로 미국은 전쟁 부재, 그 이상을 추구합니다. 우리는 빈곤과 불황, 분노를 미래에 대한 희망으로 바꿈으로써 전 세계에 평화를 확신시킬 절호의 기회를 맞았습니다. 역사 내내 빈곤은 지속되었습니다. 빈곤은 회피할 수 없는, 사실상 당연한 상황이었습니다. 지난 수십 년 동안, 칠레에서 한국에 이르기까지 현대적 경제와 자유로운 사회를 건설한 나라들을 보아 왔습니다. 이들 국가는 수백만 국민들의 절망과 가난을 뿌리 뽑았습니다. 이런 성과에 불가사의는 없습니다.

20세기는 인간 존엄에 대한 양도할 수 없는 요구, 법치, 국가권력에 대한 제한, 여성 권리와 사유재산권, 언론의 자유, 평등권, 종교적 관용에 기초한 하나의 강력한 모델, 즉 미국을 탄생시켰습니다. 미국은 이런 비전을 남에게 강요할 수 없습니다. 우리는 자기 국민을 위하여 올바른 선택을 하는 정부를 지지하고 도와줄 수 있을 따름입니다. 개발 지원, 외교적 노력, 국제 방송, 교육 지원에 있어 미국은 중용과 관용, 인권을 장려하겠습니다. 그리고 발전의 필수조건인 평화를 수호할 것입니다.

대중의 권리와 필요에 관해서 문명의 충돌은 없습니다. 아프리카, 라틴아메리카, 이슬람 세계 전체, 어디에서나 자유가 필요합니다. 이슬람 국가 국민들은 다른 국가의 국민들과 똑같은 자유와 기회를 원하고 있으며 또 그것들을 받아 마땅합니다. 이슬람 정권들은 자국 국민들의 희망에 귀를 기울여야 합니다.

진정으로 강한 국가는 폭력 없이 각자의 길을 추구하는 모든 집단에게 합법적인 의의제기의 통로를 제공할 것입니다. 발전하는 국가는 경제개혁을 추구하고 자국민들의 뛰어난 모험가적 에너지를 분출하도록 유도할 것입니다. 번영하는 국가는 여성의 권리를 존중할 것입니다. 왜냐하면 국민 절반에게 기회를 제공하지 않으면서 공동체가 번영할 수는 없기 때문입니다. 이슬람 세계를 넘어 전 세계적으로 어머니와 아버지, 자녀들은 동일한 두려움과 포부를 공유하고 있습니다. 가난 속에서 이들은 분투하고 있습니다. 독재 속에서 이들은 고통을 당하고 있습니다. 그리고 우리가 아프가니스탄에서 목격한 것처럼, 이들은 자유를 맞이했습니다.

미국은 위협을 억제하고 분노를 누그러뜨리는 것보다 훨씬 큰 목표를 가지고 있습니다. 우리는 테러와의 전쟁을 넘어 공정하고 평화로운 세계를 건설하기 위해 매진할 것입니다.

웨스트포인트 창설 200년이 되는 올해 졸업반은 이제 이 드라마 속으로 몸을 던질 것입니다. 미국 육군의 모든 이들과 함께 여러분은 동포 시민들과 엄청난 위험의 사이에 서게 될 것입니다. 여러분은 전 세계 수백만 명에게 자유로운 삶과 번영을 선사하는 평화를 일구는 데 일조할 것입니다. 여러분은 평온한 시기를 맞을 수도 있으며, 위기의 시기를 맞을 수도 있을 것입니다. 여러분은 시련을 겪을 때마다 성장해나갈 것입니다. 왜냐하면 여러분은 웨스트포인트의 생도들이기 때문입니다. 여러분은 본 학교의 정신을 마음속 깊이 새기면서 이곳을 떠날 것입니다. 이 나라의 가장 고차원적인 이상을 품고 말입니다.

인생의 황혼기에서 아이젠하워는 웨스트포인트 평원에 처음 선 날을 이렇게 회상했습니다. "'미합중국'이라는 표현이 지금부터 영원히 다른 의미를 가지게 될 것이라는 느낌이 들었다. 지금부터 내가 섬길 대상은 나 자신이 아니라 국가다."

오늘, 웨스트포인트에서의 마지막 날, 여러분은 범인들과 다른 봉사의 삶을 시작합니다. 여러분은 고난과 목적, 모험과 명예의 부름에 답하였습니다. 매일 하루를 마감할 때 여러분은 여러분의 의무를 충실하게 이행했음을 느낄 것입니다. 여러분이 항상 이 위대한 대학의 드높은 기준에 따라 그 의무를 수행하길 바랍니다. 여러분이 2세기를 이어 온 이 군복을 입기에 결코 부끄러움이 없기를 바랍니다.

국가를 대표하여, 여러분 각자의 임관과 여러분이 미합중국에 안겨 줄 명예를 축하하는 바입니다. 하나님의 축복이 여러분 모두에게 있기를.

작가 후기

먼저 무엇보다도 『대통령의 힘(Presidential Power)』의 저자이자 대통령 보좌관이며, 케네디 정치대학의 창립 멤버 및 학장인 고 리차드 노이슈타트의 기여에 깊은 감사를 표하고 싶다. 정치학에 관한 세계 최고의 권위자 중 하나인 그는 죽기 전 9개월 동안 나와 함께 이 책의 구상에 대해 논했다. 그는 여러 대통령들과 그들이 극심한 압박 속에서 내렸던 논란 많은 결정들에 관해 열정적으로 이야기했다. 나는 내가 그의 아들과 함께 초등학교에 들어 갔던 1950년대에 그를 처음 만났다. 그가 콜롬비아 대학의 교수로 있을 때 맨해튼의 어퍼 웨스트 사이드에 있던 그의 집에 줄기차게 놀러 갔던 기억이 난다. 이 주제에 관한 그의 열정은 내게 비전을 심어 주었다. 노이슈타트 교수님(나는 언제까지나 그를 이렇게 불러야 할 것 같다.)은 너무나 보고 싶은 훌륭한 분이시다.

뉴스와 마찬가지로 책은 무대 뒤에서 땀 흘린 많은 사람들이 있다.

이 책 뒤에도 온갖 궂은일을 마다하지 않은 사람들이 있기에 나는 그분들께 머리 숙여 감사의 표시를 전한다.

그들의 열정과 학문, 저자의 의견을 따라 준 인내력, 그리고 무엇보다도 이 이야기들을 바로잡아 준 공로에 깊은 감사를 드린다.

마지막으로, 이 책에 가장 많이 기여한 두 사람에게 감사한다. 어느 날 빌 아들러는 나를 찾아와 이 책의 저술을 제안했다. 당시 나는 이미 이 책의 내용을 구상을 하고 있었고, 그것에 보태어 빌의 천재성은 뒤죽박죽인 생각들이 멋진 개념으로 정리되는 데 큰 도움이 되었다. 그런 의미에서 이 책은 빌의 특별한 연금술이 만들어 낸 작품이다.

또한 빌은 내게 Rugged Land 출판사와 그곳에 소속된 뛰어난 편집자 웹스터 스톤을 붙여 주었다. 일류 편집자와 일해 보기 전까지는 그런 편집자가 작가에게 얼마나 큰 도움이 되는지 상상조차 할 수 없었다. 저술이라는 산만하고 어지러운 작업을 깔끔하게 정리하고, 흥미롭고 교훈적인 방식으로 이야기를 풀어 가고, 모든 책이 그렇듯이 수만 가지 선택 사항들 중에서 적당한 것을 고르는 일은 웹스터의 도움과 끝없는 창조적 조언이 있었기에 가능했다. 그에게 감사한다.

역자 후기

존경하는 대통령이 꽤 많은 미국인들을 보면 부럽다 못해 질투심까지 인다. 돌이켜보면 대한민국에 링컨 같은 대통령이 있었던가? 판단은 개인의 문제리라.

국내에는 친미감정과 반미감정이 공존하고 있다. 당연한 얘기지만 나는 배울 점은 배우고 거부할 점은 단호히 거부해야 한다고 믿는다. 물론 이 책이 순전히 미국인의 시각에서 탄생한 산물이기는 하지만 우리가 이 책의 무대를 미국에서 대한민국으로 옮겨 상상해 본다면 앞으로 우리가 나아가야 할 방향이 보인다. 우리는 어떤 면을 보고 국가의 리더를 뽑는가? 이 책은 용기를 첫째 미덕으로 꼽는다. 존경을 한 몸에 받는 미국 대통령들도 약점과 실수투성이였다. 그러나 실수를 두려워하지 않고, 때론 모두의 반대를 무릅쓰고 자기 신념에 따라 행동했다. 결과를 논하기에 앞서 그들 내면의 용기를 높이 사야 할 것이다.

이 책을 읽는 사이에 미국 대통령들에 대한 내 시각은 180도 변했다.

심지어 실패의 상징인 닉슨마저 좋아졌으니까. 이 책의 내용이 모두 타당한지를 떠나서 이 책에서 말하는 '이상적' 대통령을 보고 싶은 마음이 간절하다. 아울러 저자의 대통령 사랑도 배우고 싶다. 리더라는 자리가 원래 그렇듯 잘나가다가 대통령 자리에만 오르면 술자리의 안줏거리가 되는 우리 현실이 안타깝다. 어찌 보면 대통령은 국민의 대표, 그러니까 국민의 판박이 아닌가? 무작정 대통령을 욕하는 것은 누워서 침 뱉기나 다름없다. 우리 자신이 바뀌면 대통령도 바뀌는 것이 아닌가. 대통령과 국민이 서로 사랑하고 믿는 날이 올 때 비로소 대한민국이 바른 방향으로 한 걸음 나아갈 수 있을 것 같다.